ロシアのオリエンタリズム

ロシアのアジア・イメージ、ピョートル大帝から亡命者まで

デイヴィッド・シンメルペンニンク＝ファン＝デル＝オイエ

浜由樹子……訳

成文社

日本語版への序文

本書が日本語で刊行されることは、大変な名誉である。研究者として、我々は自国の国境を越えたところにいる読者たちにも語りかけるべきだと、私は固く信じている。言語が唯一の障害というわけではない。地理や、我々がしょっちゅう陥りがちな閉鎖的思考も、人々を隔ててしまう。しかし、お互いの見解から学べることは実に多く、それは特に過去を理解しようと努める時にあてはまる。本書の目的は、ロシア人たちがアジアをどう見ていたかを理解することであった。もちろん、私の見方は、ヨーロッパと北アメリカで生きてきた者の目を通したものだ。日本の視点はおおきく異なるだろう。私の望みは、この本が日本で刊行されることをもって、日本の読者とこの問題についての議論を始めることである。

アジアは広大な大陸であるため、そして、日本はロシア（のヨーロッパ部）から遠く離れているため、十九世紀まで、トルコ、イラン、中国といった東の隣人たちに比べて、ロシアの想像力において控え目な位置を占めていた。それゆえ、ロシアが日本をどう見ていたかについて、もっと書けなかったことを日本の読者にお詫びしたい。しかしながら、日露戦争の起源についての最初の本では、私はその問題により大きな関心を払っている。[1] 私の結論はこうだ。一九〇四年へと向かう時期にさえも、多くのロシア人は日本に対して肯定的なイメージを持っていた。一八九一年の春、若き皇太子ニコライ二世が東方を旅した時、彼は日本に完全に魅せられていた。到着して間もなく、彼は妹にこう書き送った。「ほんの数日いるだけだが、私はまさに天国にいる。」[2] その文化と人々に、彼は魅了された。「概して、私たちは日本人に、彼らのもてなしの心に、彼らの作るあらゆる品物や小間物に、あまりにも感激したもので、これまでに見てきた国々のことをすべて忘れてしまったほどです。[3]」錯乱した警官〔津田三蔵〕が、大津でロシアの皇位継承者を襲った時でさえ、ニコライはこれを速やかに許した。日本を発つ際に母親に宛てて書いた書簡の中で、彼はこう述べている。「おかしなことですが、私は日本を以前と同じように好きで、四月二十九日の事件も、心に恨みを残してはいないのです。ただ、警官の制服はもうあまり好きではありませんが！[4]」無論、一九〇四年二月に戦争が勃発すると、ロシアの態度は変わった。けれども、特筆すべきは、両帝国が再び平和な状態に戻ると、いかに早く、多くのロシア人たちが日本への好意を取り戻したかということである。

最後に、友人で同僚の浜由樹子氏に、私の心からの感謝の意を表したい。彼女は寛大にも、私の本を日本の皆さんに読んでいただけるようにするために時間を費やしてくれた。「どうもありがとう、浜さん！」

注

1 David Schimmelpenninck van der Oye, *Toward the Rising Sun: Russian Ideologies of Empire and the Path to War with Japan*. DeKalb: Northern Illinois University Press, 2001.

2 Nicholas to Ksenia, letter, 26/4/1891, Gosudarstvennyi arkhiv Russkoi federatsii (GARF), f. 662, o. 1, d. 186, l. 64.

3 Nicholas to Marie Fedorovna, letter, 8/5/1891, GARF, f. 642, o. 1, d. 2321, l. 185.

4 Nicholas to Marie Fedorovna, letter, 8/5/1891, GARF, f. 642, o. 1, d. 2321, l. 183.

まえがき

この本は、私が大学院生だった頃、イェール大学出版の編集長、ジョナサン・ブレント氏と交わした会話から生まれた。私は、その時執筆中だった日露戦争の起源を扱った学位論文を出版するメリットを、彼に納得させようと奮闘していた。私の提案に、彼は馬耳――礼儀正しい耳ではあったが――東風で、結局博士論文は別の出版社から出た。ただ、それから二年ほど後、ジョナサンは私に、ロシアがアジアについてどう考えてきたかについて、もう少し概説的な研究に取り掛かる気はないかと尋ねてきた。私には断れないオファーだった。

冷戦期に育った者として、私は長いこと、ロシアのアイデンティティの性質に興味を抱いてきた。一九六〇年代初頭にロッテルダムに住んでいる間、私は東側からの攻撃を、前回のものから二十年経っていても、容易に想像することができた。そして、かつて祖母が冗談を言ったように、アジアは、ヴェンロー（ドイツ国境の小さな町）をちょうど過ぎたところから始まるのだとも思っていた。そういうわけで、少年の頃、ロシア人をガリガリこすればその本質が剝き出しになると言ったナポレオンは正しかったと、難なく信じ込んでいた。そんなステレオ・タイプはとうの昔に卒業したが、しかし、それがどのように生じたのかという疑問には、魅せられたままである。より重要なこととして、当のロシア人自身は、そうした問題についてどう考えているのだろう？　ある意味で、この本は、こうした疑問に対する説明である。

私は、この一風変わった学問的探究を後押ししてくれる大学に勤めていられて、幸運である。研究にこの上なく快適な環境であることに加え、ブロック大学は、私の研究に寛大な研究資金も提供してくれた。そこには、優れた研究への三年間にわたる寛大な研究補助金も含まれる。また、カナダ研究基金の社会科学・人文学研究評議会からも多額のご支援をいただいた。これらすべての研究費のおかげで、研究遂行のために半年以上をロシアとフィンランドで過ごすことができた。ケナン研究所からの短期研究補助金も、議会図書館での研究を支えてくれた。私は本書を、ノース・カロライナのリサーチ・トライアングル・パーク国立人文学研究所の研究員だった二〇〇三年に書き始めた。同研究所にも感謝を表したい。

　このような本は、私を迎えてくれた多くの図書館のご厚意なしでは書き得ない。スターリング記念図書館、ニューヨーク公立図書館（スラヴ・バルト閲覧室が実に懐かしい）、ロバーツ図書館、ロシア国立図書館（別名「レーニンカ」）、ロシア国民図書館（「プブリチカ」）、東洋学研究所サンクト・ペテルブルク支部図書館、カザン大学図書館、そしてもちろん、帝政ロシアの歴史を研究するにはもっとも牧歌的な安息地、ヘルシンキのスラヴ図書館。ブロック大学の素晴らしい図書館相互貸借部は、私が海外にいる間に読み損ねた多くのものを見付け出してくれた。

　本書の一部は、もともと『アブ・インペリオ（Ab Imperio）』誌、『南アジア比較研究（Comparative Studies of South Asia）』誌、『アフリカ・中東（Africa and Middle East）』誌、『インターナショナル・ジャーナル（The International Journal）』誌、ならびに、以下の論集に掲載されている。William Leatherbarrow and Derrek Offord eds., *A History of Russian Thought*; Michael David-Fox et al., eds., *Orientalism and Empire in Russia*; Svetlana Gorshenina and Sergej Abashin eds., *Le Turkestan russe colonial*; I. Gerasimov et al eds., *Novaia imperskaia istoriia postsovetskogo prostranstvo*. 編集者各氏のご快諾を得て、再録させていただいた。

　私が学生だった時から何年も経つが、恩師――特に、ポール・ブシュコヴィチ氏――は、惜しみないご助力をして下さる。また、私は多くの研究者や友人たちを煩わせてきたが、私が助言を求めても、彼らが逃げないでいてくれることに、ずっと感謝している。オレグ・アイラペトフ氏、ヴォローヂャ・アレクサンドロフ氏、サーシャ・アンドレーエフ氏、ヴラジーミル・ベレロヴィチ氏、ニコス・クリシディス氏、ミーシャ・デイヴィド＝

フォックス氏、ローラ・エンゲルスタイン氏、リー・ファロー氏、タティアナ・フィリッポワ氏、リュドミラ・ガタゴワ氏、ベルニース・グラッツァ・ローゼンタール氏、チャールズ・ハルペリン氏、ヴァレリー・ハンセン氏、レオニド・ゲラー氏、ネイサン・ハント氏、マヤ・ヤンソン氏、エドワード・カセニッツ氏、アレクサンドル・カフタラザ氏、ミーシャ・ケンパー氏、ナサニエル・ナイト氏、マーリーン・ラリュエル氏、ジョン・ルドン氏、ドミニク・リーヴェン氏、ラルフ・ロック氏、ターニャ・ロルコヴィチ氏、イリーナ・ルッカ氏、モリーン・ルクス氏、スザンヌ・マルシャン氏、ロレーヌ・ド・モー氏、ブルース・メニング氏、イリーナ・ルィバチョノク氏、ミハイル・ルィジェンコフ氏、ジョン・セインスベリー氏、エリザベス・ザワー氏、ダニー・サヴィリー氏、ジェニファー・シーゲル氏、ジョナサン・スペンス氏、ジェニファー・スポック氏、ジョン・スタインバーグ氏、マーク・スタインバーク氏、リチャード・スタイツ氏、デイヴィド・ストーン氏、ヴェラ・トルツ氏、エリザベス・ヴェルケニア氏、リン・ヴィオラ氏、ポール・ワース氏、シンシア・ウィタカー氏、デイヴィド・ウルフ氏に感謝申し上げる。

学会に発つ前日、当時五歳だった娘のエズメイが無邪気に、「パパ、これでお仕事終わる?」と訊いてきた時、もうこの本を仕上げる潮時だと思った。彼女とその弟サーシャは、いつも愛情のこもった励ましをくれる。妻マリーがそうであるように。本書は、彼女に捧げるものである。

ロシアのオリエンタリズム——目次

日本語版への序文 ● 1
まえがき ● 3
凡例 ● 10
序章 ロシアのオリエンタリズムとは何か ―― ● 13
第1章 森と草原《ステップ》 ―― ● 25
第2章 ピョートル大帝期の夜明け ―― ● 47
第3章 エカテリーナ二世の中国趣味《シノワズリー》 ―― ● 62
第4章 東洋《オリエント》のミューズ ―― ● 81
第5章 カザン学派 ―― ● 119

第6章　宣教師の東方研究《オリエントロジー》――151
第7章　ペテルブルク学派の興隆――185
第8章　東洋学部――205
第9章　エキゾティックな自己――236
終　章　ロシアの中のアジア――265
訳者あとがき　285
注　344（vii）
人名索引　350（i）

凡例

日付は、帝政ロシアで用いられていたユリウス暦による。この暦は、十九世紀には、西欧で一般的に採用されていたグレゴリオ暦よりも十二日遅れていたが、二十世紀には十三日となる。例えば、一八九五年一月一日にロシア人がサンクト・ペテルブルクで新年を祝っていた時、パリやロンドンでは、既に一八九五年一月十三日だった。

キリル文字からの翻字は、LCS（議会図書館システム）に従った。ただし、英語では他の綴りで広く知られている名前や単語は除く。例えば、アレクサンドル三世は、"Aleksandr III"ではなく"Alexander III"に、ニコライ二世は"Nikolai II"ではなく"Nicholas II"になる。ロシア語の姓がドイツ語や他のヨーロッパ言語から採られている場合には、おおよそ原語の方を用いている。

断りのない限り、ヨーロッパ諸言語からの翻訳は筆者自身の手による。

（以上、筆者）

訳文中の（　）や［　］に記される文章は、原著者によるものである。

訳者による注は〔　〕に記した。

固有名詞の表記については、日本で定着している慣用があるものについては、そちらを優先した。例えば、ロシア語で「イヴァン」となる名は、日本語の慣用に従って「イワン」、「ヴラディーミル」は「ウラジーミル」とした。

また、全体として原語にできる限り近づけて訳したが、その際にも、英語の慣用よりも日本語の慣用を優先した。例えば、英語でいう「コーカサス」は、「カフカス」になっている。

より広い層の方々に読みやすく作ることを優先して、文中の原語表記は基本的に削除した。専門的観点からご関心をお持ちの方には、巻末の注をご参照いただきたい。

（以上、訳者）

ロシアのオリエンタリズム

——ロシアのアジア・イメージ、ピョートル大帝から亡命者まで

マリーへ

序章

ロシアのオリエンタリズムとは何か

「私はアジア人でもある」

ヨシフ・スターリン

五百年ほど前の大航海時代は、ヨーロッパの地理学にとってもっとも重要な時期の一つであった。十五世紀後半が始まる頃、自分の小さな大陸を飛び出した船長や商人や冒険家たちは、地球を旅して、伝説の富や不思議な住民のいる、まったく新しい世界についての報告を持ち帰ってきた。ポルトガルの探検航海家、バーソロミュー・ディアスは初めて喜望峰を周り、同国人のヴァスコ・ダ・ガマとフェルデナンド・マゼランは太平洋の海図を作るにあたり多くを成し遂げた。クリストファー・コロンブスやジョン・カボットのような人々は、大西洋を渡ったところに巨大な領土を見出した。

その時期にヨーロッパが「発見」した土地の一つが、ロシアだった。十五世紀の地理学者たちはしばしば、依然モスクワ公国を「スキタイ」や「サルマティア」と呼んでいたが、それは中世の西欧にとって、まったく馴染みのない地というわけではなかった。[1] ハンザ同盟の商人たちは、長きにわたってノヴゴロドやロシアの他の諸都市と貿易をしていた。チュートン騎士団、スウェーデン、ポーランドにもまた、東の隣人と関係を構築する機会があったし、一四七〇年代からはモスクワの皇帝《ツァーリ》の側も、重要な任務を託すべく、イタリアの芸術家や建築家を定期的に首都に招いていた。しかしながら、その個々人のうち誰一人として、訪問から戻った際、同国人にロシアについて語らなかったようだ。[2] モスクワ公国が、本当の意味で教養あるヨーロッパ人たちの意識にのぼったのは、十六世紀になって初めて、つまり、ハプスブルクの外交官ジギスムント・フォン・ヘルバーシュタイン男爵やイングランドのサー・リチャード・チャンセラー、ジャイルズ・フレッチャーといった、より好奇心旺盛で鋭い人々がモスクワ公国について書くようになってからである。[3] ルネサンス期の科学レベルは、中世に比べて飛躍的に伸びたが、民族学のそれはまだまだ未発達であった。ヨーロッパ人が見知らぬ土地に住む人々について持っていた先入観は、十四世紀のイギリス人のナイト、サー・ジョン・マンデヴィルがその有名な『東方諸国紀行』に集めたとっぴょうしもない描写と同じくらい、空想的で誤ったものだった。これは、彼らがモスクワの人々をイメージする仕方にも間違いなく当てはまった。ポーランド人は長いことロシアと戦争をしていたが、そのことも事態を悪くした。他のカトリックの君主国を戦いに結集させようと努める中で、ポーランド人たちは、敵を異教徒のトルコ系というタールで黒く塗り固めようと全力を尽くしたからだ。[4]

ルネサンス期にもっとも一般的だったロシア理解には、ロシアのアジア的イメージが含まれていた。遠くヨーロッパの東端にあるモスクワ公国の位置、使者たちが着ていたエキゾティックな衣装、君主が民に対して振るっていると評された強大な専制権力ゆえに、この東ヨーロッパの領域が、ペルシアや中国と変わらない東洋だと結論づけるのは容易いことだった。フランドルの地理学者アブラハム・オルテリウスが、一五七〇年に地図『世界の舞台』を出版した時、彼はロシアのツァーリをモンゴルのゲルの中に描いた。[5] その約四十年後、ロシアを広範囲にわたって旅したフランスの軍人、ジャック・マルジュレは、多くのヨーロッパ人が未だに、キリスト教国がハンガリーの東方に広がっていることに気付いていない、と嘆いている。[6] シェイクスピアのイングランドでは、「モスクワからの訪問者」や「スキタイ人の悪人」は、舞台での役柄のレパートリーとなった。[7] 他の者たちにとっては、ロシアの東洋的性質は、もっと不吉な特質を持っていた。あるドイツ人は、知られざる東方の地が、数世紀前のモンゴルのような脅威である、と警告している。「[ツァーリは]極めて強力である。既にリヴォニアの多くを強奪し、ドイツを侵略する用意ができている。……我々にできることは神の慈悲を祈ることだけだ、……我々がそのくびきの下に入らないようにと。征服者がトルコ人だろうと、タルタル人〔かつての「タタール人」の呼称〕だろうと、モスクワ公国人であろうと、その圧政は、死んだ方がましなようなものなのだから。[8]」

陳腐なイメージは定着した。現在に至るまで、ロシアのエキゾティックさ、東方の地理、そしてしばしば抑圧的な統治は、ロシアは本質的にアジアなのだという西欧の見方を強化し続けている。この性格づけは政治的信条の様々な点から生じてきた。フランス貴族のアストルフ・マルキ・ド・キュスティーヌが一八三九年にロシアを旅した時には、「アジア人の、欺きに満ちてこそこそした一瞥」をくれる住民たちの目から、「東洋の専制」である独裁的政府まで、多くのものが彼に東洋を思い起こさせた。[9] 彼の意見では、「我々はここ、アジアの範囲内にいるのだ。[10]」一方、カール・マルクスは、ツァーリの帝国を「準アジア的」な「東洋的専制[11]」とみていた。「モンゴルの奴隷制の血塗られた泥沼は、モスクワ公国の揺籃の地を形成し」「そして現代のロシアはモスクワ公国の変形に過ぎない」と、彼は語気強く言う。[12] 二十世紀になると、著名な中国学者が、ソヴィエト連邦の政治秩序がいかにその「東洋的ルーツ[13]」を曝け出したかを説明した。そして、ソヴィエト連邦が崩壊してから間もなく、『タイム』誌は「ロシアはアジア的な道を進むかも知れない[14]」と懸念したのだった。

もちろん、十世紀以上前にキリスト教に改宗して以来、ほとんどのロシア人は東洋であることを否定しただろう。中央アジアの遊牧民とのたびたびの戦の中で、ロシア人は自らを、ステップの邪悪な異教徒からの、キリスト教の守り手だと考えていた。ピョートル大帝とその後継者たちが、ロシア帝国にヨーロッパ風のあり方を押し付けようと奮闘した十八世紀以来、教育を受けたロシア人たちは、ミハイル・ゴルバチョフの主張「我々はヨーロッパ人だ」に同意する傾向にあっただろう。[15]

にもかかわらず、ユーラシアの両大陸にまたがることを考えれば、ロシアの地理は、住民たちの間における大陸への帰属意識に、ある曖昧さを植え付けてきたといえる。十一世紀から十二世紀の間にキエフの諸公国が繁栄した、その最初期の発達時には、ロシアはヨーロッパとアジアの地の両方と、文化的、商業的なつながりを持っていた。十三世紀のモンゴルによる征服と占領は、ロシアの西欧とのつながりを効果的に断ち切った。二百年後にモスクワ公国がキプチャク・ハン国から自らを解放した後でさえ、それはヨーロッパからかなり孤立したままだったのである。

十八世紀に、ピョートル大帝と彼の後継者たちがロシアをヨーロッパの内に押し戻し始めると、彼らは多くの強い抵抗に遭遇した。最初、反対意見はまず、西欧のローマ・カトリック文化を、彼らの正教の信仰にとって呪われたものだとみなす聖職者や保守主義者からあがった。十九世紀になると、今度は、ドイツ・ロマン主義に影響された、教育を受けたエリートたちも、ロシアの居場所は西欧の中にはないと論じ始めた。スラヴ派の形容辞を受けて、彼らは、自分たちの社会を、ローマ・カトリック世界の不毛な唯物主義や合理主義から根本的に隔たっているものとみなした。しかしながら、スラヴ派は、ロシアをアジアだとみなしたわけではない。[16] 彼らが信じていたのは、ロシアのアイデンティティは、ビザンツの正教会の伝統と、古代スラヴの農村共同体主義に結び付く、別のヨーロッパにある、ということである。

一方、アジアとの近親性を想像したロシア人たちもいた。十九世紀初頭の歴史家ニコライ・カラムジンは、ロシアのツァーリがモンゴルの政治的伝統からその専制的統治様式を採り入れたと論じ、「モスクワはその偉大さをハンたちに負っている」と信じていた。[17] 十九世紀末の詩人アレクサンドル・ブロークのように、大陸とのより深い有縁性を認め始める者もいた。彼は、「スキタイ人とは我らのこと、アジア人とは我らのことだ。斜視の貪欲な瞳を持っている!」と宣言した。[18] あるいは、例えば、十九世紀後期の保守系新聞発行者であったエスペル・ウフトムスキー公やウラジーミル・メシチェルスキー公など、西欧の唯物主義や自由主義への反感において、自らを東方と結び付けた者もいた。[19] この思想系譜から派生したのが、ロシアがアジアとヨーロッパ両方の要素を結び付ける、独立した「ユーラシア」大陸を形成している、とする二十世紀初頭の思想である。

　大陸アイデンティティにまつわるロシア人の中の混乱は、彼らが東洋《オリエント》をどう見てきたかという問題を、より一層興味深いものにしている。「アジアとは我々にとって何であるか?」ドストエフスキーのこの有名な問いは、一八八一年、ミハイル・スコベレフ将軍が中央アジアのギョクデペ〔ゲオク・テペと表することも〕の要塞を襲撃した後に発せられた。彼の答えは明確だった。「我が国の将来の運命において、アジアこそ我々のおもなる到達点である。[20]」アジアは、ロシアがヨーロッパと対等になれる場所であった。トルキスタンの砂漠におけるスコベレフ将軍の輝かしい功績の応援者にとって、東方とは、祖国とツァーリのより偉大な栄光のために、征服されるべきものであった。この意味で、ドストエフスキーは、後の人文学者エドワード・サイードが考案したオリエンタリストの枠組みにぴったり当てはまる。しかし、彼が東方を、原初的な帝国主義の征服のための征服の場とみなす時、この作家が全ロシア人を代弁していたとは言い難い。彼の同国人の多くは、東方に対してそこまで明確な見解を持ってはいなかった。仮に、ほとんどのロシア人が自らをヨーロッパ人だと考えていたとしても、それは必ずしも、アジアを嫌悪していることと同じ意味にはならないのである。

　ロシアの世界における位置づけに関しては、豊富な文献が存在する。しかし、その多くは、十九世紀半ばの西欧派(ヨーロッパとの近似性を主張した者たち)とスラヴ派(ロシアは独自の道を進むべきだと信じていた者たち)の論争から書き起こされている。[21]よって、研究者たちはヨーロッパとの関係に焦点を当てる傾向にある。確かに、ロシアの東方認識がまったく無視されているわけではない。時に、そうした研究は、ロシアの国民性における「オリエント的」、「タルタル的」ルーツを見つけ出そうという、反ソヴィエト的努力に支えられていた。[22]マーク・バッシンの『帝国のヴィジョン』やロバート・ジェラシの『東方の窓』を含む、より客観的な研究は、アジアに関する思想の特定の側面に焦点をあてている。[23]

　ヨーロッパのアジアに対する姿勢に関する近年の研究は、主としてエドワード・サイードのオリエンタリズム論によって形成されてきている。一九七〇年代後半までは、「オリエンタリズム」という名詞は、二つのきわめて特定的な定義を持っていた。学術用語としては、それは東洋学、たいていは近東の研究を指した。オリエンタリズムは、かなり難解な諸言語の習得を伴った学問的探究であったし、その従事者たちは、ごく一部の、ある種風変わりな類の人々だった。一方、美術史家にとってオリエンタリズムとは、ウジェーヌ・ドラクロワやウジェーヌ・フロマンタン、ジャン゠レオン・ジェロームのように、近東を主題とすることを好んだ十九世紀の画家の一派を意味した。いずれの場合も、言葉自体は中立的で、否定的な含意はなかった。[24]

一九七八年に、オリエンタリズム概念の由来となったサイードの本が登場すると、オリエンタリズムは侮辱的な意味を帯びるようになった。もはや、老いぼれた大学教師の時代遅れな探究でも、エキゾティックなものに対する芸術的関心でもなく、それは、西洋帝国主義の兵器庫にある重要な武器、西洋が東洋を支配するための知的ツールとみなされるようになったのである。要するに、サイードの『オリエンタリズム』は、西洋が東洋を研究する学問的装置が、東洋を抑圧するための手段だと論じているのである。西洋人は、東洋を「他者」であると、ミステリアスで、女性化され、敵意をもった、危険な「文化的競争相手」だと考えることで、それを成し遂げたと。

サイードは、ヨーロッパ人が世界をしばしばマニ教的二元論で見ていると説明する。ラドヤード・キプリングの言葉を借りれば、「東は東、西は西、両者は決して出逢うことはないだろう。」サイードにおいては、フランスの哲学者ミッシェル・フーコーの遺産、特にフーコーの「ディスクール」概念、知を伝播する言語装置が、征服し、服従させ、抑圧するための方法になるという概念が受け継がれていることが、明白である。サイードによれば、オリエンタリズムとは、「科学的運動であり、経験的政治の世界で類似するものは、東洋の植民地的蓄積とヨーロッパによる獲得」なのである。[25]

サイードが西洋という時、それは主に、十九世紀から二十世紀のイギリスとフランスを指し、後に彼はその議論をアメリカに広げていく。この学者は事実上、ドイツ、オランダ、ハンガリーやロシアといった、東洋学の根強い伝統を持つ他のヨーロッパの国々を除外している。そして東洋について、サイードは故意に曖昧にしている。彼は概して近東と北アフリカに焦点を絞っており、中央アジアや東アジアはまとめて無視している。

西洋帝国主義の道具としての、サイードのオリエンタリズム概念は、ソヴィエト時代にはとても馴染み深いものに聞こえたかも知れない。一九二二年、モスクワを拠点とする雑誌『新しい東方』誌の編集者は、イギリス、フランス、ドイツの東洋学コミュニティにとって、「東方の学問的研究は二次的なものに過ぎない」と論じ、「彼らの第一の目的は、その政府がアジアの地を征服するのを手助けするために、できることは何でもするということだ」と加えた。[26]その六年後、ソロモン・ヴェリトマンはこう提唱した。「植民地文学は、植民地主義的攻撃における、ヨーロッパの統治階級の政治的プロパガンダと化している。」[27]このような姿勢が流行らなくなる一九三〇年代以前には、ツァーリの帝国建設と詩とのつながりを探った者もいた。ロマン主義詩における東洋の主題に関するいくつもの研究を著したニコライ・スヴィリンによれば、「いわゆるロシアの『エキゾティック』文学は、基本的に植民地主義的である。」[28]

権威ある『大ソヴィエト百科事典』の、一九五一年に刊行された第二版に収録されている「東洋学」の項目は、西洋の学問を以下のように酷評した点で、より近い意味でサイードを先取りしている。「ヨーロッパやアメリカのブルジョワジーの植民地主義的・人種主義的世界観を反映して、ブルジョワ東洋学は、その初めから、アジアの人民を人種的に劣り、根本的に遅れており、自身の運命を決する能力がないと中傷し、彼らは歴史の主体というよりは客体であると宣言しつつ、いわゆる『西洋』文明と『東洋』文明を正反対のものとして対峙させた。ブルジョワ東洋学は、帝国主義列強の植民地政治に、研究を完全に従属させている。」[29]ヴェラ・トルツは、サイードはロシア語を読めなかったにもかかわらず、右のような姿勢が彼に影響を与えたと記した。彼女が指摘したように、西洋における東洋学に対するサイードの批判は、エジプトのマルクス主義者アンワル・アブデルマレクが初期の論文「危機のオリエンタリズム」に書いたそれに根ざしている。後者の最初の引用は、ソヴィエト百科事典の収録項目であった。[30]

きわめて影響力の強い書『オリエンタリズム』は、多くの学者からの激しい批判にさらされた。ある者は、東洋学者がただそれだけで、彼らの関心対象に敵対的だったとはいえない、と異議を唱えた。例えば、ロバート・アーウィンはサイードの本を、「悪意に満ちた、いかさまの書」[31]だと糾弾した。アーウィンによるヨーロッパの東洋学史は、多くの従事者たちが、アジアに対して実に好意的だったことを示している。彼は、学者たちが本当に、数十年にわたる大変な苦難と孤独な労苦を、彼らが忌み嫌うもののために捧げたのか、と問うた。実際、学問研究者であろうと行政官であろうと、自分のキャリアを東方に捧げてきたヨーロッパ人が、その魅力に屈することは珍しいことではない。十九世紀の植民地官僚は、今日の外務省が「その土地の住民」と同じ苦境を味わうことから外交官を保護するべく、その任命を厳しく制限するのに対し、現地に赴任した役人たちが「現地人になる」ことを心配していた。マッカーシーの時代には、アメリカ国務省内の幾人もの「中国エキスパート」が、毛沢東の擁護者になったとして告発された。ロバート・カプランは、一九九〇年代に自著『アラビスト』の中で、国務省の専門家たちが、近東に敵対的であるどころか、危険なまでに同地域に同情的であると書き、同様のアプローチを採った。[32]

　西洋の東洋に対する姿勢について書いたのは、サイード一人ではない。しかし、彼以前の研究書は、ヨーロッパ人がアジアを、驚異や知の源泉として、もっとずっと肯定的に見ていたと説明していた。その中には、アンリ・ボーデの『地上の楽園』(一九五九年)が挙げられる。彼は、古代以来、東洋が西洋に対して、場合によっては脅威となることを知ってはいたが、それよりも、前近代的東洋の、まだ損なわれていない神話に興味を持っていた。[33]理性の時代の中国趣味《シノワズリー》やトルコ趣味《テュルクリ》の魅惑が示すのは、ヨーロッパがアジアを、最低でも善なるものとして想像することができた、ということだ。レイモン・シュワブがその古典『東洋のルネサンス』の中で説明した通り、彼らには東洋の賢明さを賞嘆する用意があったのである。[34]ところが、サイードが提示した、西洋による侮蔑と東洋の恐怖という暗いヴィジョンが、今日、この主題に関する思考の優位を占めている。

　サイードはライン川の東側のヨーロッパについて論じてはいないが、ロシア研究者が自身の専門分野とオリエンタリズムのテーゼとの関連性を考え始めるのは、単に時間の問題だった。彼らの精査対象のもっとも分かりやすい候補は、カフカス山脈で十九世紀半ばに行われた帝国主義戦争に関する豊富な文献であった。アレクサンドル・プーシキン、アレクサンドル・グリボエードフ、ミハイル・レールモントフ、アレクサンドル・ベストゥージェフ（マルリンスキー）、レフ・トルストイなどの主要なロシア作家は、いずれもこの地域で従軍するか旅するかしており、彼らの作品には、エキゾティックな軍事遠征の強烈な刷り込み跡がみられる。このジャンルは既に、スーザン・レイトンの『ロシア文学と帝国』を始めとするいくつものモノグラフを生み出している。[35] インド人研究者のカルパナ・サーヘニーは、『オリエントを迫害する』において、調査対象を地理的には中央アジアまで、時代的にはソヴィエト時代にまで広げた。[36] が、そのタイトルが示すように、彼女のアプローチは客観的とは言い難い。

それにしても、サイードの見解はどこまでロシアに適応可能なのか？『オリエンタリズム』が日の目を見てから間もなく、バーナード・ルイスは、当該書がドイツの東洋学の伝統を無視していると批判した。[37] サイードはこの批判を一蹴したが、批判自体は依然重要なものである。サイードの議論の中心は、学問と植民地主義が協調して動くという考え方である。しかしながら、東洋学派の黄金時代には、ドイツの近東に対する植民地的関心は、取るに足らぬものとみなされがちであった。ドイツ人にとっては、東方に関しては、知と権力の間に本質的つながりは無かったのである。これはロシアにとっても同様に重要な点である。なぜなら、特に東方に関心をもつ学者たちは、ドイツの学界から多大な影響を受けていたからである。

より一般的にいえば、ロシアのアジア観は常に複雑なものであった。チェルニャーエフやカウフマン、スコベレフといった将軍たちが中央アジアのハン国を制圧していた、アレクサンドル二世の治世にすら、東方に関するロシアの思想は多種多様であった。一方の極には、スコベレフやドストエフスキー、好戦的な探検家ニコライ・プルジェヴァリスキーのように、東方を後進的で、帝国の征服のための場としてのみ有用だと考えた人々がいた。しかし、アジアをより好意的な眼で見ていた者たちもいた。

『クリティカ』誌の特集は、この問題をクローズアップした。議論の出発点には、『スラヴィック・レヴュー』誌に掲載されたナサニエル・ナイトの論文が取り上げられた。[38] そこでナイトは、十九世紀の東洋学者ワシリー・ワシリエヴィチ・グリゴリエフの、内務省の役人としてのオレンブルクへの任官を検証した。自分の関心が上司のそれと衝突した学者として、グリゴリエフは、科学と国家が手を携えるサイードのモデルの反証となる、とナイトは論じた。別の歴史家、アディーブ・ハリドは、ニコライ・ペトロヴィチ・オストロウモフのキャリアを引き合いに出すことで、『クリティカ』誌の討論を始めた。[39] グリゴリエフとは異なり、オストロウモフは、アジアの土地と人々へと勢力を拡げるにあたって、帝政権力を支えるべく、自分が持つイスラームとトルコ語の知識を惜しみなく活用した。オストロウモフはオリエンタリストのテーゼを例証しているように見えるだろう。この意味で、ナイトとハリドの両方が正しい。ロシアの東洋学者には、サイードの型に一致する者もいれば、そうでない者もいるからだ。ロシアのアジア学者を、単一の型にはめることは不可能である。

にもかかわらず、グリゴリエフの例は有用だ。多くのロシアの東洋学者は——決して全員ではないが——彼らが研究する民族に対して同情的であったし、敬意を表してもいた。ペテルブルク、カザン、モスクワ、その他の東洋学の中心地の代表的な人物たちは、とりわけ十九世紀の西欧の同時代人たちに比べれば、比較的客観的であった。中央アジアにおける軍事的優位が必ずしも、学界が東方の後進性に満足するということにつながりはしない。

付け加えられるべきは、多くのロシア人が自らのアジア的遺産に自覚的だという事実である。スーザン・レイトンは、カフカス征服のロシア文学表象の研究において、こう述べている。「文化的にも政治的にも、ロシアは真のルーツをアジアに持っており、このことがオリエントを自己にも他者にもした。[40]」チュヴァシの聖職者イアキンフ（ビチューリン）、イラン生まれのアレクサンドル・カゼム＝ベク、ブリヤートのドルジ・バンザロフといった、帝政ロシアの少なからぬ東洋学者たちは、彼ら自身が、その起源においてオリエンタルだったのである。[41]

そして、ロシア人たちは、実に異なる東方を知っている。というのも、東とは、西のカトリックと対照的に、キリスト教世界の正教側の半分を指しもするからである。詩人ウラジーミル・ソロヴィヨフは、「ロシアはどちらの東なのか？　クセルクセスの東か？　あるいはキリストの東か？」と問い、ペルシア戦争以来ヨーロッパに敵対的であったアジア的オリエントと、キリスト教的オリエントとの間の区別を示した。[42] しかしながら、そのいずれも、西方の敵対者であるという点を共有している。西欧文化に対抗するロシア人は、同様の理由で、いずれかとの近親性を想像し得たのである。

もしも、エドワード・サイードの研究がロシアのオリエンタリズムにそのまま当てはまらないとすれば、知と権力の関係に関する興味深い問いを提示することになる。東方を調査し、研究し、理解しようとするロシアの努力は、しばしば帝国の目的と直接つながっていた。[43] イアキンフやオシップ・センコフスキーなどの十九世紀の優れた東洋学者の多くは、外務省と近しい関係にあった。一方、ナサニエル・ナイトは、アジアのステップの前線であるオレンブルクでの、グリゴリエフの職務を思い起こさせる。ロシアの東洋学は常に国家の従順な下僕だったわけではないが、確かに両者の間には緊密なつながりがあった。

サイードの文化表象への関心が照らし出すのは、ロシアの世界観を理解するにあたって、知的生活において主要な役割を果たした十九世紀の刊行物、「分厚い雑誌」の論争を越えることの重要性である。バーバラ・ヘルトによれば、「ある国とその住民についての文芸イメージは、往々にして、ほとんどの人々が持っているイメージでもある。[44]」スーザン・レイトン、カーチャ・ホカンソン、ハーシャ・ラムらは既に、カフカス「平定」のための十九世紀の軍事遠征期の詩や散文が、ロシアのオリエント観について教えてくれることを実証してきた。絵画、版画、音楽、オペラ、そして装飾芸術もまた、ロシア人が東方をどう見ていたかを理解するための貴重な情報源である。

我々はロシアのオリエンタリズムについて語れるか？　本書は、帝政期、つまりピョートル大帝の治世から一九一七年の二月革命までの、ロシアのアジアに対する姿勢を検討することで、この問いに答えようとする試みである。ロシア人は東方を、いくつものレンズを通して眺めていた。本書はそのうちの二つに焦点をあてる。すなわち、東洋学と文化である。筋を明確にしておくために、重要人物全員について百科事典的情報を提供しようとするよりも、代表的な個々人に光を当てることとする。この意味で私は、師であるジョナサン・スペンスが、西洋の中国観の歴史研究で採ったアプローチを拝借することを認めるものである。[45]

ちょうど西洋の人々が、地図上のどこに東洋があるのかについて曖昧だったように、ロシア人も同等に「東方」観においては不明瞭であった。本研究は、心象地理の研究でもある。ロシア人の頭の中には、単一のオリエントと複数のオリエントの両方があり、それは、モスクワの東わずか六百キロのところにある古のタルタルの町カザンから、ペルシア、インド、中国、モンゴル、日本といったアジアの国々にまで広がっている。よって本書は、中央アジアや東アジアを含む、ロシア人を魅了してきたあらゆる東洋《オリエント》に地平を広げて、東方を広く捉える。私の興味は想像上の「他者」観の検証にあるので、ソロヴィヨフが呼んだところの「キリストの東」よりも「クセルクセスの東」に概して言及することとする。また、私はサイードの概念の重要性は認めるものの、彼の「オリエンタル」「東洋学《オリエントロジー》」「オリエンタリスト」の語に対する距離感は共有していない。私はこれらの語を、ちょうどロシア人が「東方《ヴォストク》」「東方研究《ヴォストコヴェデニエ》」「東方学者」として理解するように、中立的な、サイード以前の意味で用いている。

ロシア人がアジアについて、一致した見解を持っていたことは一度もない。サイードのオリエンタリズムの枠組みは、アジアと、アジアにどう対抗するかということについて、決して存在しない見解の一致を前提としている。二つの大陸にまたがるロシア帝国の地理、ヨーロッパとの曖昧な関係、そして、アジアとの邂逅の複雑な性格が、人々の間にばらばらの東方理解を生むことになった。アレクサンドル・モティルの一九六九年の映画『砂漠の白い太陽』の決め台詞〔「東方ってのは繊細な問題なんだ」〕を言い換えるなら、ロシアのオリエンタリズムは複雑な問題なのである。

第1章　森と草原《ステップ》

その地理上の性質ゆえに、ロシア国家は、その存在のまさに最初の数世紀から、西と東、両方の影響下に入るようになった。

ワシーリー・バルトリド

ゆくゆくはロシア人となる人々が、東と西、ヨーロッパとアジア、あるいは、キリスト教徒と異教徒について考えるようになるはるか以前、森とステップが、彼らの自己と他者の概念を規定していた。ロシア人を生んだ先祖である東スラヴ人は、ヨーロッパ北東部の、森の生い茂る辺境に、我々の暦でいうところの最初の千年の後半のある時期に、初めて定住した。[1]ローマの崩壊に続く大移動の時期、この暗い太古の地に、いったい何が彼らを誘ったのかは、いまだに分からない。

これらスラヴ民族の一部は、ハザル人に進貢するようになった。ハザルは、七から九世紀にかけてヴォルガ川下流域を支配していた、中央アジア起源のより強力な遊牧民族であった。ユーラシアの草原のテュルク系諸民族の緩やかな連合の一部として、ハザルは、バグダードのカリフ、ペルシア、ビザンツを含む当時の巨大勢力との交易から利益を得ていた。文化はコインとともにやって来て、彼らの多彩な貿易相手は、遊牧民たちに影響を及ぼした。一般民衆の多くがキリスト教とイスラームに改宗したのに対して、エリートたちはユダヤ教を摂取した。様々なスラヴ系集団が最初にハザルと接触するようになったのは、毛皮、蠟、蜂蜜や、その他の森の産品を、アラブの銀と交換することを通じてであった。ロシア北西部全域で見付かっている、八から十一世紀に遡る近東のコインの貯蔵所は、当時のスラヴと東洋《オリエント》の活発な貿易を証明している。

八世紀のある時点で、富をもたらすこの事業は、スカンディナヴィアの好戦的なヴァリャーグ人（ヴァイキング）の注意を惹き、彼らは東スラヴの比較的弱い領域に巧みに入り込んだ。古代スカンディナヴィア人とルーシ――ロシアの先祖はこう呼ばれている――との関係の正確な性質をめぐっては、激しい論争が巻き起こり続けている。それでも、これらスラヴ民族の中から、結果的に、ステップと森の境界近くにあるキエフを首都とした最初の国家が現れたのは、この関係下においてのことであった。この若い政体は、スカンディナヴィアの指導者を有しながらも、その初期の時代においては、ハザルに服従したままであった。九世紀のビザンツとカロリング朝両方の史料には、スラヴのスカンディナヴィアの支配者のことが、テュルク語の「カガン」（ハン）という名称で言及されている。この支配者は後に、「大公」として知られるようになる。[2] テュルク研究者ワシーリー・バルトリドの言葉を借りれば、「その地理上の性質ゆえに、ロシア国家は、その存在のまさに最初の数世紀から、西と東、両方の影響下に入るようになった。（…）ロシアの東方とのもっとも強い文化的結びつきは、その最初期の、キリスト教摂取以前の時代にあったように思われる。[3]」

キエフ・ルーシはやがて、ビザンツ帝国、ハザル人、ブルガル人（ヴォルガ川中流域に住むイスラームのテュルク系民族）、南方ステップのアジアの遊牧民連合の継承者、西のカトリック王国を含む、様々な隣人たちと交易し、戦争をする、強大な独立国家へと発展した。キエフにとって、その運命を決定づけた歩みの一つは、九八八年、ウラジーミル大公がビザンツ帝国の東方正教を採り入れたことであり、これによってキエフは、帝国の文化圏内に入ることになった。ウラジーミルの洗礼は、彼の公国をキリスト教世界に決定的に位置づけたが、ローマ・カトリックではなく、ギリシアの信仰を採用したことは、西方との将来の対立の種を撒いたのであった。

それが存在していたほとんどの期間、多くのルーシの民にとっての外的脅威は、ステップからやって来た。太平洋に近い満州から中欧のハンガリーまで、ユーラシアをまたいで広がる広大な草原は、延々と広がる広大な空間を移動して回る多様な遊牧民たちが、たやすく行き来することを可能にし、あたかも内陸の海のような役割を果たした。数世紀にわたり、内陸アジアの諸集団が、波のように次々と西へ押し寄せ、より強い遊牧民連合に取って代わられるまで、南ロシアのステップを占領していた。史料上の記録に初めて詳細をもって登場するのは、紀元前五世紀にギリシアのヘロドトスの『歴史』に描かれたことで有名なイラン系の民、スキタイ人である。[4] キエフ・ルーシの時代、二つのテュルク系の連合、ペチェネグ人とポロヴェッツ人（クマン人、あるいはキプチャク人としても知られる）が、南の国境地帯を支配することに成功した。

キエフの修道院が残した年代記や、その他の現存する記録文書が伝えるのは、定住した農民たちと、アジアの遊牧民たちとの、絶え間ない争いである。[5] 中でも、もっとも古く、もっとも重要な『原初年代記』は、九六〇年から一〇四〇年あたりまでの、主たる遊牧民の敵であったペチェネグ人と、一〇六〇年を過ぎた後に彼らに取って代わったポロヴェッツ人との衝突に、頻繁に言及している。ところが、『原初年代記』を注意深く読めば、森とステップの関係が常に敵対的なものばかりではなかったことが伝わってくる。事実、両者は戦争をしている時よりも、平和であることの方が多かった。[6]

ペチェネグ人とポロヴェッツ人が初めてキエフと接触するようになった時、いずれの遭遇も、あたたかい調子で始まった。ペチェネグ人はそもそも、九四四年のビザンツ帝国遠征での同盟者であった。他にも共同戦線を張る機会は多くあり、キエフが弱体化し始めると、内紛で競合する公が、ポロヴェッツ人の支援を取り付けるのは珍しいことではなかった。実際、公たちはしばしば、息子と遊牧民のハンの娘に婚姻関係を結ばせることで、そのような同盟関係を固めていた。一一〇〇年代までには、幾人かのロシアの公たちは、血統の上では、ほとんどテュルク系だといっても良いほどだった。[7] 一方、ペチェネグ人や、その他の難民と化した遊牧民たちは、後の世紀にコサックがそうしたように、「荒野」の果てからやって来る急襲に対する防御のために、脆弱な南に定住し、キエフの軍役にたびたび加わった。そして、中国の北進がそうであったように、キエフは遊牧民の隣人たちと活発な商取引に従事し、森の産品をステップのそれと交換したのだった。

ペチェネグ人とポロヴェッツ人が、キエフ・ルーシに似たような挑戦をしたのにもかかわらず、年代記は彼らを驚くべき違いをもって描く。[8] ペチェネグ人たちとの様々な対立に関する『原初年代記』の描写は、簡潔で、侮蔑的表現は実質的にされていない。実に対照的に、ポロヴェッツ人たちは最初からずっと、聖書にある禍と同等にみなされている。ポロヴェッツに対する年代記の否定的な描写は、キエフのキリスト教改宗を反映している。ウラジーミルの洗礼以前、東スラヴはステップの遊牧民たちを面倒な隣人だと思ってはいた。しかし、十世紀の転換期にビザンツの信仰を受け入れることで、ルーシは、信者と不信心者とを明確に区別するその世界観をも吸収した。一〇六一年に、ポロヴェッツ人がキエフの領内に最初の攻撃を仕掛けた時、『原初年代記』はそれを、「これは神を知らない異教の敵の最初の禍であった」と記録した。その七年後の襲撃は、神罰として描かれた。「神が私たちの罪のために私たちに対して異教徒を向けられたのだ」と。そして、一〇九六年、ポロヴェッツ人がキエフの修道院を襲った年に入ると、彼らは「神を恐れないイシマエルの子ら」になった。[9]

ユダヤ教とキリスト教の世界観がさらに、ポロヴェッツに悪魔的な、黙示録的連想さえも与えていった。ある一節の中で『原初年代記』は、彼らが、その出現がこの世の終わりの前兆となる悪魔の力、ゴグとマゴグの地と結びついた「不浄の」種族であることをほのめかす。年代記の作者の対話者によれば、この地域は北東に延びる「ある山々」から成っており、北東とは伝統的に、不吉な方角として連想される。[10]『原初年代記』を編んだ修道僧にとってみれば、ポロヴェッツ人は、そもそもキリスト教徒ではないがゆえに、邪悪なのであった。たとえ、当時の彼らの信仰がシャーマニズムであっても、作者たちは、ますますビザンツの反イスラーム論の言葉をもって、彼らを描写した。これは驚くべきことではない。というのも、東ローマ帝国がイスラームを初めて知ったのは、七世紀のアラブ帝国の侵入時だったからだ。遊牧を行う「羊とラクダの民」として、この新しい敵は、ペルシアのような伝統的なオリエントの敵よりも、フン人やアヴァール人、その他の、ビザンツ帝国に悪意を持つ野蛮なハン国の人々に似て見えたのだろう。[11]

『原初年代記』がポロヴェッツや他のテュルク系遊牧民を「神を恐れないイシマエルの子ら」と呼ぶ時、そこにはムハンマドの伝説上の祖先への連想がはたらいている。創世記によれば、聖書に登場する族長アブラハムと、彼の妾ハガルとの間にできた息子であるイシマエルは、少年の時に砂漠に放逐された。ユダヤの伝統では、「野生の人」はこうして、様々なベドウィン族の父祖となったとされる。つまり、十一世紀キエフの僧である筆記者が、近東と内陸アジアの遊牧民を融合させたことは、あまりに安易だったのである。

はらからよ、イーゴリの
かのスヴャトスラフの子イーゴリの
悲しい遠征の物語は
いにしえの言葉もて
はじめることこそ、ふさわしくないであろうか。（…）

イーゴリこそ、
その決意もて心をひきしめ
勇気もて胸の思いをとぎすまし
闘志満々、ルーシの地のため
ポーロヴェッツの地をさして、
勇ましい軍勢をひきいていった君にほかならぬ。[12]

ルーシのステップとの出会いを描いた、もっとも良く知られる文学的記念碑、十二世紀の『イーゴリ軍記』は、こう始まる。だいたい同時代の作品、フランスの『ロランの歌』同様、これは、神を認めない他者との不運な衝突を描いている。そして、まさに『ロランの歌』と同じように、イーゴリの歌は、叙事詩上重要な出来事へと詩的に転換された、比較的小さな戦闘に基づいている。しかし、かの叙事詩が、キリスト教とイスラームの間の千年間の闘いの一部として、ピレネーでのロランの悲劇的な結末を描いているのに対して、イーゴリの歌の宗教的メッセージは、ずっとトーンが弱い。

イーゴリ・スヴャトスラヴィチは、ステップの境界地域の若き公であった。当時の高貴な生まれの多くのロシア人同様、イーゴリはアジアの遊牧民と血のつながりを持ち、彼の王朝のライバルを相手に、彼らと共に戦った。[13] ところが、年代記によれば、一一八五年の春、公はポロヴェッツに対して、東方へと遠征を仕掛ける。[14] 縁者であるキエフ大公スヴャトスラフ・フセヴォロドヴィチとの話し合いを無視して、イーゴリは、彼の息子ウラジーミル、弟、そして彼らの従者たちと共に、衝動的に出立する。

彼らがステップを行軍している最中、伝統的に不吉な予兆とされる日食が空を暗くし、人々は動揺する。公は彼の軍を糾合し、進軍を続けた。運は当初イーゴリの味方をしたようにみえて、彼は容易くポロヴェッツの陣営を攻略した。しかし、その成功は短命だった。夜明けが来ると、まだ人々が戦勝の酒宴で酔っているうちに、敵が奇襲を仕掛けてきた。三日間の激しい戦闘の後、イーゴリの従者たちは壊滅状態に陥った。指揮官は、息子共々、ポロヴェッツ人のハン、コンチャクの捕虜となったが、ロランの運命とは異なり、イーゴリの不運な出来事はハッピーエンドを迎える。公は脱獄し、彼の息子は、故郷に帰ることを許される前に、ハンの娘と結婚した。

十八世紀の末に、貴族であるアンティーク蒐集家に発見されたイーゴリの物語は、他ならぬアレクサンドル・プーシキンに、「ロシア文学の砂漠に建つ唯一の記念碑」と絶賛された。[15] 十二世紀末のルーシには場違いに思われる作品の洗練ぶりと、十六世紀の写本が、一八一二年、ナポレオンがモスクワを占拠していた間に起きた大火で焼失したという事実が、これがもっと新しい時期に書かれた偽物なのではないかという憶測を常に呼んできた。[16] おそらくは公の従者であった教養ある人物によって書かれた、というのがもっとも有力な説であるこの作品は、ルーシの東方観に関する貴重な見識を与えてくれる。[17]

イーゴリの物語におけるキリスト教摂取以前の神、魔術、その他の異教的要素に関する言及は、摂取されて間もない正教会が、人々の想像力をまだ堅固に掌握してはいなかったことを示している。『イパチエフ年代記』におけるイーゴリの大失敗に関する叙述では、彼の敗北を罪に対する神の罰に帰しているが、叙事詩は、公の愚かなうぬぼれや反抗を責める傾向にある。多くの識者が指摘してきたように、後者のテクストの持つメッセージは、外からの軍事的脅威に直面した時の、政治的不和の危難を強調する点で、明らかに世俗のものである。最後の最後に唯一、信仰を擁護する言及箇所があるだけで、強調されているのはむしろ、「ルーシの地のために」戦うことである。

同じように、『イーゴリ軍記』は、ポロヴェッツ人を悪魔的な勢力としては描いていない。年代記と違って、それは「異教徒」と「ポロヴェッツ人」という用語を同義で用いている。ここでは、いずれの語も、宗教というよりも民族的呼称なのである。『イパチエフ年代記』では、彼らの族長が「忌まわしく、神を知らない、恐ろしく呪われたコンチャク［・ハン］」であるとすれば、『イーゴリ軍記』が用いるもっとも強烈な罵り言葉は、「異教徒の奴隷」である。年代記を記録していた僧たちとは異なり、イーゴリの物語の匿名の作者は、ポロヴェッツ人を危険な敵とみなしてはいたものの、それは、それ以上の何者でもなかったのである。

不和の危険性に対して『イーゴリ軍記』が鳴らした警鐘は、その半世紀後、はるかに破壊的な敵がステップに現れた時、不気味にも先見性を持つことになる。年代記は、一二二三年、謎めいた、尋常になく暴力的なステップの遊牧民、「タタール人」がやって来たことを伝えている。彼らの前には、ポロヴェッツでさえも屈し、ハンたちはロシアの公たちに助けを乞うた。ハンたちの一人は、「今日、彼らは我々の土地を奪った。明日には、あなた方の土地を奪うだろう」と警告している。[18] 続いて四月には、新しい敵を迎え撃つための合同派兵が組織された。

組織のされ方はお粗末で、面倒ばかり起こし、指揮系統の混乱する戦線に妨げられ、この同盟はタタール人の敵ではないことが判明した。その次の春、南東ロシアのアゾフ海近くのカルカ川河岸での戦闘では、彼らは総崩れになった。そしてそれから、出現と同じくらい突然に、「邪悪なタタール人」は進路を変え、内陸アジアへと姿を消した。「我々は、彼らがどこからやって来たのかも、どこへ去って行ったのかも、分からない」と、年代記作者は書いている。「神のみぞご存じである。なぜなら、私たちの罪に対して、彼らを遣わされたのであるから。[19]」その後十四年の間、不穏な静けさがステップを覆っていた。

このタタール人たちは、もちろん、モンゴル人、すなわち、十三世紀の変わり目に、内陸アジア東部のステップの、昔からの荒くれ騎士たちからチンギス・ハンが作り出した、強力な遊牧民の連合のことであった。彼らは既に、中国北部、ペルシア、その間の多くの地で、相手側の軍を敗走させており、一二二三年のロシア南部への短期間の襲撃は、ほんの偵察に過ぎなかった。チンギスの死の八年後、一二三五年に、彼の孫バトゥ・ハンは西への進軍を再開した。翌年、ヴォルガ川流域のイスラームのブルガルが落とされ、人々はことごとく虐殺された。

次は北東ロシアの公国の番だった。一二三七から三八年の遠征で、リャザン、ウラジーミル、そして比較的小さな町であるモスクワが次々に襲われ、大公ユーリー・フセヴォロドヴィチが、バトゥの戦士たちが退く前の戦闘で戦死した。翌年、彼らはその関心を南ロシアへと向け、町を次から次へと破壊し、一二四〇年の十二月までには、古都キエフも奪われた。北のノヴゴロドは、春の雪解けが阻んでくれるという幸運によって救われたが、統治者であったアレクサンドル・ネフスキー公は賢明にも、ハンへの服従を誓い、その領地を猛襲から守った。

その後二世紀以上にわたって、ロシアは、後に「モンゴルのくびき（タタールのくびき）」と呼ばれるようになるものの下に、服従することとなる。[20]最初の数十年がもっとも厳しく、懲罰的出征、疫病、経済的混乱によって、人口が四分の一以上減少した。しかし、先立つ犠牲にもかかわらず、バトゥの征服は、年代記が描いていたようなアルマゲドンではないことが分かってきた。中国、ペルシア、中央アジアの他のモンゴルのハンたちとは違って、バトゥはロシアの所有地を占拠することを避けた。森がステップの遊牧民たちをあまり惹きつけなかったのと同時に、公国の比較的貧しい状態と後進性が、その魅力をいっそう減じていたのだ。代わりに、キプチャク・ハン国――後にロシアがバトゥのハン国をこう呼ぶ――は、カスピ海沿いステップに定めた首都サライから、バスカク〔徴税人〕や、貢物や兵を集めると共に秩序維持を請け負う住民を通じて、間接統治を行った。十三世紀の終わりまでには、より自律的なロシアの公の協力者に地位を譲り、このシステムは廃止された。

キプチャク・ハン国が重い進貢を課しても、ロシアの経済は侵略から回復しただけでなく、異国の支配から利する場合もあった。ハンたちは主に、スラヴの地方から収入を得ることに興味があったために、交易を阻害することはほとんどなかった。結果として、ノヴゴロドやモスクワのような北部の町は、モンゴルの広域商業ネットワークとのつながりを通じて豊かになった。しかしながら、この新しい秩序によるロシア側の主要な受益者は、正教会であった。十四世紀初頭のイスラームへの改宗にもかかわらず、キプチャク・ハン国は、ステップの宗教的寛容の伝統を頑なに維持した。ロシアの聖職者たちは、信者に仕えるにあたってはまったくの自由であったし、ハンの幸福のために祈りを捧げさえすれば、財政上の控除を受けられた。実際、教会がロシアのナショナル・アイデンティティの第一の担い手になったのは、モンゴルのくびきの下でのことであった。チャールズ・ハルペリンがいうように、ロシアの聖職者たちは、「すべてのモンゴル人がすぐさま地獄に落ちるようにと祈ると同時に、(合意の下で) ハンの健康を祈る」という、奇妙な状態にあったといえる。[21]

遊牧民の世界では、首領の地位は、個人のカリスマ性よりも、出自の偶然を根拠とする。血統は正統性を付与しはするが、最初に生まれることが、多くの定住社会ほどには重要ではない。同時に、ハンは一夫多妻《ポリガミー》であるので、彼らにはしばしば、多くの潜在的後継者がいる。それゆえ、チンギス・ハンの非常に多くの子孫たちの間では、後継者争いが頻繁に起こっていた。キプチャク・ハン国は、チンギス・ハンの帝国から生まれた他の三つの国よりは長く存続したものの、時が経つにつれ、その結束力は不可避的に低下し、十四世紀には、内部対立によって定期的に動揺していた。

その時代は、モスクワの公がみるみる力を伸ばしていった時期でもある。公は、サライでの有利な地位を獲得する一方、ロシア側のライバルたちに対して、権威を増すことに実に熟達していた。一三八〇年、キプチャク・ハン国が政治的に混乱をきたしていたある時期に、モスクワ公ドミトリーは、ドン川流域のクリコヴォで戦いを挑んだ (ここから、彼は「ドンスコイ」というあだ名を得る)。ドミトリー・ドンスコイの勝利は短命であった。二年後には、敵にモスクワを略奪され、より高い税を課せられたからだ。しかしながら、サライの政治秩序は揺らぎ続け、その権威を完全に回復することは二度となかった。ドミトリーの孫、大公ワシーリー二世は、ハンの支配を受けた最後の公となり、その後継者大公イワン三世（イワン大帝）は一四八〇年、ハン国への服従を拒否することに成功した。

当時、ロシア人たちはアジアの君主をどう見ていたのか？　答えは、驚くほどに複雑だ。二世紀半におよぶモンゴルのくびきに関して、モスクワ公国の教会が記した文献は、ロシアの想像におけるオリエントの他者の、もっとも永続性のあるイメージを残している。それは、心躍るような描写ではない。『バツのリャザン襲撃の物語』は、このジャンルの典型的作品である。ルーシの境界の北東に位置したリャザンは、一二三七年に襲撃を受け、モンゴルの手に落ちた最初の公国であった。物語は、モンゴルが公国の首都に来襲した際の略奪破壊行為を、陰惨な詳細をもって描く。「彼らはいと清き聖母の大寺院に押し入り、大公の母アグリピナ大公妃とその息子の后たち、ならびにその他の公妃たちを剣で斬り殺し、主教と司祭たちを火あぶりにして聖なる教会のなかで焼き殺した。このほか多くの者が彼らの刃にかかって殺された。タタール勢は町の中で、あまたの住民を女子供にいたるまで剣で斬り殺し、ある者は川でおぼれさせ、（中略）町のなかにはひとりとして生き残った者がなかった。……すべてこれらの災はわれらの犯した罪ゆえに生じたものであった。」モンゴル人たちはまだイスラームに改宗してはいなかったが、「異教徒」「神を知らぬ者」あるいは「ハガルの子」というような、ムスリムに対するビザンツ流のいつもの侮辱的レッテルを貼られた。そして、バトゥ・ハンは、「邪悪」で、「神を知らぬ、二枚舌で残忍な皇帝」なのであった。[22]

『バツのリャザン襲撃の物語』は、それが描く出来事からだいぶ経ってから、有力な説では十六世紀に、書かれた。[23] 研究者たちが指摘するには、当時のモンゴル時代に関する叙述は、これよりももっと穏やかなトーンで、アジアの君主の存在をしばしば最低限に留めるか、あるいは無視しさえもした。ハルペリンが「沈黙のイデオロギー」と呼んだものである。[24] これは、部分的には、ロシアの精神的パトロンであったビザンツ帝国が、キプチャク・ハン国と、概してかなり良好な関係を結んでいたことに起因する。（一二七三年には、皇帝ミハイル八世がノガイ・ハンに娘を嫁がせたほどだ。[25]）

ハルペリンが説得力をもって論じる通り、より興味深いのは、当時の修道院の年代記が、サライの主権というその事実を、わざと無視していたことである。彼らは、バトゥ・ハンの国がロシアの地を破壊したことを認めつつも、その略奪行為を、かつてのポロヴェッツ人の襲来と同じように描いている。ある意味で、僧たちは正しい。バトゥの襲来直後の数十年のバスカクを除いては、モンゴルは物理的にロシアを支配したわけではなかったからだ。ハルペリンが付言するように、「ロシア・タタール関係の真の性質についての、中世の作家たちの無口さは、無視の印でも、小心の証でもない。そうではなくて、それ自体が、抑圧に対する抵抗のかたちなのである。しかし、それが、歴史家たちを誤らせる残念な結果を生んだ。[26]」

正教会がモンゴルについて厳しいレトリックを用い始めたのは、モスクワ公国がついにキプチャク・ハン国を退け、その残党に対する反撃を開始した後になってからのことである。クリコヴォの戦いのようなある一つの出来事に関する、時を経て異なる叙述を比較すると、それは十六から十七世紀にピークに達する比較的漸進的なプロセスだったことが分かる。モンゴルの前任者であったポロヴェッツについても使われた、時代錯誤的な反イスラームのビザンツ用語の中に、侮辱的ニュアンスは込められ続け、邪悪さや背信の強調は、それよりさらに強まった。[27]

モスクワ公国の聖職者が使う「タタール」という言葉も、水をさらに濁らせた。皮肉なことに、もともとのタタール人とは、ステップ東部のモンゴル人の大敵であった。中国人は、長い間タタール人たちと交流を持ち、彼らの名を、万里の長城の外に住む牧畜民の総称として用いるようになった。十二世紀の末にチンギス・ハンが部族の違いを大幅になくしてから、そのレッテルが固着し、やがて、アラブ人やインド人、ヨーロッパ人が、モンゴル系の遊牧民全体を表す呼び名として使われるようになる。西欧では、この用語は特に縁起の悪い含意を持つ。古典的神話学で地獄の地を意味するタルタロスと、容易に混同されたからだ。「タタール」とは現在、ステップの、キプチャク・ハン国のかつての領土に住まう、テュルク系でムスリムの末裔を指す。[28]しかし、不運なドラマとその永続性にもかかわらず、教会の論議によって作られた邪悪なタタールというイメージが、モスクワ公国のアジア観を独占することはなかった。[29]モスクワの公たちは、長い間キプチャク・ハン国を熟知していただけでなく、しばしばロシア側の主たる協力者としても振る舞った。結果的に、ビザンツ帝国が彼らの神への見解を形成した一方で、サライは彼らの世俗的政治理解に影響を及ぼしたのである。[30]

歴史家たちは、今日のロシアにおけるモンゴルの遺産について推測を重ねているが、モスクワ公国へのそのインパクトは否定しようがない。少なくとも十六世紀を通じて、ムスリムの隣人たちとのモスクワ公国の外交は、モンゴルの実践方法に倣っていた。[31]「金銭《チェーンギ》」「財産《カズナ》」「税関《タモージュニャ》」などのタタール語源の単語をロシア語に採り入れたことも、官僚制への影響をうかがわせる。[32] 事実、一五五〇年に、ヴォルガ川流域にあったキプチャク・ハン国の二つの後継国家、カザン・ハン国とアストラハン・ハン国を征服することにモスクワが成功したのは、ステップの流儀に同化したことが一因であった。[33]

モスクワ公国はまた、ハンや、それよりは下位の高貴な人々を貴族社会に迎え入れることによって、より直接的に、キプチャク・ハン国の要素を吸収した。[34] その崩壊以前より既に、多くのハン国の「白い骨をした」(上流の)者たちがロシアの軍役に加わっていた。早いところでは、クリコヴォの戦いで、数名のタタール人がドミトリー公の側で戦っている。[35] それから二世紀近くの後、ツァーリ、イワン四世がカザンとアストラハンを打ち破った後に、リヴォニアを攻めようと西へ向かった際、彼はタタール人のハン、シャー・アリーを軍の指揮官に任命し、他の幾人ものタタール人貴族も、長期遠征の間、上級士官として尽くした。[36] ステップでそうであるように、モスクワは、征服した民族を統合し、支配者に仕えることに同意する限り、自らに従う精鋭たちに自身の社会と同様の地位を与えることに、何の不安も持っていなかった。そして、スペインのようなカトリックの王国ではまずあり得ないこととして、上流階級の中で結婚相手を選ぶにあたり、(もしも正教に改宗していれば)社会階級はたいてい人種に勝った。結果として、様々な民族的要素が、長い時をかけて、ロシアの純血の中に流れ込んできた。

公的な帝国の系譜では、多くの家系がタタール起源であることを誇っていた。そこには、多くの中でも、ユスポフ、クラキン、ダシコフ、コチュベイ、ウシャコフ、カラムジンといった名高い姓が含まれる。このうちいくつかの血統は、ロシア貴族の想像上の「系図上のゼノフォビア」を反映して、偽られたものだった。[37]創られたものであれ、本物であれ、スラヴ系貴族がアジアの出自をひけらかしたいと熱望することは、オリエントに対する、彼らの高度の人種的偏見を示すものではない。二十世紀の転換期に、若き詩人アンナ・ゴレンコがペンネームをつけた時、彼女は自分の母方のタタール系の先祖の名前、アフマートワをただちに選んだのだった。[38]

このように、キプチャク・ハン国との親交が、必ずしも蔑視を生むわけではなかった。教会がタタール人への敵意を一段と募らせていった一方で、世俗の見解はより善意に満ちたものへと傾斜していった。イスラームの敵とヨーロッパとの関係という文脈で、ある研究者はこう述べた。「西欧では、オスマン帝国に相対する諸国家の実際的な政策と、出版される『トルコ物』の全体的な文面との間に、かなりの矛盾が存在した。前者はしばしば、後者の持つ敵意をまったく反映しなかったのである。[39]」同じことが、モスクワ公国とモンゴル人にもいえる。

早くとも十七世紀までは、ステップの遊牧民たちは、ロシアのオリエント観を占めていた。しかしそこには、近東、インド、そして後に中国を含む、他の東方世界もわずかながら存在した。それらの印象のいくつかは、ビザンツの要録に基づいた記録や、様々な世界の歴史叙述を寄せ集めたものから生じていた。[40]ロシア最初の記録は、明らかに、学識あるセルビア人によって十五世紀に生み出され、そのコピーは、ピョートル大帝の時代までの新しい出来事を書き加えられて作られていった。一六〇〇年代に西欧との接触が増える以前、モスクワ公国における既知の世界の数少ない視覚的表象の一つも、ビザンツ帝国に起源を持っている。六世紀の地理学者コスマス・インディコプレウステス（「インド航海者」の意）の、『キリスト教地誌』である。[41]一方、方々のオリエントの宮廷へ派遣されたツァーリの使者たちの報告は、アジアの隣人たちについて、比較的客観的な一次情報をもたらした。しかし、これは当時、広い読者層を獲得する傾向にはなかった。[42]

教養あるモスクワ公国の人々に、より良く知られていたのは、正教の巡礼者たちが聖地やツァーリグラート（コンスタンチノープル）への旅について著した旅行記であった。[43]最初の旅行記は、十二世紀初頭、ダニール典院（修道院長）の手によるものである。[44] 彼の旅のわずか数年前、十字軍がパレスチナを占領し、典院は、エルサレムのフランドル王ボードゥアンの客として、復活祭《イースター》の真夜中のミサに出席する栄誉に浴した。復活教会での、ダニールはその旅行記を、正教信者のための旅行ガイドとして書いたため、ごく自然に、キリスト教徒にとって重要な地に焦点を当てた。同時に、長旅に関する描写も、興奮を誘う冒険物語として書かれた。しかしながら、ある研究者が指摘するように、「異教徒」のサラセン人を描く時でさえも、修道院長の筆致は比較的客観的である。[45] が、それ以後の旅行記は、「不信心」で「憎悪に満ち、呪われた、残酷な」ムスリムたちに、より批判的になった。けれども、一二〇四年、キリスト教のコンスタンチノープルを第四次十字軍が占領した後には、他のロシア正教の巡礼者たちは、その旅行記の中で、「不信心」のカトリックの背信に対しても、同じ程度の控えめさで書いたのであった。[46]

もっとも人気のある中世の旅行記は、もっとも面白い作品でもある。宗教的なモニュメントや儀式についての描写を含む、このジャンルの慣例の多くに倣ってはいるものの、その目的地は、明らかに非キリスト教世界の地であるインドだ。[47] 一四六六年、ツァーリ、イワン三世は、現在のアゼルバイジャン、ザカフカスの小さなハン国シャーヴァンへと外交使節を送った。一行の中には、トヴェリ出身の商人、アファナシー・ニキーチンがいた。[48] 一行がカスピ海の港、アストラハンに近付くと、タタール人が襲撃して来て、旅人たちを散り散りにしてしまった。ある者たちはロシアに戻ったが、ニキーチンはペルシアへと旅を続け、最終的にはアラビア海を経由してインドへと渡った。

十五世紀モスクワ公国の人々が、インドについてまったくの無知であったわけではないが、彼らが知っていたのは、『インド王国の物語』や『キリスト教地誌』のようなビザンツ帝国からもたらされた情報源による、遥か遠くのおとぎの国としてのインドであった。[49] 伝説上のアジアのキリスト教君主、プレスター・ジョンの伝説にもとづいた、『インド王国の物語』は、伝説上の人々や動物が住まい、莫大な富を持つ魔法の国を描いている。これらの物語は、フォークロアにもその痕跡を残した。例えば、あるブィリーナ（英雄叙事詩）は、「豊かなインド」

からキエフのウラジーミル公の宮廷にやってきた、高貴な外国貴族の息子、デューク・ステパノヴィチの偉業を語っている。[50] ロシア人が誇らしげに言う通り、ニキーチンは、ヴァスコ・ダ・ガマに二十五年そこら先だって、直接観察したことからインドについての描写を残した、最初のロシア人だったのである。[51]

この豪胆な商人は、亜大陸のイスラーム国バフマニー朝で四年を過ごした。バフマニー朝は当時、南部に位置するヒンドゥーのライバル、ヴィジャヤナガル朝に行軍していた。彼の旅行記『三つの海のかなたへの旅』は、信心深い正教徒のそれであるかのように始まる。「我が聖なる父の祈りにより、神の子、主イエス・キリストは、私、罪深い僕《しもべ》アファナーシー、ニキーチンの息子に、お慈悲をたれたもうた。[52]」カスピ海とアラビア海という二つの海を越え、一四六九年五月、ニキーチンは、現在のムンバイのすぐ南にあるインドの港町チョールに降り立った。彼はすぐさまこう驚く。「人々は皆、裸で歩き回っている。［女性は］頭も胸も覆っていない。」そして、「男も女も皆黒人である。私がどこへ行っても、白人男性を見るのが珍しいのか、多くの人々が私の後をついて来る。[53]」不運が再びニキーチンの行く手を遮った。ジュナの町で、ハンが彼の馬を没収し、このロシア人商人がイスラームに改宗しない限り、金千片のかたにとると脅した。親切にも、あるムスリム名士が奇跡的に介入してくれたおかげで、彼は棄教から救われ、そしてさらに内陸へ、バフマニー朝の首都ビーダルへと進んだ。

ニキーチンはこの町とその周辺で、一年半を過ごした。ここで彼は、ふんだんに金箔をほどこされ、彫刻された石でできた、七つの門を持つ宮殿の、絢爛豪華なムスリムの宮廷を見たのだった。ニキーチンが書き残したところでは、スルタンが宮殿を出る時はいつでも、一万人の騎兵と、五万人の歩兵、金の鎧を着けた二百頭の象、そして、数百人のラッパ吹き、ダンサー、猿、若い乙女たちを供に従えて旅をした。他方、貴族たちは、金の馬具を着けた二十頭の馬に引かれた銀のかごで運ばれた。けれども、悲惨さもまた多く見られた。というのも、「その地は極度に人が密集しており、田舎では、人々はとても貧しい。[54]」しばらくの後、ニキーチンは、スルタンの国の人口の大部分を占めるヒンドゥー教徒たちの信頼を勝ち得た。彼は、彼らが「ロシア流に」祈りを捧げる多くの仏像（ブッダ、つまり、神の像）や、カースト制度を含む、彼らの信仰を詳細に描いた。

　オリエントへの多くの旅人と同じく、ニキーチンも女性をとても好色だと考えていた。「昼の間、妻たちは夫に添い寝するが、夜には外国人と出かけ、彼らと寝る。（…）彼女たちは、白人を楽しませるのが大好きだ。[55]」「グクーク」という火を吐く鳥や、森に住む、優れて組織された猿の軍隊など、その他の詳細についても同様に怪しげではある。しかし、全体的に、マンデヴィルが描いたようなモンスターが、遠く離れた外国に関するヨーロッパの物語の典型に近かった時代に、事実をそれとして描く客観性において、商人の旅行記は際立っている。

　それよりもさらに強烈な印象を与えるのは、故郷から遠く離れていた年月の間に、ニキーチンがどんどんイスラーム化していく様子である。彼が信心深いキリスト教徒としてその旅を始めたとしても、時が経つにつれ、『旅』の著者は、徐々にムスリムの宗教的慣習を採り入れていった。正教の暦を数えられなくなると、ニキーチンは、一か月に及ぶラマダンの断食のような、イスラームの慣行を観察し始める。そして、アラブ、テュルク、スラヴを奇妙に混ぜ合わせた様式で祈るようになり、次のようなチャンポン語でその物語を締めくくりさえした。「神の御恵により、私は三つの海を渡った（…）神は偉大なり［アッラーは偉大なり］！　神聖な神、神聖な主、神の聖霊イエスよ！　平穏あれ！　神は偉大なり。創造主アッラー以外に神はない。神を讃えよ、栄光あれ！情け深き、慈悲深き、神の名の下に！[56]」

　ニキーチンがムスリム世界にいる間、二つの一神教の教義を分ける大きな隔たりなど、結局ないかのように思われた。「ムハンマドの教えは真実であり続ける。そして、神だけが、真実の教えをご存じだ」と、彼は記した。[57]それは、単に彼が新しい環境に適応しつつあった、という方が当たっているだろうが、あるアメリカ人研究者が、ニキーチンは密かにイスラームに改宗したのだと論じてしまうほど印象的だ。いずれにせよ、商人は、正教の僧たちが預言者に対して抱く嫌悪感を、まったく共有していなかったのである。[58]

　一四七一年四月、「［海外での］五回目の復活祭《イースター》の日曜日に、私はロシアに帰ることを決意した」と、ニキーチンは語る。[59]多くのエキゾティックな場所の中から、ダイヤモンドと紅玉髄の鉱山へと長い回り道をして、彼はダボールの港に着き、一四七二年二月に、ホルムズ海峡に向けて出航した。九か月後、ペルシアと黒海（これが『三つの海』のうちの三つ目）を渡り、ニキーチンは彼の故郷に帰ってきた。旅は商業的には失敗だった。イスラーム圏インドでの物価は、異端者には差別的で、ロシア人商人が利益を上げるには単純に高過ぎた。そのうえ、ニキーチンは、故郷の町にたどり着く前に死んだ。しかし、彼よりも長生きしたその旅行記は、文学上の成功をもたらした。世紀の終わりまでには、原稿は広く出回っており、今日に至るまで、ニキーチンの『三つの海のかなたへの旅』は、もっとも愛される中世ロシア文学作品の一つであり続けている。

モスクワ公国のイスラームの隣人たちは、彼らがもっとも良く知るオリエントの他者であった。一五五〇年代に、イワン雷帝がカザンとアストラハンのハン国を征服した後、拡大しつつあった公国の国境の内側で、増え続けるタタール人やその他のテュルク系臣民の数を、ツァーリは数えた。帝政ロシアで初めて行われた一八九七年の国勢調査で、彼らは人口の十一％を占めており、ロシア人自身とウクライナ人に次ぐ、三番目に大きなエスニック・グループを形成していた。[60] ほとんどのタタール人は、時を経ると、主要都市の重要なコミュニティを作り、とりわけ、ヴォルガ川中流域と下流域から東、そしてクリミア半島に居住していた。

アファナシー・ニキーチンは、東方へ旅した唯一の十五世紀のロシア商人だったわけではない。他の者たちもアジアの地、特にトルコとペルシアを旅した。[61] しかし、彼らはニキーチンと違って、旅行記をほんのわずかしか残さなかった。モスクワ公国で、オリエントについて書かれ、残ったテクストのほとんどは、聖職者によって書かれたものだった。これまで論じてきたように、教会が、専制国家のより軍事的な膨張を支持するようになるにつれ、それらはますます敵対的になっていった。にもかかわらず、この反感は、論争的なテクストよりもむしろ、年代記や、異教徒（ムスリムの異端者）とのロシアの戦いについての、歴史物語に反映される傾向にあった。ポール・バシュコヴィチは、モスクワ公国の教会には、ムハンマドの教義に対抗する、論争術の十分に発達した文献がなかったと説明する。彼はこうも付け加える。「ピョートル［大帝］以前のロシアでは、イスラームに関する知識が十分ではなく、かなりのところ、イスラームの慣習についての短く、しばしば不正確な描写に限られていた。」[62]

十四世紀はじめのキプチャク・ハン国のイスラームへの改宗以来、ムスリムたちと直接交流してきたにもかかわらず、モスクワ公国の聖職者たちがその信仰について知っていたことは、ほとんどビザンツ帝国からもたらされたものだった。このことを良く物語るのが、コンスタンチノープルの教会が九八六年、ウラジーミル公に東方正教摂取を納得させるべくキエフに遣わした「ギリシアの哲学者」による、『原初年代記』に残る、もっとも長い関連引用箇所である。学識あるギリシア人は、彼よりも先に来ていたムスリムのブルガル人たちについて、その宗教は「天と地を汚すもの」だと、彼らを貶めることから議論を始めている。ムハンマドに従う者たちは、「他のすべての人よりひどく呪われ」ており、「主が焼け石を降らせ洪水を起こして沈んだ」ソドムとゴモラと同じ運命が待ち構えている、と。彼らを永遠の地獄の責め苦が待ち受けると説明したことを除くと、正教の学者はムスリムに対して、いかなる洗練された神学的議論も用いていない。代わりに、彼らのその衛生状態をけなし、「彼らは自分の尻を洗って、その水を口に注ぎいれ」ているはずだと説明することで論を続ける。ウラジーミルは、それは吐き気をもよおさせる習慣だと、同意する。[63]

数世紀にわたり、イスラームを扱うビザンツの数少ないテクストは、北方へと浸透していった。その中には、十七世紀以前にロシア語に翻訳された唯一の関連文書だと考えられる、ダマスコの聖イオアンの書いたものも含まれる。[64] ヒジュラ（六二二年）から五十年ほどの後に、高名なシリアのキリスト教徒の一族に生まれたイオアンは、ウマイヤ朝のカリフに仕える徴税人としてそのキャリアを積み始めたが、後に、エルサレム近くの正教の修道院に入った。宗教の諸問題に関する幅広い著作をもつこの神学者は、百を越える「誤った」信仰を描写した『異端について』で、イスラームに対するキリスト教の議論を発展させた最初の人物である。端的に言うと、聖イオアンは、ムハンマドは真の預言者ではなく、性的放埒を唱えた、と論じた。しかしながら、奇跡のラクダに関する『コーラン』の一章をけなしたことを別とすれば、彼はイスラームの教えについて何ら直接論じたわけではない。[65]

ビザンティウムのニケタスや、ヨハネス四世のように、他の東方正教信者たちもイスラームに反する約定を著したが、彼らの使った侮辱的表現は、カトリックのそれほど痛烈なものにはならなかった。アッバース朝のカリフやその他のムスリム勢力との、より緊密な外交、通商関係が、ビザンツの姿勢をいくぶん和らげていた。さらに重要なことは、一二〇四年の十字軍によるコンスタンチノープル略奪により、正教徒がローマへの不信をますます募らせていたことである。こうして、フランスの中世史家アラン・デュセリエの言葉によれば、ビザンツは「［カトリックと］ムスリムを比較し始め、徐々に後者の方に好意を感じるようになっていった」のである。[66]

モスクワ公国でイスラームについて記した数少ない者のうちの一人は、あるオランダ人歴史家に言わせると「ロシアの教会における最初の真の学者」、修道士マクシム・グレコであった。[67] マクシムは、ギリシアの町アルタで、ミハイル・トリヴォリスとして、一四八〇年に生を受けた。ルネサンス期のイタリアで教育を受け、一五一八年、大公ワシーリー三世が、典礼書を教会スラヴ語に訳すのを手伝ってくれる学識ある人物を呼びよせた時には、アトス山の正教修道院に暮らしていた。ロシア滞在中、背信の咎で長期にわたって流刑されたにもかかわらず、修道士は、カトリック、ユダヤ教、イスラームに対する論争学を含む、精神論に関する多くの書を生み出した。後者の中には、六世紀前にダマスコの聖イオアンが打ち立てたビザンツ式論争術の伝統を忠実に守る、『ハガルの誘惑と穢れた犬ムハンマドのたくらみ』や『ハガルの子らへのキリスト教徒の回答』といった書が挙げられる。[68]

カトリックの学校で学んだことのあるマクシムの著作を除けば、コンスタンチノープル陥落以後にモスクワ公国に入ってきた、イスラームに関するまともな文献は、西欧からもたらされた。そのうちの一つが、リコルド・ダ・モンテ・クローチェの『サラセン人の法に反して』である。[69] バグダードに旅した十三世紀のドミニカ宣教師によって書かれたこの論争術書は、預言者の性格と『コーラン』の真実性について、伝統的な中傷を繰り返す。[70] イスラームに対するローマの姿勢は、概して、東方正教のそれよりもさらに敵対的なものだった。[71] しかし、一五五〇年代以降の、ヴォルガ川流域のタタールの地への新たなロシアの支配が示すのは、そうしたテクストの広まり（いずれにしても、正教の聖職者に限られていたが）が、必ずしも、ムスリム臣民の情け容赦ない同化政策につながるわけではない、ということである。モスクワ公国のツァーリは、一四九二年のグラナダ陥落後のスペインの例を踏襲しはしなかった。

東方に対するロシアの伝統的な世俗の姿勢は、それよりもっと捉えどころがないが、ブィリーナや民話は、いくらか手がかりを与えてくれる。[72] 教会がそうした文学に眉をひそめていたがために、ウラジーミル・ダーリのような民族誌学者が十九世紀に体系的に収集を始めるまで、それらは口承で伝えられていた。その起源を明確化することは難しいが、英雄叙事詩や民話は、ピョートル大帝期以前の世界観を反映している。

ブィリーナの中でももっとも人気があるのが、ウラジーミル大公の宮廷に仕えるボガトィール（中世の戦士たち）の偉業を語る「キエフ物」である。歴史と伝説を混ぜ合わせたこのブィリーナは、ロシア文化の中で、イギリスのアーサー王伝説にも似た位置を占めている。戦士たちの前に繰り返し現れる敵は、ドラゴンと盗賊に満ち満ちているが、最たるものがタタール人——十三世紀に現れたモンゴル人がこう知られるようになった——である。勇士イリヤ・ムーロメツは、ステップでの戦闘に、いつもこうした敵たち——「偶像崇拝の」ペチェネグ人とポロヴェッツ人とイスラームのキプチャク・ハン国の曖昧な混合体——とのステップでの戦闘に出かけていく。イリヤの戦友ドブルィニャ・ニキーチナが戦うドラゴン、「異教のへび」でさえも、しばしばテュルク系の特徴を備え、東の「サラセンの山」育ちということになっている。[73]

民話では、英雄叙事詩同様に、異国の敵は常にアジア人である。サラセン人に対する武勇伝を語るものもあれば、残酷なトルコのスルタンを物語るものもある。インドや中国は、しかし、そこまで敵意に満ちてはいない。ある民話では、「農家の息子」勇士イワンが、中国へと冒険の旅をし、その地で皇帝の娘ラオタの心を射止める。恐ろしい敵を倒した後、彼は、彼女の夫として、皇位を継ぐのである。東方との親近性は、フォークロアへ間接的な影響を及ぼした。スラヴ学者のローマン・ヤコブソンによれば、「古代ロシアの、遊牧民のテュルク系世界との交流と戦いは、（…）多くの名前や形容詞を、ロシアの昔話に残した。[74]」中世の勇者を表す「ボガトィール」というその語さえ、タタール語起源なのである。[75]

中世フォークロアのオリエント観のいくつかは、二十世紀初頭まで存続した。帝政末期に、新たに生まれた下流、中下流の識字層をターゲットに生み出された安価な小説、「コペイカ小説」は、依然として近東を悪意に満ちた存在として描いていた。[76]タタール人は、帝国の国境内ではもっとも危険な少数民族とみなされ続けていたし、トルコ人は主たる異国の敵だった。典型的な小説には、『アジア人の奴隷、トルコの虜』や『トルコの娯楽、あるいはムハンマドの獣姦』が含まれていた。広範な読者層を狙って一八九八年に出版されたある歴史書が示す通り、過去を振り返ることは、こうした見解を強化するだけであった。それは、六百年以上前のモンゴルの侵攻をこう描いた。「アジアのステップからロシアへと、タタール人たちが押し寄せてきた。その子孫を、あなたもおそらく見たことがあるだろう。この人々は残忍だった。彼らは外見からして凶暴で、誰にも情けをかけなかった。[77]」

もちろん、モスクワ公国の人々の頭の中でちらつくおとぎ話のイメージが、全体像を提示するわけではない。キエフ公国の時代のように、南東の境界の隣人たちとの混血が、自己と他者の境目を曖昧にしてもいた。[78]ある研究者が「スラヴとオリエントの統合体」と巧みに表現したステップのコサックは、この現象のもっともドラマティックな事例であろう。[79]正教を信仰しながらも、その集団は、ロシア人、ポーランド人、タタール人やその他の様々な民族を含んでいた。コサックのその名高い戦闘様式は、荒野の、内陸アジアの祖先たちから少なからず受け継いだものであった。

その初めにおいて、ステップの遊牧民は、ロシアにとってオリエントの他者であった。修道僧の記録者が残した年代記によれば、彼らの出逢いは必然的に敵対的なもので、森に住まうスラヴ系定住者たちは、終わりのない襲撃と戦闘に苦しんでいたとされる。しかし、この陰鬱な文献は当てにはならない。というのも、森とステップの関係は、永続的に、そして恒常的に敵対的だったわけではないからだ。衝突もあったが、通商と通婚もまた、ヨーロッパ系スラヴ人と、内陸アジアの遊牧民との交流を特徴づけていた。戦闘よりも、共益関係こそが、当時の秩序であった。二世紀半のモンゴルの支配さえも、結果的に私たちを信じこませてきたような、聖職者たちが積み上げた歴史よりも、友好的なものであった。

　モスクワ公国時代の東方観に関して残された証拠は大雑把なもので、こちらも同様に、特にイスラームに対する敵意を表している。こうした文献の多くは、ムスリムの敵に対するツァーリの遠征へのイデオロギー的支持をいよいよ強めていた正教会の保護の下で書かれた。他方、アジアについてロシア人が無知であった部分については、西欧がより世俗的な見解を示すようになるまで、ビザンツ帝国からもたらされる傾向にあった。しかし、世俗的な見方が強まるには、十八世紀転換期の、ピョートル大帝の治世を待たなくてはならなかった。

　教会がムスリムの東方を好意的に描かなかったとしても、それがロシアの態度を独占することはなかった。アファナシー・ニキーチンの十五世紀のインド旅行記は、この点を非常に明確にしてくれる。より重要なことは、ロシアはナショナル・アイデンティティの発展において、比較的遅れていたということだ。結果的に、彼らの人種感は、西ヨーロッパのそれに比してはるかに弱かった。近代になるまで、農民の主たる忠誠心の対象は東方キリスト教の信仰であった。ロシア語の名詞で、農民が「クリスチャン（キリスト教徒）」を語源とする「クレスティヤーニン」であることは、偶然の一致ではない。しかし、この忠誠のあり方は、よりシンプルなカトリックのそれとは違って、三重の層になった正教版のものだった。カトリックの「異国人（西の外国人）」は、ムスリムの「異端」と同様に異質だった。有名な格言にあるように、「多くの禍は、クリミアのハンとローマ教皇によってもたらされる」のである。[80]

第2章　ピョートル大帝期の夜明け

ロシアの宿命は、西と東、二つの世界をつなぐ結節環となることにある。

ゴットフリート・ヴィルヘルム・フォン・ライプニッツ

ロシアにおける学問分野としての東洋学《オリエントロジー》（東方研究）の物語は、十八世紀への転換期、ピョートル大帝の治世から始まる。アジアへの商業的、政治的野心と、彼を取り巻く世界について学びたいという純粋な欲求とに衝き動かされて、ツァーリは、彼の臣民の中に、オリエントの体系的、科学的研究のための基礎を築いた。[1]帝国をヨーロッパ近代へと近づけようという彼の多くの試みがそうであったように、ピョートルは外国人アドバイザーの助言に基づいて行動した。ドイツの哲学者で数学者のゴットフリート・ヴィルヘルム・フォン・ライプニッツは、長い間中国に魅せられていた。[2]初期啓蒙主義の主要人物の一人であるライプニッツは、彼の時代の中国熱にどっぷりと浸っていた。多くの同時代人と同様に、彼は、イエズス会士が清朝を理性と寛容の極致として描いた好意的な記録を読み、その文明を自分自身の文明と等しいものとみなすようになっていた。ライプニッツによれば、「今日の人類の教養と洗練は、ヨーロッパと共に陸地の両極を飾る東洋、つまり、ヨーロッパと中国に集中しているのである。[3]」

中国が西洋に教えることはたくさんあった。科学技術や戦争においては劣っていたかも知れないが、中国の政治秩序はヨーロッパのそれをはるかに凌いでいた。ライプニッツはこう論じた。「中国人のあらゆる法が、他の国の人々と対照的に、いかに見事に、公の安定と社会秩序の構築へと導いているかを描写するのは難しい。[4]」十七世紀初頭に、主として信仰上の憎悪に動かされ、ドイツのほとんどを荒廃させた対立、三十年戦争の後に育った者たちにとって同じように重要だったのは、清朝には、宗教的迫害が比較的少なかったことである。一六九二年にカトリック宣教師に対する宗教的寛容を認める布告を出した康熙帝は、その七年前にナントの勅令を廃止し、それによりフランスのプロテスタントから信仰の自由を奪った王ルイ十四世と、対極を成していた。[5]

ロシアもまた、このドイツ人学者の貪欲な知性を刺激した。もしも文明がユーラシアの両極に集中しているのなら、その間に位置する国は、必ずしも野蛮の地となる運命にあるとは限らない。[6] 臣民に啓蒙主義をもたらしたいと切望する支配者を持つ「モスクワ公国」は、他にはないほど、その地理的位置に恵まれている。なぜなら、「その広大な版図は、ヨーロッパと中国を結びつける」からである。[7] 双方から最良のものを学ぶことで、ピョートルの若い国家が、最終的により高いレベルの発展を手にすることは、もっともなことに思われた。[8] つまり、ライプニッツにとってロシアは、東と西の間の地理上の結節環であると同時に、論理上の媒介者だったのである。

後者に関する基本的発想は、彼の独創というわけではない。十六世紀、イギリス人商人が伝説の中国の富への近道を捜していた時代、アンソニー・ジェンキンソンのような大胆不敵な冒険家たちは、最適なルートを求め、ロシアと中央アジアを突っ切って旅したのだった。しかし、エリザベス期の探検家たちがモスクワ公国を潜在的な商業路とみなしていたとしても、ライプニッツはそれが知識と英知のチャネルとなることを予知していた。彼の言葉で言えば、その国の「宿命は、西と東、二つの世界の結節環となることにある。[9]」さらに、精力的なツァーリ、ピョートルの下で、ロシアは受動的な通路以上のものになるかも知れなかったのである。

ピョートルの国土に対するドイツ人哲学者の関心には、もう一つの理由があった。ライプニッツは長い間、ロンドンの王立協会のように、君主をパトロンとし、人類社会の向上に資する知識を集め、普及させるような、学者たちの協会を設立する案を支持していた。[10] 彼は既に、ブランデンブルク伯フリードリヒ三世に、一七〇〇年にプロイセン科学アカデミーとなる組織の設立を助言していた。比較にならないほど広大な版図を支配するピョートルも、そうした「サイエンス・カレッジ」の設立という、好奇心をあおる可能性を持っていた。一六九七年、ツァーリが西欧への大使節団派遣を計画していると知り、この哲学者は彼の計画をアピールするために、謁見を取り付けようと最大限の努力をした。[11] その時は失敗に終わったが、その十四年後、ピョートルが彼の長男アレクセイをドイツの皇女と結婚させるべくザクセンへと旅した時、ライプニッツは会見を取り付けるだけの幸運に恵まれた。[12]

会見の間、ツァーリはライプニッツの強い熱意を裏切りはしなかった。その後の数年にわたり、彼はライプニッツと文通し、学術組織についてより具体的な提案を求めた。[13] ピョートルは一六九八年に王立協会を訪ね、それに対して好意的な印象を持っていたため、設立のアイデアは魅力的に映った。一七一七年、二度目の大規模なヨーロッパ訪問で、ピョートルは、彼を「特別（hors de tout rang）」会員にしたパリの科学アカデミーの会員たちと、徹底的な議論を交わした。[14] その八年後、一七二五年十二月二十七日、ロシア科学アカデミーが初めての公式大会を開催した。

一七一六年に亡くなったライプニッツは、アカデミーの創立を見ることはなかった。（一七二五年に病に倒れたピョートルも、同様であった。）ライプニッツの死は、天恵であったようにも思える。なぜなら、ネヴァ川の畔に建つ協会が、いくつもの重要な点において、彼のヴィジョンから遠く離れていることを知って、失望せずに済んだからだ。もっとも目につくのは、教育の欠如である。教育に熱心だったライプニッツは、ピョートルの学術組織は、研究と同様に教育にも積極的に携わるべきだと、常に強調していた。[15] 彼の助言は、他のものと同じように、大学とギムナジウム（中等学校）の設立を求める一七二四年一月の協会への元老院提案に反映されていた。[16] しかし、翌年、アカデミーが開設されても、大学の話はほとんど出なかった。中等学校は作られることになっていたが、それは常に、輝かしい研究機関の貧弱な付属物に過ぎなかった。[17]

学術組織へのライプニッツの様々な提案は、アジア研究の必要性にも常に言及していた。[18] ロシア版「サイエンス・カレッジ」に関する主張も、例外ではなかった。一七一二年には既に、トルガウでのツァーリとの謁見を記した手紙の中で、彼は、学問を通して「陛下が中国とヨーロッパを結びつけられますように」と、その望みを表明した。[19] が、一七二四年の元老院提案は、三つの一般的学問分野——数学、自然科学、人文科学——を特定しただけで、詳細に立ち入ることはしなかった。[20]

科学アカデミーが東洋学に取り組んだのは、計画的であったと同時に、偶然によるものでもあった。ピョートルの行政官たちが、できたばかりの協会のために外国の学者を起用しようとしたところ、彼らは、東プロイセンの町ケーニヒスベルクの教師、ゴットリーブ＝ジークフリート・バイヤーに白羽の矢を立てた。[21] 広範な語学能力を有し、大学でマスターした古代ギリシア語とヘブライ語に加えて、バイヤーはアラビア語と中国語を独学でものにしていた。この数か国語に通じたプロイセンの学者を是非とも招聘したかったので、アカデミーは彼に、三つの選択可能なポストをオファーした。古典、ロシア史、東洋人文学である。バイヤーは最後の一つを選び、一七三八年に亡くなるまで、ロシアに留まることになる。

ワシーリー・バルトリドは、大陸により近い地でアジアの文明を研究する、というこの機会が、バイヤーの決意に影響したのだろう、と述べた。[22] 学者のその後の研究は、この推測を裏付けているように見える。アカデミー最初のこの東洋学者《オリエントロジスト》は、中国に関するヨーロッパの著作集『中国の記念碑』——複数の論評が混在したものであった——を刊行した。[23] しかしながら、バイヤーのもっとも重要な学界への貢献は、ロシア史に関する、東西両方の外国の情報源への関心によるものであった。ピョートルのクンストカメラ（好奇心の館）やその他のコレクションを最大限利用して、彼は、モンゴル語、中国語、ノルド語、サンスクリット語まで（しかしロシア語は除外）、広範な諸言語の史料を研究した。

スキタイ人について書くなかで、バイヤーは、ロシアのアジア起源を研究した最初の人物の一人となった。この後の多くの東洋学者たちは、彼の後に続き、最終的にはおよそ二百年後にユーラシア主義として結実することとなる知的潮流に寄与したのであった。しかし、この学者が、北欧の伝説を解釈し、ロシア国家を最初に建設したのはヴァイキングたちだと結論づけると、それは激論を巻き起こした。[24] 悪名高いノルマン説論争に先立ったことで、バイヤーは、彼の新たな同郷人たちから多くの誹謗を浴びせられた。新しいところでは、一九五〇年にアラブ研究者イグナティー・クラチコフスキーが、バイヤーが最初に打ち立てた「誤ったノルマン説」を非難している。バイヤーの業績全体に対するクラチコフスキーの評価も、それ以上に肯定的というわけにはいかない。彼はバイヤーを「東洋の諸言語に関する、広いが、必ずしも深いわけでもない知識を持つ学者。［バイヤーは］かなりの時間を、素人芸ではあったが、中国研究に費やし、一部は翻訳で一部は論集という、多くの仰々しい成果に精力を注いだ。[25]」

十八世紀にアカデミーに属した別の東洋学者、ゲオルク＝ヤコブ・ケアは、さらなる回り道をしてこの集団に加わった。[26] 東方神学のハレ神学校で近東の言語を学び、有名なダマスカスのサロモン・ネグリの下で研究していたケアは、一七三二年、通訳兼語学教師として、ロシア外務参事会に雇われた。一七三五年、科学アカデミーが彼に、クンストカメラの所有する約四千もの「タタールの」コインを分類してくれるよう、依頼した。

ピョートルは一七一四年、当時の自尊心の強いあらゆるドイツの公たちの慣習に倣って、夏の宮殿の中にクンストカメラを建てた。「バロック文化の典型的な表現」であるそれは、（珍奇さが強調されたものではあったが）アルコール漬けの標本、数学の道具、外交上の贈り物など、多方面にわたるコレクションを所蔵していた。[27] そこには、東方に位置するロシアの地理ゆえに、シベリア、中国、その他のアジアの地からもたらされた、考古学上の、そして民族誌学上の珍品の、幅広いコレクションもあった。[28] 数年のうちに、異国の作品の集積は夏の宮殿には収まり切らなくなり、一七一八年、ネヴァ川を挟んだワシリエフスキー島に、後に人類学・民族学博物館となる新たな建物の建築が始まった。ピョートルは様々なコレクションを加え続けていった。晩年に加わった、より価値の高いコレクションの一つが、一七二二年のペルシア遠征で略奪してきた、一連の写本である。[29] その三年後、科学アカデミーの設立にともなって、クンストカメラはその管轄下に移った。

ケアについては、ロシア人たちはその研究業績を、バイヤーのそれよりもいくぶん高く評価してきた。ある伝記作家は彼を、「ロシアで最初の東洋学者」と評している。[30] 自身の大量のアーカイヴに彼が遺したものの中には、ペルシアの星座表や、十七世紀のヒヴァ・ハン国のハン、アブル・ガーズィー・バハドゥルによる中央アジアの重要な史書『トルクメンの系譜』など、アカデミーが所蔵する写本の翻訳があった。十九世紀の学者たちには、それらは計り知れないほど貴重なものとなったが、そのいずれも、彼の生前には出版されなかった。

バイヤーもケアも、ロシアの東洋学に特別深い影響を残しはしなかった。ケアが大学で育てた多くの若い通訳を除いて、二人は弟子をとらなかった。[31] 同時に、ドイツ人たちは、第二の故郷で自らの研究成果を普及させようという努力を、あまりしなかった。類まれな語学の才能にもかかわらず、バイヤーは一度も、あえてロシア語を学ぼうとはしなかった。[32] 実際、その初期において、アカデミーはまったくの外国人の組織であった。最初の四人の会長と会員の大部分はドイツ人であったし（最初のロシア人アカデミー会員は、科学者のミハイル・ロモノソフと詩人のワシーリー・トレヂャコフスキーで、二人とも一七四五年に任命された）、会報はラテン語で書かれていた。[33]

一七四七年、女帝エリザベータは、科学アカデミーのための新たな規則に署名した。それは、会員たちをあらゆる教育の義務から解放するだけでなく、人文科学のすべてのポストを廃止することにより、より一層実用的な方針を与えるものであった。女帝がその七年後にモスクワに創立した大学には、文学と歴史のスタッフはいたものの、初期の五十数年の間、アジアの諸言語教育は実質的に行われなかった。学問分野としての東洋学の成立には、十九世紀により適した状況が訪れるまで待たなくてはならなかった。

科学アカデミーの外で、東方を研究するための機構を創立しようというピョートル大帝の努力が根を張るには、同じくらいの時間がかかった。アジアに対するツァーリの拡大的な商業的、政治的計画には、言語に秀でた行政官が必要であり、そのために、彼らを訓練する学校を創立しようと、ツァーリは多くのことを試みた。その最初のものは、一七〇〇年六月十八日、おそらくは宣教師として育成するために、「中国語とモンゴル語を学ぶつもりのある、優秀で学識ある若い僧を二、三人見付けるように」という、シベリアの新たな都市への勅令であった。ソ連時代のテュルク研究者アンドレイ・コノノフは、この命令が下された日を、もったいぶって「ロシア東洋学の誕生日」と呼ぶが、これが実行されたことが果たしてあったかを示す記録はない。[34]

ピョートルの次の試みは、海難事故の結果として、きわめて偶然に始まった。[35] 一六九五年の冬、大阪から江戸(今日の東京)に向けて本州沿岸を航行していた日本の商船が、台風によって難破した。太平洋沖を半年以上も漂流した後、船はとうとう、はるか北の、東シベリアのカムチャツカ半島に漂着した。そこで不運な船員たちは、次なる新たな災に見舞われた。そのほんの少し前にロシアの支配下に入ったばかりの土着のコリャーク人たちが、彼らを即座に捕えてしまったのだった。ある者は死に、ある者は逃亡し、次の年まで生き残ったのは、大阪の商人、伝兵衛だけであった。

やがてこの不思議な漂流民の知らせが地方長官、ウラジーミル・アトラソフのもとに届くと、彼は伝兵衛を要塞へと連れてくるように命じた。これが、初めて記録された、ロシア人と日本人との出会いとなる。伝兵衛は既に、彼を捕えていた人々からコリャーク語を学んでいたので、両者は通訳の力を借りて、どうにか会話することができた。アトラソフは、銀や金が豊富な豊かな地の話を、大変な関心を持って聞いたが、それをインドだと思い込んだ。アジア領域を管轄する機構、シベリア庁への彼の報告は、上司の関心も惹き、彼はその「インド人」をモスクワへ召喚した。伝兵衛は一七〇一年にモスクワに到着し、より学識ある役人たちが彼の本当の国籍を特定すると、彼らは急いで伝兵衛をツァーリの下へと連れて行った。

日本は既に、ピョートル大帝の好奇心を刺激していた。その数年前、初めてのヨーロッパ旅行の間、彼はオランダでこの島国のことを学び、エキゾティックな工芸品を目にしていた。オランダはこの時、徳川幕府との全貿易の独占権を享受していたのだった。ごく最近のカムチャツカ征服は、魅力的なことに、この列島により近づく機会となり、オランダの商業的妨害に挑戦する機は熟しているように思われた。しかし、ツァーリには日本語を話せる家臣が誰もいなかった。伝兵衛の登場は、彼らを教育する完璧なチャンスを提供したのだった。

ピョートルはこの漂流民に一七〇二年一月に会い、意図せぬ客人を任務に就かせる計画を即座に練った。その日のうちに、ツァーリは伝兵衛にモスクワに留まるよう命じた。伝兵衛がロシア語を基本的に体得したら、今度は彼が三、四人のロシア人青年を採用し、一日につき五コペイカという気前の良い賃金で、彼らに母国語を教えることになった。この日本人商人は、この件に関して多くの選択肢を持ってはいなかったが、ゆくゆくは故郷に帰るという約束をツァーリに取り付けた。

ここでも研究者たちは、実際に授業が行われたかどうかについて、確証を持っていない。分かっていることは、一七一〇年に伝兵衛が、彼を大阪に帰してくれるというピョートルの約束を思い出させると、ピョートルはすぐに彼を正教に改宗させ、トボリスクに新たに着任したシベリア庁長官の部下に任じたということだ。その二十五年後、女帝アンナは、似たようにカムチャツカに流れ着いた二人の日本人——ソウザとゴンザ——を得るという、それよりもやや強い幸運に恵まれた。[36] 結局、それぞれクジマ・シュルツとデミヤン・ポモルツェフ（「海辺から来た者」の意）として正教の洗礼を受け、二人は一七三六年、日本語を科学アカデミーで教え始めた。しかし、その三年後の一七三九年、デミヤン・ポモルツェフの死によって、課程は終わりを迎えた。日本語教育が首都の教育機関で再開されるには、十九世紀の終わりまでかかることになる。[37]

もっとも長続きしたロシア東洋学に対するピョートル大帝の貢献の一つは、北京における初のロシアの教会伝道であった。十九世紀には、学校の卒業生数名が優れた中国研究者になる。しかし、最初の数十年、宣教師の学校はペテルブルクから無視されることを耐え忍ばなくてはならなかった。特筆すべき学者は、科学アカデミーの通訳という慎ましやかな地位にあった、イラリオン・ロッソヒンとアレクセイ・レオンチェフだけだった。北京伝道の歴史においては、エリック・ウィドマーが示唆するように、最初の百年間でのこの学校が挙げた主な成果は、ただ生き残ったことにある。十八世紀ロシアにおける、アジア言語教育のあらゆる試みに比べれば、ただそれだけでも、はるかにましだった。[38]

ピョートルは、近東の言語教育を組織化する必要性は、ほとんど感じていなかった。というのも、それらの言語を良く知る家臣にまったく不足していなかったからである。[39]そこには、オスマン帝国との関係で、トルコ語を話し、中でも、エリートはアラビア語で教育を受けることが多かったカザンのタタール人のような、ムスリム少数民族が含まれていた。ツァーリに進んで仕える外国人たちもいた。近東の専門家を輩出する、海外で最高の人材源は、ギリシア人、セルビア人、ルーマニア人、そしてトルコ人の支配下にあった正教徒の諸民族から成っていた。コンスタンチノープルのスルタンはしばしば、その統治のために、博学な人々の能力に頼っていた。多くの者が進んでそうしたが、モスクワ公国の同信者である、精力的で若い君主の方をより魅力的と感じた者もいた。後者のうちで重要な人物は、モルドヴァの公、ディミトリエ・カンテミール（Cantemir）である。

今日のほとんどのロシア人は、「カンテミール（キリル文字からの翻字に従えばKantemir）」の名を、ディミトリエの息子で、十八世紀文学の重要人物、アンティオフと結びつけて覚えている。詩人であり、諷刺家であり、外交官でもあったアンティオフ・ディミトリエヴィチ・カンテミール公は、ピョートル大帝期の啓蒙主義を導く光の一つであった。けれども、アンティオフの父も、その当時、劣らず秀でた人物であった。一六七三年に生まれたディミトリエ・カンテミールは、初期啓蒙主義時代の人であったが、実際には、彼はルネサンス的人物として描かれるのが最適だろう。その優れた才能は、自然科学、哲学、歴史学から、建築や文学にまで及んだ。トルコ人たちは、彼の作曲した音楽を今でも高く評価している。[40]

当時スルタンに忠勤を誓っていた二つのルーマニアの公国の一つの支配者、モルドヴァ公の息子として、ディミトリエは一六八八年、コンスタンチノープルへと送られた。オスマン人は、典型的に、地方を治める者たちの忠誠心を確かなものにするべく、その近しい男子の親族を首都に預けさせた。それは、しかし、厳しい刑ではなかった。多くの地方高官の子息たちは、華やかな首都での怠惰で贅沢な生活に、喜んで召喚された。かねてからモルドヴァ公の宮殿に住んでいたディミトリエは、強いられた退屈を、より知的な追究に費やすことで、まったく別の道を選んだ。

ディミトリエは正式な教育を、ギリシアのファナル地区にある正教総主教アカデミーで受けた。きわめて伝統的なビザンツ教会との結びつきにもかかわらず、学校教員たちは、よりリベラルな人文主義やネオ・アリストテレス派から強い影響を受けていた。同時に、哲学者サーディ・エフェンディや、コーランの専門家ネフィオールのような、オスマン帝国のトップクラスの学者から、彼は、トルコ語、アラビア語、そしてイスラーム神学を学んだ。ボスフォラスで過ごした青年期の二十年の間、カンテミールはたゆまず学究活動を続け、それに従って、彼の見識は、ビザンツ、イタリア・ルネサンス、イスラームという三つの偉大な知的遺産によって形成されていった。

約百年の後、栄華の極みにあった東洋の王朝で、中国の乾隆帝が、「真昼の太陽」たることに思いをめぐらせていた。つまり、この格言について解説者が指摘するように、「太陽は南中すると、沈み始める。月は満ちると、欠け始める。天体の満ち欠けは、時の流れの中で生じる。これが人間にはどの程度当てはまるだろうか」と。[41] 同じことが、十七世紀の境目のオスマン帝国のスルタンにも言えた。中央ヨーロッパから近東を通って北アフリカまで拡がる巨大な三日月のように、彼らの帝国はその当時、もっとも手ごわい勢力の一つだった。それと共に、首都コンスタンチノープルは、莫大な富の都市であり、「チューリップ時代」として知られる文化的、知的復興の移行期にあった。しかし、こうした表面上の華々しさにもかかわらず、オスマン朝は既に衰退期に入っていた。無力な支配と増えゆく汚職の発生が、統治者の政治的権威を掘り崩し始めていた。同時に、一六八三年、イエニチェリがウィーンのまさに入口まで迫った、かの中央ヨーロッパへの軍事遠征は、十六年後、屈辱的なカルロヴィッツ条約に終わり、キリスト教圏に対するトルコの軍事的脅威の終わりを効果的に告げた。

ディミトリエ・カンテミールの比較的恵まれた地位は、彼がオスマン帝国の終わりの始まりを目撃する、これ以上ない機会を与えた。彼はその博識ゆえに、コンスタンチノープルの指導的人物たちに好意をもって迎えられ、ロシアのピョートル・トルストイ伯のような、ヨーロッパの外交官たちとも知己を得た。カンテミールは戦場でも一定の時間を過ごし、一六九七年、ゼンタの戦いで、トルコがオーストリアに決定的な敗北を喫するのを直接目撃したのだった。この軍での経歴が、一七一〇年、ロシアとの戦争前夜に、彼をモルドヴァの公に任命する一因になったのかも知れない。

開戦したのはトルコだったとはいえ、ロシアは攻撃を続けた。二人の正教徒の君主の共鳴を頼みの綱として、ピョートル大帝は南へ、ルーマニアの公国へと進軍した。もう一方があいまいな態度を取ったのに対して、カンテミールはツァーリと同盟を組んだ。一七一一年四月、戦況が不利になった場合には保護することを交換条件に、彼は軍事援助と忠誠を申し出る条約に調印した。そして、その通りになった。モルドヴァの召集にもかかわらず、三万八千人のロシア軍に、約五千人が合流したのみであった。その三か月後、プルート川ではるかに数の多いトルコ軍と対決すると、ピョートルは敗北を喫し、講和を求めざるを得なくなった。[42]

ツァーリは、カンテミールとの約束を守った。オスマン帝国は、寝返った公の帰国を要求したが、彼は退却に加わることを許され、ロシアで快適な亡命生活を始めた。コンスタンチノープルにいた時と同じく、カンテミールは多くのエネルギーを研究に費やした。彼の業績のいくつかは、故郷に焦点をあてたものだった。一七一四年に彼を会員に選んだベルリン科学アカデミーは、『モルドヴァ記』執筆を依頼し、彼は『ルーマニア、ワラキア、モルドヴァ年代記』に取り組み始めた。[43]これらの作品はまた、彼の民族のローマ文明とのつながりを強調する点において、明確な政治的メッセージを発していた。別の専門書『君主国の性質に関する研究』は、ピョートル大帝に、東と西を結びつける世界的支配者としてのしかるべき地位を我が物とするために、トルコとの戦いを続けるよう求めていた。[44]

一七二〇年、明らかにツァーリの求めに応じて、カンテミールは『オスマン帝国の状況と宗教体制』を書き上げた。二年後にロシア語で出版されたその本は、イスラームに対するキリスト教の伝統的な議論の多くを反復していた。つまり、ムハンマドは偽の預言者であり、コーランは嘘で満ちており、その信仰は「不信心者の殺人を主張する」ほどに、理性を欠き、狂信的である、と。[45]しかし、この本の著者は、異教徒に対する中世の教会の論法に、隷属的に従っていたわけではない。彼は、編集し過ぎることなくイスラームの文献を引いていたし、読者に「東の人々は、西の人々より劣っているということなどない」ということを思い出させた。[46] カンテミールの比較的客観的な筆致は、ピョートル大帝が新たに設置したロシア正教会の管理機関、宗務庁の怒りを買った。情報源と目されるものが不適切に引用されたという口実のもと、宗務庁は本の出版を拒んだ。ツァーリの直接の介入が宗務庁をなだめてようやく、本は出版の日の目を見たのだった。[47]

カンテミールのもっとも重要な代表作は、一七一六年に書き上げた『オスマン帝国の勃興と衰退の歴史』であった。[48] ラテン語で書かれた原典はいまだに出版されないままだが、息子のアンティオフが、女帝の大使としてロンドンに赴任している間、一七三四年に英語の翻訳を忠実に準備し、フランス語版とドイツ語版がすぐに続いて出版された。その研究範囲は百科事典的で、伝記、地理学、宗教、民族学にわたる総覧が付いたこの本は、十四世紀の興りから一七〇〇年代初頭までのオスマン帝国の年代記となっている。一六九六年までの時期を扱う第一巻は、著者の友人であるサーディ・エフェンディの調査に大きく依拠している。より詳細な第二巻は、「著者自身が生きた時代の歴史」であり、一七一一年に亡命するまでの十五年間に、彼が直接体験したことの記述が含まれている。

これよりも早い時期にも、コレージュ・ド・フランスのエキセントリックなアラブ研究者、ギョーム・ポステルによる一五五九年の著書『トルコ人の国について』に始まる、ヨーロッパのオスマン帝国史研究は存在した。が、カンテミールが一線を画すのは、キリスト教勢力との対立の解釈をもなぞっていると言って良い程に、トルコ語の年代記に、全面的かつ公平に依拠している点である。スルタン、メフメト二世による一四五三年のビザンツ首都陥落のような出来事を、彼は客観的に描き、オスマン帝国による多くの文化的偉業を強調した。特筆すべきは、この本がイエス・キリストの誕生ではなく、ヒジュラ（ムハンマドがメッカからメディナに逃れた六二二年）から年を数えるイスラームの暦を固守しさえしていることだ。

カンテミールの基本的メッセージは、あまり啓発的とは言い難い。大国は、生き物のように、生まれ、青年期の精力、文明化の成熟、そして最後には死を享受する――後にモンテスキューやギボンのローマ帝国史で採られることとなるのと同じ、有機体論である。むろん、後者とは異なり、十八世紀のオスマン帝国はまだとても活気があった。しかし、公が強調したように、それは既に老いの時期に突入しており、終わりは決して逃れ得るものではなかった。

カンテミールの本は、百年後に、オーストリアの東洋学者ヨーゼフ・フォン・ハンマー＝プルクシュタル男爵の十巻本『オスマン帝国史』に取って代わられるまで、ヨーロッパの研究者たちにとって、オスマン帝国に関する基本的参考文献であり続けた。男爵はこの「今まで不当な名声を享受してきた」先行研究を、多くの重要なトルコ語史料を無視し、語源論を作り上げた、とすげなく退けた。[49] それだけの批判に値するかどうかはともかく、カンテミールの『オスマン帝国の勃興と衰退の歴史』は、依然、イギリスの研究者サー・ウィリアム・「オリエンタル」・ジョーンズの賛辞を得ていた。エドワード・ギボンとヴォルテールは二人とも、彼らの作品の中でこの本に頼っていたし、バイロンはその詩『ドン・ジュアン』[50]の中で二度も公の名前に言及した。他方、ロシアにおけるそのインパクトは実質的にゼロであった。なぜなら、それはロシアでは出版されないままだったからである。

ピョートル大帝は、彼のモルドヴァ人の客人の知的業績を重用した。ツァーリが科学アカデミーを設立した時、彼は公を初代会長に任命することを真剣に検討した。[51] カンテミールは、さほど学術的ではない活動にも時間を割いた。ピョートルが彼に与えた領地と寛大な額の年金のおかげで、この亡命者は、貴族としての生活を続けることができた。彼の新たな君主から与えられた貴族の地位のおかげで、カンテミールはロシアの上流社会にたやすく受け入れられた。一七一九年、最初の妻の死の五年後、彼は、陸軍元帥イワン・トルベツコイ公の十八歳の娘アナスタシアと、ツァーリを花婿付添人として、結婚した。評判によれば、「当代最高の美人」とされたこの若い女性は、もっとも高貴な家系の一つの出であることを鼻にかけていた。[52]

一七一八年には既に元老院に任じられ、カンテミールはロシアの国家的業務にも関与していた。なによりも、ピョートルは彼の近東に関する知識をあてにした。一七二二年、ツァーリがカフカスでペルシアに対する征服遠征を始めると、公は、相談役トップとしてこれに加わった。遠征の間、彼の任務は、地元の人々向けにペルシア語とトルコ語で声明を刊行し、これを最初のロシアの新聞にアラビア語で載せることを含んでいた。[53] 不運にも、糖尿病が悪化すると、行軍の過酷さは公には重すぎる負担となり、その翌年、彼は引退し、間もなく亡くなった。

ロシアの東洋学における多くの後続の主要人物たちと同様に、ディミトリエ・カンテミールは、東と西の間で曖昧な立場を取っていた。ルーアン美術館にある肖像画は、この二重性を巧みに捉えている。誤って「ワラキアの公」と題されたこの油絵は、繊細な、ほとんど女性的ともいえる特徴を備えた、すらりとした若者を描いている。彼は、ヨーロッパのシルクと金襴のジャケットを着、首には亜麻のスカーフを巻き、ルイ十四世風のふさふさとしたかつらを着けているが、その上には青と白の「トルコ風」ターバンがのっている。[54] キリスト教徒のツァーリの忠実な臣民になった後でさえも、カンテミールは自身のオリエンタルな出自を隠すことはほとんどしなかった。あるドイツ人旅行者が、ピョートル大帝の豪華な仮面舞踏会について詳しく書き残しているが、そこで公は、トルコの大臣のコスチュームに身を包み、トルコの装束をまとい、イスラームの三日月の旗を掲げた随行者たちに囲まれて、そのオスマン風の衣装で目立っていたとされる。[55] おそらくは「ハン」と「ティムール」から派生したと思われる姓を持つカンテミールは、偽りであったとしても、タタール貴族の起源を誇らしげに主張した。ちょうど、ロシアの公たちの家系と同じように。[56]

ロシア人たちは、ピョートルの時代以前に、既にアジアを知っていた。その地理のおかげで、彼らは長い間、東方と直接接触していた。ピョートルが成し遂げたことは、彼の若き帝国に、東洋学の種を撒いたことだ。多くは開花しなかったし、ロシアがその固有の生得的伝統を発展させるには、十九世紀までかかることになる。それでも、バルトリドが正しく指摘するように、「ロシアと東方の長期にわたるつながりにもかかわらず、ロシアの東洋学は、その起源をピョートル大帝に遡り、そしてそれから、他の学問分野と同類の『西欧的』学問分野となったのであった。[57]」

プロメテウス的なツァーリの西欧化改革は、ひたすら実用的なものとして描かれるのが典型だ。ロシアの東洋学史家たちはしばしば、この点において、彼のイニシアティヴを政治的、商業的目的に動機づけられたものとしてしまう。[58]それも当たっているかも知れないが、そうした説明だけでは全体像は見えてこない。ユーリー・スレズキンはかつて、十七世紀のモスクワ公国は、外界にさほど興味を示さなかったと言った。しかし、ヨーロッパの啓蒙主義に影響されたピョートルと彼の同時代人たちは、好奇心を美徳と考え始めた。[59]ツァーリのアジアのコイン蒐集や、ペルシアの写本を戦利品として奪えという命令は、明らかに、単なる国益だけに動機づけられたものではなかった。[60]西欧においてもそうであったように、ロシアの東洋学も、純粋な知への、実に非実用的な渇望に衝き動かされていたのである。これも、ピョートル大帝時代の黎明期の、重要な遺産であった。

第3章 エカテリーナ二世の中国趣味《シノワズリー》

私はここ、ハンの夏の宮殿に横たわっている、
異教徒とムハンマドの信者たちの只中に。
宮殿の向かいには何よりも高いモスクがそびえ立ち、
そこでは日に五回、人々がイマームに呼びかける。
眠ろうと思っても、その夜はほとんど目を閉じられず、
耳が聞くことを止めると、彼が力の限りに叫ぶのだ……
ああ、神の奇跡よ！　私の古の血族のうち一体誰が、
ハンや遊牧民に脅かされることなく、穏やかに眠れたであろうか？
バフチサライの真ん中で、私の眠りを妨げるものは、
たばこの煙と叫びのみ。……ここは天国ではないの？

エカテリーナ大帝

ロシアの女帝エカテリーナ二世ほど、戴冠二十五周年《シルヴァー・ジュ》記念《ビリー》を贅沢に祝った支配者は少ない。一七八七年、即位二十五周年を記念して、このドイツ生まれの君主は、彼女が手に入れたばかりの地、黒海のクリミア半島を見せて敬服させるべく、選りすぐりの外交官や大臣のグループを七か月間の旅に招いた。彼女のかつての愛人であり、その地の時の総督であったグレゴリー・ポチョムキン公によって計画され、帝国政府の一年の歳入のおよそ四分の一に相当する額をかけた南方への視察旅行は、もっとも裕福で強力な君主の一人というエカテリーナの評判を、

ヨーロッパの同時代人たちの間で確たるものとしたのだった。[1]

三千キロの旅は、新年の祝賀のすぐ後に始まった。一月七日の朝、一八四台の橇と四十台の予備の橇に伴われて、馬に引かれ、金箔で飾られた十四台の馬車の行列が、ペテルブルク近郊のツァールスコエ・セローの宮殿を出発した。女帝と、当時の彼女のお気に入り、アレクサンドル・ドミトリエフ＝マモノフ伯の、もっとも重要なゲストの中には、彼女の宮廷に仕えるフランス、イギリス、オーストリアの大臣たちがいた。この贅沢な一行は、ウクライナへと広がる中央ロシアの広大な雪原を三週間ほど疾走し、一月二十九日にキエフに到着した。ここで一行は、ドニエプル川下流に進めるように春の雪解けを待ち、三か月間留まった。

かつてのハン国からはまだ五百キロほどもあったが、ある人々にとっては、オリエントの存在は既にかなり明らかなものに思われた。フランスの外交官、ルイ＝フィリップ・セギュール伯は、「アジア風に着飾った」ドン・コサックから、タタール人、グルジア人、キルギス人、「フン族をそのまま絵にしたようなカルムィクの野蛮人」まで、「征服者たる女帝」に敬意を表する多様な東方の使者たちに衝撃を受けた。[2] そして彼は、一行にちょうど合流したポチョムキン伯との出会いを、「まるでコンスタンチノープルかバグダードかカイロの大臣に拝謁しているかのようであった」と描写している。[3]

四月二十二日、ドニエプル川は、この堂々たる一団がさらに南へと進むための船団に乗り込むのに十分なほどに解氷していた。冬の乗り物に劣らず贅沢で、金と赤に塗られ、総勢三千人もの漕ぎ手、護衛、旅の随行員が慎み深く乗り込んだ七隻のガレー船が、カイダックの滝で川下りがそれ以上続けられなくなる地点まで、壮麗に進んだ。ここで、「ファルケンシュタイン伯爵」の偽名で旅する、オーストリアの皇帝ヨーゼフ二世も、女帝の一行に加わった。

堂々とした行列は、果てなどないように思われる草原をゆるゆると渡っていく。セギュールはうかつにも、「退屈の砂漠」だと不平を漏らした。[4] しかし、ポチョムキンが思慮深く、ある気晴らしを用意した。ヘルソンを出て間もなく、一行は、どこからともなく現れたかに思われる数千人のドン・コサックに囲まれていた。「中国人に似た」カルムィク人の騎士に伴われ、戦士たちはエカテリーナの客人たちを楽しませるために、戦いの真似事を演じて見せた。女帝の護衛を組織するコサックたちには、結局、千二百人のクリミア・タタールの騎兵と、ヘロドトスのアイデアに従って、真紅のスカートに新古典主義的な胸当て、緑のチュニック、白いオーストリッチの羽飾りを身に着けた「アマゾン」（実際にはギリシア人定住者の妻たち）の連隊までもが加わった。このエキゾティックな、目を見張るような軍事ショーは、劇場で見るカプリチオ以上のものだった。過去数世紀にわたってモスクワ公国の南の境界を脅かしてきた諸民族の集団の保護の下に、大胆にも一行を置いたことにより、ロシアの女帝は、アジアの臣民に対する彼女の支配を、明快に示したのであった。[5]

ポチョムキンの演出は、エカテリーナの新たな征服地のオリエンタルな雰囲気を醸し出すことに成功した。フランスの大使は、クリミアに入る直前に、オーストリアの皇帝と交わした会話を回想している。ペレコップの北、狭い地峡が半島と本土を結んでいる場所にキャンプを張り、二人は暖かな夕暮れ時にゆったりとそぞろ歩きをした。数頭のラクダが遠くをよぎる。ヨーゼフが感慨深く言った。「何と奇妙な旅だろう。この私が、エカテリーナ二世とフランスやイギリスの外交官たちとともに、タタールの砂漠をさまようなどと一体誰が想像しただろう！　歴史の新しい舞台が幕開けしたというわけか。」これにセギュールが答えた。「私はむしろ千一夜物語の幕開けのような気がします。」アジアのエキゾティックは、二人の散歩のその少し後にも、再び現れた。カルムィクの遊牧民の一団が、彼らの道を遮って、車輪の付いた巨大なテントを移動させていったのである。[6]

エカテリーナの旅は、モスクワでの二十五周年祭典で終わることになっていたが、旅のハイライトは、五月末のバフチサライ滞在であった。ペルシア語で「庭園の宮殿」を意味するバフチサライはかつて、キプチャク・ハン国最後の政治的残余、クリミア・ハン国の首都であった。十七世紀になっても、クリミア・タタール人たちは、ロシアの奥地で破壊的襲撃を行っていた。オスマン帝国の配下にあった彼らは、一七八三年にエカテリーナが併合するまで、南の国境地域の肥沃な農地にとって、脅威であり続けた。[7]しかし、四年の間にポチョムキン公は、かつての敵の故郷を、トルコ風建築が注意深く保存された趣ある村々が点在する、ぶどう園と果樹園、そして絵画のような山々の、平和な庭園に変身させた。[8]

エカテリーナが彼女の総督にしたためた詩、『私はこ こ、ハンの夏の宮殿に横たわっている』は、かつてのギレイ朝の支配者の邸宅で作られた。[9] ムーア、ペルシア、アラブ、中国、そしてトルコの様式の東洋風パスティーシュ——時にゴシック風——である宮殿が、女帝と彼女の客人たちをもてなす。敷地内の大理石の噴水、空中回廊、そして穏やかな中庭は、旅人たちの多くに、東洋のおとぎの国を思わせた。エカテリーナは、モスクとたばこの煙の天国についての詩と共に、義理の娘に手紙を書く中で、バフチサライを「中国の村」と呼んだ。[10] ハーレムに宿泊したセギュール伯は、そのファンタジーをさらに磨き上げることになった。「我々はまるで本当にトルコかペルシアの町の真ん中にいるかのように感じていたことだろう。(…) 覚えているのは、極度の暑さにぐったりしつつソファに横になって、水のせせらぎや日陰の爽やかさ、花の香りを楽しんでいたことだ。私は東洋の贅沢さに浸り、本物のパシャの怠惰そのものを楽しんでいた。[11]」

ロシアの研究者アンドレイ・ゾーリンは、クリミアが新たな支配者にとって「すばらしく象徴的な都」であったと論じる。[12] 近隣には、『原初年代記』によれば、ウラジーミル公が九八八年にキリスト教の洗礼を受けたといわれるヘルソンの町がある。エカテリーナの詩が暗示するように、ロシア正教会誕生の地への半島の近さと、そのみずみずしい果樹園は、天国を思わせた。[13]

そこにはまた、遠い昔にはクリミア沿岸を植民地としていた、古代ギリシアとのつながりも多くあった。十八世紀後半に、ロシア文化は顕著なまでにギリシア趣味に転じた。[14] エカテリーナは、孫の代にでもビザンツ帝国を復活させるという「ギリシア計画」を夢見て、小さい方の孫を、楽観的にもコンスタンチンと名付けたほどだ。彼女の臣民たちは、その地域のギリシア名「トーラス」を復活させ、近くの黒海の港に、ホメロスの『オデュッセイア』の主人公から取った「オデッサ」という名をつけることで、クリミア半島のギリシア的過去を強調した。[15]

エカテリーナのトーラス旅行に同行した客人たちは、ウクライナでの船旅について記す時、ドニエプル川ではなく、それが古代に知られていた通りに、ボリュステネス川と書いた。[16] そして、一行がヘルソンに入ると、「ビザンツへの道」という言葉で飾られた祭式用のアーチが彼らを迎えた。[17]

しかしながら、古代ギリシアの連想にもかかわらず、あるいは部分的にはそれゆえに、エカテリーナの時代、ロシアの内外にクリミアがもっともしばしば想起させたのは、オリエントであった。[18] たとえ地理学者たちがそれをヨーロッパの中に置いたとしても、数世紀にわたるオスマン帝国の文化的影響とともに、スキタイやタタールの遺産が、この半島を西よりもはるかに、東のものと思わせていた。女帝と彼女の旅の同行者たちは皆、数多くの書簡や回想録の中で、アジアの比喩を用いている。[19] 十九世紀初頭、アレクサンドル・プーシキンや、彼のポーランドの同時代人、アダム・ミツキェヴィチも同様に、かつてのハン国のオリエンタルな性格をラプソディーに歌った。当然、一八五〇年代の軍事的屈辱は、後の世代のロシア人の心の中におけるクリミアに、まったく異なる意味を付与することとなる。

エカテリーナ大帝のクリミア的オリエントにおいて、もっとも印象的なのは、その楽しげな性質である。[20] モーツァルトのトルコ行進曲や、中国の賢人をかたどったマイセンの陶器の置物のように、彼女とその仲間たちが訪れたバフチサライは、おとぎ話と、夢と、夢想の国――セギュールの言葉を借りれば「魔法の絵」であった。[21] ポチョムキンに宛てた詩の中で、エカテリーナが古の時代の「ハンや遊牧民」に触れた時でさえ、その引喩は、詩の中の、絵画的でまったく無害なモスクやイマーム〔礼拝の導師〕との対照性を際立たせるだけである。急速な西欧化の世紀に、気まぐれな好奇心の対象として、より一般的にロシアが東方を見るようになったのは、まさにこの意味においてである。

エカテリーナは、ネヴァ川の畔の首都からクリミアへの旅を、ヨーロッパからアジアへの旅として想像することができた。しかし、ピョートル大帝から始まる十八世紀ロマノフ朝の全君主たち同様に、彼女は帝国の大陸アイデンティティに疑いを抱かなかった。新たな法典に関する見解を臣民から求めるために、一七六七年に彼女が発布した『訓令』の最初の章で、エカテリーナは自信をもって「ロシアはヨーロッパの国家である」と宣言した。[22]けれども、西欧からの訪問者たちには、そこまでの確信はなかった。プロイセンとロシアの国境を越えた時既に、セギュールは、彼が「ヨーロッパの境界をもろともに越えた」ように感じていた。その明らかに西欧風の建築にもかかわらず、ペテルブルクさえ、彼には疑似オリエントと映った。フランスの伯爵によれば、この都市は「アジアとヨーロッパの様式を結合させている」のである。[23]

　しかしながら、エカテリーナの時代以前に、ヨーロッパの地図作成者たちは、アジアとの境界をより入念に詳細をもって描き始めていた。ラリー・ウルフが指摘してきたように、啓蒙主義時代の地図作成者は、地球の特徴を描くにあたって、それ以前よりもずっと科学的であったし、首尾一貫していた。大陸の境界線はその焦点となった。例えば、古代から十八世紀に至るまで、アジアは、ドン川やヴォルガ川、あるいはそれよりももっと西から始まるものと、様々に信じられていた。ピョートル大帝のロシアが生んだもっとも博識な行政官の一人であるワシーリー・タチーシチェフは、ウラル山脈にその境界を据えることにより、最終的にこの問題に決着をつけた――少なくとも、冷静な地理学者にとって。[24]

　主として海によって区分されるため、アジアの一方の輪郭は、そう論争の対象にはならなかった。対して、「オリエント」を形作るものは何か、という問題は、もう少し曖昧なままだった。ほとんどのロシア人は、十八世紀初頭に出版された近東の物語集『千一夜物語』の序文に書かれた、アントワーヌ・ガランの定義に賛成したことだろう。「私は、オリエンタルという名詞を、アラブ人やペルシア人だけでなく、トルコ人やタタール人も、そして実質的に他のあらゆるアジアの人々、中国人、ムスリムから、異教徒たちや偶像崇拝者たち［すなわち仏教徒］までをも含むものと考える。[25]」しかし、ロシア人にとってさえも、彼らの国内のオリエントとオクシデントの区別は、エカテリーナのクリミアでの夢想が示すように、必ずしも明確ではなかった。シベリアは明らかにアジアでありオリエントであったが、ウラル山脈の西側にも、ムスリム、異教徒、仏教徒の諸民族を含む帝国の住民たちがいた。

　バイヤー、ケア、カンテミールや、その他大勢の存在にもかかわらず、ピョートル大帝とその後継者たちのロシアは、十八世紀ヨーロッパのオリエントへの魅了を共有してはいなかった。これが変化するのは、エカテリーナ大帝が一七六二年の宮廷クーデターで帝位を手に入れてからのことである。彼女の三十四年間の統治の間、アジア、特に中国が、ロシアの二つの首都のエリートの間で流行した。オリエントのあらゆるものに対する啓蒙主義時代特有の情熱に捕えられた貴族サークルは、一部エリートのものであり、比較的小さなものであって、彼らは西欧からインスピレーションを得ていた。にもかかわらず、エカテリーナの時代は、東方へのより洗練された理解の始まりとして特徴づけられる。ロシアが自らをヨーロッパであるともっとも強く感じたのは、逆説的にも、彼らがアジアをもっとも自信を持って注視した時代であった。

世紀の半ば以降に高まったロシアの東方への関心は、帝国の知的、文化的生活に密に関わった、精力的な支配者の個性によって形成されたものだった。十九世紀の歴史家ワシーリー・クリュチェフスキーによれば、「[エカテリーナ大帝」のみが、常に、権力と知を結びつけていた。彼女の治世の後、そしてその前も、両者は決して出会わなかったか、お互いを認められずにいた。[26]」イザベル・デ・マダリアーガが指摘するように、エリザベータとエカテリーナ二世の下での宮廷中心のロシア文化の性格は、女帝たちの影響力を強めたのだった。[27]

ドイツの小さな公国に、ゾフィー・フォン・アンハルト＝ツェルプストとして一七二九年に生まれたエカテリーナは、並々ならぬ知性とエネルギーと野心の人であった。十四歳の時、エリザベータ女帝の甥で後継者のピョートルに嫁ぐためにペテルブルクに輿入れしたが、その結婚は満たされないものだった。彼女は後にこう回想している。「十八年間［彼女のロシア到着から一七六二年に権力を握るまで］の退屈と孤独から、私はたくさんの本を読んだ。[28]」そこには、プルタルコスやタキトゥスのような古典、ヴォルテールからピエール・ベール、モンテスキューからダランベールやディドロに至る啓蒙主義の主要な著者の多くの作品が含まれていた。[29]結果として、エカテリーナが帝位に就いた時、彼女は、その時代の知的潮流に実に良く精通した、ヨーロッパでもっとも多読な君主の一人であった。

彼女が帝位を手に入れてからも、彼女の本への愛は尽きなかったが、今度は彼女自身が多産な文筆家になってもいた。自らも認める彼女の「執筆マニア」ぶりは、法、歴史から詩、演劇、そしてオペラの台本まで、広範囲な主題にわたった。彼女の広範な往復書簡の多彩なコレクションは言うまでもなく、女帝の作品集は、十一巻にも及ぶ。[30]

その悪名高き近衛兵好きは言うまでもなく、農奴制の制度化と結び付けられるせいで、エカテリーナは多くの人々から、浅薄な思想家として片付けられてきた。[31]しかし、フランスの歴史家アルベール・ソレルの皮肉、「世紀の思想は、プールの水面をなでる光線のように、水面下深くを温めることなく、彼女の上を過った」というのは、若干手厳しい。[32]彼女やその帝国の利益を広げるために、真実を操作しなかったというわけではないものの、エカテリーナの著作には、ヨーロッパ啓蒙主義への知的理解と関与が見られる。これは、十八世紀における東アジアへの文化的心酔、中国趣味《シノワズリー》に対する、彼女の偏愛という点において特に当てはまる。

疑問の余地なく、エカテリーナ期のペテルブルクの、東方に対する姿勢形成を導いた張本人は、フランスの哲学者ヴォルテールであった。[33]一七六二年で既に七十歳に近く、スイスのフェルネー村に追放の身で居住していたヴォルテールは、ロシアの読者たちに良く知られていた。アンティオフ・カンテミールをはじめとする一七三〇年代の主要な作家たちは、彼の著作を翻訳し、多くの者がヴォルテールの作品を原書でむさぼり読んだ。[34]多彩な功績に一七六五年のロシア訪問を含む、ヴェネチアの自由思想家ジョヴァンニ・ジャコモ・カサノヴァによれば、「その頃、ロシアの知識人や行政官たちは、フェルネーの哲学者のことのみを知り、読み、褒めたたえていた。ヴォルテールが出版したものを全て読んでしまうと、彼らは、使徒よりもさらに賢くなったかのように感じていた。[35]」

ロシアにおけるヴォルテールのもっとも秀でた崇拝者は、女帝その人であった。皇太子の無視された妻として、その日々の不幸な余暇に、エカテリーナは彼の著作に精通するようになり、彼女が哀れな配偶者を退位させるやいなやすぐに、この高名な亡命者と長期にわたる文通を開始したのであった。[36]書簡を通じた彼らの友情は、双方に具体的利益をもたらさなかったわけではない。ブルボン朝への痛烈な批判にもかかわらず、このブルジョワ哲学者は、王侯の仲間を切望しており、プロイセンのフリードリヒ大王がいなくなった後、別の高位のパトロンを開拓したいと思っていた。一方、エカテリーナは、啓蒙専制君主のモデルとしての彼女の評判をヨーロッパで広めてくれる、熱心な宣伝担当者を得たのだった。それにもかかわらず、二人の関係は、自己中心的なパートナシップ以上のものであった。二人は、後発的国家における堅固な支配の必要性や、宗教的寛容、ローマ・カトリック教会への嫌悪感など、いくつもの問題で類似した見解を共有していた。[37]

ライプニッツ同様、ヴォルテールは中国を理想化した。[38]彼が通っていたパリの神学校のイエズス会士たちは、彼にカテキズムを教えることには失敗したが、中国――あるいは、宣教師たちが描いたバラ色の中国の地のイメージ――に対する深い敬意を彼の中に根付かせた。母国フランスの政治や文化に幻滅し、ヴォルテールは中国に、同国人たちに欠けているように思われる多くの美徳を見出した。彼が言い表したところでは、前者は「モラルと政策において、世界で最初の、そしてもっとも古い人々」であった。[39]十八世紀後半に、パリのサロンがオリエントに飽き始めても、ヴォルテールは依然として、中国への情熱において「ドン・キホーテのようなもの」であることを告白していた。[40]

この哲学者の、中国に関する大量の著作の中には、しばしば登場するいくつかのテーマがある。まず、彼は儒教倫理に深い敬意を払っていた。「彼らがもっとも良く知り、もっとも発展させ、そして偉大なる完璧さへと近づけたものは、道徳性である」と、彼は熱く語った。[41]ヴォルテールはまた、皇帝が、父のような厳格な慈悲をもってその国土を統治しつつも、常に臣民の法と伝統とを調和させるよう行動する、「最高の哲人」たる政治秩序の聡明さに感激していた。また、中国王朝の異国の教義に対する寛容さに向けてライプニッツがおくった賞賛を、彼も共有していた。数世紀にわたって、儒教が、道教、仏教、イスラーム、ユダヤ教までもと共存していた国家は、アンシャン・レジームの非寛容に対する非難において、たびたび引き合いに出された。

ヴォルテールが中国人に見出した肯定的資質――儒教のもつ理性的な道徳、啓蒙化された専制、宗教的寛容―

―は、エカテリーナにも魅力的に映った。彼女はこう書き記している。「何事も原則や理由なく行わないこと、偏見に導かれることを許さないこと、宗教を尊重すること、ただし国家の問題に関わるいかなる権力も与えないこと、狂信の兆候を示すあらゆるものを排除すること、そして、公共益のためにあらゆる状況から最善のものを引き出すこと、これらが、地球上で知られるあらゆる帝国の中でももっとも長く存続している、中華帝国の基礎である。[42]」しかし、エカテリーナは、彼女のフランスの文通相手の中国への賛美を、いつも真似ていたわけではない。[43]清朝政府と接する彼女自身の経験は、実に困難に満ちたものだった。経済論争、国境をめぐる衝突、遊牧民のカルムィクやジュンガルの忠誠をめぐる競争などが起こると、ペテルブルクと北京の関係は、深刻な程に緊張した。彼女の治世の初期、エカテリーナは、その東の隣国との戦争をもくろみもした。[44]ある書簡で、彼女はヴォルテールに、「中国はとても怒りっぽい」とこぼしていた。[45]またある時には、彼は非現実的であると小言を言われた。「あなたは中国をかくも惜しみなくお褒めになります（…）が、この国と対峙する私の経験は、彼らの処世術に関するどのような概念も破壊しかねないところまで来てしまいそうです。」女帝は、社交的に、彼女が扱っているのは満州人、つまり「中国を征服したタルタル系民族であって、中国人そのものではありませんが」と付け加えた。[46]エカテリーナはさらに気まぐれだったようだ。別の友人、ハプスブルクの廷臣であったシャルル＝ジョゼフ・リーニュ公相手に、彼女は「良き隣人」乾隆帝について、こんな言葉遊びをした。

ちゅう――――ごく（中国）の王様は、
お酒いっぱい飲――――んだので、
機嫌の良いか――――お（顔）してる[47]

それでも、清朝との間のいかなる問題にもかかわらず、エカテリーナの文学作品は、美徳と英知の地としての中国に対する、啓蒙主義時代の修辞に満ち溢れていた。たとえば、もともとは、孫のアレクサンドルとコンスタンチンのための訓話として一七八三年に書かれた喜歌劇『フェヴェイ』は、中国史上の優れた支配者を描いていた。[48]しかし同時に、他の東方の地域に関する彼女の作品は、彼らにとってそこまで喜ばしいものではなかった。彼女の書いたおとぎ話『皇太子フロル』では、主人公はキルギスのハンに誘拐されたし、[49]反フリーメーソン的戯曲『シベリアのシャーマン』は、主人公をペテン師として描いている。[50]ただそれでも、こうしたすべてのテクストにおいて、オリエントは寓話の地、エキゾティックなおとぎの国なのである。

　エカテリーナだけが、散文や詩で東方のモチーフを用いたわけではない。[51]シベリア知事の妻マリア・スシュコワが、作り話『ペテルブルクのタタール貴族に宛てた中国人の商用の手紙』の中で、女帝を孔子になぞらえた時には、彼女は不敬罪を犯すつもりなどまったくなかった。

> タタールの貴族よ、北京では、我々はお前の詩を読む。
> 真実を愛し、我々は一致して語る。
> 北方の玉座には、孔子の姿が見える。[52]

　他の作家たちは、政治に言及するにあたって、オリエントのテーマをイソップの言葉で用いた。自分をヴォルテール哲学の啓蒙専制君主として演出しようとするエカテリーナの努力をからかった、ロシアの著作家ニコライ・ノヴィコフは、女帝との否定的比較を引き出すために、ある中国のテクストの翻訳を脚色した。短命に終わった彼の諷刺雑誌『軽口』に、一七七〇年に掲載された『中国のハン、雍正帝の息子への遺言』は、先の皇帝の言葉を引用しながら、典型的な賢い中国の哲人王を描いている。「[治世のその最初から]私は日夜、臣民たちの幸福を気にかけていた。彼らが私を怠惰とも、無知だとも、支配者にふさわしくないともみなさないように努め、(…)私の国中で行われるあらゆる正義が公平なものであり、すべての人々が満足し、安寧であるように、そして国家がより強くなるように、それらを確かなものにするべく根気強く努力した。[53]」この文章の直後に、エカテリーナ自身の帝国における社会不正義の容赦ない告発である、デニス・フォンヴィージンの『我が僕たちへの手紙』を印刷することで、大変巧妙にというわけではないものの、彼の主張はなされた。女帝はこれを快くは思わなかっただろう。文学研究者たちは、中国の理想とロシアの悲しい現実との、このあからさまな対比が、『軽口』誌のそれ以降の号がもう刊行されなかったという事実と、何か関係があるかどうか、議論を戦わせてきた。[54]

外務参事会の行政官であり、当代随一の劇作家であったフォンヴィージンもまた、寓意的シノワズリーに傾倒していた。一七七九年、彼は、支配者の臣民に対する義務を強調した儒教の経書『大学』の翻訳を刊行した。[55] そのメッセージは明瞭だ。徳をもって統治せよ、さもなくば、その王位は大禍にみまわれるであろう。ある歴史家によれば、次のフレーズは、その五年前に起こった、コサックのエメリヤン・プガチョフの乱について述べたものと理解された。「君主が、自らに許すことをみだりに禁じれば、［もはや］誰も従わないであろう（…）［そして支配者の］玉座は傲慢の負荷の下に崩れ落ち、その廃墟が墓になるだろう。[56]」

自国の短所を論じるためにアジアのモチーフを使うことで、ロシアの著作家たちは、れっきとしたヨーロッパの文学的実践に倣っていたのである。十八世紀初期イギリスで強い影響力を持った『スペクテーター』紙は、当時の社会を暗にほのめかすような、中国の物語を時々掲載していた。[57] しかし、このジャンルでもっとも良く知られる例は、モンテスキューの『ペルシア人の手紙』であろう。その一見ナイーヴな観察がフランスの政治や慣習を辛辣に嘲るという、二人のオリエントの旅行者の間で交わされるこの架空の書簡は、一七二一年に初めて出版され、ヨーロッパ中で広く読まれた。[58]

エカテリーナ時代の文化の、オリエントに対する一時的関心の高まりは、文芸・文学を越えて、建築や装飾芸術にも広がった。繰り返しになるが、その重点は中国におかれ、西欧的様式を全般的に反映していた。中国趣味《キタイシナ》——ロシアでは、シノワズリーはこう呼ばれていた——は、既に十八世紀への転換期には現れていた。西欧への旅の間、ピョートル大帝は中国や日本の陶磁器に特に感銘を受けた。彼はそれらを、オランダのいたるところで、そして、プロイセン王のシャルロッテンブルク宮殿の磁器の間や、コペンハーゲンのローゼンボー城にある漆塗りの間で、見たのだった。

後者の二つは、ツァーリが妻のエカテリーナ一世のために、ペテルゴフのモンプレジール宮殿に作らせた「中国の間」のモデルとなった。[59] 濃い色のオーク材のパネルを貼られた壁に、オランダの油絵が飾られ、黒と白のチェス盤模様の床、デルフト式のキッチンを備えた、質素なオランダ様式のインテリアは、それが岸辺に建つフィンランド湾よりも、アムステルダムの運河を思わせる。「中国の間」は、金と真紅の枠に縁どられ、伝統的な中国モチーフによる、九十四枚の漆塗りパネルで飾られた、目もくらむような小さな部屋である。最初に一見すると、「中国の間」は、モンプレジールの他の部分に広がる、控えめなカルヴァン派の貴族的雰囲気からの奇妙な逸脱、不調和な対照と思われるかも知れない。しかし、これは、バロック式エキゾティックを好む、当時の北欧の趣味に倣っているだけである。

　中国との定期的な隊商貿易の始まりは、ピョートル大帝が、彼や彼の親族の宮殿を飾るようになった貴重な東方の芸術へ、より直接的にアクセスすることを可能にした。一例として、政治家のヤコブ・ブルース伯は、二百を越える中国作品の、圧巻のコレクションを蒐集した。[60] ある同時代人によれば、ツァーリが姪のエカテリーナ・ヨアンノヴナをドイツの君主と結婚させた折には、「嫁入り道具のベッドは、ロシアの家々ではよく見かけるような日本式に飾られ、日本の漆塗りでいっぱいの部屋に置かれた。[61]」他方、ピョートルの娘、エリザベータ女帝の下では、鉱山技師のディミトリー・ヴィノグラドフが、後に帝立陶磁器工場となり、国内の陶芸の重要な拠点となるものを開設した。[62] こうした有形の中国趣味は、エカテリーナ大帝の下で長く繁栄した治世の間に、頂点に達した。陶磁器の生産は、フランシス・ガードナーのような起業家が、高まる需要に応えるために個人経営の工場を開いたことで、ブームとなった。[63] 様々な様式があったが、素材のアジア起源は、自然とそこにオリエンタルなテーマを添えたのだった。

　女帝は、陶磁器と建築両方の熱烈な愛好家であり、後者は彼女の東方への興味を反映した。[64] その治世の最初の年には既に、彼女はナポリ出身の建築家アントニオ・リナルディに対し、こちらもフィンランド湾に面するオラニエンバウムに、夏の宮殿を建てるよう命じた。ピンクと白で彩られたバロック様式の外観は、完全にオクシデントのものであるが、内側は、一続きの部屋全体が、絹を貼った壁、象眼細工の木の床、絵が描かれた天井で飾られている。[65] もっとも華やかなロココ様式のシノワズリーの中でも、それらは結局、今では「中国宮殿」という名の構造となった。

特筆すべきは、繊細な客間である。壁には刺繍が施された絹のパネルが掛けられているが、そのパネルには、約二百万個のガラスのビーズが、オリエントの風景のキラキラと輝く空色や藤色、バラ色を再現するために、縫い付けられている。床は当初はガラスのモザイクで貼られていたが、壊れやすい表面が非実用的だと判明したため、最終的には寄木細工に取り換えられた。[66]ロシアの運命を象徴して、別の部屋の天井には、ボローニャの画家セラフィーノ・バロッツォによる寓話画『ヨーロッパとアジアの和合』が描かれた。

エカテリーナのもっとも野心的なプロジェクトは、首都近郊にあるツァーリの別の離宮、ツァールスコエ・セローの中国村であった。[67]もともとは、一七七〇年代にリナルディによってデザインされたこのプロジェクトは、一七八〇年に新しいスコットランド人の建築家チャールズ・キャメロンに引き継がれ、その十六年後にエカテリーナが亡くなった時にはまだ、未完成のままだった。インスピレーションは、その名のもとになったモンプレジールよりもまださらに西からやって来た。リナルディもキャメロンも、十八世紀半ばのイギリスで、フランス庭園の厳密な幾何学的形式主義への反動として発展した造園様式、「アングロ・チャイニーズ庭園（jardin anglo-chinois)」の手法に、概ね従っていた。ウィリアム・ハーフペニーの『中国風の田園建築』（一七五一年）や、サー・ウィリアム・チェンバーズの『東洋造園の研究』（一七七一年）といった学術論文に支えられ、イギリスの中国風庭園は、人工の滝、池、森、湿原の真ん中に、無頓着に散りばめられたように見える、古風な寺やパゴダを好むものだった。

ツァールスコエ・セローのアンサンブルには、ランタンを掲げたドラゴンや中国人の像で飾られた橋、福建省様式の小さな張り出しを頂く夏の離宮、そして中国劇場が含まれていた。村自体は、大きなパゴダの周囲に八角形に並べられた小さな家々で成っていた。それは、数十年先立って、サー・ウィリアムがロンドンのキュー王立植物園に造った、有名な建築様式に似せたものであった。キャメロンの新古典主義的な様式と組み合わされて、ツァールスコエ・セローの公園は、オリエントと古代ヨーロッパとの奇妙なブレンドになった。詩人ガヴリラ・デルジャーヴィンが、こう歌ったように。

ここには劇場、ここにはブランコ、
ここはアジアの喜びの家、
ここパルナッソスではミューズが歌い、
ここでは野獣が、慰みのために暮らしていた。[68]

エカテリーナの啓蒙主義における想像上のオリエントでは、中国がその優位を占めていたが、イスラーム世界もまた、独自の地位を確保していた。近東に対する姿勢はより曖昧であったが、その時でさえも、ペテルブルクやモスクワの文学界で抱かれていたイメージは、だいたいにおいて楽しく、善意に満ちたものであった。中国に関してそうであったように、ロシアの近東観は、西欧の思想家たちのそれをほぼ完全に反映していた。トルコやペルシアを、救い難いデカダンスで圧政の国だと思うヨーロッパ人もいれば、イギリスの外交官の妻レディ・メアリー・ワートリー・モンタギューのように、オスマン文化には讃えるべきものが多くあると考えていた人々もいた。面白いことに、彼女の書簡は、トルコの天然痘予防接種の習慣を初めてヨーロッパに普及させたが、その実践は、エカテリーナによって熱心に始められたのだった。[69]

時代の寛容の精神も、多くのロシア人がイスラームをより客観的な視点から見ることの一助となった。一方、その信仰に対する伝統的な敵意は、帝国の境界域で、オスマン帝国や他のムスリムの敵が原因をなす脅威が減じる中で、消えゆく傾向にあった。マルク・バトゥンスキーが指摘するように、より古い時代には、「ムスリム」という言葉は明らかに否定的な意味を含んでいたが、十八世紀になる頃には、それはほとんど中立的な用語として受け取られていた。[70]

もちろん、エカテリーナ自身も実際にトルコと幾度かにわたって戦争をした。にもかかわらず、女帝は、専制を敷き、ビザンツを破壊したオスマン帝国と、彼らの宗教とを慎重に区別していた。[71] その時代のコスモポリタニズムと他宗教尊重にどっぷりと染まって、一七八五年の「寛容令」とその他の法律で、彼女はムスリム臣民の信仰を保護するという有名な宣言を出したのである。[72] 自身の近東観はきわめて混乱したものであったヴォルテールは、オスマン帝国という敵に対する彼女の勝利に、へつらって喝采を送った。[73] しかし、その時にも、ポーランド人やイエズス会といったカトリックの敵を、同時に罵っていた。一七六九年のある書簡の中で、哲学者はエカテリーナにこう念を押した。「陛下に、ローマ教皇とトルコの王という二人の強大な敵がいるということは、確かです。[74]」

十八世紀初頭に出た『千一夜物語』のフランス語訳も、啓蒙主義時代のイスラーム観に影響を与えた。フランスの東洋学者マキシム・ロダンソンによれば、「これ以降、ムスリム世界は反キリストの地とは映らなくなり、代わりに、本質的にエキゾティックで、絵画的な、そして空想上の精霊たちが、気分次第で良いことも悪いことをもできる世界と思われるようになった。[75]」十八世紀後半のロシアの作家たちも同様に、エキゾティックなものへの渇望で、オリエントの専制に対する嫌悪感を和らげていた。ほとんどの者は、オスマン政府に対する度重なる軍事遠征を、愛国的に支持した。ノヴィコフでさえ、中国の引喩を通じてエカテリーナの支配を痛烈に批判しつつも、雑誌の同じ号の中で、オスマン人たちをからかっていた。[76]

しかし、作家たちが近東をより遠くの、あるいは寓話的な設定の中に据える時、それはしばしば、『千一夜物語』の不思議の国のようなものに変わるのであった。[77]

十八世紀ロシア文学で、イスラーム世界をおとぎの国とみなしたもっとも有名な例は、ガヴリラ・デルジャーヴィンの頌歌『フェリーツァ』であった。[78] 自らの家系のタタールの血統を誇りにしていた詩人は、エカテリーナに対する賛辞を、彼女が書いた子供向けの物語『皇太子フロル』を基にしてしたためた。一七八二年、「某ムルザ」によって、おそらくはアラビア語で書かれたデルジャーヴィンの頌詩は、「キルギス＝カイサク・ハン国の、神のような女王」と彼女の「比類なき英知」に対して賞賛を贈る。そして、その間じゅう、側近の貴族たちを、あまり好意的ではない手法で描いている。エカテリーナは著者であり退役中佐である彼に、その優美に紡がれたお世辞に対する感謝の意を示し、ダイヤモンドを散りばめた金のかぎタバコ入れと、陸軍大将と同等の文民の位、ならびに県知事の座を贈った。[79]

デルジャーヴィンの詩が技巧上、中央アジアのテュルク系遊牧民を扱ったのに対し、一七九二年、寓話作家のイワン・クルィロフは『カイプ――オリエントの物語』の中で、近東について、それとは異なる方法で書いた。[80]この寓話は、野心的な廷臣の君主に対する熱烈な賛辞、というわけにはいかない。十九世紀初頭に文芸評論家ヴィッサリオン・ベリンスキーに「その諷刺的雰囲気」を絶賛されたクルィロフのオリエントの物語は、エカテリーナとその宮廷を、モンテスキューがその七十年前に『ペルシア人の手紙』でルイ十四世を相手に回したのと同じ、焼け付くようなウィットでもって攻撃した。[81]

『カイプ』は、題名の由来となったカリフの真実探求の物語である。主人公が最終的にその探究を成功させて、ハッピーエンドとなる。それよりも興味深いのは、クルィロフによる支配者とその側近の描き方である。カイプは、贅沢な宮殿を建て、おおらかに芸術を支援し、その賢さと善行に対する過大な賛辞を常に浴びているという、巨万の富を持つ君主である。彼の相談役たちは、揃って腐敗した、つまらない人物たちであり、当然、彼は、その王様《キング》サイズの性的衝動を満足させるための、若い美女たちでいっぱいの――「十七歳以上の者はいない」――後宮を持っている。ロシアの女帝とのこうしたパラレルが、特別鋭いものでなかったとしても、クルィロフの意地の悪い筆は、次のようなカイプの宣言の一つに、エカテリーナの自由思想に対する不誠実な後援をほのめかす。「諸君！　私の望みはこうだ。どんな異議を持つ者も、それを自由に表現して良い。提案により、その者は、足の裏に、牛皮の鞭で五百回の鞭打ちを認められる。そのうえで、我々は喜んでその意見を検討しよう。」[82]

十八世紀、ロシアは、西欧の目を通して東方を見ることを学んだ。最初は、アジアを研究しようというイニシアティヴでさえ、内側からではなく、ヨーロッパから入ってきた。ライプニッツのような目先が利く観察者たちは、ロシアの地理がそれを、オリエントとオクシデントの間の知の回廊の仲介者として行動するのに、きわめて相応しいものにしていると、そして、この国が交渉から多くを得ることを見抜いていた。ロシアがこの事実を理解するには、多少の時間がかかる。しかし、教養あるロシア社会がより徹底的に西欧化されると、東方への関心もまた高まり始めた。エカテリーナの下で、ヨーロッパ啓蒙主義のオリエント、とりわけ中国への魅了が、ペテルブルクとモスクワの想像力をも捕えた。

あらゆるロマノフ朝の君主たちと同じように、エカテリーナも、オスマン人、ペルシア人、中国人といった、境界を接するアジアの諸勢力と、軍事的、外交的、商業的接触を持っていた。この交流は、東方に関するかなりの生きた知識をもたらしたが、そうした一次的情報はしばしば、西欧の哲学者たちが描いた、より好意的な像とは矛盾した。実際、ある懐疑的なロシアの外交官ワシリー・ブラチシチェフ〔ブラティシチェフとも〕は、一七五七年の北京への赴任を活かして、『中国に関するヴォルテールの所見の調査、あるいは若干の検証』を記した。出版されたのは三十年後で、同国人にはほとんど読まれなかったが、この報告書は、ヴォルテールを始めとする人々の、中国に関するいくつもの主張に異議を唱えたのだった。[83]

十八世紀ロシア文学における中国認識の研究の中で、バーバラ・ウィデノア・マッグスはこう記す。「おそらくは中国に〔相対する〕ロシアの位置において、象徴的なのは、エカテリーナ大帝の姿勢である。西欧の知識人たちのように、彼女は中国人を、その理性への忠実さと狂信の追放、そして歴史上もっとも長く存続している帝国建設ゆえに、賞賛することができた。同時に、国家の政治指導者として、彼女はいつか中国の尊大さを打ち砕くという攻撃的な野望を宣言することにもなった。[84]」彼女の帝国がオリエントの隣国との間に抱えた困難にもかかわらず、エカテリーナの宮廷を中心とする文化の主要な作家たちは、西欧文学の楽観的観点の方を好んだ。エリック・ウィドマーによれば、「モンテスキューやヴォルテール、あるいはイエズス会士の書簡が、中国について何か言及すればいつでも、それはペテルブルクのサロンにとって、イラリオン・ロッソヒンが書こうとしたどんなものよりも、はるかにずっと面白いものだった。[85]」同じように、『千一夜物語』は、ロシアの読者の間で、イスラーム世界に関するもっとも人気のある情報源だっただろう。

ウィドマーが示唆するように、学術的なアジア研究は、エカテリーナ時代の思想にほとんど影響を及ぼさなかった。十八世紀を通じて、学問は、往々にしてそういうものだが、ペテルブルクとモスクワの知的生活にとっては多分に異質な、外国からの輸入品のままだった。その主要な実践者たちは海外からやって来て、彼らの著作はしばしば、彼らの新しい故郷よりも、西欧でより広く読まれた。そして、ロシアはオリエントを研究するべきであるという考えそのものも、ライプニッツのような外国人によって最初に提案されたのだった。

エカテリーナ時代における東方との知的遭遇は、ロシアが自らを西欧ともっとも同一視していた、まさにその時代に起こった。[86] 世界における自らの位置づけに自信を持って、ロシアのエリートは、オリエントを、謎と、娯楽と、美の対象として見た。同時に、彼らは、ロシアはアジアから根本的に遠く離れたものだということに、疑いを抱かなかった。多くの者がヨーロッパとの関係に疑問をおぼえ始め、アジアへの姿勢も同様により曖昧になっていくのは、次の世紀になってからのことである。

第4章 東洋《オリエント》のミューズ

もしカフカスへ行けば、詩人になって戻ってくるさ。

ミハイル・レールモントフ

フランス革命暦では第六年花月三十日、あるいは、一七九八年五月十九日、一六七名の科学者、技師、研究者、芸術家から成る高名な調査団が、地中海の港トゥーロンから出航した。これらの学識者たちは、エジプトをオスマン帝国の支配下からもぎ取る狙いを持つ、野心家のコルシカ出身の将軍、ナポレオン・ボナパルトの艦隊に合流しようとしていた。計画自体はそもそも、イギリスのインドとのつながりを断ちたいという総裁政府の野望に動機づけられていたが、ナポレオンはもっと学術的な目的も持っていた。ナイル川下流の領有は、フランスの憎き海洋上の敵の植民地における繁栄に、容赦ない一撃となると同時に、彼の顧問団が偉大な古代文明を、啓蒙主義の百科全書派の最良の伝統にのっとって体系的に研究し、記録し、記述することを可能にするはずであった。[1]

当初ナポレオンは、前年のイタリア遠征のような輝かしい成功をまた繰り返すものと思われた。アレキサンドリア上陸から三週間以内に、彼の軍はピラミッドの戦いでマルムーク軍に圧勝し、すぐにカイロを占拠した。しかし、このコルシカ人の栄光は短命であった。彼が陸上でエジプトの防衛軍を打ち破ってから十日と経たないうちに、英国海軍が、フランスの遠征軍を本国から切り離し、最終的には作戦を挫折させて、アブーキール湾で彼の艦隊を沈めた。

それにもかかわらず、この後退はナポレオンの文化的試みを阻みはしなかった。三年後、やむを得ず本国に帰還することになる前に、彼の一団の学者たちは、かつてないエジプト古代美術品の目録を作成し、その最高の成果は、二十巻に及ぶ『エジプト誌』に結実した。エドワード・サイードによれば、この侵攻は、近代東洋学における決定的な瞬間であり、「連綿と続くヨーロッパとオリエントとの遭遇のうちでも、オリエンタリストの特殊な専門知識が直接、機能的に植民地支配の道具として利用された最初の例」[2]となった。不運なエジプト遠征も、その後十年間、画家たちが未来の皇帝の軍事的功績を讃える七十枚を越す絵画を制作したのであるから、重要な美術遺産をもたらしたともいえる。[3]そして、フランスの将軍たちが一八三〇年代にアルジェリア征服に乗り出した時には、ナポレオンの流儀を真似て、多くの芸術家たちがそこに加わり、それにより、ヨーロッパのサロンに近東テーマの流行を送り出す一助となったのである。[4]

ナポレオンのナイル遠征の文学的インパクトは、小さくはあったが、深甚であったことはいうまでもない。[5]エジプトを経て、イギリスのもっとも価値ある植民地を攻撃しようというフランスの試みは、オスマン帝国を列強政治の最前線に押し出した。広大な領土に対するオスマン政府の掌握力は、少なくともその百年の間に既に弱まってはいたが、前世紀には、より近いところのヨーロッパの隣国、オーストリアとロシアが、その問題に多大な注意を払っていた。しかし、一七九八年の出来事は、大陸部の他の諸大国にとっても、東地中海をきわめて重要な地政学的関心対象にしたのだった。一九一四年に至るまで、「東方問題」――オスマン帝国の弱体化から利を得ようとするヨーロッパの対立――は、西欧外交の中でももっとも火薬庫的な要素の一つとなるのであった。

トルコの苦境は、ヨーロッパのアトリエやサロンにおいてもその注目度を高めた。一八二九年にヴィクトル・ユゴーが言ったように、「イメージとしてであれ観念としてであれ、東洋は、知と想像力を持つ者の両方にとって、全般的な関心の的となった。(…)ヨーロッパ大陸全体が東方に関心を向けている。[6]」同時に、オスマン帝国の凋落は、画趣に富む帝国へ、外国の旅行者がずっと訪れやすい状況を生み出した。旅行者の多くが鮮やかな旅行記を出版し、それは祖国で、退屈なブルジョワ生活から逃げ出したいと切望する一般の人々によって、夢中で貪り読まれた。これにより、十八世紀の遊び半分のトルコ趣味よりもはるかに熱烈な、文学上の近東ブームが育っていった。それまででもっとも影響力を持った作品は、著しい人気を博したバイロン卿のオリエンタリスト的な詩である。この華々しい詩人の一八〇九年から一一年にかけての東地中海への旅から着想を得て、彼がロンドンに戻った直後に出版され始めた、小説風の『チャイルド・ハロルドの巡礼』は、『異端者』、『アバイドスの花嫁』、当時のその他の彼の「東洋物語」と並んで、一八一〇年代初頭の出版以降およそ十年にわたってヨーロッパ文学を事実上席巻した。

時代のロマン主義的感性が、ヨーロッパの読者に、とりわけ東方に向き直ることを受け入れさせたのである。本質的には十八世紀古典主義に対する反動であったロマン主義は、前者のギリシャ・ローマ時代の過去の理想化はいうまでもなく、理性、秩序、自制、作法を重視する姿勢を否定した。[7] これは、一七六一年のフランス小説、ジャン＝ジャック・ルソーの『新エロイーズ』――社会的慣習に対して、情熱と想像力を支持した小説――から始まったものだが、運動のもっとも深い根は、十八世紀の最後の十年間の、ドイツにおける哲学的、文学的傾向にあった。東プロシア出身でルター派の牧師であったヨハン＝ゴットフリート・ヘルダーを草分けとし、その主唱者には、フリードリヒ・シュレーゲル、フリードリヒ・シェリング、若き日のヨハン・ウォルフガング・フォン・ゲーテが含まれる。他の者たちと共に、これらの作家たちは、感情、本能、自発性の優位と、神秘主義を力説した。彼らは、詩こそが、その極みへと続くもっとも直接的な手段だと、固く信じていた。

ヘレニズムに反旗を翻したドイツ・ロマン主義は、その代わりとなる知の源泉を、特に、自身の中世の過去と東方に見出した。ヨーロッパ言語の起源がインドにあるという理論は、アジアの古代への関心を高めた。また同時に、近東のエキゾティシズムと官能性は、時代の美的センスにとって強烈な魅力を秘めていた。シュレーゲルの言葉を借りれば、「我々は、ロマン主義の極致を東洋に求める。[8]」

ヨーロッパの文学動向に対していっそう受容的となったことで、十九世紀初頭のロシアの作家たちが、ロマン主義からの影響を被らないわけがなかった。この動きのオリエンタリズム的傾向も、例外ではない。しかし、たとえバイロン卿やその他の西欧の詩人たちが、ロシアの東方への関心の芽生えの一助となったとしても、ロシア国内には、もっと近いところにインスピレーションの源があった。[9]南の国境でトルコやペルシアと繰り返し衝突していただけでなく、国境の内側でも、カフカスの山岳部に住むムスリムの少数民族の反乱を「平定」する長期にわたる戦いにも、ロシアは徐々に巻き込まれていった。実際、当時の多くの主要な作家たちは、カフカスへの旅や従軍経験を通じて、ロシアのオリエントに関する直接的な知識を得ていた。この親しみから、ロシアのロマン主義詩人たちは、アジアへの特別な親近感を意識するようになった。一方、東方に位置する彼らの国の地理ゆえに、彼らはヘルダー的な東洋の起源論に特に影響されやすかった。帝国の領域内におけるイスラーム少数民族の存在が、それをさらに強めた。ウクライナ生まれの作家、オレスト・ソモフは、一八二三年の、影響力の強いエッセイの中でこう指摘する。「地上のどの国も、多様な人々の信仰、伝説、神話の豊かさにおいて、ロシアにはかなわない。(…) 国境を越えることなく、北の質素で沈鬱なフォークロアから、東の豊かできらびやかなファンタジーまで、ロシアの詩人たちは自由に行き来することができるのだ。[10]」

十九世紀の文芸評論家であるヴィッサリオン・ベリンスキーは、「プーシキンがカフカスを発見した」と主張した。[11]同じように、この詩人は、ロシア人に文学上のオリエントも紹介した。彼の前にも、ガヴリラ・デルジャーヴィン、ニコライ・ノヴィコフ、エカテリーナ二世のように、十八世紀末に、ペンでもって既にオリエントを援用していた先駆者はいた。しかし、一八二〇年代初頭に書かれたプーシキンの「南方詩」ほど、ロシア人読者の想像力の中に、アジアというテーマを広めたものはない。

彼の同国人たちにとって、プーシキンが文学上果たした役割は、ヨーロッパ文学におけるバイロンのそれと似ている。事実、多くの者が彼を、イギリス人の卿のロシア版分身とみなしてきた。一つには、彼らの伝記に類似点が多くあるためだ。二人とも、貴族としての血統に誇りを持っていながら、社会の慣習や政治には馴染めないと感じていた。情熱的な色恋沙汰や、権力との衝突、追放、そして悲劇と早い死に特徴づけられ、彼らの嵐のような人生は、驚くほど類似した方法で、ロマン主義の時代の精神を体現したのである。スラヴ研究者たちはしばしば、彼らの詩をあまりにも細かく比較することに凝り固まってしまっている。プーシキンならきっと、このイギリス人を自分のモデルと認めないだろう。[12] しかしながら、これが文学上のオリエンタリズムとなると、若き日の彼は、間違いなくロシアのバイロンであった。

一般的に、国民的にもっとも偉大な詩人といわれるアレクサンドル・セルゲーヴィチ・プーシキンは、一七九九年、いくぶん落ちぶれてはいたが、教養のある、古都モスクワの退役近衛士官のもとに生まれた。[13] 彼の家族は名高い家系だった。ニコライ・カラムジンの『ロシアの歴史』には、その名が二十八回も出てくる。しかしその勢力は、その二百年ほど前にロマノフ朝が力を持つと共に衰えていった。詩人本人の言葉でいえば、

古びすたれた多くの家門のひとかけらたる
（不幸にも、それはひとつにとどまらないが）
わたしは古代の大貴族の末裔。[14]

アレクサンドルの母、ナデージュダ・オシポヴナ、旧姓ガンニバル（ハンニバル）は、少し普通とは異なる出自を持つ。というのも、彼女の祖父は、十八世紀初頭、アフリカ人奴隷の少年としてロシアに渡って来たからだ。[15] トルコ大使からピョートル大帝に紹介されたこの少年は、洗礼を受けて、アブラハム・ペトロヴィチと命名され、その庇護下に入った。ツァーリは小さなアブラハムを一目で気に入った。機知に富み、幾何学の才能に恵まれたピョートル大帝のお気に入りは、軍の技師として、高官にまで昇進した。黒人としてのアイデンティティに誇りを持ち、アブラハムは自分の姓を、ローマの偉大なカルタゴの敵対者から作った。

アレクサンドル・プーシキンは、その両方の血筋を誇った。アレクサンドル・ネフスキーの軍に参加していた、十三世紀のプロイセンの戦士に明らかな起源を持つ、父

方の輝かしい血統を、彼はたえずほのめかしていた。[16] ある時、友人が彼の貴族然とした態度をたしなめた。「君はその、五百年にわたる貴族の身分を誇りに思っているのか？（…）頼むから、プーシキンその人でいてくれよ！君はそれだけで、じゅうぶん賢い男なんだ。」すると、プーシキンは憤然として訂正した。「君は、僕がこの六百年の家柄を自慢することに腹を立てているのか？」[17]

母方の黒人のルーツについても、大いに誇りに思う源があった。プーシキンが自身について「黒人の野生的な子孫」と言う時、そこに自虐的な意味はなかった。[18] 帝政ロシアの都市部上流社会のコスモポリタンな雰囲気の中で、人種混血の出自は、アングロ・サクソンの世界に比べて、否定的な意味を持つことははるかに少なかった。キャサリン・オニールはこう指摘する。ペテルブルクの教養ある人々は、白い肌を、シェイクスピアの嫉妬深いが高貴なムーア・オセロと難なく結びつけ、ヨーロッパの「アフリカや黒人は、野生的で、激しやすく、セクシーで、威嚇的だが、同時に性的能力において魅力的だというステレオタイプ」を共有していた。[19] 快楽に貪欲な若い男性にとって、これらはいずれも肯定的な特質であった。

当時の不正確な地理学では、アフリカはアジアと同様、東洋に属していた。前者の北部三分の一はイスラーム文明圏の中にあり、まだ名目上はオスマン帝国の支配下にあったので、サハラ砂漠をレヴァント〔地中海東部沿岸地域の歴史的総称〕と混同することは、ヨーロッパ人にとって容易なことだった。他方で、ロマン主義の想像力は、そのいくつもの特性を典型的な東洋とみなしていた。つまり、解き放たれた情熱、野蛮さ、怠惰、そして専制政治。[20] ヴィクトル・ユゴーが、厳密にはヨーロッパの西端に位置するスペインを、『東方詩集』の詩における東方に断固として含めたことが、これを立証している。[21] また、一八三〇年にフランス軍がアルジェリア遠征でトゥーロンから乗船した時、彼らは東洋へ行くのだと思っていた。

東と南の間の、この不正確な境界設定は、ロシアの意識においても二重の意味で当てはまる。地図を一見すれば、十八世紀初頭にロシア地理学の父、ワシーリー・タチーシチェフが定義したように、コンスタンチノープルはペテルブルクよりも西に位置するが、カフカス山脈は帝国のヨーロッパとの境界の内側にあることが分かる。

つまり、プーシキンにとって、彼のアフリカの血筋は、彼が曾祖父を呼ぶのに用いていた名詞「アラブ」が示すように、疑似東洋のものであった。[22] イスラーム圏のアフリカから来た黒人を指す、「アラブ」と語源を同じくするこのロシア語の古語は、英語の「ムーア」と同じように、南方と東方の両方を同時に意味する。同じ理由から、カフカスとクリミアへの旅に触発されたプーシキンの一連の南方詩は、バイロン卿の東洋の物語と同じく、「東方」のものなのであった。

プーシキンは、アレクサンドル一世の統治下で、可能な限り、もっとも優れた教育を受けた。一八一一年、ツァーリは、高級官僚育成のために、良家の子息を教育する特別な学校を創立した。ツァールスコエ・セロー・リツェイである。後に、アレクサンドル・リツェイと名称を変更し、首都へ移転するこの学校は、もともと、ツァーリの夏の住まいであったエカテリーナ宮殿の一翼に場所を与えられていた。宮廷との密接なつながりを持つこの新しい学校は、有能な卒業生たちに、軍や、官界におけるすぐれて名声のあるキャリアを約した。（初年の採用者には、後の外務大臣、アレクサンドル・ゴルチャコフ公が含まれていた。）試験官を、「頭が空っぽで考えなし」と驚かせたにもかかわらず、プーシキンはフランス語と絵画の才能を発揮し、創立年の入学を果たす。[23]

リツェイの進歩的な六年間の勉学課程は、「モラル・サイエンス」を標榜し、過度な負担を課さなかった。その結果、少年は、詩作という自分の楽しみに熱中することができ、その中で彼は、特別な才能に恵まれたことを示すことになった。プーシキンは、学校内の豊かな文学生活に積極的に参加し、ペテルブルク近郊に住む有名な詩人たちとすぐに文通を始めた。十四歳になる頃には、首都で隔週刊行されていた『ヨーロッパ通報』誌に最初の作品が掲載され、卒業までに、さらにもう三作の詩が載ることになる。プーシキンの執筆の才能は、いつも彼のためになったわけではない。特に、校長を含む、権力者たちに関する悪意に満ちた風刺詩を書いた時には。アレクサンドルの早熟な才能を示したもっとも有名なエピソードは、年老いた宮廷詩人デルジャーヴィンが、一八一五年、リツェイの学生の試験をするために招かれ、プーシキンがツァールスコエ・セローについて書いたノスタルジックな韻文を暗誦するのを聞いて、この十四歳の少年が、自分の後継者になるであろうと絶賛したというものだ。

　学校での最終学年の間、プーシキンは、ツァーリの宮殿に常駐する近衛兵たちと、幾晩も深夜に楽しく飲み騒いで過ごした。近衛に加わるという彼の夢は、父親が、騎兵少尉を支えるだけの経済的余裕がないので、代わりに歩兵としての、もっと慎ましやかなキャリアを選ぶよう提案してきたことで、打ち砕かれた。が、他の選択肢もあった。軽騎兵の軍服ほど目を引くファッションではないものの、外交官は、この若い貴族にとってまったく悪くない職業だった。しかもそれは、仕事を首都で始めるという特権をもたらした。外務省への任官を経て、一八一七年六月、年頃の十八歳のプーシキンは、ペテルブルクへと移った。

　下級役人としてのプーシキンの職務は、学校での勉強以上に楽だった。年中金欠ではあったが、彼の魅力、学校時代の人脈、そしてその才能ゆえに、彼はすぐに華やかな社交界、文学サークルへの出入りを勝ち得た。彼はまた、あまり立派とはいえない娯楽にふけりもした。数名の友人たちと飲んだある夜、彼が即興でしたためた韻文は、ペテルブルクの社交界の若き常連としての日々を巧みに伝えている。

ガラスの酒杯へと、
冷えたシャンパンが注がれ、音をたてている。
僕たちはそれを飲んだ。
ヴィーナスたちは僕たちと一緒に、テーブルにつき、
汗だくだ。
娼婦や、ワインや、パイプとともに、
もう一度、僕たち四人が、この食卓に腰掛けるのは、
一体いつのことだろう。[24]

　プーシキンの遊興が、彼の文筆活動を妨げることはなかった。一八一九年には、最初の代表作『ルスランとリュドミラ』を書き上げた。古代ルーシを舞台として、韻文で書かれたおとぎ話であるこのファンタジーは、フランスの古典的手法の中に、多くのエキゾティックな要素を、遊び心たっぷりに融合させている。『ルスランとリュドミラ』は、プーシキンが幼少の頃に初めて知った東方世界でもあったアラブの物語集、フランス版の『千一夜物

語』から部分的に刺激を受けている。シェラザード、魔神のジーニー、ペルシアの富豪、そしてハーレムがすべて、ある研究者の言葉を借りれば「民族的伝統と東洋の伝統の調和に満ちたフュージョン」[25]を生み出すために、ブィリーナの要素と融合している。

一八二〇年に出版された『ルスランとリュドミラ』は、プーシキンの詩人としての名声を確立した。しかし、作家がその成功を味わう前に、友人の間で回し読みされていたより政治的な詩『自由』がツァーリの注意を引いてしまった。プーシキンがシベリアへの流刑を免れたのは、影響力をもつ友人たちのとりなしゆえに他ならなかった。代わりに、一八二〇年五月、彼は南西国境地帯への異動をもって処罰された。

プーシキンは新しい環境のその田舎ぶりに苛立ちはしたが、駆け出しの文学キャリアにとって、この追放は恵みへと変わった。また、彼は、地位を失った詩人が部下となることを過大に警戒することのない、寛大な上官の下に配属されるという幸運に恵まれた。首都の喧騒から離れた四年間で、プーシキンはほとんどの南方詩を書き、偉大な韻文小説である『エフゲニー・オネーギン』の執筆を始めたのであった。

プーシキンの南方詩は、ツァールスコエ・セロー時代の友人で、若い近衛士官ニコライ・ラエフスキーとの、新たな任に着いた直後の再会の結果であった。ナポレオン戦争で武勲を挙げた将軍だったラエフスキーの父親は、家族と共にカフカスの保養地ピャティゴルスクへ向かう途上にあった。彼は、自分の息子の学友がたまたま町にいると知ると、寛大にも、夏を一緒に過ごすよう、プーシキンを招いた。プーシキンが、四人の魅力的な娘を含むラエフスキー一家と過ごすことを楽しんだその後の数か月は、牧歌的な時間であった。一家は、新たな客人に対して、当時大流行であったバイロンの作品を教材に英語を教えることを引き受けた。バイロンの詩に啓発され、ラエフスキー一家が彼に、カフカスの雄大な山岳風景からクリミアの亜熱帯の新緑までを見せて回るうちに、プーシキンはその「追放時代の抒情詩」を獲得したのだった。

ピャティゴルスクでの滞在は、彼の最初の南方詩の物語『カフカスの虜』を生んだ。一八二一年に完成したこの作品は、社会の虚偽と二重性から逃れて、山中を移動している時に、チェルケスの山岳民に捕えられた、絶望したロシア人の若者の物語である。彼らの野営地に捕えられている間に、この捕虜はチェルケス人の少女の愛を獲得する。彼女の情熱に応えるには彼はあまりにも倦んでいたが、彼女はそれでも彼を逃す手助けをする。恋に破れた少女は、愛する人が安全なロシア部隊に戻ってしまうことで、入水自殺する。

十二世紀の『イーゴリ軍記』以来、虜の物語は、西欧でのそれと同じように、ロシア文学では繰り返し現れる特徴である。ここで目新しいのは、プーシキンによる、捕える側の比較的肯定的な描写である。このジャンルの先駆者たち同様、詩人は当初、敵を野蛮人として描いていた。[26]

のんびりと、チェルケス人たちが座っている。(…)
思い出すのは、過ぎ去った日々の、
あらがいがたき襲撃のこと、
老獪なお頭たちのはかりごと、
むごたらしいチェルケスのサーベルの一撃、
避けようもない射撃の的確さ、
打ち砕かれ灰にされた村々のこと(…)

しかしこの捕虜は、山岳民たちが宴の席での余興に、奴隷たちを斬首しているのを見て、祖国でも同じように暴力的な決闘の娯楽があったことに思いを馳せるのである。おそらく彼の同類たちは、カフカスの「他者」に劣らず野蛮なのである。確かに、彼の祖国には褒められるものが大してない。捕虜はこう回想する。

とうの昔に軽蔑していたお定まりの虚栄や
偽善的な敵意や無邪気な中傷(…)

一方、このロシア人が望まれざる客としてそこにいればいるほど、彼は徐々に、彼を捕えた者たちを評価するようになっていく。

このカフカスの山の人々にまじって
その信仰、風習、教養を観察した、
そして愛した、その生活の質素さや、
客もてなしの良さ、戦好き、

自由な身のこなしの速さ、
そして軽やかな足、力強い腕までも。[27]

もしもプーシキンが根本的にチェルケス人を中傷しているのでなければ、ロシア帝国による制圧の試みに対する彼の詩が含む姿勢は、より複雑である。ある研究者たちは、作品の中に、平定のための軍事遠征に対する覆い隠された批判を探し出した。[28]しかし、作品を完成させた二か月後、プーシキンは、かつてデルジャーヴィンがエカテリーナのアジアにおける軍事行動を讃える詩を書いたように、ロシアのカフカスでの軍事作戦を賛美するエピローグを書き加えている。プーシキンの親友であるピョートル・ヴャーゼムスキー公は、この好戦的な愛国主義的あとがきについて、実にちぐはぐなものを感じたと、個人的に不満を述べ、「詩とは、死刑執行人の味方ではない」と付言した。[29]

専制政治に対するプーシキンの姿勢はきわめて曖昧ではあるが、彼は東方の征服に頭から反対していたわけではない。ラエフスキー一家との休暇の後間もなく、彼は弟にこのように書き送っている。「カフカス地方はアジアの灼熱の国境地帯でね、あらゆる点で興味しんしんたりさ。エルモーロフ〔カフカス戦争のロシア軍司令官〕はその名と有益な天才とでこの地方を満たしている。（…）この征服された土地が（…）将来戦争が起こってもわれわれの邪魔者になることもなく、ことによると、インド征服を考えながらナポレオンが描いた空中楼閣がわが国のために実現するかもしれないのだ。[30]」首都に戻った後に彼が着手した、ピョートル大帝を題材とした未完の歴史作品の中で、プーシキンは「略奪者」であるトルコ人やペルシア人の隣人に対するツァーリの戦いを賞賛している。[31]プーシキンの政治観にもかかわらず、ツァーリへの反感と、ロシアのアジア支配の拡大の間に矛盾はなかった。陰謀の首謀者であったパーヴェル・ペステリのような、プーシキンの急進的な友人の多くは、東方における精力的な膨張主義政策を、熱心に支持していた。[32]

バイロン卿の『チャイルド・ハロルドの巡礼』――自由を求めて、野生の東洋へと逃れる貴族の謀反人の転回を確立した物語――は、明らかにプーシキンの『カフカスの虜』に影響を及ぼしている。こうした類似性は、フランソワ＝レネ・ド・シャトーブリアンの『アタラ』のような小説――他の部族の捕虜に恋をした若いアメリカン・インディアンの女性が、貞節の誓いを守るために自殺する物語――にも、見られる。ルソーの高貴な野蛮人や、彼の山岳の壮麗さへの賞賛も、そこに痕跡を残している。

『カフカスの虜』もまた、ロシア文学において影響力の強い作品であった。それは、「余計者」や、社会の抑圧からのエキゾティックな聖域としてのカフカス、あるいは、正直で勇敢な山岳民を含む、十九世紀文学のいくつもの重要な伝統を生み出した。同時に、プーシキンはヨーロッパとアジアの境界を不鮮明にした。スーザン・レイトンはこう述べる。「問題に対するこの詩人の曖昧さにもかかわらず、『カフカスの虜』における一連の野蛮な美徳は、長い時間をかけた文学の発展において、ムスリム山岳民をアジアの「他者」として、そして十九世紀のロシア人が代わりの「自己」として奉じたがる者として、世に送り出した。[33]」自己と他者の共存は、ロシア文化におけるオリエンタリズムの、好奇心をそそる特性となった。

プーシキンの『カフカスの虜』は、ギリシア神話ではミューズの聖地とされるパルナッソス山の、特に秀でた峰であるシュトゥ愛好を先取りしていた。[34]というのも、彼の詩が、ロシア・ロマン主義の作家たちの間に、カフカス・ブームを引き起こしたからである。そのうち多くの者は、不本意にも、その地域に関する一次的な知識を持っていた。一八三〇年代に、人気を博したいくつもの山岳地帯に関する物語をマルリンスキーのペンネームで書いたアレクサンドル・ベストゥージェフは、一八二五年十二月の失敗に終わったクーデターに参加したことが原因で、一兵卒として追放されていた。

スコットランド系の近衛軽騎兵で、趣味でロマン主義的な詩を書いていたミハイル・レールモントフも、追放され、イスラームの暴動に対する軍事行動に加わった。プーシキンの熱烈な支持者であったレールモントフは、一八三七年、この偉大な詩人の死が宮廷レベルの陰謀の結果であることをにおわせた詩を回覧したことで、ツァーリの不興を買った。彼の東方への追放は、レールモントフのもっとも重要な作品で、ロシア・ロマン主義詩の傑作と目される『現代の英雄』を生んだ。「ロシアの外套を着たチャイルド・ハロルド」と評されるように、世を厭う士官の、カフカスでの官能的で軍事的な功績は、『カフカスの虜』を含むプーシキンの作品の多くの痕跡を残しつつも、バイロンの強烈な影響を示す。[35]

プーシキンと共に、レールモントフもベストゥージェフ（マルリンスキー）も、山岳地帯にインスピレーションを得たことで有名なロシアの作家であった。一八三〇年代は、レイトンが呼ぶところの「小東洋作家」――しばしばセンセーショナルで、愛国的で東洋趣味の作品が、偏見の少ない読者にうけた作家――の一群を生んだ。[36]カフカスの主題に取り組んだ、革命前最後の主要な作家は、レフ・トルストイ伯であった。プーシキンの詩に似たプロットを持つ、その子供たちの物語である彼自身の『カフカスの虜』に加えて、一八六三年、トルストイは、この地域に関するきわめてロマン主義的な小説『コサック』を出版する。さらに後年には、徐々に反体制側に傾いたこの貴族は、一九〇四年の小説『ハジ・ムラート』で、ムスリム山岳民に対する帝国の小さな戦争への容赦ない告発を記した。

プーシキンの『カフカスの虜』は、より広く、読者の心の琴線に触れた。ベリンスキーによれば、それはあまりにも人気があったため、出版から二十年経っても、多くの教養あるロシア人が、チェルケス人に関する描写を暗誦できた。実際、多くの人々が『カフカスの虜』を、審美的な点からだけでなく、あまり知られていないこの地域に関する情報源として読んでいたのである。[37]「ロシア社会に、カフカスとその好戦的な先住民の雄大なイメージとの、初めての出会いをもたらした」[38]というベリンスキーは、誇張してはいなかった。その詩は、バレエ、歌、ツエーザリ・キュイのもっとも人気のあるオペラ、そして最近では映画を含む、多くの創造的作品に影響を与えたのだった。

ピャティゴルスクでの滞在の後、ラエフスキー一家とプーシキンはクリミアへと渡り、そこで詩人は、後に人生でもっとも幸せだった時期と述懐する日々を過ごした。半島での旅の一つは、バフチサライにある古いタタールの宮殿へのものであった。一七八七年にエカテリーナ大帝が戴冠二十五周年の記念旅行でそうであったように、プーシキンもこれに魅了され、この旅は、彼を別の有名な物語詩『バフチサライの泉』執筆へと衝き動かした。

当初は『ハーレム』という題が付けられていた『バフチサライの泉』は、クリミア・ハンの叶わぬ愛の古い伝説に基づいている。ハンは、襲撃の際にさらったポーランド人の、清純なブロンド女性マリアに叶わぬ恋をするが、このことは、別の女性奴隷、黒髪のグルジア人ザレマに激しい嫉妬心を起こさせる。[39] この詩は、十三世紀ペルシアの詩人サーディーのエピグラフから、バラやナイチンゲール、月などの典型的な東洋のメタファーまで、『カフカスの虜』よりもはるかに多様な近東の文学的要素を組み込んでいる。[40]

ベリンスキーをはじめ多くの批評家たちが、プーシキンの叙述に西と東の対立を読み取ってきた。一方に聖母のようなマリア、他方に官能的なザレマ、同様に専制的なハン、というように。[41] しかしながら、ソヴィエト時代のある研究者が指摘したように、この詩人は、純粋で西洋的な乙女のことも、彼女の情熱的な東洋のライバルのことも、どちらも贔屓していない。代わりに、プーシキンは彼女たちを、一人の女性の二つの顔として描いている。[42] ハンについては、「人々を苦しめる、野蛮なタタール人」として描かれている一方で、王女への叶わぬ想いが、彼に人間味を与えている。読者は最後には、恋に苦しむクリミアの首領に同情を覚えるのである。

サーディーの影響の下、彼の手法を真似て、プーシキンは短い詩も書いている。『葡萄』、『薔薇の乙女』、そして『バフチサライの泉』の短縮版。彼が特別だったわけではない。近東の詩の翻訳は、ロマン主義の作家の好みであったし、彼らはいくつもの模倣作品を生み出している。プーシキンが読んだという証拠はないが、そのジャンルでもっとも良く知られているのが、ドイツの詩人による、アラブ、ペルシア、トルコ、インドの様式と自らのスタイルを組み合わせた愛の賛歌、ゲーテの『西東詩集』である。ゲーテと同じく、プーシキンはそうした試みを、東洋と西洋の融合と考えていた。彼は決して、アジアの文学そのものを完全に取り入れたがっていたわけではない。プーシキンは、ヴャーゼムスキー公に宛てた手紙の中で、自身のアプローチをこう説明している。「理性的で冷淡なヨーロッパ人である我々にできる限りで、東洋の手法は私のモデルです。たとえ、東方の輝きにうっとりとしている時でも、ヨーロッパ人はその趣向や視点を忘れずにいなくてはなりません。[43]」

『バフチサライの泉』は一八二四年三月に出版され、大変な喝采を浴び、著者に相当な額の報酬をもたらした。が、プーシキンは、外務省での名目上の仕事においては、そこまで幸運ではなかった。オデッサのノヴォロシア（ウクライナ南部）総督、ミハイル・ヴォロンツォフ伯の下に配属され、彼は新しい上官のコケティッシュで若い妻と、節度なく不倫関係におちいった。さらに悪いことに、無神論支持とも思える手紙を、当局に盗み見られた。職を解かれ、プーシキンはその夏、家族の所領があるミハイロフスコエ村へと追われたのだった。

ロシアの田舎の奥地に身を置いてはいたが、東洋は依然としてプーシキンの創造の女神《ミューズ》であり続けた。彼は、オデッサにいる時には既にコーランを読み始めており、その時には、イスラームのテクスト研究を深めていた。プーシキンは、とりわけムハンマドに魅了されていた。彼が受けた迫害と追放が、プーシキン自身の旅と重なって見えたのであろう。同時に、詩人は、人々をその言葉の力だけで動かした、この預言者の能力に心を打たれた。[44]まもなく彼は、新たな史詩『コーランに倣いて』の創作に勤しむことになった。ムハンマドの生涯を語るその九つの連詩は、抑圧への抵抗の呼びかけであると同時に、詩人の預言者的使命を、半自伝的に思い描いたものであった。[45]

その当時はほとんど認められずにいたものの、ミハイロフスコエ村での幽閉は、一見幸運であるように思われるようになった。というのも、一八二五年の末にかけて、アレクサンドル一世の死後、ニコライ一世の即位をめぐって生じた政治的混乱から、彼を遠ざけていてくれたからである。プーシキンの友人の多くは、デカブリスト、つまり、帝位を奪い、立憲君主制を打ち立てようとした陰謀の加担者であった。彼らは賢明にも、この激しやすい仲間を計画に巻き込むことを避けた。彼らがプーシキンの詩を好きであったことは、当局にもよく知られており、もしも田舎で孤独に苛まれていなければ、計画に関わり合いのあるものと思われても、おかしくなかっただろう。

一八二六年九月、ニコライ一世はプーシキンを呼び出し、新ツァーリが戴冠式のために滞在していたモスクワのクレムリンで、かの有名な会合を持った。長い会見の中で、ニコライは詩人に、デカブリストの企てに対する思いを尋ねた。プーシキンが、機会があれば参加したかった、とすすんで認めたものの、ツァーリは勇敢にもこれを許し、彼に保護と支援を申し出た。これは、ファウスト的な魂の取引だった。新たな契約は、プーシキンを君主に縛りつけ、前君主の時代よりも一層、表現の自由を制限した。首都に帰り、創作活動を続けることが許されたが、彼はますます囚われの身であるという感覚を強めた。

一八二九年、ナターリア・ゴンチャロワという若い美女への求婚を断られたことに傷つき、プーシキンは南へと、プライベートで旅に出た。ロシアはこの時またトルコと戦争をしており、詩人は、前線にいる彼の古い友人、ニコライ・ラエフスキーを訪ねたいと思っていた。この旅は、単調で時にシニカルなトーンが、詩人のかつての東方へのロマン主義的な情熱をすっかり無に帰すような、『エルズルム紀行』へと結実した。カフカスの風景は陳腐で、可愛いけれどまったく女性的でないカルムィクの少女が、主人公を戯れに動揺させ、彼がその少し後に出会うペルシアの宮廷詩人は、期待されるような派手な「東洋の大言壮語」をほとばしらせるでもなく、地味に話すだけだ。オスマンの敵はというと、勇敢でも悪意に満ちてもいなかった。[46] 新たに占領された東トルコの町、エルズルムを歩き回りながら、プーシキンはこう述べる。「アジア的華美という言葉ほど無意味な表現を知らない。(…) いまでは、アジア的貧困、アジア的不潔さ、等々ということができる」と。

バイロンが一八二四年に死ぬと、プーシキンはイギリスの卿の「若さに囲われた天才 (…) [後年は] もはや異端者やチャイルド・ハロルドを生み出した、あの炎のようなダイモンではなかった」と述べていた。[47] 彼は知らず知らずのうちに、自分自身のキャリアの行く末を予言したのだった。趣向が変わると、一八三〇年代までには、プーシキンはもはやロシア文学界の最前線にはいなかった。D・S・ミルスキーによれば、彼は「若い世代から、生きた人物としてではなく、過去の遺物として崇拝されていた」のだった。[48]

仕事の上での挫折と同時に、プーシキンの私生活もまた失望に満ちていた。ナターリア・ゴンチャロワはようやくプロポーズを受けたものの、結婚生活は不幸せなものだった。この若い女性の名高い美貌ゆえに、彼女は徐々に、不快な男たちの注目の的となっていった。彼女を慕う一人で、ロシア帝国近衛士官として仕えていた勇み肌のフランス人亡命者、ジョルジュ＝シャルル・ダンテス男爵は、特にしつこかった。一八三六年の末、詩人が、妻を寝取られた夫として公然と笑いものにされるようになると、避けがたい決闘が起こった。それが、プーシキンの最期となった。瀕死の重傷を負い、一八三七年一月二十九日、対決から二日後に、彼はひどい苦しみの中で死んでいった。

　彼の死の二年前、一八三五年に出版された『エルズルム紀行』は、ロシア文学における東方へのロマン主義的興味の高まりの墓碑銘となった。イスラームの山岳民を制圧するのには、それから二十年以上がかかり、ツァーリの軍隊は、クリミア半島から朝鮮半島まで、帝国の存続のために他の多くのアジアの戦争に巻き込まれることになるが、そのいずれの行軍も、プーシキンの時代のカフカスが巻き起こしたような文学的反響を引き起こしはしなかった。一八四〇年代には、ロマン主義はリアリズムに取って代わられ、作家たちは国内により注意を向けるようになり、彼らの創造的な想像力におけるエキゾティックな他者としてのチェルケス人は、ロシア人農民に取って代わられた。[49]ロシアの詩人たちが再びオリエントに夢中になるのは、ようやく二十世紀の転換期になってからである。しかし、アジアは、他の芸術領域でしっかりと生き続けていた。

　文学同様、近代ロシアの画家たちの間における東方への関心は、そもそも西欧からやってきたものだった。イスラームの東洋は、少なくともルネサンス以来、ヨーロッパ人芸術家たちの好奇心をそそっていた。十六世紀への転換期には、トルコとの密な接触が、近東の風景や政治家たちを描き残したジェンティーレ・ベリーニのような、ヴェネツィアの画家たちを刺激していた。十七世紀のオランダ絵画の巨匠レンブラントは、壮麗な東方のシルクのローブやターバンを纏った個人の肖像画を仕上げるために、広範囲にわたる輸入品のコレクションを利用した。続くのは、より楽しげな十八世紀のトルコ趣味《テュルクリ》、あらゆるオスマン帝国の物に対するロココ時代の熱狂で、シャルル＝アンドレ・ファン・ルーといったフランス人画家たちは、パシャ、スルタン、宦官、幻想的な後宮の愛人たちを題材とした絵を描き、他方イギリス貴族たちは、サー・ジョシュア・レイノルズに、東洋を舞台として肖像画を描いてくれるよう依頼した。[50] そして、芸術における近東の魅力は、十九世紀、ヨーロッパ絵画の明確な様式としてオリエンタリズムが台頭すると、頂点に達した。

政治的展開も、明らかに一定の役割を果たしていた。ナポレオンのエジプト派兵がこの地域への興味をよみがえらせるために始まったのだとすれば、一八二〇年代のギリシアの独立闘争と、その次の十年間におけるフランスの北アフリカ遠征は、それを維持することに役立った。同時に、地中海をめぐる西欧の優位の強化は、海の東岸と南岸の地への旅をとても簡単なものにした。[51] まぶしい太陽の光、物憂げな官能性、そして絵のような遺跡ゆえに、それは数世紀前のイタリアがそうであったように、画家たちの間で人気の旅先になったのであった。[52]

文学と同じく、オリエンタリストの絵画は、ロマン主義の申し子である。フランスが支配的であったその芸術様式は、イスラーム世界の日常生活を切り取ってきたとされる風景を題材とした。多分にそのエキゾティックな舞台ゆえに、実際に忠実な風俗画であったり、民族学的な描写もあった。同時に、オリエンタリストの画家たちは、しばしば、過剰なセクシュアリティや、暴力、残酷さ、怠惰、そしてキリスト教の道徳からすれば罪とされるものの光景を想像した。豪華なハーレム、残忍な専制君主、そして、催眠効果のある麻薬中毒は、彼らのお気に入りのモチーフであった。

フランス・ロマン主義のウジェーヌ・ドラクロワの『サルダナパールの死』（一八二七年）は、このジャンルの典型である。[53] バイロン卿の一八二一年の悲劇をもとにして、キャンバスは、伝説のアッシリア最後の王を描いている。王は豪華なベッドに背をもたせかけ、自らの避けることができない運命の前に、愛人たちや馬たちの処刑を穏やかに静観している。火と煙を背景に、赤と白のシルクが、孔雀の羽や黄金の器、宝石の付いた剣、青ざめた女性の肉体と、恐怖に怯えた馬が無秩序に混ざり合う。おそらくは、絵を見る者に、東方の放縦は様々なかたちで訪れるという常套句を思い出させるべく、意図して巻かれた腰布以外裸の、男らしいアフリカ人奴隷が、ホモ・エロティックなアクセントを添えている。

美術史家たちは伝統的に、オリエンタリズムの人気は、主に逃避主義によって支えられていたと説明してきた。

みずみずしく、目を引くような色合い、アジアにあるはずの無限の肉欲、野蛮さ、怠惰、そして贅沢さ――これらすべての特徴は、この時代の醒めたブルジョワの分別には異質なものだった――を描くことにより、オリエンタリストの絵画は、抑圧された夢想の逃避先を与えた。この主題に関する一九七七年の本の中で、フィリップ・ジュリアンは、次のように論じた。「石炭の世紀には、街全体がくすんだ覆いの下にあった。ヴィクトリア朝のアトリエに飾られたオリエンタリストの絵画は、一種の逃避であった。私たちの曾祖父母にとって、これらのキャンバスは、別世界の存在を思い出させるだけでなく、美しく、雄々しい何かを想起させるものでもあったが、それらは、ヨーロッパでは往々にしてタブーとされた享楽をほのめかし、残酷さや抑圧の秘密の味を思わせ、ぞくぞくさせてくれるものであった。[54]」

こうしたフロイト的にはあり得る含意にもかかわらず、一九七〇年代以前は、オリエンタリズムに対する学界の姿勢はかなり温和なままであった。[55] ところが、最近、あるアメリカ人作家が「[オリエンタリズムは」まず間違いなく、今日あるもっとも政治的に不適切な芸術活動だ」と言った。[56] この様式に、不都合な雰囲気を最初に作ったのが、一九七八年、エドワード・サイードの『オリエンタリズム』の出版であった。[57] サイードは絵画にあまり注意を払ってはいなかったが、数名の美術史家が、表象と抑圧のつながりに関する彼の議論をすぐさま適用した。[58]

この路線に沿ったなかでも、もっとも洗練された研究は、リンダ・ノチュリンの論文「想像上のオリエント」である。[59] フェミニストで研究者のノチュリンは、ジェンダーの観点からこの様式を検討する。たとえば、ドラクロワのオリエンタリズムは、帝国主義的権力欲ではなく、純粋で単純な欲望に動機づけられている。[60] さらに面白いのは、ジャン゠レオン・ジェロームのような、後世のオリエンタリストの超現実主義的アプローチに関する彼女の解釈である。彼女はこれを、故意に人を欺くものだとみなしている。ある同時代人が言ったように、「我々の時代の、もっとも学問的で、正確さを意識的に期する画家の一人」であるどころか、ジェロームは、一見写真のような正確さをもって想像上のオリエントを描くことで、「現実主義的煙幕」という計算された戦略を追求していたのである。[61]

ノチュリンのジェロームに関する観察は、おそらく、彼のロシア人の弟子で、ロシアのオリエンタリストの画家の第一人者、ワシーリー・ヴェレシチャーギン〔ヴェレシャーギンとも〕にも当てはまるだろう。パリのジェロームのアトリエへと続くヴェレシチャーギンの道は、予期されたものでも、まっすぐでも決してなかった。[62] ノヴゴロド州北西部で、中流の地主のもとに一八四二年に生まれた彼は、将来ツァーリの軍隊で士官になるための典型的な教育を受けた。つまり、家庭教師、三年間の陸軍の幼年学校、そして、さらに首都で六年間の海軍士官学校というように。

後者がヴェレシチャーギンの飽くなき放浪欲を刺激したとしても、無理はない。[63] あらゆる海軍学校で行われているように、生徒は、祖国の岸辺を離れた世界について学ぶことを奨励され、その努力は長官たちから強力に支持された。その中には、世界一周を成し遂げたことで高名な、イワン・フョードロヴィチ・クルゼンシテルン提督のような海洋冒険家が含まれていた。なかでも地理学はヴェレシチャーギンの好きな科目となり、彼は空き時間に、作家イワン・ゴンチャロフの最新の旅行記『フリゲート艦パラルダ号』を繰り返し読んだ。学校での最後から二年目の夏、その優秀な成績が認められ、彼は他の優れた学生たちと共に、西ヨーロッパへの航海に出ることとなった。彼がその進歩的な政治観を形成する一助となった、ラディカルな亡命者アレクサンドル・ゲルツェンを知ったのは、まさにこの海外旅行中のことであった。

一八六〇年に、ワシーリーがクラストップの成績で卒業した時には、学友たちと一緒に帝国艦隊でのキャリアに加わるという、十分な期待があった。しかし、在学中既に、彼を他の人々と隔てる要因が見付かっていた。勤勉で聡明ではあったが、この士官候補生は、病弱だということが判明した。より決定的だったのは、彼の敏感な胃が航海に耐えられなかったことだ。彼はまた、神経質で激しやすい気性の持ち主でもあり、親友で高名な芸術評論家であるウラジーミル・スターソフによれば、それは、タタール人のハーフだった母親から受け継いだものであった。[64] そして、ヴェレシチャーギンは、絵を描くことが好きだった。

少年時代、ワシーリーはスケッチにおける優れた資質を見せており、その才能を学校のとても熱心な美術教師たちが認め、描くことを奨励していた。軍での最後から二番目の年、カリキュラムにもはや絵画が含まれなくなると、この候補生は、帝立美術アカデミーの予備校として機能していた芸術振興協会に加入した。教官たちは当初、彼を、ちょっとした美術愛好家だとみなしていた。しかし、自分の未来は甲板よりもイーゼルの前にある、とワシーリーが頑固に主張したため、彼を真剣に受け止めるようになった。

ヴェレシチャーギンの両親は、当面は、息子の興味の赴くままにさせておいた。当時の慣習として、クラスの一員としてスケッチを描くことは、完全に許容範囲内の娯楽であった。けれども、生計を立てる方法としては、芸術は、農奴やその他の下層民にのみ適した職業と考えられていた。[65]卒業証書を受け取るのを目前にして、ワシーリーが美術アカデミーでさらに勉強するために海軍を辞めると宣言すると、両親は青ざめた。彼は後に、二人の反応をこう述懐している。「高貴な貴族の息子が画家になるだなんて、恥だ！」[66]母の苦悩に満ちた涙や、将来の窮乏への父の厳格な警告をもってしても、息子を思いとどまらせることができないと分かると、彼らはしぶしぶ諦めた。

ヴェレシチャーギンは、立派なエリートにとっては、かなり波乱に満ちた時代に美術アカデミーに入学した。エカテリーナ女帝によって一世紀近く前に創設され、一八五〇年には宮内省から助成を受けるようになったアカデミーの機能は、ヨーロッパ流の美術の促進にあった。帝政が庇護する学校として、アカデミーは、ロマノフ朝の君主たちの新古典主義的趣味を忠実に反映していた。しかし、ロシア軍がクリミアで西欧列強に敗北を喫した一八五五年に皇帝ニコライ一世が亡くなると、社会や文化に対する専制の支配は、弱まっていった。[67]

アカデミー内で、現状に対して最初に挑戦したのは学生たちだった。「鉄のツァーリ」の死後の、動乱の時代に教育を受けた多くの若者たちのように、彼らは過去の枷をかなぐり捨て、より社会的な意識、精神を取り入れようと模索した。この「六十年代人たち」、つまり、一八六〇年代世代を導く光の一つとなったのが、地方の聖職者の急進的な息子、ニコライ・チェルヌィシェフスキーであった。一八六三年の彼の小説『何をなすべきか』―

―社会主義的平等主義、性的解放、犠牲的自己否定の強烈な主張――は、進歩的なロシアの若者たちの福音となった。アカデミーに在籍する者たちにより直接的に関係があったのは、それより十年前に、チェルヌィシェフスキーが「現実に対する芸術の美学的関係」という修士論文を書いていたことであろう。[68]芸術は、現実世界、とりわけ普通の人々の世界を複製しなくてはならない、と論じ、著者は芸術に、現存する秩序の不正を糾弾するよう呼びかけた。よく知られているように、彼は芸術に、支配階級の宮廷を飾ることよりも、「人生の教科書」たることを求めたのだった。[69]

「芸術のための芸術」に対するチェルヌィシェフスキーの怒りに満ちた拒絶は、アカデミーの学生の中に、それを受け入れる聴衆を見出した。一八六三年――落選展がパリの美術エリートに公然と反旗を翻したその同じ年――、十四人の学生が、スカンディナヴィアの神話を画題とした規定課題を拒否し、アカデミーの金メダルを競うコンクールを辞退した。イワン・クラムスコイに率いられ、彼らは『何をなすべきか』のモデルに従って、協同ワークショップを形成して自立した。この試みは結局破綻するが、一八七〇年に芸術の解放を目指したもう一つの試みは、はるかに大きな成功をおさめた。正式名称「移動展覧会協会」から「移動(展)派」として知られることの新しいグループは、チェルヌィシェフスキーの二つの呼びかけ、つまり、現実を写し出し、「義憤に満ちた」キャンバスでその病理を批判すること、に従って、ロシア絵画を真の国民派へと生まれ変わらせることとなる。[70]

ヴェレシチャーギンもまた、チェルヌィシェフスキーを意識していた。後に作品に関する回想録に記したように、「絶対的美への服従物としての美術という観念は(…)時代遅れである。純粋な、絶対的美の代わりに、現代美術は(…)あらゆる面で、日常生活と結びついている。」[71]しかし、彼の同窓生たちとは異なって、アカデミーに対するヴェレシチャーギンの抵抗はより孤独な道だった。彼は新しい教育を十分満足して受け始めており、ほどなく、若くリベラルな教授、アレクサンドル・バイデマンと特に近しくなった。バイデマンは、パリの新しいロシア聖堂、アレクサンドル・ネフスキー教会の装飾を施す任務に、彼を連れて行った。

アカデミーでの三年目に、ホメロスの『オデュッセイア』を題材としたスケッチで、ワシーリーは銀メダルを獲得した。しかし、その数か月後――そして、十四人の反乱の半年前――、彼は同テーマの大きなセピア画を衝動的に燃やして、教授陣にショックを与えた。彼は、「これ以上こんな無意味なことを避けるため」だと説明していた。[72]一八六五年までアカデミーを正式に去ることこそしなかったが、ヴェレシチャーギンは、一八六三年の夏を、ロシア士官の子供たちに絵を教えて自活しながら、カフカスで過ごした。プーシキンやレールモントフの例にならって、彼は余暇に山々を歩き回り、滞在中三冊のスケッチブックを絵で満たしていた。

ヴェレシチャーギンの人生は、一八六四年初頭、叔父から千ルーブルを相続したことで、幸運な転機を迎える。カフカスでの比較的貧しい暮らしをかなぐり捨て、野心に燃えた若い画家は、パリへと旅立ち、権威ある美術学校の新しい教授であった、ジャン゠レオン・ジェロームの下に弟子入りする。ジェロームが誰の推薦かと尋ねると、ヴェレシチャーギンは「あなたの絵です」と生意気に答え、こう付け加えた。「私は、他の誰でもなく、あなたの下で学ぶつもりです。[73]」ジェロームは、それより二十年ほど前に、古典的テーマを専門としたキャリアを積み始めていたが、一八五〇年代にいくつも旅をした後、近東をそのレパートリーに加えた。東洋を題材とした彼の作品は、オランダの黄金時代を思わせる、ドラマティックな光と色彩、きわめて現実主義的なタッチに特徴づけられていた。[74]その土地の物の細部に対する画家の科学的関心ゆえに、彼を「民族誌学の画家」と位置づける同時代人もいた。[75]

ジェロームのアトリエでのヴェレシチャーギンの逗留経験は、技術と、主題の選択の両方において、その痕跡を残している。二人は誠意ある関係を維持しようとはしていたが、新しい流派とヴェレシチャーギンとの関係は、ペテルブルクでのアカデミーとの関係と大差なかった。ルーヴル美術館で新古典派の絵画を模写しろというジェロームの主張に苛立って、およそ一年後、彼は再びカフカスへ旅立った。

ロシアの高地へのヴェレシチャーギンの二度目の旅は、その後の多くの彼の旅のパターンを確立した。六か月にわたって、彼はその地域と人々のおびただしい数のスケッチをし、後者の様々な民族タイプを、写真並みの正確さをもって、百科事典のように記録した。エキゾティックな土地の慣習に対する画家の興味は、ナゴルノ＝カラバフにおけるシーア派の祝祭の中で、苦行する人々を特徴的に不気味に描いた作品『シュシャにおけるムハッラム祭礼の宗教的行進』へとつながった。ヴェレシチャーギンは詳細な記録も残し、それはその後すぐに、人気のあるフランスの月刊誌『世界一周』誌に掲載された。[76]広範に描写された旅行記は、堕落した酔っ払いのカルムィク人の遊牧民、盗人のジプシーから、「不敵で、粗野で、復讐心の強い」カバルディア人まで、野蛮で、悪意に満ちた東洋に関する、お決まりの表現で満ち満ちていた。[77]ロシア軍によって平定されたにもかかわらず、「宗教的な狂信と、征服者に服従する種族たちに共通した憎悪」に動かされた暴力の脅威は、山岳地域では依然として存在したのである。[78]

一八六五年秋、ヴェレシチャーギンは、この地域に関する雑誌を刊行することを夢見てカフカスを去ったが、立ち上げに必要な資本を見付けられなかった。そこで、彼はパリに戻り、ジェロームに自分の絵を誇らしげに見せたのだった。絶賛しつつも、彼の師は、次は油絵を描くために、より高度な技術を体得するべきだと提言した。今度は、ヴェレシチャーギンはこの助言を受け入れ、新しい技巧を身に着けるために励んだ。

一八六七年の夏、かつてのアカデミー教授との会話の中で、ヴェレシチャーギンは、ツァーリにトルキスタンの新しい統治者に任じられたコンスタンティン・ペトロヴィチ・フォン・カウフマン将軍が、タシュケントの本部で若い画家を雇いたがっていることを知る。中央アジアの各地では、まだロシア軍が活発に軍事作戦を行っていたため、相当な困難と危険が予期された。しかしそれでも、ヴェレシチャーギンは将軍への奉仕を申し出るために飛び込んでいった。「私には、東方への熱い愛があったわけではないのだ。神よ、お許しを！」と、後に彼は友人に語った。「私が東方で学んだのは、（…）西にいる時よりも、そこでは自由だったからだ。パリの屋根裏やそこらの部屋や（…）ペテルブルクの代わりに、私はキルギスのテントを選ぶだろう。[79]」ヴェレシチャーギンの学歴とスケッチの質に満足したカウフマンは、彼を雇い入れた。

慌ただしく準備をした後、八月、ヴェレシチャーギンは、中央アジアのステップの前線にある南西シベリアの主要貿易拠点、オレンブルクから出発した。[80] 彼は、馬車道街道をタシュケントへ、タランタス——ばね制御のないバスケット状の木製の荷車で、あるフランス人の記述によれば「拷問道具」[81]——で進んだ。二千キロの旅路で、彼はまず南へアラル海まで進み、それからシル・ダリアに沿って南東へ向かい、六週間で植民地の主都に到着した。ほとんど開拓されていない土地を旅する典型的な不快感を別にすれば、それは平穏な旅であった。新しい故郷に対するヴェレシチャーギンの第一印象は、好意的とはいいがたかった。彼はこう回想した。「レヴァントを知っている者にとって、タシュケントには何一つ新しいものはない。ほぼ泥でできた家々、油紙の貼られた窓、灰色の壁、雨が降れば馬を膝まで飲み込んでしまうような泥の穴を穿つ、耐え難いほど狭い路地。[82]」土地の一角にアパートを得て、彼はそれからの数か月、そのスケッチブックに、建築物や、住民たちの驚くべき民族的多様性を捉えることに勤しんだ。

　この画家は、アヘン窟、物乞いの集団、監獄、バチャ（少年の踊り子）を含む、タシュケントのあまり健全ではない側面に特に興味を持った。彼は、十年前にツァーリの軍が街を掌握する以前は、状況はもっとひどかったと指摘する。そこにはまだ、数千人もの奴隷がいたのだから、と。敵意の底流を折に触れて探るたびに、ヴェレシチャーギンは、他の多くの同時代人たちと同様に、新しいロシア帝国臣民のほとんどが、新しい支配者を受け入れつつあるという確信を持つようになっていった。郊外の住民たちが彼をあたたかく迎えると、彼はこう考えた。「彼らは誠実なのだろうか？　彼らの胸の内を知るアッラーだけがご存じだ。おそらく、そうなのだろう。中央アジアでは、異端者たちの方が土着の権力者よりも、堅固さと正義をもって統治していることを、知っているのだから。[83]」

　次の春、将軍は画家を地方の僻地での民族誌学的調査へと派遣した。二人のコサックと、公の血統だと主張するタタール人通訳に伴われて、ヴェレシチャーギンは、土着のキルギス人とサルト人のコミュニティを調査するべく、シル・ダリア上流に沿って南へ向かった。タシュケントから三十キロほどのところで、カウフマンがブハラへ進軍しているという知らせが入った。ヴェレシチャーギンの思考は空転した。「戦争！　しかも私のこんな近くで、まさにここ中央アジアで！」[84] それは、民俗学よりもはるかに面白かった。

カウフマンの攻撃目標は、ティムール朝の古都サマルカンドであった。ヴェレシチャーギンはこの名高い都市へと急いだが、がっかりしたことに、彼が到着する前日に、そこは既に陥落していた。だがそれでも、そこには描くべき壮麗な中世のモニュメントがあり、彼は鉛筆を手に取った。戦闘を間近で見てみたいという若い画家の望みは、カウフマンが首長を追って軍の大部分を連れてサマルカンドを出た後、土地の住民たちがロシアの駐屯軍に対して蜂起したことで、すぐに叶えられた。[85] 一八六八年六月初旬の一週間に、将軍が残した五百人の軍は、圧倒的劣勢を持ちこたえた。倒れた兵士からライフルを掴み取り、ヴェレシチャーギンは防衛線で主要な役割を果たした。ある時には、反撃にあって兵が浮き足だった際に、「兄弟たちよ、私に続け！」と叫びながら突撃することで、彼らを再編した。彼はまた、要塞から迷路のような街路への二度の突撃に加わり、二度とも、敵との遭遇から同志に助けられて、辛くも死を免れた。

ヴェレシチャーギンは戦場の外でも、その恐れ知らずぶりを発揮した。包囲戦が終わった後、彼は、要塞を固めることをしなかったと、カウフマンを部下の前で批判した。ある将校が憤慨して、不服従の罪で画家を銃殺すべきだと提言したが、将軍はそうはせず、それどころか、武勇に対するロシア最高の勲章である聖ゲオルギー十字章に彼を推薦したのだった。[86] 当初、ヴェレシチャーギンはこの栄誉を拒んでいたが、勲位を決める評議会がメダル授与を決定すると、態度を軟化させた。彼は、人生の残りの日々、これを民間人のジャケットの上に、誇らしげに着けていた。彼は独立性を非常に強く熱望したために、画家としてのキャリア上、これ以外のいかなる栄誉も、美術アカデミーの教授のポストさえも、拒んだのだった。[87]

サマルカンドでの出来事は、ヴェレシチャーギンの繊細な体に代償を強いた。熱に屈し、彼は絵画の仕事を続行するために、パリへと旅立つことを決心した。『世界一周』誌は再び彼の旅行記を掲載したが、フランスの首都で展覧会を開くという望みは叶わなかった。翌年早くに、画家は、カウフマンがペテルブルクに戻ったと聞いた。もしかしたら、彼が展覧会のスポンサーになることを引き受けてくれるのではないだろうか？　自分が獲った中央アジアの領土をロシアの一般市民に見せびらかしたくて仕方がなかった将軍は、ヴェレシチャーギンがこのことを切り出すと、喜んで同意した。

一八六九年の春に一か月間、モイカ運河沿いの国有財産省の三つの部屋を占めて開催されたトルキスタン展は、ヴェレシチャーギンのスケッチや絵画と共に、剝製、鉱物標本、民族衣装、工芸品を展示した。入場無料であったことと、聖イサク寺院のすぐ南という街中央のロケーションも手伝って、それは大勢の来場者を引き寄せた。ツァーリ、アレクサンドル二世は、カウフマンをガイドとして伴って、オープニングの日に訪れ、満足の意を表した。ツァーリはこの画家を連れてくるよう求めたが、彼は引っ込んでしまった。「私は偉い人の言いなりになるのが好きではないのだ」と、彼は後に弟に説明している。[88]

展示のハイライトは、戦闘場面を描いた二枚の絵『勝利の後』と『敗北の後』、そして風俗画『アヘン常用者たち』を中心とする、ヴェレシチャーギンの絵を飾った部屋であった。そこには、もう一枚の油絵『バチャとその崇拝者たち』の写真もあった。餌食を貪欲に見つめる、中央アジアの太った中年男性の一団に取り囲まれ、不安そうな、女装した年若い踊り子の少年を描いたこの絵は、人々に不快感を与えるかも知れないという助言に従い、画家によって既に破棄されていたのだった。[89]

『アヘン常用者たち』は、見る者に特に衝撃を与えた。[90]麻薬は、オリエンタリズム美術では好まれたテーマで、それはしばしば、ハーレムや市場で、水ギセルやハシーシ・パイプを吸う姿を含んでいた。[91]しかし、この絵を普通と違うものにしていたのは、道義的な非難や、お決まりのエキゾティシズムを一切欠いた、その客観的なアプローチだった。明らかに東方を舞台にしていながら、その絵は、批評家のアンドレイ・ソモフをして、人間の堕落に関する、より普遍的なコメントをさせた。[92]ヴェレシチャーギンは、「いわゆるタバコと呼ばれる西洋のアヘンを、ヨーロッパは既に十分消費しているというのに、ヨーロッパにアヘンが蔓延する日がはるか遠くのことだなどと、いえるだろうか？」[93]と思い廻らせながら、アジア人が他の人々よりも悪徳に陥りやすいわけではない、とほのめかしたのである。

他の二枚の絵は、オリエントとオクシデントが対極にあるとする観念を退けるものだった。一枚は、差し出された、死んだロシア人兵士の頭部のトロフィーを、二人のウズベク人が静観しているところを描いており、もう一枚の絵では、足元の地面に多数の中央アジア人の死体が散乱する中で、ロシア帝国軍のライフル銃兵が、くつろいでパイプを吸っている。戦争の野蛮さに対する人間の無関心を描いた二つの場面を見せることで、この画家は、東も西も、実際には遠く隔たってはいないことを示した。この点を強調するかのように、彼は皮肉をこめて、最初の一枚を『勝利の後』と、そして二枚目を『敗北の後』と題したが、それはつまり、敵側の立場から付けられた題名であった。

初めての展覧会の成功に勇気づけられて、一八六九年四月、展覧会が終わるやいなや、ヴェレシチャーギンは再び中央アジアに向かった。カウフマンは、今度は彼を、東トルキスタン、セミレチエ地区の総督代理ゲラシム・コルパコフスキー少将付きの文官記録係に任命した。翌年にかけて、タシュケントを拠点に、画家はこの地域をくまなく旅して回った。彼は再び危険な目に遭うことも辞さなかった。ヴェレシチャーギンは、ある時には、イスラームの反乱を鎮めるための、中国の領土奥地へのコサックの襲撃に加わり、師団長の命を救って、さらなる名誉を与えられた。

カウフマンは明らかに、彼の画家に満足していた。一八七〇年にヴェレシチャーギンがペテルブルクへ戻ると、将軍は彼に、中央アジアでの経験を美術のかたちにするための、三年間の海外滞在を与えた。その公的な目的は、「文明世界に、未知の人々の生活を知らしめ、この地域の研究にとって重要な資料をもって、学知を豊かにすること」であった。言明されずにいたことは、ロシア帝国の植民地拡大に対するヨーロッパの疑念を和らげるという、同様に重要な動機であった。[94]

今回の目的地はミュンヘンだった。普仏戦争のせいで、パリはその年、魅力的な選択肢とはならなかった。バイエルンの首都は、偶然にも、友人である若きエリザベス・マリー・フィッシャーの住む街で、二人はすぐに結婚した。トルキスタンの鮮やかな砂漠の光を再現するために、彼は特注の開放的なスタジオを作った。それは、モデルたちが常に太陽の光を浴びていられるよう、一日中、陽が昇ったり落ちたりするのに従って、レールで回転するものだった。ヴェレシチャーギンは狂気にも似た精力をもって制作活動をし、一八七三年には、感動的な三十五枚の絵画を完成させていた。それらは、センセーションを巻き起こすことになる。

ヴェレシチャーギンのトルキスタン・シリーズは、数点の民族誌学的研究に加えて、風俗画と戦闘場面とで構成されていた。あるものは想像上の場面だが、多くは個人的経験と観察に基づいている。それら総てが、専制、残酷さ、堕ちた栄光、悪徳といったオリエンタリズムの文彩を引き出すことで、ロシアの中央アジアにおける任務を正当化していた。しかし、ある作品群は、征服者自身についての心を乱すような疑問を提起してもいる。

当時の西洋における東方認識の主要なテーマは、それよりも数世紀前に起源を持つ偉大さの痕跡の只中にある、停滞と野蛮という観念であった。ヴェレシチャーギンはこの思想を、ティムール帝国の絶頂期と、現在の惨めな状況とを対比させた、二枚の絵の中に捉えている。『ティムール（タメルラン）の扉』（一八七二―七三年）は、サマルカンドにあった十四世紀の支配者の宮殿の景観を想像したものである。おそらくは、ジェロームの『後宮の宦官』（一八五九年）に影響されたこの絵は、完全武装した一組の見張りの兵が、入口のドアの完璧なシンメトリーを見つめている場面を描いている。評論家たちは、この美しく飾られたローブを着た男たちは、純粋に装飾に過ぎず、中心的な対象は中央にある巨大な木の一対のドアなのだと、指摘してきた。主人の専制権力を強調するために、守衛たちは、絵を見る者よりも内側を向いているが、入り組んだ装飾を施されたドアは、半分影に隠れて、ミステリアスな雰囲気を醸し出している。

この作品と同時期に対で描かれた『モスクの門で』（一八七三年）には、そのような壮麗さは伴われていない。ヴェレシチャーギンがいた当時の中央アジアのモスクの入口には、畏敬の念を起させるような二人の守衛の代わりに、托鉢椀を手に信者の施しを待つ、悲しげな二人の托鉢僧がいる。ここにも、男たちのシンメトリーが描かれている。貧者の一人は杖に寄りかかり、彼の連れはうずくまって静かに眠っている。そしてドアは、影の落ちた暗がりの代わりに、まぶしい陽光をさんさんと受け、古さのしるしをはっきりと見せている。

『子供奴隷の売買』（一八七二年）を描いた時、ヴェレシチャーギンは、テーマの妥当性について心変わりをしたに違いない。ジェロームの有名な『へび使い』（一八七〇年）同様に、それは、東方に共通する当時のヨーロッパ人の二つの悪、すなわち、奴隷制と少年趣味に対する論評である。小さな店では、偽善的に数珠を数えつつも、欲望に満ちた目で裸の少年を見つめる富裕な年取った顧客に対し、商人が彼の商品の質をずる賢く売り込んでいる。画家は、少年の無垢な裸と、老人の豪華な明るい黄色いシルクのローブと白いターバンのコントラストを強調して、ここでも光と影を巧みに操っている。

ヴェレシチャーギンは、ヘテロセクシュアルなモチーフにはあまり注意を払わなかった。ハーレムやオダリスクは、西欧のオリエンタリズム美術には多く描かれていたが、トルキスタン・シリーズにそれらはまったく見られない。実際、いかなる姿であっても、女性はほとんどまったく現れない。[95]この空白が、女性嫌悪《ミソジニー》の表現だというわけではない。チェルヌィシェフスキーと同じように、彼は女性解放を説いていたし、彼の旅行記は、中央アジアにおける性別間の不平等への憤慨を表している。「女は、ゆりかごから、男に売られる。その男に引き取られた子供として、精神的にも肉体的にも成熟していない頃から、彼女は一度も本当の人生を生きることはない。出産適齢期を、［そして残りの日々を、］搾取され、重い苦役に苦しめられて過ごすのだ。[96]」唯一の例外は、比較的知られていない作品、『タシュケントのウズベク人女性』（一八七三年）だろう。これは、ブルカと顔を覆う織物で完全に隠れた女性の通行人を描いたものである。肌が覗いている箇所は、性を感じさせない衣服の間から偶然ちらりと見えた、手首だけである。女性を青い空と広がる緑の木々から完全に隔てる、高い、監獄のような壁の隣に画題を据えることで、画家は、中央アジアの女性隔離に対する抗議を、その絵の中に忍ばせた。

トルキスタン人の仲間に対する残忍さは、ヴェレシチャーギンの作品では、より顕著に取り上げられた。ある作品『サマルカンドのダンジョン』（一八七三年）は、カウフマンが取り壊すよう命令する前に画家が目にした、命運尽きた収監者を入れる悪名高い要塞の地下牢を空想したものだ。[97]それよりもさらに劇的なのは、ロシアが掌握する以前の場面を再現した『彼らは歓喜する』（一八七二年）であった。サマルカンドの町の広場で、背景には十七世紀の壮麗なシル・ダリア・モスクの、崩れかけたターコイズ色のファサードがあり、イスラーム学者が信者たちに、異端者へのジハードを戦うよう説いている。前景には、軍の高官やラクダに乗った商人から、物乞いや野良犬まで、様々な見物人たちがそれを見ている。傍観者たちを残りの群集と分け隔てているのは、十本の高いポールのまっすぐ並んだ列であり、その暗い先端をよくよく見れば、それがロシア人の死者の首であることが分かる。コーランから取られた次の言葉を含む、枠に書かれたエピグラフは、ヨーロッパの観覧者によく知られたイスラームの狂信を想起させるのである。「かくして神は命じられた、あらゆる不信心者には死をと！　アッラーの他に神はなく……」[98]

トルキスタン・シリーズの風俗画に、多数の共通したオリエンタリズム的なモチーフが繰り返し現れるとすれば、ヴェレシチャーギンの戦争画は、それに比べてずっと、非ステレオタイプ的である。ある絵は、戦闘の興奮を効果的に表現している。サマルカンド包囲戦での画家本人の経験に基づいた『要塞壁にて――「しっ！　奴らを中に入れろ！」』（一八七二年）は、崩れかけた防御壁の隙間から、予期される敵襲を迎え撃つ準備をする、砂漠の軍隊の一団を描いている。[99] 絵の題名は、ヴェレシチャーギンが敵を攻撃するために急いで出撃しようと言った時、司令官が発した答えから取っている。人々の不安げな表情、彼らのまっすぐな銃剣、そして構図――陰になった防御壁のグレーに対して、広がる白い線――総てが、衝突前の緊張の瞬間を伝えている。

同じく、画家が目撃したエピソードに着想を得て描いた『瀕死の重傷を負った兵士』（一八七三年）は、戦争を、きわめて珍しい色調で表している。[100] 胸を撃たれ、死にかけている兵士が、赤い血が白い上着に染みを作り始めるなか、前によろめいている。包み込むような厚い粉塵の雲と煙が、彼の生からの差し迫った旅立ちを示唆している。この分野のあるロシア人専門家によれば、「あらゆる戦争画家は、戦争による死傷者を、群集の戦闘シーンにおける不可避な飾りとして描いてきたが、ヴェレシチャーギン以前には誰一人として、傷ついた兵士を、実質的に単独の場面の主役にしたことはなかった。[101]」

エキゾティックな眺望、迫力あるアクション、そしてぞっとさせるようなリアリズムの組み合わせが、トルキスタン・シリーズを即座に一般受けの成功へと導いた。ロシアはまだ、所詮ヨーロッパ美術世界の周縁にあったので、ヴェレシチャーギンはそのデビューの地に、よりコスモポリタンな場所、ロンドンのクリスタル・パレスを選んだ。一八七三年四月に開かれた展覧会の評者たちは、ほぼおしなべて好意的だった。『ポール・モール・ガゼット』紙は、「とても輝いた、魂のこもった作品群(…)オリジナリティ高く、注目に値する画家だと、我々に知らしめている」と称賛し、『スペクテーター』紙は、「それらはこれまでイギリスで見られたどんなものにも似ていない。美しさと野蛮さにおいて際立っている。その色といい、残酷さといい!」と褒めちぎった。[102]

彼が舞台にロンドンを選んだということは、実に面白い。当時、イギリス人は、ロシアの中央アジアへの野心をインドへの脅威とみなし、とりわけ警戒していた。画家は、ロシア帝国の侵攻、タシュケントの征服を、「半野蛮人のさまよえる部族と接触するに至った、あらゆる文明国家」にとって完璧にノーマルな行動だとして正当化した、アレクサンドル・ゴルチャコフ公の有名な一八六四年の広告のように、描いたのだった。[103] 展覧会の図録の前書に、ヴェレシチャーギンは、イギリスの植民地拡大とのさらに明示的な平行線を引いた。「中央アジアの住人たちの野蛮さが実に紛れもないもので、その経済的、社会的状態があまりにも低いので、どの方面からであろうとも、ヨーロッパ文明がかの地に浸透するのが早ければ早いほど、良いのである。」[104] 彼はこうも付け加える。彼の絵が、「中央アジアの生来の友と隣人に対する、イギリス社会の不信感を払拭する一助になる」ことを望む、と。[105]

翌年、ヴェレシチャーギンはトルキスタン・シリーズをペテルブルクに持ち込んだ。内務省に展示された個展は、「数えきれないほどの群集」を集めた。[106] 公的な非難の声にもかかわらず——あるいは、それゆえに、かも知れないが——、展覧会は、他の芸術家からの熱狂的な賞賛とともに、マスコミで総じて高い評価を集めた。[107] 作家のフセヴォロド・ガルシンは感動して、詩『ヴェレシチャーギン初めての個展にて』をしたため、モデスト・ムソルグスキーは『忘却』に基づいてバレエ音楽を書いた。そして、移動派の主要メンバー、イワン・クラムスコイは、「これは画期的事件。ロシアの征服、カウフマンの勝利よりもはるかに偉大」と記した。[108]ヴェレシチャーギンは、作品を買おうというツァーリの関心を引くことはできなかったが、モスクワを拠点とする実業家パーヴェル・トレチャコフが、それらをすぐに自分のコレクションに加えたのだった。

ドストエフスキーの言葉を言い換えるなら、ヴェレシチャーギンにとって、中央アジアとは何だったのか？　ペテルブルクの一級の日刊紙『新時代』紙に、スターソフが彼の個展に関する記事を書いていると知ると、ヴェレシチャーギンは、トルキスタン・シリーズの背後にある自身の考えを説明する手紙を、急いで出した。画家は、色彩豊かなオリエントの民族衣装に焦点を当てることもできたかも知れない、とほのめかした。しかし、彼はもっと真剣な目的を心に秘めていた。彼はこう続けた。「私の主な目的は、今まで中央アジアの生活のあり方や秩序全体を満たしてきた、野蛮さを描くことでした。[109]」

ヴェレシチャーギンは、七枚連作の作品群を「野蛮人の詩」と名付けた。カウフマンが進めている小規模な戦争を部分的モデルにして、彼はそれらを、ブハラ軍の首長による、ロシア軍への攻撃の成功の物語の中の、「章」にするつもりだった。ウズベク人とキルギス人の斥候が敵を密偵するところを描いた『彼らは偵察する』（一八七三年）に始まり、キャンバスは見る者を強襲へと引き込み、ロシア人の最後の抵抗、タシュケントに戻って、切り落とした首を首長に捧げる場面、広場での祝い（『彼らは歓喜する』）、ティムールの墓所での感謝の祈り、へと続く。

「野蛮人の詩」の最終「章」は、ヴェレシチャーギンのもっとも有名な作品『戦争礼賛』（一八七一―七二年）であった。薄茶色の、黙示録後の世界を思わせる砂漠に、古代都市の廃墟と、ダリが描くような枯れた木々を背景として、白い人間の頭蓋骨の巨大なピラミッドが、雲のない青い空へと向かってそびえ立つ。唯一の命のしるしは、肉のない頭部に死肉の残りをいたずらに探す、黒いカラスの群れだ。画家は、先だって、この作品の題名を『ティムール朝礼賛』とすることを企図していた。というのも、こうしたモニュメントを残していたという、中世のハンの慣習についての記述に刺激されたからだった。

しかし、その頃のプロイセンとフランスの衝突は彼に、戦争の残酷な暴力は十四世紀と変わらず、依然、彼が生きる世紀の特徴であるのだということを思い出させた。この点を強調するために、彼は枠に皮肉なエピグラフを刻んだ。「過去、現在、未来の、すべての偉大な征服者たちに捧げる」と。[110]

その言外の意味は明らかだ。もしも東洋が野蛮なら、西洋も同じように非文明的だということ。東と西の間に根本的な差異はない。戦争はそのもっとも明白な証拠である。トルキスタン・シリーズについてのスターソフへの手紙を、彼はこの点で締めくくっている。「交戦国の双方が、単一の神に訴えていることを思い出していただきたいのです（…）アジアで正当な真実は、啓蒙されたヨーロッパにおいても同様に正当なのです。[111]」兵士が武器を手にして叫ぶのが、「アッラーは偉大なり！」であろうと、ロシア語やドイツ語の「神は我々と共にあり！」であろうと、悲劇的な結末は同じである。無神論をひけらかす世代のロシア人への含意は、人種や信条に関係なく、宗教的熱情が、あらゆる民族間の狂信と暴力を導いたのだということであった。

進歩と、人間が完全になる力を固く信じる者として、ヴェレシチャーギンは、トルキスタンが永遠に野蛮であることを運命づけられているとは考えなかった。相応な状況下にあれば、東方も西方と同じ発展レベルに達するだろう。必要なのは、後者の慈父のような導きである。彼の同国人を含むヨーロッパ人には、アジアの同胞に文明をもたらす責務があり、それが、征服と支配によって、もっとも効果的に達成される課題なのである。ヴェレシチャーギンの言葉でいえば、「代価はどうあれ、法と正義に最大限の敬意を払いつつ、［トルキスタンを植民地化するという］問題は、可能な限り少ない犠牲でもって、解決されなければならない。それは、アジアにおけるロシアの将来に関わるというだけではなく、なによりも、我々の支配下にある者たちの幸福に関する問題である。以前の暴君に戻るよりも、我々の権力が最終的に確立されるのを見届けることの方が、真に彼らが得るものは多い。[112]」

中央アジアにおけるロシアの使命についての画家の考えは、一八七三年の夏から一八七四年にかけて、啓蒙思想を農村に広めようと、大勢の人民主義者《ナロードニキ》たちがロシアの田舎になだれ込んだ「人民の中へ」運動の、植民地版である。そうした左傾化した感情と、カウフマン将軍の小さな戦争を支持することとの間に、内在的矛盾は存在しない。フリードリヒ・エンゲルスはかつて、カール・マルクスにこう説明した。「ロシアは実際、東方で進歩的な課題をこなしている。（…）ロシアの支配は、黒海やカスピ海、中央アジアにとっても、文明化の力である。[113]」

ヴェレシチャーギンのトルキスタン・シリーズに対するツァーリの姿勢は不明瞭なままだったが、絵画の数点は、多くの軍の高官の気分を害した。多くの戦争画が、ロシアの中央アジア侵攻を、きわめて不名誉な色調で描いていたからだ。画家自身の政治観――ある者は彼にニヒリストのレッテルを貼った――も、事を悪くした。彼に対する後年の評価に反して、ヴェレシチャーギンは教条的平和主義者ではなかった。彼は、ロシア帝国のトルキスタンでの野望を決して疑わなかった。一八七七年から七八年の露土戦争の間、彼の絵筆が、目的を達成する方法を酷評する作品を生み出してはいても、彼はその戦争目的を完全に支持していた。実際、彼の弟アレクサンドルが、バルカン戦線での戦闘で負傷した後、軍隊を離れることを検討していると、ヴェレシチャーギンは彼に、軍に留まり、祖国と家族のための義務を果たすよう、説得した。[114] また、一九〇四年に日本がロシアとの戦争に突入すると、彼はニコライ二世に嘆願書を送り、「黄色人種」に対する堅固な布陣を説いた。そして、「もしも私のサーベルが強くないとしても、私のペンがお仕えすることをお許し下さい」と、助力を申し出たのである。[115] 彼が抗していたのはあくまで、過剰な戦争と、それを進める将軍たちの無能さであった。

同時に、現実を描写する責務を固く信じる画家として、彼は、本来残酷な事業を美化したり、感傷的に描いたりすることを避ける義務を、重く考えていた。彼にとっては、画家たちが戦争を描いてきた伝統的な方法は、欺瞞であった。ドイツの高名な従軍画家であったアウグスト＝アレクサンダー・フォン・コツェブーについての議論の中で、彼は次のように説明している。「彼は古い流派の戦場画家だ。（…）彼のキャンバスでは、アカデミーが教えた通りに、［兵士が］攻撃し、命じ、作戦を遂行し、捕虜を取り、死ぬのが明らかだ。そしてそれは、上官の公的な見解に完全に沿うもの、言い換えれば、彼らがそう見られたいと思う通りの描き方なのであって、実際に起こった通りのことではない。[116]」

栄誉に決して満足することなく、内務省での個展が終わりもしないうちに、彼はペテルブルクを発った。一八七四年四月、彼は妻と共にインドへと出航し、そこでその先の二年間、広大な植民地を旅して回って過ごした。時々、この元海軍士官がロシアのスパイではないかというイギリスの疑惑によって、創作活動の進捗は妨げられたが、旅を題材としたヴェレシチャーギンの作品は、豊かで明るい色彩の、亜大陸のエキゾティックな建築、人々、風景に焦点をあてた、完全に非政治的なものだった。

ヴェレシチャーギンは、インドを描いた全作品を、彼が計画していたように完成させることはできなかった。バルカンの正教徒とオスマン帝国の君主との間で高まっていた緊張が、すぐさま彼の注意を惹いたからである。一八七七年四月にロシアとトルコの間で戦争が勃発するまでに、彼は戦争を直接見るべく、将官付き参謀としてのポストを確保していた。トルキスタンの戦争画以上に、この年のバルカン戦線から生まれた作品は、不名誉な惨事としてこの困難な軍事行動を捉えていた。ペテルブルクの軍事目的を、今度も完全に支持してはいたものの、彼の絵筆は、軍の悲惨な犠牲者と上官の冷淡な無関心ぶりを際立たせた。

続く三十年間で、彼はパレスチナ、フィリピン、北アメリカ、日本へと、広範囲にわたる滞在を経験し、そのいずれの地でも、さらに多くの作品を生み出した。画家がその生涯を終えたのは、日本がロシアに対して戦闘を開始した年、北東アジアへの二度目の船旅の最中のこと、一九〇四年三月三十一日、彼の乗ったステパン・マカロフ海軍中将の旗艦ペトロパブロフスク号が、旅順沖の満州の海上で機雷を受けた時であった。

ヴェレシチャーギンの絵筆も鉛筆も、その強い思いを表現することを躊躇わなかった。中央アジアについていえば、ロシアの「文明化の使命」——あらゆる近代国家が、より開明的な道の利を、比較的未開の同胞にもたらす義務——への強い信念が込められていた。こうして、カウフマン将軍のトルキスタン侵攻は、画家の進歩的政治観と偶然にも一致したのだった。同時に、批判的リアリズムについてのチェルヌイシェフスキーの教えへの傾倒は、厳格なほどの正直さで、時の戦争がロシアの徴集兵にもたらす残酷な代償を描くことを課した。

パリの第一人者である師の一人に師事した者として、ヴェレシチャーギンは自然と、東方の残酷さ、狂信、悪徳といったオリエンタリズムのモチーフを採り入れていった。にもかかわらず、彼の著作が明らかにする通り、ヨーロッパの「自己」とアジアの「他者」の間に、彼はサイード的な根本的区別をつけなかった。後年彼が残した、しばしば引用される所見の中で、両者が本当はそう離れてはいないという固い信念を、彼は繰り返している。「我々の世紀は高度に文明化されており、人類がここからさらに発展できるなんて、想像するのも難しい、という主張をしばしば耳にする。真実は、反対なのではないだろうか？　ただ単に、人類はあらゆる方向でもっとも不確かな段階にあるだけで、我々はまだ野蛮な時代を生きているのだということを、受け入れた方が良くはないだろうか？[117]」

十九世紀初頭のロシアの詩人たちが、オリエントにそのミューズを見出した時、彼らはヨーロッパの流行を追っていた。しかし、彼らは異なる道を辿った。もしも、偉大なロマン主義の詩人バイロン卿のように、ロシア人が東方へと旅するとすれば、彼らが海外に出ることは滅多になかっただろう。プーシキンにしても、レールモントフにしても、ベストゥージェフ（マルリンスキー）や、その他の人々にしても、カフカスは、彼ら自身の国の国境内にあったのだから。同時に、彼らの姿勢は、政治地理の特異性によってのみ形成されたものではなかった。ロシアのロマン主義詩人たちは、自身をヨーロッパ人だとみなしてはいたが、アジアとの特別な精神的つながりに気付いてもいた。東方起源に関する唱道者ヘルダーの思想は、ロシア人たちが西欧に対するよりも、彼らにとっては具体的に感じられたのだった。

ベストゥージェフ（マルリンスキー）はこれを良く表している。「二つの顔をもったヤヌス、ロシアはアジアとヨーロッパの両方を同時に見ていた。[118]」そして、東方を眺める時には、ロマン主義のロシアは、自身をそこに投映していた。意識的であろうとなかろうと、東洋と西洋の境目は、ドイツ人やフランス人、イギリス人よりも、ずっと曖昧なものだという認識ゆえに、プーシキンやその同時代人たちは、東方にいっそう感情移入することになった。サイードの用語でいえば、自己と他者の間の差異は、ずっと小さなものだったということだ。ロシアの画家にとって、オリエントの重要性はそれよりも低かったが、ワシーリー・ヴェレシチャーギンのキャンバスと豊かな記述は、画家たちが、東方の他者性に関して、非常に似た思想を持ち得たことを示している。

プーシキンの時代は、ロシア文学が初めて満開を迎えた、金の時代として知られるようになる。結果的に、十九世紀の残りの間に、アジアは文学の後景に退き、オリエントのテーマは、詩が偉大だったこの時代と密接に結び付けられたままとなる。だが、とりわけロシアが二十世紀に入ると、それは完全な休眠状態にとどまってはいなかった。

第5章 カザン学派

もしもロシアが、ピョートル大帝が予言したように、西方とアジアを結びつけ、ヨーロッパに東方を引き合わせることを求められているのだとすれば、カザンは疑いなく、ヨーロッパ思想がアジアへと向かい、アジア的性質がヨーロッパへと向かう道における、隊商宿である。

アレクサンドル・ゲルツェン

モスクワからアジアへ八百キロメートルほど東に流れると、ヴォルガ川は南へと急角度に向きを変え、最後にはイランの岸を洗うカスピ海へと注ぎこむ。このカーブで、ウラル山脈に源流を持つカマ川に合流し、その結果、シベリアへの水路をつなげることとなる。この接合点の持つ戦略的、経済的重要性は明らかだ。長距離旅行の多くが河川によるものであった時代、ヴォルガ川とカマ川の合流点は、ヨーロッパ、近東、東アジアを結ぶ水上の三叉路だったのである。

テュルク系ブルガル人は、五世紀にこの地に定住し、ブルガルの町を築いたことで、この地域の商業的利点から利した最初の人々であった。彼らの西に住み、「ヴァリャーグからギリシアへ」の河川に沿って行われた貿易から利益を得たキエフ・ルーシと同じように、ブルガル人は、キエフの諸公国と、ビザンツ帝国やバグダードのカリフ領を含む南の偉大な文明の間で、毛皮などの貴重な産品を運ぶことによって豊かになった。しかし、キエフ公国がキリスト教のビザンツ帝国の信仰と文化を摂取する一方で、十世紀にブルガルはイスラームに改宗した。それ以来、ヴォルガ川中流域の多くの人々の運命は、ムスリム世界と密接につながるようになった。

一二三六年、バトゥ・ハンがブルガル王国を歴史のごみ箱に掃きやってしまった。首都がモンゴルの猛攻撃に屈すると、残った生存者たちは北へ逃れ、ヴォルガ川とそこに合流する支流を見渡す断崖の上に町を築いた。伝説によれば、バトゥ・ハンが狩りの後で、この場所で食事を準備していると、食料を入れた大鍋が偶然、この支流に転がり落ちた。ここから、この小さい方の川と新しい定住地は、アラビア語で「大鍋」を意味する名詞から取って、それぞれカザンカ川とカザンと呼ばれるようになったという。カザンは栄え、十五世紀半ばにキプチャク・ハン国が分裂した後、そのうちの一つのタタールの後継ハン国の都となった。ユーラシアの勢力均衡がイスラームからキリスト教国に傾き、そしてヨーロッパの火薬が中央アジアの遊牧民の弓矢を圧倒し始めると、カザンは、拡大を続けるモスクワ公国からのいや増す圧力の下に置かれた。一五五二年、ツァーリ、イワン雷帝は、ハン国を力でその国土に組み入れた。改宗、追放、移住の様々な波が押し寄せた結果、この都市の人口構成の多くがロシア人になった。ある統計によれば、一八〇〇年代初頭には、カザンの二万五千人の住民のうち、タタール人はたった五分の一に過ぎなかった。[1]

イワン雷帝の征服から何年もの間、大半が木造の町を定期的に火事が襲い、そのイスラーム的要素のほとんどを消し去ってしまった。カザンの大部分はきわめてロシア的な雰囲気をまとい、壮大な石造のクレムリンや、ネギ坊主屋根の教会、新古典主義的な貴族の館によって完成された。それでも、残ったタタール人たちは、「下町」〔低地の町の意〕に自分たちのコミュニティを存続させた。ロシアのオリエントとの貿易の仲介者として繁栄しつつ、彼らは、そのミナレットがカザンの空を飾る新しいモスクを建てた。十九世紀の旅行者の多くは、地方ロシアとイスラームのオリエントの鮮烈な対照性、しかもそれが、今日では主要な地方都市となった町に平和裏に共存する様に、衝撃を受けた。北京へと向かう途中にカザンに立ち寄ったある旅人は、こう回想した。「ロシア的洗練とアジアの簡素さ、イスラームとキリスト教、ロシアとタタール、教会とモスクの並ぶ街路の、この奇妙な混合、野蛮さの混じる鐘の音、イスラーム礼拝堂から良く通る呼び声（…）要するに、［この町は］パラドックスの驚くべきパノラマなのである。[2]」

この町はそれまでにだいぶロシア化されていたものの、そこを囲む郊外地域の人口の大多数は、タタール人と、その他のテュルク系、フィン系の少数民族から成っている。結果として、カザンは、ロシアの専制体制が東方の諸民族を扱う最初の実験場の一つとなったのである。同時に、鉄道の時代が到来するまで、この町は東方との商取引のための主要な集散地としての役割を維持した。ロマノフ朝の官僚制がより洗練されてくると、それは、アジア領域の重要な行政拠点ともなった。[3] 結果として、十九世紀になる頃には、カザンは、帝国がオリエントを見張るための、主要な地として貢献するようになっていた。西に対するペテルブルクの伝統的機能に対して、カザンは、あるアメリカ人研究者の言葉で表せば、ロシア帝国の「東方への窓」だったのである。[4]

一八〇四年、アレクサンドル一世が、帝国内に三つの新たな大学を創設する命を出した際、カザンはそのうちの一つの地に選ばれた。町の在る位置を考慮すれば、その新たなキャンパスがアジア研究専門の場として発展したことは、驚くに値しない。アレクサンドルの法は、他のいくつかの大学にも東洋人文学の講座を設けさせたが、そのほとんどでは発展に時間がかかった。東方の地であるカザンでのみ、種は速やかに根を張った。この町の若い大学は、多種多様な東方の諸民族と、シベリアに対する行政上の責任、アジアに魅せられた教育者たちという、東洋学の花を咲かせるのに十分な条件を備えていた。

十八世紀全般にわたって、ペテルブルクやその他の場所で、アジア研究へのロシアの散発的なイニシアティヴが発揮されてはいた。しかし、そのうちのいずれも、体系的ではなかったし、持続的でもなかった。また、一八〇四年にツァーリが趣味でカザンに高等教育機関を認可したのと同じように、その五十年後には、帝国の布告によって、ペテルブルクにカリキュラムが集中させられると、カザンの東洋学は唐突に中断されもした。その一方、例えば、モスクワのラザレフ学院（一九一九年以降は首都の東洋学研究所）や、短命だったウラジオストクの東洋学院といった、東洋学のためのセンターが、帝国内の他の地にも作られた。しかしながら、カザンが第一線であった数十年間、カザン学派はロシアの学界における東洋学のパイオニアであり続けた。

かなり大きなタタール人コミュニティと、近東への近接性を誇るカザンは、後期ロシア帝国における東洋学の他のどの中心地よりも、サイード的な自己と他者の区別を混乱させる場であった。同時に、カザンでは、学問と国家のつながりが特に強かった。大学ではアジアの諸言語が、何よりも、帝国国境の内外のアジアにおいて国家に奉仕する行政官を訓練するために教えられていた。また、カザン神学アカデミーがトルコ語、アラビア語、モンゴル語の課程を提供し始めた時、その目標は、ロシアの非キリスト教系少数民族に福音書を伝える宣教師を育てることにあった。[5]

カザンにおける東洋学の礎石は、大学が門戸を開く一八〇五年よりもずっと以前に据えられていた。既にその半世紀前、一七五八年に女帝エリザベータがカザンのためにギムナジウム創設を命じた時、初代学長はカリキュラムにタタール語のクラスを加えるよう主張し始めていた。エカテリーナ大帝は、疑いなく一七六七年の祝賀行事での訪問に影響されて、一七六九年、ついにその要求を認めた。彼女の命令は、海軍に雇われたタタール人通訳のサギット・ハルフィンが、その年の秋から、ギムナジウムでタタール語を教えるために赴任することを条件として下された。ハルフィンの教育は実用性重視で、言語に堪能な政府の通訳を輩出することを、純粋に目的としていた。[6]彼の課程は五年のうちにその価値を証明した。ヴォルガ川に沿って起こったエミリヤン・プガチョフの暴力的な反乱の後で、帝国当局は卒業生たちに、蜂起に加わった少数民族の間にある不満の原因を調査するよう、求めたのである。[7]

エカテリーナは、エリザベータ統治下で一七五五年にモスクワで創設された大学に、いくつかの大学を加えることを検討しもしたが、彼女の孫、アレクサンドル一世が、ヴィリニュス、カザン、ハリコフに大学を創設（あるいは再創設）することを定めた一八〇二年と一八〇四年の大学令をもって、最終的にこの職務を果たした。[8]比較的早い時期に、つまり、彼の治世がよりリベラルだった段階で行われたために、アレクサンドルのイニシアティヴは、啓蒙主義の最良の伝統を徹底して保っており、大学の教員たちにかなりの程度の自治を認めていた。同時に、彼の布告は、帝国のために官僚、教員、医師を育てるという実用的な使命を強調していた。[9] 大学には、拠点とする学区における全地域の初・中等学校に対する監督権も与えられた。こうしてカザンは、帝国の東端の大学として、中央ロシアのニジニ・ノヴゴロド、ペンザ、サラトフから、シベリア、カフカス全土にまで広がる、広大な地域における全世俗教育に責任を負うようになった。[10]

アレクサンドルの一八〇四年の大学令は、モスクワと、ハリコフとカザンにできた二つの新しい大学とに、東洋人文学（アラブとペルシア）の講座を設置した。[11] ハリコフは、一八〇五年、そこに居住していたルター派の牧師、ヨハン＝ゴットフリート・ベーレントを、ヘブライ語やその他の東洋言語を教えるために雇い、このポストを埋めた最初の大学となった。当然この聖職者は、ロシアの大学における東洋学の最初の教授とみなされてきたが、この任命は大成功だったとは思われない。というのも、翌年には契約が更改されなかったからだ。講座はその後、一八二九年、ライプツィヒの卒業生であったベルンハルト・ドルンが採用されるまで、二十年ほど休眠状態にあった。彼のハリコフでの所属期間はもう少し長く、七年間。そこでアラビア語とペルシア語を研究した。しかし、一八三五年に外務省が、ペテルブルクのアジア言語学校へ彼を誘うと、後継者には誰も任じられなかった。[12]

モスクワ大学はもう少し運に恵まれていた。この初期の時代に、ロシア人東洋学者のアレクセイ・ボルドィリョフを招くことができた唯一の機関となるからだ。ゲッティンゲンとパリで教育を受け、パリでは高名なアントワーヌ・イサーク・シルヴェストレ・ド・サシの下で学んだボルドィリョフは、一八一一年モスクワに戻り、結果的に総長のポストを得るところまで昇りつめ、出世を果たした。彼は数名の研究者を育て、アラビア語とペルシア語の教本を数冊出版したが、偉大な功績を残すには至らなかった。一八三六年に政治的不謹慎行為で強制的に免職されると、その後十五年あまり、大学は彼の後任を採用しなかった。[13]

カザンはというと、ドイツ東部のロストク大学のアラブ古銭学の専門家、オルフ＝ゲルハルト・トゥクスンに総長が助言を請うた。もちろん彼は自分の弟子、クリスチャン＝マルティン・フレーンをその職に推薦した。近東の物質文化に対する師の情熱を共有していたフレーンは、古代ブルガルやキプチャク・ハン国の居住地跡の近くに住むというチャンスに興奮し、一八〇七年に東洋人文学の教授職をオファーされると、喜んでそれを引き受けた。カザンで、この若いドイツ人研究者は、地域から出土したコインやその他の骨董品を熱心に分類することに勤しみ、アラビア語の辞書編纂という生涯を通じた試みに着手した。彼の学術的功績は結局、ペテルブルクの帝立科学アカデミーの関心を引き、アカデミーは、一八一七年、アジアの工芸品コレクションを組織するために彼を雇った。[14]

フレーンは、特別影響力のある教師ではなかった。カザンで多数を占めるドイツ人教員の同僚たちと同じように、彼はロシア語を話さなかった。そこでフレーンはラテン語で授業を行ったのだが、その言語は、彼が教えるアラビア語やペルシア語と同じくらい、地域の学生たちにとってほとんど馴染みのないものだった。最初の年、彼はかろうじて五人の学生を採ったが、ほとんどはギムナジウムで既にタタール語を学んでいた。しかし、ラテン語が出来なかったこと、教科書がないこと、指導教員が比較的未熟だったことに落胆して、そのうち三人がすぐに別の学部に転籍していった。もう一人は病に倒れてしまった。結局、フレーンはたった一人の学生を輩出しただけだった。その学生、ヤヌアリー・ヤルツォフは、外務省のアジア局でその職に従事し続けたのだった。

フレーンがペテルブルクに去る間際、彼は大学に、ロストク大学の別の卒業生、フランツ・エルドマンを後任として推した。この選択は賢明ではなかった。他のドイツ人たち同様、エルドマンはロシア語を操ることができず、あえてそれを学ぼうという努力も、まったくしたがらなかった。さらに、ほとんど誰に聞いても、彼の授業は無味乾燥で面白くなかった。一八二二年まで、教授のもとには一人の学生もおらず、その二年後にようやく、ラテン語を解する数名のポーランド人亡命者たちが、彼のクラスの登録者名簿を埋めただけであった。エルドマンはカザンに二十六年間滞在したが、学問においても、教育においても、特筆に値するような功績は残さなかった。フレーン自身でさえも、最後は自分のことを「まったくの無能」だと考えるようになっていた。[15]

ロシアの東洋学者たちは、カザン学派に対するフレーンやエルドマンの貢献を最少に見積もる傾向にある。しかしながら、ロシアの他の研究機関にいた彼らの同国人たちと共に、初期のドイツ人学者たちは、二つの重要な方向でその痕跡を残した。第一に、彼らは、古代のテクストを世俗の観点から研究するという、文献学を重んじる学問的アプローチを採る研究者たちであった。[16] スザンヌ・マーチャンドが述べたように、十九世紀初頭のドイツ東洋学における、現代の言語よりも過去のそれを好む傾向が部分的に伝わった。これは当時、現代のアジア言語を習得する実用的必要性が比較的低かったことによる。より重要なことは、文献学が、太古の時代に魅せられ、ギリシア・ローマの合理主義的遺産を嫌うドイツ・ロマン主義に深く根を下ろしていたということである。[17]

この文脈で、ドイツの東洋学者たちは、十八世紀イギリスのインド植民地行政官、サー・ウィリアム・「オリエンタル」・ジョーンズが提唱した、サンスクリット語をインド・ヨーロッパ言語の祖語と考える理論に、特に興味を持っていた。ロシアの東洋学者たちもしばしば、自分たちの文化におけるアジアの影響に関して、ドイツの同僚たちの関心を共有していた。しかし、チュートン人の相方たちが、自分たちの起源を探して遠い昔の古代インドに目を向けたのに対して、ロシア人たちは、比較的近い過去であるモンゴルのくびきの文化的、政治的、人種的痕跡に、東方の遺産のずっと明確な跡を見出すことができた。世紀が進むと、「チンギス・ハンの遺産」をめぐる疑問は、東洋学者たちの間で、ロシアの分厚い学術誌のページの中で、大変な論争を引き起こす問題となった。

カザンにおける東洋学は、大学が開設された最初の二十年間、正確には繁栄したとはいえない。公平に見れば、その非はフレーンやエルドマンだけにあるわけではない。新しいキャンパスは、産みの痛みに苦しんでいたのであるから。カザンの最初の入学者の一人であった作家のセルゲイ・アクサーコフは、一八〇四年の開学を迎えた時に、大勢が感じた興奮をこう回想した。「それは誇らしく、幸せな日々だった。知への純粋な愛と、賛美に値する情熱の日々よ！」[18] こうした高揚した気分は、しかし、緩慢な滑り出しを前にして、すぐに消え失せてしまった。最初の十年間、大学は独自の独立した設備も運営部も備えていなかった。歴史家アレクサンドル・キゼヴェッテルの言葉を借りれば、それは「地元のギムナジウムの無定形な補助物のようなもの」として存在していたにすぎなかった。[19] 一八〇五年に授業が始まった当初、優秀な教員も、教室を満たす学生も、見出すのは困難だった。一八一四年、二度目の「公式」な創立記念式典の折には、大学にはたった四十二人の学部生が在籍していただけだった。今一つ冴えない教員陣にしてみても、ほとんどの教授は、フレーンやエルドマンのように、主にラテン語で授業をするドイツ人だった。[20]

事態は、ナポレオン戦争のすぐ後、アレクサンドル一世の治世の後年に起こった反動期に、一層悪化した。ツァーリの志向が、当初の啓蒙主義的リベラリズムから、暗く、きわめて保守的な神秘主義へと徐々に移行するにつれ、彼は教育を、何よりもまず、臣民にキリスト教の理想を植え付ける手段だと考えるようになった。彼の忠実な家臣の言葉で表せば、教育とは「神聖同盟の原則に沿うもの」（神を恐れる君主たちが、平和に調和をもって生きるという、アレクサンドルの理想主義的な訴え）でなくてはならなかった。[21] 当時のカザンの教育監督官であったミハイル・マグニツキーは、あらゆる面で、正教信仰からのいかなる逸脱に対しても、強い敵意を抱いていた。事実、この行政官は、高等教育そのものの重要性についてまでも疑いを持っていた。一八一九年にカザンに赴任する前、マグニツキーは実際に大学の解体を主張していた。

「ロシア人とキリスト教徒として、［カザン大学を］純化し、鎮める」ことが目標だと宣言して、マグニツキーは、カリキュラムにある全科目について詳細なガイドラインを出した。そのそれぞれが、正教信仰と、君主制国家、ロシア民族の優位性を示さなくてはならない、とされた。例えば、世界史の講義には、あらゆる異教文化の後進性や欠点を強調することが義務付けられた。[22] その一方で、彼はエルドマン教授に、授業の中でイスラームの功績について述べることを最小限にするよう命じた。イスラームが、ほとんどは古代ギリシアの思想からの模倣であるから、というのがその理由だった。アラブ文学とペルシア文学はほとんどが無視されることとなり、東洋学者たちは、「ロシアの商業と外交に資する限りにおいて」言語を教えることに限定せざるを得なかった。[23] ある講師が、大学の要望に応じてタタール語の教科書を作成したところ、総長は、チンギス・ハンとティムールに関する箇所を、帝国のタタール人少数民族にとっての潜在的、破壊的な意味ゆえに、検閲した。[24]

マグニツキーは、西欧からの影響に対してそれ以上の敵意を抱いていた。特に一八一〇年代後半のドイツにおける学生蜂起以降、この保守的な監督官は、当時のヨーロッパの学界の多くに、神を知らぬ革命という不安材料を見出したのであった。ロシア人学生の間で生じた同様の兆候は、マグニツキーの最悪のおそれを確たるものにしただけであった。「教育、書物、そして我々がドイツから取り入れた人材が、大学で見られる悪影響すべての根源である。イギリスで始まり、革命前夜のフランスでさらなる力を得た、不信心と革命原理の伝染が、完全なシステムへと昇華されようとしている。[25]」そうした危険な病理に対する予防接種として、カザン就任中にマグニツキーが取った具体的手段は、疑わしい外国の教科書を排除し、道徳監督を任命し、四十二人中七人のドイツ人教授を解雇することであった。[26]

しかし、他文化に対する彼の敵対心にもかかわらず、マグニツキーは東洋学の実用的な価値を認めていた。重要なことは、彼がエルドマンを、大学のドイツ人教授粛清から除外したことである。そして、一八二六年に、才能豊かな若いペルシア人研究者がたまたま町を通りかかった時、彼を雇い入れたいという総長の要求に、彼は反対しなかった。また、別のある時には、中国研究を充実させるために、大学が西シベリアに分校を設立することを提唱しさえした。[27]

一八二六年、マグニツキーが監督官としての任を解かれた頃には、カザンの東洋学はダメージを受けてはいたが、瀕死の状態というわけではなかった。彼の後任、ミハイル・ムーシン＝プーシキンのこの学問分野の重要性に対する見解は、マグニツキーとは根本的に異なり、彼の熱心な指導の下で、カザン学派は真価を認められることになる。けれども、その発展の中心人物となるのは、あるペルシア人訪問者――ミルザ・アレクサンドル・カシモヴィチ・カゼム＝ベク〔カゼムベクとも〕であった。

一八四二年二月、婚約して間もない頃、カゼム＝ベクは婚約者の叔母への手紙でこう自己紹介している。「私は誰か？」と彼は問い、こう続けて答えている。「ペルシア人の祖先を持ち、プロテスタントの信者で、ロシア帝国の臣民、そして、帝立カザン大学のトルコ・タタール学の教授です」[28]と。この答えは、この東洋学者の世界観を形成する様々な要素を正確に描写し、イスラームや東方に関する彼の意見が、その後何年もかけて、どう発展したかを説明する一助となってくれる。

彼の学問観や政治観は、慎重でありつつも進歩的なものだったが、この教授は自身のペルシアの出自を誇らしげに誇示していた。町の通りを散歩するのに、絹のターバンに、カラフルな、ゆったりとしたローブを纏って歩くので、彼は通行人たちの注目の的だった。（クリミア戦争の折には、ペテルブルクの新聞で、彼のオリエンタルな服装が非愛国的主張であるとして否定的なコメントを付されたが、カゼム＝ベクは一向に意に介さなかった。[29]）また、大学で好まれる呼びかけのかたち、ミルザ・アレクサンドル・カシモヴィチは、彼のペルシア系の姓に、伝統的な名と、ロシア流の父姓を組み合わせたものであった。

一八〇二年に、ロシア国境から遠くないペルシアの町ラシュトに生まれたムハンマド・アリー・カゼム＝ベク（キリスト教への改宗以前はこの名で知られていた）は、高官ミルザ・ハジ・カシム・カゼム＝ベクの長男であった。一族は長らく、カフカスの港町デルベントの名士であった。この町は、かつてシャー〔一般に王の意、しばしば貴人の称号〕の所領であったが、ロシア人による併合のために、ハジ・カシムは亡命を余儀なくされた。しかしながら、ムハンマド・アリーの父親は、ツァーリの支配を認め、一八〇八年、ムスリム・コミュニティのための大カーディー（裁判官）としての任を引き受けるために、故郷の町に戻った。ハジ・カシムは長男に徹底した教育を受けさせた。少年が自分の後を継いでくれることを期待して、裁判官であった彼は、アラビア語、論理学、修辞学、法学を教え込むために、トップクラスのムッラー〔イスラーム知識人〕を雇った。ムハンマド・アリーはすぐに学問の優れた資質を見せた。十七歳の時、彼は既にアラビア語を完全に習得しており、早熟にも、文法書を著し、次の年にはその友人たちとアラビア語の作文集を回覧するほどであった。

この頃、彼は不運に見舞われた。その地の他の名士の多くと共に、ハジ・カシムは、軍事法廷でロシアの支配に対する陰謀を企てたという判決を受け、財産を没収されて、カスピ海北岸のアストラハンへと追放になったのだった。孤独で老いたハジ・カシムは、やがて、彼の息子を呼び寄せることを許され、息子は一八二二年に合流した。ロシアの港町での追放者の知り合いの中には、アレクサンドル一世によって、この地域のムスリムや他の非キリスト教系住民を改宗させるための活動許可を得た、長老派の宣教師グループがいた。博学な裁判官は、このスコットランド人の聖職者を気に入り、互いの宗教の長所を比較して論じようと、しばしば彼らを家に招いた。自分の信仰を擁護しようと、彼の息子もすぐに議論に加わった。若きカゼム＝ベクは特に熱心で、「イスラームの真実とキリスト教とユダヤ教の過ちについて」アラビア語の冊子を執筆する程だったが、このスコットランド人のことも好きになった。[30]後者が彼に、アラビア語かトルコ語を教えてはくれないだろうかと尋ねると、ムハンマド・アリーはその仕事を躊躇うことなく引き受けた。

若者が毎日宣教師たちを訪問することは、必然的に、神に関する会話を増やすこととなり、間もなく彼は、自分のイスラームへの信仰に疑いを抱き始めた。「より巧みに戦うためにという（あるいは当時そう考えていた）、キリスト教を勉強する私の秘密の理由は、徐々に、それまで気付かなかった意識を目覚めさせた。（…）私の信仰心は揺らぎ始め、私の疑いは平安を乱し、そして私はどんどんキリスト教に惹かれていったのである。[31]」父親の激怒にもかかわらず、一八二三年の夏、ムハンマド・アリーは長老派教会に改宗し、アレクサンドルという洗礼名を授けられた。[32]当時のイスラームに対する決まり文句を反映させて、彼は後にこう回想している。「私はムスリム世界を去る決意をした。その生活様式や思想は、今の私には、あまりにも狂信的に過ぎるように思える。[33]」

予想通り、棄教によって、アレクサンドルは老いたハジ・カシムと疎遠になり、新しい同信者たちと共に行動するようになった。アレクサンドルは宗教冊子を執筆することに没頭しつつ、引き換えに英語とヘブライ語を学んで、数年間を彼らと一緒に過ごした。スコットランド人たちは、この将来有望な弟子が優れた宣教師になることを望んだが、しかし、ロシアのカフカス司令官、アレクセイ・エルモーロフ将軍が介入してくると、彼らの望みは打ち砕かれた。将軍の命令によって、カゼム＝ベクは、貴族の身分を持つキリスト教徒の帝国臣民として、国家奉仕を法的に義務付けられていることを知らされた。[34]エルモーロフは、帝国の法律解釈に従って行動していたわけだが、事実としては、この才能溢れる若い研究者が、アジアへの影響力をめぐるロシアとの「グレート・ゲーム」の初期に、カフカスにおけるイギリス帝国の野心に資するようになるのではないか、という懸念に動かされていたのである。[35]カルヴァン派の聖職者たちとのそれ以降の付き合いを禁止されたアレクサンドルは、適当と思う国家任務を選ぶように言い渡された。若いペルシア人は思い切って、ペテルブルクの外務省の通訳になりたい、と申し出た。彼には無念なことに、代わりに退屈なシベリアの駐屯地オムスクに、地元の軍事教練団（軍事学校）で東洋の諸言語を教えるために赴任するよう、命じられた。

彼の公式自伝に記された言葉によれば、カゼム＝ベクが新しい仕事へと向かう途上、「幸運の星」が彼を祝福した。[36]カザンを経由して、アストラハンからオムスクへと続く道、まさにここで、一八二六年一月、アレクサンドルは病にかかり、快復するまで、しばし旅を中断することを余儀なくされた。紹介状で武装した彼は、大学総長カール・フックス〔ロシア語ではフークスとも〕のもとへ逃げ込んだ。運良くその時、カザンはたまたま新しいタタール語の教師を探していた。その博識と魅力のおかげで、カゼム＝ベクはすぐに、開講に向けて理想的な候補者になった。フックスは外務大臣カール・ネッセリローデ伯に、彼をオムスクの任務から解放してくれるよう説得することに成功し、そして、一八二六年、このペルシア人は正式に大学の教員に任命されたのだった。

カゼム＝ベクの新しいキャリアは、監督官がマグニツキーから、東洋学に対してより同情的だったミハイル・ムーシン＝プーシキンへと交代した時期と、偶然一致した。[37]かの有名な家系を誇り、ナポレオン戦争で受勲した退役軍人であるムーシン＝プーシキンは、教育省に属していた長い期間を通じて、たえずこの分野の発展を促した。一八二七年には早くも、カザンに東洋学の独立した学部を設置することを提唱し、その十四年後には、大学にアジアの語学学校を設立する提案を出した。いずれの構想も上司によって無視されたが、一八四六年にムーシン＝プーシキンがペテルブルクに異動し、教育監督官になると、一八五四年には、その街の大学の東洋学全体の集中化を統轄することになる。

結局、ムーシン゠プーシキンは、カザン学派の優位を終わらせた決定の背後の主要因となったわけだが、彼が東部の教育管区に赴任していた先の二十年の間に、学問分野としての東洋学は、その控えめな始まりから、はるかに大きく拡大発展したのであった。一八二八年、カザンの監督官としての着任から二年のうちに、トルコ語の科目は、ペルシア文学とアラブ文学を併せて、独自の講座を持つようになった。一八三三年には、この大学はヨーロッパで初めてモンゴル語のための教授ポストを持つ大学となり、一八三七年には中国語の、そして一八四二年にはアルメニア語とサンスクリット語というもう二つのポスト設置が続いた。ムーシン゠プーシキンには、チベット語、ヘブライ語、カルムィク語をカリキュラムに加える計画があったが、一八四六年に彼がペテルブルクへ去った時にも、それらはまだ実現されないままであった。しかしながら、彼が大臣に正しくも誇らしげに言ったように、一八四一年までにカザン大学は、東洋諸言語を「全ヨーロッパのいかなる高等教育機関も越えることのできないほどの、深みと多彩さをもって」教えていたのである。[38]

東洋学の価値に関して、当時のもう二人の著名な行政官が、ムーシン゠プーシキンの評価に共鳴していた。一八一〇年には既に『アジア・アカデミー』誌に自身の計画を記していたのは、ニコライ一世の教育大臣、セルゲイ・ウヴァロフ伯であり、彼も長い間、この学問分野の支援者であった。[39]また、ムーシン゠プーシキンが監督官を務めた間、偶然にも十九年間カザンで総長を務めた、有名な数学者ニコライ・ロバチェフスキーも、そこでのアジア言語講座の拡大を積極的に支持した。[40]カリスマ的なミルザ・カゼム゠ベクの中に、三人は、大学において東洋学を発展させようという野心を満たしてくれる、活力と情熱を持った学者を見出したのである。

語学教師としてアジアのネイティヴ・スピーカーを採用するというカザンの決定は、決して先例のないことではなかった。タタール語講師としてカゼム゠ベクの前任者だったのは、エカテリーナ大帝によってギムナジウムの校長に任命されたハルフィンの孫、イブラヒム・ハルフィンであったし、大学はその後も、タタール人やペルシア人（カゼム＝ベクの兄弟を含む）、ブリヤート人をも、大学教員として雇っていた。[41] 他方、ペテルブルク大学も、十九世紀初頭にエジプト人やペルシア人を採用していた。後年、アレクサンドル三世とニコライ二世の、同化主義的性格の強い体制の下、ロシアの学界の中で差別に直面したアジア人もいたが、これら初期に採用された者たちは概して、職に就いている間、そうしたハンディに苦しめられることはなかった。[42]

学界におけるカゼム＝ベクの昇進は実に順調だった。一八三〇年、カザンの大学教員に加わってから四年のうちに、彼はトルコ語とタタール語の講師から准教授となり、一八三七年には正教授になっていた。一八四五年、フランツ・エルドマンがアラブ・ペルシア学教授の職を辞すると、カゼム＝ベクはより権威あるポストに移った。その年、同僚たちは彼を学部長に選任した。同時に、アレクサンドル・カシモヴィチの研究は、同分野の同僚たちから高い評価を得ていた。イギリス王立アジア協会は、一八二九年、彼を通信会員に選び、一八三五年には、ロシア科学アカデミーの会員となる栄誉が彼に授けられた。さらに、パリ、ベルリン、ボストンの東洋学の主要なグループがそれに続いた。

カゼム＝ベクのカザンにおける初期の知的追究対象は、東方の文献であった。[43] 一八三二年に彼が初めて同業者たちの注目を集めたのは、トルコ語版の『七つの星、あるいはクリミア・ハンたちの歴史』であった。一八三九年、この学者はトルコ語の文法書を刊行したが、これは彼に、四つのうちの最初のデミドフ賞——際立った学問成果に科学アカデミーが贈る権威ある賞——をもたらした。[44] 一八四八年に完成されたドイツ語版は、二十世紀に入っても依然として、ヨーロッパの大学での主要な教科書であった。[45]

法律の教育を受けていたカゼム＝ベクは、自然とイスラーム法学へと関心を向けていった。このテーマに関する研究を刊行するのに加えて、依然伝統法を運用している少数民族と接するにあたり、政府の行政官を手助けするために、重要な法学書をアラビア語から訳して出版しもした。一八四一年には、ロシアのタタール人やその他のテュルク系民族が使っていた重要なイスラーム法の注釈書『「護り」摘要』のアラビア語版を出版した。同時に、彼は、イスラーム法に対する自分の比較的肯定的な評価に対し、より保守的な官僚たちが反対するかも知れないということを、十分に認識していた。一八四二年に教授がこの主題に関する論文を書き終えた時、彼はロシア教育省の月刊誌に投稿するリスクを避け、パリの『アジア・ジャーナル』誌に原稿を送ることに決めた。[46]

一八四九年にペテルブルクへ越すとすぐに、カゼム＝ベクは、彼を学問から遠ざけてしまう行政上の責任が増していることを感じた。到着して間もなく、典礼書のタタール語翻訳を監督する政府委員会と、イスラームの法典を検討する別の委員会に招喚された。一八六三年に学者が、三等官という（文官の）高い官位に昇ったのは、後者の仕事に対する褒賞であった。[47]彼は学問的公平さを維持しようとしていたが、カゼム＝ベクの仕事は、不可避的に論争を巻き起こした。タタール人研究者たちは、自分たちの問題だと考えることへの、棄教者の関与に不信感を抱いていたし、保守的なロシア人は、彼がイスラームに対してあまりに同情的だと考えた。[48]国家の業務に携わることがますます増えるのにもかかわらず、彼はそれでもカザン以来の研究計画であったところの、コーランの用語索引をついに完成させたのであった。[49]首都で生活したことで、彼はムスリム世界のより時事問題的な事象にも関心を寄せるようになった。例えば、ダゲスタンにおけるロシア支配への抵抗運動や、ペルシアの改革派、バーブ教徒についても書いた。[50]

秀でた研究者であることに加えて、カゼム＝ベクは優れた教師でもあった。カザンでの彼のドイツ人前任者とは違って、彼はロシア語を習得する努力をし、それが講師としての彼の人気を押し上げた。[51]ある卒業生はこう回想した。「私は、アレクサンドル・カシモヴィチ・カゼム＝ベク教授に対する興味ほどには、タタール語に関心を抱いていませんでした。時々彼に通りで出会うと、私は、個性的な装いの彼の生き生きとした姿を見たり、彼の話を聞いたりすることをとても楽しんだのです。[52]」カゼム＝ベクは何人もの学生を育て、彼らは東洋学者としての素晴らしいキャリアを歩み続けた。その中には、イリヤ・ベレジン、ニコライ・イリミンスキーが含まれる。この学者のもっとも有名な学生は、外交官になることを望んでカザンの東洋学部に入学してきた、レフ・トルストイ伯だった。その言語能力にもかかわらず、この学生は大学での勉強よりもカードゲームや娼家の方に興味をおぼえ、最初の年に落第してからは、大学内でもそう厳しくない法学部に転部してしまった。[53]

カゼム゠ベクは教室の外でも好かれていた。大学での最初の数年は孤独で孤立していたと彼は主張するが、彼の同僚たちは、彼が同席してくれることを楽しんでいた。彼は夕食会の席への客人として、特に町に要人が訪ねてきた際には、もてはやされた。[54] 一八三六年に町を訪問していたニコライ一世は、このペルシア人に特別に目を留め、おしゃべりをするために長居したのだった。[55] 彼のエキゾティックで、浅黒い肌、黒い瞳、黒髪の外見は、異性の中からも相当数のファンを惹きつけた。ある女性は、「彼の外見は稲妻のようで、とても抗うことなんてできなかった」と述べている。[56] そう感じたのは、明らかに彼女一人ではなかった。彼の曾孫の伝記を書いたフランス人は、教授がロシアでの婚姻で、四人の子供の父親となったと言っている。[57]

キリスト教へ改宗したからといって、カゼム゠ベクはイスラームに容赦なく攻撃的だったわけではない。かつての自分の信仰に、いくつか欠点を見出してはいたものの、学者はそれを固有の欠陥とは考えなかった。リベラルな『ロシアのことば』紙に載った、イスラームの初期の歴史に関する彼の一連の論文は、宗教の起源と預言者ムハンマドの台頭について、比較的客観的な説明を加えている。[58] 彼はまず、十九世紀のムスリム世界を、停滞し、腐敗した、専制的なものだとする多くの同時代人に同調することから始める。しかし、彼はすぐさま、ローマ帝国やビザンツ帝国の歴史が十分証明しているように、デカダンスはオリエントの専売特許ではないことを指摘する。実際、〔ビザンツ〕南東の境界地域で、キリスト教に挑戦する新しい宗教の興隆に適した条件を与えたのは、七世紀の後者〔キリスト教世界〕の無関心と狭量さに他ならなかった。

カゼム゠ベクは、イスラームの創始者を比較的好意的な調子で描写した。未来の預言者の若さに結びつけた様々な奇跡の叙述を、人々の無知と騙されやすさの表れとして切り捨てはしても、ミルザは明らかに、ムハンマドを「優れた記憶力と強靭な知性に恵まれ、控え目で思慮深い」[59] 別格の人物と見なしていた。預言者は、「彼が生を受けた先の、その信仰の悲しい状況」[60] に徹底的に幻滅した後、新しい信仰を見出した。彼は若い頃に、旅の途上で、その精神的展望を深いところで形成した、多くのキリスト教徒やユダヤ教徒と出会った。その当時のキリスト教の「アラブやシリアでさえも見られる、嘆かわしい状況」——さまざまな異端によって分裂した現状——を考えれば、ムハンマドが、イエス・キリストの教えから影響を受けつつも、同時に大きく異なるかたちの中に、ある種の真実を見出すのは必至だった。[61]

イスラームは、意識的な欺きでも、悪意ある異端でもない、とカゼム＝ベクは論じた。むしろ、ムハンマドの新しい宗教は、困難で、何十年にも及んだ、苦しい精神的探究の結果であった。[62]その最初の成果は、預言者の卓越した詩的才能に大きく拠るものだった。ムハンマドの雄弁さがあまりにも並外れていたので、彼の多くの信者たちは、それを「超自然的な奇跡」に他ならないと考えた。[63]しかし、イスラームの究極的な勝利は、国の人々の軍事的才能を利用した、預言者の能力にこそ関係がある、とカゼム＝ベクは信じていた。[64]例えば、ムハンマドとその信者たちは、伝統的に山賊行為を行ってきた人々、アラブの遊牧民たちを、征服の遠征に動員したが、それによりこの若い信仰は、彼らの砂漠の故郷からはるか遠くにたちまちに広がったのであった。カゼム＝ベクが別の場所で述べているように、ジハード（信仰のための闘い）は、「ムハンマドがその宗教を確立するために、大いなる信頼をもって、実に正確に用いた第一の武器」として役立ち、それは全カリフたちが様々な諸民族を征服するにあたって奉仕した。[65]

イスラームの最初数世紀の驚くべき勢いの鍵は、信者たちの間に巻き起こした凄まじい狂信主義であった。ムスリムの信仰の中心的要素として「狂信主義」を強調したのは、決してカゼム＝ベク一人ではなかった。ヨーロッパの多くのキリスト教徒は、ライヴァル宗教への軽蔑を示すために、同じ表現を用いた。[66]イスラームを「狂信的」と言い表しはしたものの、この学者は、暴力的過剰さの責任はキリスト教徒にもあることを、即座に指摘した。ある論文の中で、彼はこう問う。「サン・バルテルミの虐殺で、血の川を溢れさせたのは、キリスト教ではなかったか？　教会から何百万人という異端者を追放したのは、キリストの名ではなかったか？」[67]彼はまた、こう付け加えた。「狂信主義は、あらゆる革命を特徴づける。とりわけ、宗教を動因とする革命を。[68]」

当時広まっていた考えを引き合いに出して、カゼム＝ベクはしばしば、西欧の東方起源を強調した。「まさにアジアの名こそが、キリスト教世界の成員全員の間に、敬意を表すべき記憶を呼び起こす。なぜなら、それは人種の揺籃の地だからである（…）その地には、文明の水源がある（…）我々はオリエントの継承者なのである。[69]」実際、イスラーム世界は近代ヨーロッパの直系の親であることを主張している、と彼は指摘した。というのも、「啓蒙主義は、二つの光源からその光を投げかけるようになったからだ。つまり、フィレンツェとアンダルシアと。[70]」

結局、カゼム＝ベクがしばしば論じたことは、あらゆる民族が本質的には似ているということである。彼は、オリエントとオクシデントの間に何ら根本的な境界線も見てはいなかった。たとえペルシアやオスマン帝国が専制国家であっても、それは、歴史的発展の現段階のかたちなのである。これは暗に、その国の人々にも、近代ヨーロッパ人とまったく同じように啓蒙能力があるということでもある。より進んだキリスト教の西欧には、ムスリムの東方の進歩を促進する義務があるけれども、真の解放は内から初めて達成されうる。「オリエントとアジアは、知的世界の大部分を形成している。そこには文明の精神が流れ、目に見えぬ力が真実の種を撒く（…）西は東に啓蒙を復活させることはできない。自分たちのオリエントの地に生まれた者だけが、改革を達成しうるのである。[71]」ムスリムの信仰は必ずしもその障害ではないと、カゼム＝ベクは説明を続ける。「そもそも、イスラームは啓蒙に抗することはできない。それは、聖職者の階級制と無知という、文明の普遍的な敵がもたらした結果なのである。[72]」十九世紀半ばのペルシアにおける改革運動、バーブ教の研究の中で、カゼム＝ベクは、シャーやムッラーの厳格な支配からの同国人たちの解放の前兆を見たのだった。[73]

カゼム＝ベクの信心の中心にあったのは、進歩への信頼である。当時のロシア人の保守的論者たちは、彼のバーブ教研究には、ロマノフ朝の専制に対する批判が隠されていると怒りをこめて論じ、そしてその後の世紀には、ソヴィエト期の物書きたちも、こちらは是認しつつだが、ツァーリズムへの隠れた敵意を汲み取った。しかし、カゼム＝ベクは革命家などではなかった。確かに彼は改革を認めてはいたが、ムハンマドのジハードのかたちを取っていようと、近年のフランス君主制の廃止であろうと、いかなる暴力的な急進主義も忌み嫌っていた。一八六一年にロシアの学生暴動のせいでペテルブルク大学が一時的に閉鎖された時にも、彼は教員の中でも、権威の側を支持した少数派であった。[74] 生涯を通じて帝国政府が教授に授けた数多くの勲章も、寛大な額の年金も、高い官位も、政府が彼の中に忠実な従者を見ていたことの明らかな証左である。[75]

カザンが一八二六年にカゼム＝ベクを雇ったのは、大学の慎重な計画というよりは、状況と幸運の結果であった。まだロシアの高等教育が揺籃期にあった当時、十分な訓練を受けた教授は稀であった。そして、ナショナリズムの風が学界に吹く中では、ドイツの有名大学から新しい教員を迎えることは一層難しくなりつつあった。新しいツァーリ、ニコライ一世は、西の領域リヴォニアのドルパト大学に、「教授養成校」を設置することで、この人材不足問題に取り組んだ。今日では(エストニアの)タルトゥとして知られる町の、バルト海沿岸キャンパスは、ドイツへの距離的近さゆえに、この計画のための拠点に論理的にもふさわしかった。ニコライの計画では、もっとも将来有望なロシア人卒業生をここへ送り、博士号を取得させ、それからパリかベルリンで、それぞれの分野で最先端の研究に徹底的に精通するように、ポスドク〔博士研究員〕の仕事をさせる、というものであった。[76]

このアプローチは、医学や古典ギリシア語のような、すでに確立された分野ではそれなりにうまくいった。しかし、一八二七年にカザンの監督官、ミハイル・ムーシン＝プーシキンが、彼の大学で成長中の東洋学のカリキュラムにモンゴル語を加えたいと考えた時、彼はまず、空白の候補者名簿から取り組み始めることとなった。中国やインド、ペルシアといった偉大な東洋文明の諸言語は、既にヨーロッパの大学でも相応の期間教えられていたが、モンゴル語の講座はなかった。内陸アジアの領域で直接国境を接するロシアにおいてさえも、その分野はほとんど認識もされていなかった。十八世紀に東シベリアの町イルクーツクで、宣教師や通訳のための課程が単独で組織され、一八二九年に科学アカデミーがこの科目に最初の正規の専門家を任命した。[77]

モンゴル語の講座を設置しようというムーシン＝プーシキンの動機は、きわめて実用的なものであった。タタール語がそうであったように、これらの言語は、帝国内の重要な少数民族、——特に、ヴォルガ川下流域のカルムィク人とバイカル湖周辺のブリヤート人——によって話されている言葉と、密接につながっていた。帝国内のこうした臣民たちと交渉する行政官たちに、その言語能力を備わらせることに加えて、ロシアの東の辺境に派遣される税官吏や外交官たちにとっても、この新しい分野は有益となることだろう。しかし、モンゴル語の最初の教授によれば、モンゴル人の持つ「古代インドや中央アジアの人々に、さらなる光を当てることになるかも知れない、膨大な文献」の存在を考えると、大学運営側には、この科目を加えるための学問的理由もあったようだ。[78]

ツァーリの教育大臣、ウヴァロフ伯は、ムーシン＝プーシキンの要求を熱心に支持し、適任の候補者探しが始まった。財源に問題はなかった。ロシア国内には、この言語に関する知識をいくらか備えた、評判の良い候補者が二人だけいた。北京へのロシア教会宣教師団の元団長であったイアキンフ神父と、イサーク・シュミットであった。後者は、一七九五年のフランスによる占領から逃れて、家族ともども移住してきたアムステルダムの商人の息子だった。イサークは、十九世紀への転換期に、ヴォルガ川流域に住むカルムィク人相手の貿易会社で三年間働くうちに、モンゴル語への関心を募らせていった。最終的に首都に落ち着いた彼は、ペテルブルク聖書協会に関わるようになり、典礼書を、近親言語であるモンゴル語とカルムィク語に訳した。一八一九年、彼は学問の道に邁進するために、父親の仕事を捨てた。

十年後には科学アカデミーの会員に選ばれたが、イサーク・シュミットは、帝国の東洋学の殿堂で重要な地位を占めてはいない。モンゴルとチベットの文献学に関する重要な先駆的業績を含む、彼の功績は立派なものだった。しかし、この癇癪持ちのオランダ人は、批判をすんなりと受け入れることがなく、自分よりも高名なロシア人同僚たちとの口論によって、もっとも鮮明に記憶されている。[79]

カザンの東洋人文学の研究者、フランツ・エルドマンは、ドイツから優秀な文献学者を招き、イサーク・シュミットから言語を学ぶためにペテルブルクへ派遣することで、モンゴル語の教授を自前で育てることを提案した。原則としてはその提言に賛意を示しながらも、ムーシン＝プーシキンとロバチェフスキーは、当時の愛国主義的流れに沿った、別の方法を案出した。カザン自体が実に優秀な若い研究者を擁しているのに、なぜ外国に目を向けるのか？　と、彼らは訝しく思った。西欧化された首都にいるヨーロッパの研究者などよりも、帝国にいる東シベリアのモンゴル系ブリヤート人からその言葉を習得する方が、彼らにとって筋が通っているのではないか？[80]

そして、エルドマンの一番の弟子、オシップ・ミハイロヴィチ・コワレフスキが選ばれた。一八〇〇年にユゼフ・コワレフスキとして生まれ、カザンのもっとも卓越したモンゴル語の専門家となるこの人物は、彼の後の同僚、カゼム＝ベク同様、非ロシア人の帝国臣民だった。オシップ・ミハイロヴィチの先祖は、今日のベラルーシに位置するグロドノの町の、ポーランドの小貴族で、彼の父親は、ローマ・カトリックに忠実な東方正教の一派、ユニエイト教会の司祭を務めていた。若きユゼフは、ギムナジウムに通う頃から既に、古典に対する強い関心を持っており、そこから、ヴィルノ（ヴィリニュス）大学でそのテーマを追究することになったのである。

今日ではリトアニアでもトップの高等教育機関であるヴィルノ大学は、十九世紀初頭には、ポーランド・ナショナリズムの温床であった。[81]同年代の他の多くの大学生と共に、コワレフスキは運動に強く共感していた。愛国的な歴史家、ヨアヒム・レレヴェルと知り合ったことや、ヴィルノの学生、ロマン主義詩人のアダム・ミツキェヴィチとの友情が、彼のその気持ちを一層確たるものにした。最初の年に、コワレフスキはミツキェヴィチの秘密結社「フィロマチ」〔フィロマートとも〕（または「科学の友」）の初期メンバーとなった。三年後、彼は関係組織「フィラレチ」〔フィロレートとも〕で、またさらに活動的な役割を担っていた。

これらの結社は、アレクサンドル一世の統治の最後の不穏な十年間にロシア帝国で形成された、反体制的な政治目的を持った多くの学生グループの中にあった。一八二五年にアレクサンドルが亡くなると、ロシアとウクライナのそうした二つの結社が、クーデターを試みた。デカブリストの乱である。フィロマチとフィラレチはといえば、その活動は既に二年前から、ポーランド・ナショナリズム取り締まりの中、当局の監視下にあった。[82] 当局は、この二つの結社が公然とした政治目的を持っていたことを、結果的に証明できなかったが、それでも当局は、コワレフスキやミツキェヴィチら二十人の主要メンバーを、帝国内の別の地に追放した。六人はカザンに送られ、そこでコワレフスキと二人の同志は、大学で東方の言語を学ぶように命じられたのだった。[83] これは、エルドマンの貧弱な受講者リストを埋める手荒い方法だったが、少なくともこれで、ドイツ人教授は、彼のラテン語の講義を理解できる三人の学生を得たのだった。

これについては選択の余地がほとんどなかったのだが、コワレフスキは彼の新しい課程を最大限活用した。彼は、ギリシア語と同等に、アラビア語とタタール語の達人になった。古代への情熱を持つこのポーランド人は、カザンの他の研究者たちと、テュルクやモンゴルの起源への興味関心を共有していた。彼は、タタール語の指導教員、イブラヒム・ハルフィンが課した、チンギス・ハンやティムールについての物語集に魅了され、近くのブルガルの遺跡へと熱心に出かけていった。後にコワレフスキが回想しているように、大学での最初の三年間で、「カザン・ハン国の歴史は、私の研究目的となった」のである。[84]

ロバチェフスキーがコワレフスキに、モンゴル語を学ぶためにシベリアで数年間過ごさないかと、そうすればその後、当該科目のポストを得られるかも知れないと申し出た時、彼はこのオファーに飛びつきはしなかった。当時、帝国の東方への旅は、この世の終わりを思わせた。罪人や政治的に望まれない者たちのための、遠く離れた、不毛の、凍てついた監獄を。彼は、同国人のミツキェヴィチやオシップ・センコフスキーを含む多くの人々に助言を求めた。皆彼に、チャレンジするよう促した。その結果、一八二八年の春、かつての古典学者は、年下の奨学生、アレクサンドル・ポポフと共に長い旅に出た。繰り返すが、コワレフスキはこの旅の明るい面を見ていた。六月初旬、ウラル山脈を越えながら、彼は狂喜して手紙にこうしたためた。「この旅路は（…）驚くべき感動をもたらしてくれる。頂上で、優しい別れの挨拶をして、私はヨーロッパの埃を振り落とす。私はアジアにいるのだ！（…）まったく新しい空気が、私の頬を撫でて流れていく。[85]」

イルクーツクが二人の目的地だった。そこでは、言語に精通した政府の行政官、アレクサンドル・イグムノフが、彼らに文章語のモンゴル語の基礎を教えることになっていた。形式的な教育は、ネイティヴの人々の中での練習を目的とする、周辺地域やその先でのさらなる滞在によって補われることになっていた。エルドマンとその同僚は、この学生たちに、歴史、地理、宗教、民族学、統計、民間医療、経済など、この先の三年間彼らの居住地となる知られざる土地について学ぶにあたって、詳細な指示を与えていた。要するに、彼は、目についた「あらゆること、重要なこともそうでないことも」報告することになっていたのである。[86] 同時に、大学図書館のために文献や写本を買う、潤沢な資金も用意された。

コワレフスキとポポフは、彼らの師に真面目に従い、モンゴル語と、より話し言葉寄りのブリヤート語を早急に習得した。その傍ら、コワレフスキはモンゴルの首都ウルガ（今日のウラン・バートル）へも旅をした。彼はそこで、チベット仏教ゲルク派のブリヤート管長であるハンボ・ラマに会い、グシノエ湖にあるダツァン（仏教寺院）に滞在するよう招かれた。この後者の滞在では、儀式を観察したり、僧侶と話したり、宗教書の豊富な文献資料を研究することを許可され、これが彼の生涯にわたる仏教への関心を喚起したのであった。オシップ・ミハイロヴィチはまた、ロシア正教会の第十一回目の北京への宣教師団が、十年にわたって北京に居を定めるために、イルクーツクを通りかかった時、その場に居合わせるという幸運にも恵まれた。彼は、中国の首都へと旅するというこの稀有なチャンスを掴み、その地で一年間を過ごす間に、モンゴル語を完璧に仕上げ、満州語と中国語、チベット語を少しずつ学んだ。[87] 東シベリアに戻ると、この熱心な学生は、国境の町トロイツコサフスクに、ブリヤート人コサックや行政官の子息たちのための、地元のロシア語・モンゴル語学校を開設する労さえとったのである。

当初四年間の予定だった調査旅行は、五年に延びた。コワレフスキとポポフは一八三三年初頭にカザンに戻り、そしてすぐさま、科学アカデミーでの試験を受けるために、ペテルブルクに行くよう命じられた。イサーク・シュミットは、当然のことながら、二人のモンゴル語の知識に感銘を受けた。教育大臣ウヴァロフに宛てたきわめて好意的な推薦状にもとづいて、コワレフスキは、東洋人文学の三つ目の学部としてカザンに新しく設置された、モンゴル語学部の学部長に任命され、ポポフはカザン第一ギムナジウムのモンゴル語教師としての職を得た。
ロバチェフスキーの実験は、明らかに成功であった。この後から、大学は、東洋学専攻のもっとも優秀な学生たちを、成長を続けるカザンの学部の教員となるためのトレーニングを仕上げる目的で、アジアへと定期的に派遣留学させることとなる。その恩恵を受けた者の中には、十九世紀のもっとも優れた東洋学者となる人々がいた。テュルク研究者のイリヤ・ベレジン、ニコライ・イリミンスキー、中国学者のウラジーミル・ワシリエフなどである。[88]
カザンで初めてのモンゴル語専門家として、コワレフスキのもっとも喫緊の課題は、教育のための適切な教材を作ることであった。トルコ語やアラビア語、ペルシア語を教える同僚たちが、少なくとも西欧の東洋学の成果に頼ることができたのに対して、新任教授の分野は、実質的に言語学の処女地であった。就任してから二年のうちに、彼は文法書を出版した。一八三七年までには二巻組のモンゴル語教本を完成させていたが、これが彼に一つ目のデミドフ賞と、正教授への昇進をもたらした。
コワレフスキの最高の業績は、彼のモンゴル語・ロシア語・フランス語辞典である。イルクーツクで友人となったイアキンフ神父の助言に従って、このポーランド人はシベリア滞在の間から既に、モンゴル語の単語や表現を蒐集し始めていた。ヨーロッパ・ロシアに帰るとすぐに、彼は科学アカデミーに四万語の語彙集を提出し、これがその後の辞書の基礎となった。一八四四年から一八四九年にかけて、三巻組で刊行されたこの辞典は、今日でも基本参考文献であり続けている。[89] 高名なフランスの中国学者、スタニスラス・ジュリアンは、彼の辞典を三か国語版にしようと繰り返し促しており、コワレフスキは賢明にもこれに応じた。こうして、辞典はヨーロッパの研究者たちにも有益なものになったのである。コワレフスキの業績は、彼に二つ目のデミドフ賞をもたらすと共に、一八四七年、科学アカデミーが彼を正会員に選出することを説得する一助となった。しかし、アカデミー会員のポストに就くことは、必然的に、ペテルブルクへの移住を伴う。ニコライ一世は明らかに、この政治的に信頼できないポーランド人を追放措置から解放するつもりがなかった。ツァーリは、アカデミーの選挙で反対票を投じた。[90]

ニコライの疑念は、一八五四年にカザンの東洋学課程が廃止された後、同僚たちと一緒に彼が首都に移ることを阻止した理由でもあっただろう。ただそれでも、当局は彼の能力を認め、その年、彼を大学総長に任命したのだった。コワレフスキは、一連の学生蜂起の後に解任されるまでの五年間、そのポストに就いていた。一九一七年以前の波乱に満ちた数十年間、学生暴動は、帝国の大学運営者にとって、しばしばその職を脅かす危険なものであった。二年後の一八六二年、コワレフスキは、ワルシャワ中央学校（一八六九年に大学となる）の歴史・文学部の学部長および歴史学教授としての就任を決めた。

コワレフスキの人生は、政治的動揺によって損なわれ続けた。彼がワルシャワに着任してから一年と経たないうちに、ポーランド人は、ロシア人支配者に対するその世紀二度目の蜂起を起こした。コワレフスキは暴動から距離を置いていたが、一八六三年九月、はかり知れない喪失に苦しむことになった。何者かが、彼が住む建物の別の部屋から、ツァーリの〔ポーランド〕総督に向けて爆弾を数発投げつけた。教授の図書室を含む建物全体が、報復攻撃で燃えた。火災で焼失した貴重なものの中には、コワレフスキが過去数十年にわたって書き溜めた、広範な未刊行の仕事があり、そこには、複数巻から成るアジア史、モンゴル学の文献、仏教研究、チベットのダライ・ラマの伝記が含まれていた。そこに、六部にわたる彼のアジア旅行記があったことはいうまでもない。この惨事は、コワレフスキの研究活動を事実上終わらせてしまった。ワルシャワでの歴史調査のための講義計画を別にすると、彼は生きている間、それ以降何も出版しなかった。[91]

コワレフスキの見解は、カザンの同僚、ミルザ・カゼム＝ベクのそれに酷似していた。進歩と教育の重要性をかたく信じていたこのポーランド人は、アジア人が、適切な状況下ではヨーロッパ人と文化的に対等となる潜在能力を持っていると、信じて疑わなかった。つまるところ、「人々は基本的に同じように考える。全人類の根本的な同一性は、発展におけるいかなる表面的な差異よりも強く、私たちを結び付けるのだ。[92]」コワレフスキが考えていたように、いかなる文明も、いかにエキゾティックで古いものであろうと関係なく、「非歴史的」なのである。今、それらは異なる場所にあるかも知れないが、どの民族も、啓蒙近代へと向かう同一の道を進んでいる。「東アジアは、あらゆる点で、あまり知られていない」と彼は断じる。「私たちにはその進歩は緩慢に見えるものの、東アジアの人々は、世界の他の部分と同じように、それぞれ独自の道に沿って進んでいるのである。」彼は、オリエントとオクシデントが対立物であるとする思想には、両方とも同じ「歴史の法則」に従っているのだと強調して、強硬に反対した。[93]

中国はその争点だった。十八世紀の終わりまでには、多くのヨーロッパ人が中国を、頽廃し、硬直化し、まったく救いようのないものと考えるようになっていた。ヨハン・ゴットフリート・ヘルダーが一七八〇年代に書いた『人類歴史哲学考』の中で、中国人を「絹に包まれ、ヒエログリフを書かれたミイラ」と切って捨てたことは良く知られている。「このオリエントの古代の遺物が、近代に踏み込むかも知れないなどというその思想は、ヘルダーにはまさに笑止千万に思われた。「[彼らは]ギリシア人やローマ人には決してなれない」と、彼は断言した。「中国は、昔もこれからも、ずっとそのままなのだ。」[94]コワレフスキはこれに不賛成だった。彼は、「中国は、すっかり古い形式にはまり込んだ、進化の敵」とするヘルダーの考えを、力強く退ける。[95]これはなにも、オシップ・ミハイロヴィチが中国を理想化していたということを意味しない。ヴォルテールとは違って、彼はアジアの帝国を旅し、その残酷さ、頽廃ぶり、清朝の下での極度の富の不平等を、直接目撃した。コワレフスキによれば、「ずっと昔に発展してきた、このもっとも古く、人口の多い国は、前進していない。まさに崩壊の瀬戸際だ。」しかし、この老衰状態は、進歩ができないというオリエントに生得的に備わった無能力のためというよりは、支配者たちの失敗の結果である、と彼はほのめかす。彼は、「政治的な大変動のみが、中国を新たなルートに据えることができる」と結論づけた。[96]

東と西に関するコワレフスキの思想のもっとも明確な表明は、一八三七年に彼がカザン大学の正教授に就任した時の講義「ヨーロッパ人のアジアとの遭遇について」である。[97]有史以来の二つの大陸の接触にふれて、オシップ・ミハイロヴィチは、最初期の遭遇は決まって、お互いの無知と敵意に特徴づけられる、と論じた。「ユダヤ人がゴイという言葉を使い、ムスリムが不信心者と、そしてギリシア人が野蛮人と、他のあらゆる異質な人々を呼んだように、中国人も、年代記のページというページに、隣人たちに対する侮蔑的な言葉を書き連ねた。」そうした猜疑心は、定期的に生じる衝突から自然に生まれた。「ヨーロッパ人は時々に、アジア人による侵略にさらされていた」とコワレフスキは述べたが、そのすぐ後に、西も、アレクサンダー大王の下でと十字軍とで、少なくとも二度、東を侵攻したと付け加えた。

交易や旅行を通じた、二つの大陸のより平和的な交流のように、こうした衝突は常に破壊的なわけではなかった。というのも、「変動は、新しい思想を持ち込むことで、豊かな遺産をもたらす。」ゆえに、戦争でさえも、オリエントとオクシデント間の、知識と進歩の交流なのである。カゼム＝ベクがそうであったように、コワレフスキも、十字軍をこの現象の好例とみなしていた。

傲慢なヨーロッパ人が、アジアを、野蛮人が住まう怠惰と官能的快楽の聖地として、計り知れない贅沢と奴隷の地として、見下していた時代がありました。（…）思い出してみて下さい。信仰の旗印の下、不倶戴天の敵を一掃すべく、どのように無数のキリスト教徒の集団が小アジアの岸辺に押し寄せたかを。（…）しかし、彼らが驚愕し、当惑したことに、彼らはそこで啓蒙的な生き方に出会ったのです。（…）西と東の間の暴力的な戦いから生じた相互利益について話し続けることもできますが、ある作家の言葉を繰り返すにとどめておきましょう。「エルサレムの壁、救世主の墓の傍に、（自然と、意識もせず）ヨーロッパの未来の政体の最初の礎石が置かれた。十字軍の騎士たちは（…）莫大な代償を払って、［軽率にも］自由と啓蒙の火種をヨーロッパに持ち帰ったのだった。」

もちろん、東方は、中国の火薬、印刷、紙幣の発明から、インドの宗教や道徳思想まで、多くの学知と英知の源であった。「言語学者、詩人、哲学者、考古学者、歴史家にとって、［アジアには］どれほど発見すべきことがあることか！　その豊かな地は、いかに多くの秘密を隠していることか！」と、彼は驚く。同じように、西にも、東に伝えるべき多くのことがある。コワレフスキが強調するのは、啓蒙の「電力」を通じてこそ、アジアとヨーロッパの人々を隔てる溝が埋められるということだった。

一八七八年の春、七十七歳の喜寿の年、その卓越したキャリアの五十周年を祝う栄誉が彼に与えられた。[98] 同僚たちは、彼の非常に多くの業績を讃えた。モンゴル語と仏教史のパイオニア的研究業績に加えて、オシップ・ミハイロヴィチは、ペテルブルク大学の優れた中国学者、ウラジーミル・ワシリエフ、カザン神学校のアレクセイ・ボブロヴニコフなど、次世代を担う研究者を育ててきた。おそらく、彼の教えたもっとも才能ある学生は、ブリヤート人のドルジ・バンザロフであったろう。体の弱さと職業的な挫折が彼の比較的短いキャリアを阻みはしたが、バンザロフは、なかでも、ヨーロッパの学界で初めての、内陸アジアのシャーマニズムに関する研究を出版した。[99] コワレフスキは、この記念式典からそう経たないうちに、その生涯を終えた。一八七八年十月、死が静かに訪れた時、彼はワルシャワ大学の閲覧室の一つで研究中であった。[100]

一八五二年、カザンの比較文学教授のカール・フォイクトは、ここ十年の大学の東洋学部の進歩をまとめた。[101] 彼は、満足をおぼえるだけの多くの理由を見出した。フォイクトは、学部の五つの文学講座、アラブ・ペルシア、トルコ、モンゴル、サンスクリット、中国（アルメニア語は受講者が少なく、一八五一年に閉講となった）を誇らしげに列挙した。また、これらの分野は、数名の講師とアラビア語能書の教師と共に、六人の教授を雇っていた。フォイクトはまた、過去十年間の教員たちの研究業績を得意げに書き記した。それらの著者たちは、三つものデミドフ賞、勲章、そしてツァーリ直々に授与された二つのダイヤモンドの指輪を獲得していた。

カザンでの東洋学は、別の方向でも繁栄していた。大学図書館は、オリエントに関する幅広い内容の蔵書を誇り、そのうちの多くは、コワレフスキ、ベレジン、ワシリエフらが調査旅行先から集めてきたものであった。ウェストファリアの貴族、アウグスト・フォン・ハクストハウゼン男爵が一八四三年にこの地を訪れた際には、誇張なしに、「世界中の［他の］どんな図書館も、このように豊かなアジアの写本のコレクションを持ってはいない」[102]と述べた。ベルンハルト・ドルンやフランツ・エルドマン、元総長のカール・フックスといったドイツ人教員たちの、古銭学への強い関心は、当時のヨーロッパでは最大級のアジアの貨幣コレクションを大学に残した。他方、コワレフスキや知り合いの旅人たちは、名高い東洋博物館を開設するに十分な工芸品をもたらした。[103]さらに、一八二九年には、カザン大学出版が、ギムナジウムの「アジア印刷所」の運営責任を引き受けた。一八〇〇年にタタール人商人の要望に応じて作られたこの印刷所は、とりわけ、アラビア語、トルコ語、モンゴル語、チベット語、サンスクリット語の希少な活字を所有していた。イスラームの宗教テクストの帝国内で最高の出版所として、アジア印刷所は潤沢な資金を持ち、ロシア内外のムスリムからもたらされる販売利益は、大学出版のもっとも重要な収入源であった。[104]

フォイクトが唯一深刻な問題と考えたのは、その当時の受講者の減少であった。一八四八年には、大学全体で三百名の学生のうち、十四%にあたる四十二名もの学生を数えたが、一八五二年には、たったの十六名しか残っていなかった。[105]馴染みのない言語を習得するために求められる大変な苦労を普通は嫌がるもので、そのことに加えて、就職の展望も厳しかったことが、学生を遠ざけた。アジア言語に堪能な行政官に対する国家の高い需要という、もっともな期待があったにもかかわらず、その特殊技能を活かした職をどうにか得られたのは、わずかな卒業生たちだけであった。ある統計によれば、カザンの東洋学専攻の卒業生のうち、相応しい地位に就いた者は、三分の一以下であった。[106]しかし、ここにさえも、フォイクトは楽観主義の根拠を見出した。一八五一年には既に、ツァーリは教育大臣に、未来の官僚のためのアジア言語教育を、どれだけ改善できるか検討するように命じていた。フォイクトには、ニコライの懸念が、大学の卒業生たちにより良い可能性を生むと信じるに足るだけの理由があった。そうして彼は、「カザンの若き東洋学者たちは、明るい未来に遭遇するであろう」と予言したのだった。

フォイクトの自信は、悲しいことに誤っていた。アジア言語教育を再検討するようにという君主の命令を受けて、教育大臣のプラトン・シリンスキー゠シフマトフ公は、一八五一年、高級官僚や学者から構成され、ミハイル・ムーシン゠プーシキンが議長を務める委員会を招集した。[107] ムーシン＝プーシキンは、一八四五年、教育管区の監督に就任するためにカザンから首都に異動していたわけだが、彼は依然として、かつての職場であった大学の東洋学部の強力な支持者であった。彼は長いこと、帝国の全東洋言語教育を集中させるための、アジア研究機関の設立を主張してきた。優れた教授陣と、多くのアジア系少数民族、そしてオリエントへの地理的近さを誇るカザンは、こうした機関設立のためにはもっとも筋の通った中心地であるように、彼には思えた。[108] ムーシン＝プーシキンの上司は、アジア言語教育を一つ屋根の下に集める必要性については、彼に同意していたが、まったく異なる場所を思い描いていたのだった。国家にとってのこの科目の重要性を考慮すれば、首都にその拠点を置く方が、より論理的だと思われたのである。知らせがカザンに届くまでには多少時間がかかったが、ペテルブルクを帝国の東洋学の中心にするという決定は、一八五一年には既に下されていたのである。[109]

それから三年後の一八五四年十月二十二日、ツァーリ、ニコライ一世は、新しい教育大臣、アヴラム・ノロフによって作成された元老院令に署名した。それは、カザンの学部を完全に閉講し、ペテルブルク大学に東洋言語学部を設立するというものだった。[110] カザンの第一ギムナジウムも、同じ運命に苦しんだ。ただし、後者は、「地元の必要性に鑑みて」タタール語の授業を続けることを許されることとなる。

イリヤ・ベレジンは、かつての師の追悼記事で、こう述べた。「ミルザ・カゼム＝ベクは、学界では稀有な現象であった。(…)アジアの出自と、その後のヨーロッパ的成熟という特殊な状態のおかげで、彼は、幅広いオリエントの知識と、オクシデントの学問を組み合わせたのである。[111]」ベレジンの評価は、カザン学派全般にも当てはめることができる。「アジアの境界」上のかつてのタタールの砦に位置しながら、同時に西欧啓蒙主義の原型的な部分も併せ持ったカザン大学は、オリエントの「他者」とオクシデントの「自己」を、ヨーロッパの他のどの大学よりも、密に結びつけたのであった。

ミルザ・アレクサンドル・カゼム＝ベク、オシップ・コワレフスキ、そしてカザンの同時代人たちのもっとも重要な功績は、十九世紀の第二の二十五年間で、東洋学を独立した学問分野として発展させたことであった。ムーシン＝プーシキンやロバチェフスキーのような上司の支援は不可欠であったし、この分野の重要性を強く確信していた人物、教育大臣ウヴァロフ伯がいたことも幸運であった。しかしやはり、その中心人物は、多くの人々から、正当にもカザン学派の父と目されるカゼム＝ベクだろう。[112]教育者としても、実務家としても、このペルシア人の学者は、いくつもの意味で、東洋学へのカザン流アプローチを形成した。

何よりも、カゼム＝ベクは、言語研究への実用的アプローチの支持者だった。有能な通訳や翻訳者を求める帝国官僚のニーズに応えて、彼は、トルコ語、アラビア語、ペルシア語の徹底した研究を唱導した。それは、単に教室の中だけでなく、ムッラーや商人、カザンに住む彼らの言語を流暢に使う住人たちとの会話を通じてのことである。そして、彼の有望な学生たちは、丁寧に立案された東方への調査旅行を通じて、実践のためのさらなる機会を与えられた。[113]同様に、カゼム＝ベクは、彼が不必要な邪魔物と見なした必須科目――例えば、ラテン語に堪能になるという伝統的な要求――を学生に課すことに、激しく反対した。[114]ペテルブルクに異動した後も、ドイツ文献学の伝統に則った理論的アプローチを好む他の教員からの相当な反対に直面する中で、彼は実用的アプローチの重要性を唱え続けることとなる。[115]しかし、首都の同僚たちの中では、かつてほど成功することはなかった。

確かにカゼム＝ベクは、言語研究それ自体を重要だと考えてはいたが、より広い応用も視野に入れていた。この点においては、ドイツの文献学者たちに賛意を持って、こう強調した。「民族の過去を理解するにあたって、その言語を考察する以上に良い方法はない。それは、無知の迷路に隠された真の知へと続く、唯一の道である。[116]」逆に言えば、言語を効率的にマスターするためには、関連する文化、歴史、政治についても知ることが不可欠であると、カゼム＝ベクは考えていた。教育大臣も一致した意見を持っており、よって一八三五年のウヴァロフの大学令は、カザンの三人の東洋学の教授たち（エルドマン、カゼム＝ベク、コワレフスキ）に、各専門地域の文学や政治についても学生に教えるよう命じていた。[117]同じことが、カザン神学アカデミーの東洋学にもいえた。ただし、そこでは自然と、言語以上に宗教に重きが置かれた。

カザン学派の実用的方針は、国家の需要と密接に結びついていた。一七六九年にエカテリーナ大帝が、国家に仕える通訳養成のために、タタール語を第一ギムナジウムで教えるよう命じた。それと同時に、大学も、アジアで政府のために働く人材を生み出すことを期待された。実際には、その希少な技能を適切に活かせる地位に就いた学生は、わずかであったのだが。[118] 次章で見る通り、宣教活動——特に、ロシア内のアジア系少数民族に対する活動——へのカザンの関与もまた、言語の実用的研究重視の動機となった。

カザン学派のもう一つの重要な特徴は、イスラームの東方を重視したことである。カザンはモンゴル語研究を牽引し、ロシアの大学で初めての中国語（北京語）講座を開講したが、大学でも、その後の神学アカデミーでも、内陸アジアと東アジアの研究は、ほとんどの教員たちの関心において明確に二次的なものに留まっていた。この原因の一部は、一八〇四年のアレクサンドル一世の大学令の中で、カリキュラムのモデルとなっていた西欧の教育機関が、同様の姿勢を持っていたことにある。[119] 同時に、カザン自体の人口構成と地理が、タタール語はいうまでもなく、トルコ語、アラビア語、ペルシア語の研究を促す大きな要因であった。

アジアとの交流が、不可避的に、その文明への敬意に転じたわけではなかった。とりわけ、十九世紀の終わりにかけて強まるロシア・ナショナリズムの雰囲気の中で、宣教活動に重きが置かれた時には、神学アカデミーのカザン学派の後継者たちは、イスラーム世界に対して特に敵対的だったといえよう。しかし、比較的寛容だったその世紀の前半には、大学での研究は、オリエントへの深い評価に特徴づけられた。カザンが、専制体制に仕える通訳や翻訳者や専門家たちの養成を託されていたことさえも、東方を英知と知識の源として、暗に重んじる研究を妨げはしなかった。こうしてカザン学派は、重要な遺産を伝えた。なぜなら、それはロシア人に、他のヨーロッパ人から学べるのと同じように、アジア人からも学ぶことができるということを、思い出させたからである。

第6章　宣教師の東方研究《オリエントロジー》

いかなる信仰体系であっても、それを担うためには、それが依って立つ論理や事実などのすべてを、裏返してみなければならない。そうした精査なしでは、自分よりも優れた唱道者との対立で、効力の多くを失うことになる。

ミハイル・マシャノフ

ロシアの東洋学におけるカザン大学の優位は、教授陣が首都に移ったことをもって、決定的に終わりを告げた。一八六〇年代には、トルコ語、アラビア語、ペルシア語教育が短期間復活したが、学生の無関心の前に、間もなく沈んでいった。[1] しかしそれでも、この学問分野が完全に町から消えたわけではなかった。一八五四年、ニコライ一世が大学の東洋学講座を正式に閉講したまさにその年に、ペテルブルクの至尊宗務院《シノド》が、帝国の東方少数民族の言語と宗教に取り組む課を持つ、カザン神学アカデミーの宣教部を認定した。新しい学部は、苦しく長い熟成期間を耐えた。アカデミー存続の六十年間にわたるその運命は、高位の聖職者たちの、あからさまな敵意ではないにせよ、無関心に、常に耐え忍ぶものであった。色々な意味で、宣教部門の苦悩は、ロシア正教の他宗教に対する不信と、非信者への福音の布教に対するためらいの両方を反映していた。

西欧の類縁たちとは異なり、ロシア正教は、遠い昔に宣教師という職の多くを失った。九八八年にキエフ・ルーシが正教に改宗した後の一世紀の間に、十字架を受け入れた東スラヴ人の間に住まうほとんどの少数民族たちは、地域で優勢な文化への同化を伴って、同じ選択をした。ただ、時には、敬虔な僧たちが、ノヴゴロドの先に広がる荒野に住む様々なフィン系民族たちに布教していた。

皮肉にも、こうした努力は、十四世紀から十五世紀初頭、モンゴルのくびきの下で目覚ましい復活を遂げた。モスクワ近郊に至聖三者セルギイ修道院を建てた、カリスマ的なラドネジの聖セルギイに触発され、多くの僧たちが、北東ロシアの最果ての地に、独自の共同体や僧院を作った。ある者たちは、住むには不適な地で苦行を行う、古代教会のシナイの「砂漠の教父」や、白海のソロヴェツキー島などを、意識的に真似ようとした。またある者たちは、際限なく広がるタイガに住む様々な人々、異教徒たちに、福音を広める活動を再開した。

後者の中でもっとも高名なのは、聖セルギイの友人の一人、ペルミの聖ステファンである。一三四〇年に北方の町ウスチュクに、教会の雑用係の息子として生まれたステファンは、子供の頃、地域に住むフィン系少数民族、コミ人の言語に魅せられた。[2] ある日、一人の聖愚者が少年に、大きくなったらコミ人への使徒となるだろうと告げた。この予言に影響されて、ステファンは修道院に入り、そこで宣教師になる勉強をした。当時、異教徒に神の言葉を広めるには、ギリシア語の深い知識と、正教神学で使われる言語が必要とされた。ステファンはこれをすぐに習得したが、コミ人たちは、彼が彼らの言葉で説教する時にだけ耳を傾けるということにも気付いていた。そこで、この僧は、祈禱書をコミ語に訳すこと、すなわち、必然的に、文字を持たない民族のために、初めてアルファベットを編み出すという作業を伴う仕事に着手したのだった。

聖セルギイの祝福を受けて、一三七九年、ステファンはさらにコミ人の地の奥地に入り込み、ウラル山脈の裾野、ペルミに小さな教会を建てた。当初の抵抗にもかかわらず、彼の情熱と、その土地の生き方に対する繊細な対応とが、多くの信者を惹き寄せた。五年のうちにステファンはペルミ主教となり、時が経つと、コミはほとんどキリスト教圏内に入っていた。その土地の言葉で説教したことで、聖ステファンは、キュリロスとメトディオス——スラヴ語の典礼書のための文字を生み出し、スラヴ人に福音を説いた、九世紀のマケドニア人兄弟——の聖なる伝統に連なっていた。

ロシア修道院の黄金時代には、聖ステファンの使徒伝承の情熱を共有する者たちもいた。しかし、十五世紀から十六世紀にかけて、モスクワ公国の専制権力が強大化するにつれ、正教の〔主体的な〕宣教活動は減退していった。一五五二年のイワン四世のカザン征服は、部分的には、改宗を国家事業とした。ツァーリの伝道促進は、イデオロギーによって進められた。主要な聖職者たちは、ハン国への進軍を、「神を知らないサラセン人」に対する聖戦と位置付けた。[3]しかしイワンは、自分の国に近い異教徒の地を併合しようという、実利的な欲望に動かされてもいた。[4]郊外のタタール人を平定することは、要塞都市を陥落させる厳しい軍事作戦と同じくらい困難だということが判った。もっとも強固な抵抗を打ち砕くまで、さらにもう五年を費やすことになるが、それでもなお、一五八九年に大反乱が抑え込まれるまで、多くのタタール人がモスクワ公国の支配を受け入れることはなかった。[5]それゆえ、洗礼は、キリスト教徒の征服者に対する抵抗の宗教的基盤を根絶する手段となったのである。

カザンが陥落すると、ツァーリは住民に「神を知り、我々と共に聖三位一体を永遠に讃えること」を命じた。[6]彼はぐずぐずしてはいなかった。征服された首都に入城したその日に、イワンはムスリムを全員追い出し、いくつもの修道院や礼拝堂のための基礎を敷くよう命令した。[7]三年後、彼はもっとも有能な聖職者の一人、グーリー（ルガティン）を、新たに設置したカザン教区の最初の大主教に任命した。世俗権力を監視する権威を与えられると共に、聖職者は、非信者たちを「恐怖ではなく愛を通じて」改宗させることを奨励された。やがて「異族人（非スラヴ人）の啓蒙者」として認められた聖グーリーは、熱心な使徒となった。彼は、あらゆる宗教信者の子供たちのために学校を開き、「穏やかに、静かに、優しく」振る舞うようにというツァーリの要望に実直に従った。彼はまた、影響力も強かった。大主教としての八年の間に、カザンのおおよそ二万人のムスリムが洗礼を受けたのだった。[8]

聖グーリーの在職期は、かつてのハン国のタタール人たちをキリスト教圏に組み込もうとするロシアの試みのピーク期に該当する。その後の三百年間、ヴォルガ川中流域における宣教の努力は、時に攻撃的であったり、時にためらいがちで慎重であったりと、一貫性のない歩みをみせた。そして、それらは決して、正教会そのものの内から湧く、いかなる強い伝道熱に衝き動かされるものでもなかった。むしろ、信者でない者たちを改宗させようとする定期的な動きは常に、精神的なロシア化を通じて少数民族を同化させたいという専制権力側の願望を反映していたのだった。[9]

十七世紀後半まで、聖グーリーの後継者たちは、ツァーリのムスリム臣民やアニミズム信者たちに福音をもたらすにあたって、特に攻撃的な方針をとることはなかった。部分的には、適任の司祭がいないことが宣教活動の妨げになった。外交もまた、彼らの活動を制約した。モスクワが、ムスリムたちを強制的に改宗させることで、トルコのスルタンを怒らせたくないと考えたからである。[10] それよりも重要だったのは、ロシア正教の聖職者たちが依然として、他宗教に対するビザンツ的姿勢、つまり、西欧カトリックに比べていくぶん非敵対的な姿勢を保持していたことである。ローマが信仰における完全な同質性を求めたとすれば、キリスト教のコンスタンチノープルの皇帝は、(一四五三年にオスマン帝国の支配者たちがこの都市を征服した後にもそうであったように、)様々な信仰と共存することができていたのである。[11]

ヴァレリー・キヴェルソンによれば、敬虔なモスクワ公国のツァーリたちは、東方征服を、疑いなく十字架の勝利とみなしていた。しかしながら、教会や修道院を建て、同時に、新たに獲得した地にロシアのキリスト教徒が入植すれば、正教にはそれで十分であった。彼女はこう示唆する。「土地の人間の改宗は、それが［植民地化の］喜ばしい、望ましい副産物ではあっても、決して本質ではない。(…) 改宗などよりも、［ツァーリへの］服従こそが、大陸をまたぐモスクワ公国の帝国的キリスト教の進軍に課せられた目標を達成したのである。[12]」

ローマとギリシアのキリスト教界の他宗教に対する対照的な方針を、もっとも明確に示すものは、人口統計である。イワンがカザンを落とす半世紀前、フェルデナンド王とイザベラ女王は、受洗を拒んだムスリムとユダヤ人を全員強制的に追放することで、スペインのレコンキスタを完遂した。[13] ルイ十四世が一六八五年にナントの勅令を廃止すると、フランスのユグノーも同様にいなくなった。結果的に、二十世紀までには、こうした国々では圧倒的にカトリック人口が増大した。しかし、ある信憑性の高い統計によれば、十九世紀の末にかけて、ロシア帝国の人口の十分の一以上がムスリムであった。[14]当時ロシアのツァーリには、オスマン帝国のスルタンよりも多くのムスリム臣民がいたことになる。[15]

より体系的な改宗の試みは、十八世紀前半、ピョートル大帝や、アンナ・イワノヴナ、エリザベータといった西欧志向の強い君主の命によって行われた。[16]その動きは、一七四〇年代と一七五〇年代初頭にピークに達し、この時期に、ヴォルガ川中流域のほとんどのチュヴァシ人やチェレミス人、アニミズムを信じる人々が正教に改宗させられたが、タタール人を改宗させる成果は、そこまではかばかしくなかった。[17]こうした君主たちは、基本的に帝国をより統一性の高いものにしたいという願望を動機としていたが、宣教師たちの出自もまた、重要な役割を果たしていた。後者の中には、キエフ・アカデミーの出身者が多かった。このアカデミーは、そのおよそ九十年前にウクライナ左岸がモスクワ公国に併合される以前、ポーランドのイエズス会から強い影響を受けていた。それゆえ、改宗や精神的順応に対する姿勢は、カトリックの理想に近いものだったのである。[18]

その世紀後半の数十年に、専制権力は再び方向転換をした。宗教的寛容に関する啓蒙主義的理想に影響されて、エカテリーナ二世は、彼女の前任者たちがカザンに作った宣教師の組織をほとんど解散させた。女帝は、一神教は彼らを平定する一助になるという理由で、アニミズム信者のイスラームへの改宗を支持しさえした。さらには、ロバート・クルーズが指摘した通り、エカテリーナは、正教会のシノドに相当する、国家運営のムスリム宗務協議会を設立することによって、ロシア帝国におけるイスラームの地位を正統化することに大きく貢献した。[19]

このぱっとしない、衝動的な対ムスリム事業の結果は、予想できていた。一七六九年の統計では、カザンの二十一万一三四〇人のタタール人のうち、二万七三〇六人が洗礼を受けているが、これは、その二五〇年前の聖グーリーの記録をわずかに上回るだけであった。[20]さらに、どう考えても、このうちの大多数が見せかけのキリスト教徒であった。一八四〇年代末に彼らの村々を訪ねた人物は、彼らの多くが「心の中ではイスラームを信じている」ことを見抜いている。正教徒のタタール人たちは、日曜日には教会に行くかも知れないが、しばしば、自分たちが受け入れた信仰についてほとんど知らず、主教よりもムッラーを尊敬する傾向にあった。[21]彼らは自分たちを「クリャシェン」と呼んでいたが、彼らがロシア人のキリスト教徒からも、カザンの富裕な教養あるムスリムのタタール人からも、同様に軽視されていたという事実も、事態を悪くした。[22]

振り返ってみれば、クリャシェンたちが定期的に、民族的兄弟の信仰へと戻ろうとしたことは、驚くべきことではない。一八二七年、一三八人のタタール人正教徒たちが、ニコライ一世に、再びムスリムとして分類してくれるよう許可を求め、正式に請願した。新たに戴冠したツァーリは、他宗教に対する祖母の寛容路線に従うことに依然こだわりつつ、結局は却下したものの、この要求を不当にも考慮しなかったわけではなかった。しかし、その次の十年間、高まるクリャシェンの棄教の波は、ナショナリズムの強まりつつあった専制権力に懸念をもたらし始めた。さらに警戒心を抱かせたのは、一八四〇年代、カザン主教管区のいくつかの非タタール人民族集団が、コーランのために聖書を捨て去り始めたことだった。別の場所での事態の進展も、イスラームに関する不安をさらに煽った。カフカスにおける帝国支配に対するイマーム、シャミールの長きにわたる抵抗は、多くの者に、この宗教が本来「狂信主義」であることを確信させ、また、オスマン帝国との間で高まる緊張が、帝国の国境内でのムスリムによる後方攪乱の懸念を強めた。[23]聖シノドが、一八五四年にカザン神学アカデミー内に宣教部を最終的に認可したのは、クリャシェンの棄教の増加と、複数グループ内のイスラームに対する強硬姿勢という、まさにこの背景の下でのことであった。

宣教部も神学アカデミーも、それ自体、安産だったわけではない。後者は一七二三年、司祭の子息のための、大主教のスラヴ・ラテン学校として生まれた。そして十年のうちに、ロシアでもっとも古い専門神学校の一つへと生まれ変わった。[24]この変容時、既に、この学校は東方への特別な義務を持つとみなされていた。例えば、アジア系少数民族の同化に特に熱心だった女帝アンナは、一七三七年、この神学校が異族人専門の司祭を養成するようにとの要望を表した。もっとも、この要求が十八世紀に実際に、語学教室や他の専門教育のかたちを取ったかどうかは、疑わしい。[25]

一七九七年、パーヴェル一世が、神学校の地位をアカデミーに昇格させた。帝国の四つの同類の機関（キエフ、モスクワ、ペテルブルクに並んで）の一つとして、カザン神学アカデミーは、神学校の教員養成と共に、管轄圏内の正教教育全般を監督する責務を負ったのだった。世俗界におけるカザン大学と同じく、アカデミーの教育範囲は、ヨーロッパ・ロシアの東から、シベリア、カフカスにまで及んだ。ある教会史家の言葉を借りれば、それは、「異教徒の居住地域における、ロシアの信教、ロシア民族、ロシアの支配の前哨地」とされたともいえた。[26] この壮大な野望にもかかわらず、不十分な財源ゆえに、一八一八年、アカデミーは、モスクワ神学アカデミー管轄下の神学校に戻るという降格措置を取られた。しかし、中央ロシアと東方の両方をカバーすることは、明らかにモスクワの能力を越えていた。二十年も経たないうちに、シノドはカザンを再び昇格させた。

新しいアカデミーの宣教師の権限ははっきり決まってはいなかった。一八四二年十一月八日、学校の再開を記念する式典で、書記官はこう宣言した。「カザン・アカデミーの開校は、十字軍の夜明けである。[27]」もっとも差し迫って必要とされたのは、言語教育であった。一八四二年五月、アカデミーの権限範囲を概ね定めたシノドの決議は、既に、どの言語がこの特殊な課題にもっともふさわしいかを決めるよう、運営側に指示していた。タタール語からカルムィク語、ヤクート語、ツングース語、オスチャク語に至るまで、九つもの言語が特定された。そこからさらに二年間の熟考を重ね、地域で優勢な二つの非キリスト教信仰の言語に焦点を絞ることが決定された。イスラーム（つまり、タタール語とアラビア語）と仏教（モンゴル語とカルムィク語）である。理想では、これらの授業は、アカデミーの自前の教員によって教えられるはずであった。しかし、それができるほどこれらの言語に堪能な者がまだ誰もいなかったため、ミルザ・アレクサンドル・カゼム＝ベクとアレクサンドル・ポポフの二人の講師が、当面の間、外部から連れて来られた。一年半のうちに、二人のもっとも優秀な学生、ニコライ・イリミンスキーとアレクセイ・ボブロヴニコフが、それぞれの専門で、彼らと交代することになった。[28]

アカデミーは、新しい二人の講師たちに、歓迎されていると感じさせるような措置は、わざわざ取らなかった。この分野のポストに正式な予算が割り振られていなかったため、二人は他の学部に着任させられ、そこでもフルタイムで授業をさせられた。ここでも、アカデミーの采配は不器用だった。二人のそれぞれの能力に鑑みて、イリミンスキーは数学、ボブロヴニコフは聖書の歴史の担当になる筈であった。しかし、官僚的失策のせいで、ボブロヴニコフは最後まで数学部に、イリミンスキーは自然科学部に在籍させられた。ペテルブルクの上官に対してこの過失を認めたくなかったので、行政官たちは問題を放置しておいた。[29] 一方、語学クラスの履修者を維持するのは大変なことだということが判った。一八四六年に二人によって初めて開講された年に、二つの科目を履修した三十五人のうち、どうにか履修し終えたのは、たった十五人だった。[30]

一八四七年に新たな棄教の波が押し寄せると、アカデミーに託された任務は切迫したものになった。[31] ロシアの東方の異族人たちに福音をもたらす聖職者を養成するには、語学クラスだけでは不十分であることは、紛れもなく明らかだった。司祭たちは、彼らの信仰にも徹底して精通している必要があったのだ。カザンの新しい大主教、グリゴリー（ポストニコフ）によれば、もっとも効果的な解決策は、宣教師の研究にもっぱら特化した、独立した部を設立することであろうとされた。シノドは早急に同意を与えたが、アカデミーの運営側が、同様に敏速に行動する気になれずにいた。[32]

再び、延々と続く話し合いのやり取りと、遅れが生じた。結局、宣教部が設立されたのは、一八五四年。カザン・アカデミーの再開から十二年がかかった。この新しい部には、四つの独立した科が設けられた。反イスラーム、反仏教、反古儀式派、そして、対チュヴァシ＝チェレミス（これらの民族のアニミズム信者を改宗させるため）である。しかし、宣教部設立の起動力となったのが、イスラームに対する懸念の高まりであったとしても、資源のほとんどはすぐに、古儀式派――十七世紀の典礼改革の受け入れを拒んだ、反対派のロシア正教徒の末裔たち――に対する活動の準備に用いられてしまった。

ニコライ・イワノヴィチ・イリミンスキーほど、十九世紀のカザンの宣教師養成の努力と密接につながった者の名を挙げることはできない。神学校の学徒であり続け、東洋学者でもあり、カザンのクリャシェンの優れた教育者でもあったイリミンスキーは、多義的な遺産をもたらした。彼がそのキャリアの頂点にあった一八七〇年代と一八八〇年代には、議論の余地はあったとしても、彼は影響力を持っていた。勢力のあったシノド総監、コンスタンチン・ポベドノスツェフの不動の支持を含め、体制内の高位のグループからの強力な支援を得ていたが、他の人々からは、ロシア・ナショナリズムに反目する者として非難された。二十世紀における彼に対する評価も、同じくらい混乱している。多くの——しかし確実に全員ではない——欧米の研究者にとっては、イリミンスキーは魅力的で、いくぶん聖人のような人物でさえある。ドイツにおけるロシア正教会研究の第一人者、イーゴリ・スモリッチは、彼の「エネルギー、深い知識と理想主義」を賞賛して、「N・I・イリミンスキー（一八二二—一八九一年）は、ロシアの伝道史の中で、名誉ある地位を占めている」と記した。[33]

ソ連時代の評価は特に興味深い。近東の諸言語とイスラーム研究における彼の能力を否定することはないが、そこには、イリミンスキーの保守的な政治観に対する、明白な当惑がみられる。一九六〇年代にソ連のある東洋学者が位置づけたように、悪名高いポベドノスツェフの友人なら誰もが「頑迷な反動主義者」に違いない、とみなされた。[34] しかし、少数民族の言語の権利擁護においては、イリミンスキーは間違いなくレーニンの民族政策に影響を与えている。[35] アメリカの伝記作家、イザベル・クレインドラーは、正教の宣教師たちは、ロシア共産党創立の聖人伝の一角を占めるべきではないかと、ほのめかしさえしている。一八八七年、レーニンの兄アレクサンドルが皇帝暗殺の陰謀に加担したとして死刑宣告された際、イリミンスキーは教育大臣を通して、恩赦を求めようとした。[36]

イリミンスキーは、東方への特別な関心があって学問におけるキャリアを歩み始めたわけではない。カザンから四百キロほど南西にある中央ロシアの都市、ペンザの司祭の息子であった彼は、地元の神学校を一八四一年に首席で卒業した。ペンザの神学校はタタール語の講座を開講していたが、青年はより一般的なカリキュラムに力を注いだ。翌年、カザン・アカデミーが再び門戸を開くと、イリミンスキーは一年生に入り、そこで数学を専攻した。誰に言わせても、彼は人気者で、才能があった。彼の個人的な知り合いで、彼の伝記を執筆したロシア人は、このように描写している。「背は高くなく、活発で、生まれながらに魅力的な浅黒い肌と、栗色の髪、輝く、正直な表情をしていた。おしゃべりで、賢く、とても快活、そして皆に親切だった。(…)彼はすぐに、全クラスメートの親友という立場を勝ち得て、先生や学校側の目には、もっとも優秀な生徒と映った。[37]」

東洋学が彼の関心を惹いたのは、ほんの偶然だった。アカデミーでの三年目、彼は、カザン大学の卓越したテュルク研究者、ミルザ・カゼム＝ベクがタタール語とアラビア語の授業を講じに来ることになったと知った。既にラテン語、ギリシア語、ヘブライ語、フランス語とドイツ語をマスターしていたイリミンスキーは、自分の語学能力に自信があり、また、エキゾティックなペルシア人学者から学ぶという挑戦に、好奇心をそそられた。こうして、一八四五年一月から、ニコライ・イワノヴィチはカゼム＝ベクの週二回の授業に、他の十人の参加者と共に加わった。

この出会いが、充実した協働の始まりだった。アカデミーでのカゼム＝ベクのもっとも優秀な学生として、一八四六年の卒業と同時に、イリミンスキーは学校の近東言語の教師となる、明らかな候補者であった。アラビア語とトルコ・タタール語に加えて、数学とヘブライ語を教えるという新たな責務にもかかわらず、ニコライ・イワノヴィチは、次の年も、大学教授と共に研究を続けるという総長の指示に、熱意をもって従った。カゼム＝ベクがアラビア語を重点的に研究していたので、イリミンスキーは、タタール語の知識に磨きをかけるために、カザンのタタール人居住地域に住まうという、独特な方法を取った。

彼の着任から一年としないうちに、ヴォルガ川中流の少数民族の間で、イスラームへの改宗が再び盛り上がり始めたため、イリミンスキーの特殊技能がすぐさま必要とされることになった。一八四七年初頭、彼はツァーリの命により、正教のテクストをタタール語に翻訳するアカデミーの委員会を、カゼム＝ベクと共に監督するように依頼された。その翌年、グリゴリー大主教はイリミンスキーに、その信仰を直接研究する目的で、郊外にあるクリャシェンの村を訪れるよう依頼した。一八四七年と一八四八年の夏季休暇の間に行われた広範な調査旅行で、イリミンスキーは、タタール人改宗者の正教への忠誠心は、せいぜい良くても薄弱、という確信を得た。[38] 彼が報告した通り、多くの者が既に、先祖の信仰であるイスラームに密かに戻っており、ロシア人と同じ程度に敬虔にキリスト教に接している者は、ほんのわずかであった。若い教授はまた、クリャシェンの中で正教信仰を強化しようとした先達の宣教師たちの試みが、ことごとくうまくいっていないことに気付いた。イスラームについて、あるいは、タタール語についてさえ無知であったために、棄教と戦うために派遣されたほとんどの僧たちは、新たな信者たちと後に残ることをせず、できるだけ多くの希望者を受洗させるだけで満足していたのだった。

そこでイリミンスキーは大主教に、クリャシェンの間でイスラームと戦う唯一の方法は、「その偉大な、聖なる任務の重要性を知り抜いた」聖職者による新たな宣教活動を始めることであると、助言した。[39] この意識を浸透させる最良の道は、カザン・アカデミーでの四年間の特別プログラムを通じて、タタール人の言語と慣習で司祭たちを育成することであろうと思われた。そうしたカリキュラムには、イスラームと戦うのにふさわしく、その教義に関するしっかりとした基礎知識が求められた。イリミンスキーは、クリャシェンの人々を連れ戻そうと奮闘するムッラーには、彼らのやり方でのみ対抗し得ると確信していた。「己の敵を知れ」をモットーに、彼はそのアプローチを、数年後にアカデミーで行ったスピーチの中で、もっとも簡潔に説明している。「タタール人たちに理解できるようにするためには、我々自身のキリスト教概念と歴史で、我々の議論を覆ってみせてはいけないのです。逆に、我々は、ムスリムの宗教的世界観や過去の思想を受け入れて、ムスリムの観点を摂取しなくてはなりません。[40]」グリゴリーの強力な支持を得て、イリミンスキーの提言は、一八五四年についに宣教部が立ち上げられた時、その基本方針となった。

ニコライ・イワノヴィチの専門知識を考慮すれば、明らかに彼は、この部の反イスラーム科を率いる候補者だった。しかし、カザン大学の慣習として、精神の敵の信仰、文化、言語に関する基礎知識を深めるために、まずは近東に派遣されることとなる。また、これも大学の伝統に従って、グリゴリー大主教は、この旅に際して、不可能なほど多くの指示を書いてよこした。[41] エジプト、パレスチナ、シリア、小アジアを経た、二年半のオスマン帝国への旅の間、イリミンスキーはそのアラビア語、トルコ語、ヘブライ語を完璧に仕上げ、ペルシア語も学ぶことになっていた。また、古典のテクストを読み、古代の寺院や史跡を訪ねることで、歴史とイスラーム神学も学ぶはずであった。そこには、いくぶん実用的な目的もあった。グリゴリーは、近東におけるカトリックとプロテスタントの宣教活動に関する詳細な研究を、それらの事例から学ぶ目的で、要求に加えていた。一方では、ちょっとしたアマチュア・トルコ研究者であった大公コンスタンティン・ニコラエヴィチが、イリミンスキーに定期報告を送ってくれるよう個人的に頼んだのであるが、その要求は、アカデミーの慎重な聖職者たちをすっかり混乱させてしまった。

　イリミンスキーはその近東旅行を、一八五一年十一月、カイロでの十四か月の滞在から始めた。イスラーム研究の中心地である古代都市には、当時、オスマン政府に名目上従っているだけであったエジプトにあるという、利点もあった。クリミア戦争前夜、オスマン朝とロマノフ朝の間で緊張が高まりつつあった当時には、これはロシア人訪問者には特に有益だった。イリミンスキーはこの任務に誠実にあたった。研究者シャイフ・アリー・アル＝バッラーニーと同居しながら、彼は文献や文法書を読み、そして毎晩、彼を迎えてくれる研究者から、アラビア語やイスラーム神学と法学の個人指導を受けることに没頭した。

　勤勉な学生であると同時に、イリミンスキーは熱心な観光客でもあった。彼はカイロ中を長い時間かけて歩き、多くのモスク、記念碑、バザール、学校を訪ね、ナイル川上流のヌビアにあるワディ・ハルファの遺跡まで、船旅をした。一八五三年二月、ニコライ・イワノヴィチはエジプトの首都を出て、シナイ砂漠、レヴァントを通り、正教の復活祭にはエルサレムに立ち寄って、ゆっくりと旅を続けた。最終目的地は、偉大なオスマン帝国の首都であるコンスタンチノープル。そこでイリミンスキーは八か月間、勉学に没頭するつもりであった。しかし、ベイルートに着く前に、対立を先延ばししようとするロシアとスルタン政府の話し合いが失敗に終わったという報を受けた。ロシア帝国領事の提案を受け、外交がより穏やかな方向に向かってくれることを望みつつ、イリミンスキーは正教の修道院やレバノン山にある他の史跡を訪ねて、数か月を過ごすことに決めた。彼にとっては実に無念なことに、十月初旬にトルコがロシアに宣戦布告したことで、こうした期待はすべて打ち砕かれ、彼は急いで帰途につかざるを得なくなった。早まった終わりにも関わらず、旅は有益だった。ソ連時代の東洋学者、イグナティー・クラチコフスキーの言葉によれば、「一八五四年二月に［イリミンスキーが］カザンに戻った時、当該分野で受けたトレーニングにおいても、現実のアラブの東方に関する知識においても、彼にかなうロシア人アラブ研究者は誰一人いなかった。[42]」

エジプトでの最初の年が終わる頃、イリミンスキーはカザン神学アカデミーに、彼がイスラームについて学んだことを、その段階でまとめた報告書を提出した。過度に同情的になることなく、そこには、預言者とその信仰の基本的な教義について、比較的冷静な記述がなされていた。[43] 例えば、コーランにおける歴史に関する誤りをいくつか指摘する一方で、イリミンスキーはそれを、多くの啓発的思想に満たされた、文学的に大変美しいテクストであると評した。彼の初期の著作の多くと同じく、ニコライ・イワノヴィチの評論は、異教徒への恐怖や嫌悪で沸き返るようなことはなかった。

イリミンスキーの留学最後の報告書も同様に、近東を客観的に描写していた。[44] 当時の多くのヨーロッパ人と同じように、彼はイスラームの狂信主義と、絶えざるジハードへの呼びかけについて、繰り返し記している。と同時に、彼の中の学者は、この宗教の知への献身に感銘を受けていた。実際、イリミンスキーは、イスラームは反知性的だという意見にわざわざ反駁している。仮にムスリムの学界に短所があるとすれば、その理由は、まだ近代的なレベルまで進歩していないからであり、「とうの昔にヨーロッパが解放されたような、重箱の隅をつつくような厄介な学問の在り方に陥った」ままだという、その事実だけであると。[45] しかし、希望の兆しはあった。よりコスモポリタンなカイロの人々との交流から、彼は、イスラームの激烈さは、西欧との接触によって和らげられるだろうと確信し、「ムスリムの狂信主義と宗教的プライドは、ヨーロッパ人とより親しく付き合うようになれば、ゆっくりとだが確実に、消えてゆくだろう」と提案した。[46]

イリミンスキーの最終報告の底を流れる敵意があったとすれば、それは何よりも、西欧のキリスト教界に向けられていた。彼が見て取ったように、オスマン帝国の力が衰えるに従って近東に群らがったカトリックやプロテスタントの宣教師たちは、脆弱な正教の共同体にとって、最大の脅威であった。イリミンスキーによれば、パレスチナ、レバノン、シリアのキリスト教徒たちは、数世紀にわたる比較的寛容なトルコ人の支配の下で、過度に苦しむことはなかった。しかし、近年では、熱心な西欧の侵入者たちが、正教徒を、キリスト教信仰の彼らの支流に引き込もうとする試みにおいて、ますます成功を収めつつある。カトリックやプロテスタントは、ムスリムたちが彼らの布教努力に対して概ね抵抗するということが判ったために、近東における他宗派のキリスト教徒を改宗させることに特に熱心なのだと、イリミンスキーは信じていた。そして、他人の不幸を喜ぶ気持ちもほのめかしながら、彼はこう記した。「彼らの宣教活動が費やす資金や資源に比して、プロテスタントの成功はきわめて控えめである。[47]」カザンのタタール人ムスリムの中で行った先の探索において、ニコライ・イワノヴィチが既に気付いていたように、オスマン帝国支配下のムスリムたちは、彼らの信仰に対して揺るぎない忠誠を保っていた。いかなる精神的、物質的試みも、信仰におけるイスラームの鉄の掌握を緩めることはできないだろう。

この悟りは、イリミンスキーの福音伝道に関する思想において、先々にも響く結果をもたらした。まず、タタール人ムッラーや教養あるエリートたちとの論争に依拠した正教会の伝統的アプローチは、まったく効果がないと、彼は悟った。それがいかに説得力を持ち、正しくとも、キリスト教の論理は、ムハンマドの教えが信者たちに吹き込んだ狂信的な情熱に対抗することはできない。ニコライ・イワノヴィチがかつて述べたように、「こうした人々と議論することは、明らかに望みがない。[48]」さらに重要なことは、イリミンスキーが、ムスリムを改宗させようという考え自体がまったくの無駄であると、信じ始めたことであった。[49] 彼自身が、タタール人ムスリムの中でまったく改宗の進展を果たせなかったということで、彼らの思考は、疑いを容れないように仕向ける何かオカルト的な力に捕らわれているのだと、信じるようになった。[50] クリャシェンとロシアのアニミズム信者の少数民族の中でのみ、教会はまだ望みを持つことができた。それゆえに、イリミンスキーにとってイスラームは、真っ向から攻撃してくる敵というよりも、帝国内の非ムスリムの異族人たちをめぐる必死の競争における、主たるライヴァルとなったのだった。

イリミンスキーのこの新しい信念は、一八五四年に彼がアカデミーの新たな反イスラーム部門の舵を取った時、既に固まっていた。彼は当初、タタール語講師の助力を得て、語学教育に力を入れた。また、講読課題や、彼自身の旅についての生き生きとした話を通じて、学生たちにイスラームを紹介するよう努めることもした。二年と経たないうちに、タタール語に通じた別の教員、ゴルディイ・サブルコフが語学の責任者となると、イリミンスキーはより体系的に宗教研究に没頭することができた。この時、専門としては、彼は反ムスリム論証法の教授として着任していたが、ニコライ・イワノヴィチはその科目を既に的外れとみなし、一切注意を払わなかった。実際、新しいポストへの就任に際して、総長は彼に、イスラームとどう関わるのが最適であるかについて話して欲しいと頼んだのだが、彼は強情に自分の論理を繰り返した。つまり、「ムスリムたちは預言者を、恍惚状態の瀬戸際とも思える情熱をもって敬っています。(…) 科学や歴史に関するタタール人のまったくの無知、独立した研究を通じて彼らの宗教を検証することに対する拒絶、学問の皮相さに対するタタール人研究者の奇妙な偏見はいうまでもなく、相応しい歴史的方法論への軽蔑などと組み合わさると、ムハンマドに対するもっとも明白な異議さえも、タタール人の頭には決して入らないことが明らかになります。[51]」

イリミンスキーは人気のある教師であったが、彼の科目の履修者が定員オーバーになることは一度もなかった。一八五四年九月に反古儀式派カリキュラムに入学を許可された二十九名に比べて、たった十二名が彼の反イスラーム科に入ったのみであった。(他の三名は反仏教科に、十二名が対チュヴァシ・チェレミス科に入った。[52]) カザン大学でもそうであったように、非ヨーロッパ言語を学ぶ難しさが多くの者のやる気を失わせ、不確実な就職の展望がさらに意欲を妨げた。一八六七年、シノドが宣教部を閉鎖する三年前、反イスラーム科の三十六名の卒業生のうち、わずか十名が、かろうじて専門知識を相応に使える職に就いただけであった[53]。いずれにせよ、正教の神学生たちが、宣教に対する熱い情熱にかき立てられるのは、稀なことであった。一八六五年にカザン大主教、アファナーシー（ソコロフ）がアカデミーの学生に、宗教的な棄教の高まりと戦うことを求めると、たった五名が志願しただけだった。その時でさえも、これらの未来の聖職者たちは、彼らが通常の給与を受け取り、修道士になることを強制されないことを条件に、引き受けたのだった[54]。

反イスラーム科にとっての最大の障害は、イリミンスキーの上司の明白な熱意の欠如であった。当時の総長であった掌院アガファンゲル（ソロヴィヨフ）は、古儀式派との戦いに、より強い関心を持っていた。自身が学部で教えただけでなく、彼は、宣教部の他の科の予算を割り当てたり、より優秀な学生を引き抜いたりということを、平気でした[55]。アガファンゲルの猜疑的な想像では、キリスト教徒の高等教育機関で、異教徒に対してそれ程までに関心を払うことには疑問の余地があり、彼はイリミンスキーが「イスラームの宣伝者」なのではないかと疑い始めた[56]。

少なくとも、アガファンゲルが原則的には宣教活動を支援していたとしても、一八五七年に彼の後を継いだ掌院イオアン（ソコロフ）は、そうした努力もろともに反対した。宣教部の諸学科を「鶏小屋」と嘲って、イオアンは、タタール研究など、アカデミーの学生をより適切な履修科目から遠ざけてしまう「愚行」以外の何物でもないと言い放った[57]。一八五八年の夏、新しい総長は大改革を提案した。学生全員をジェネラリストに育て上げると明言し、彼は、反古儀式派科と反イスラーム科を統合し、イリミンスキーを数学科に異動させて、後者のリストラを行った。

誰より優れた宣教師の教育者に対するこの仕打ちを、最終的にシノドは撤回したが、その時には既に遅かった。アカデミーのくだらないゴタゴタに嫌気がさして、イリミンスキーは、南のステップの辺境で、政府のオレンブルク国境委員会に加わらないかという申し出に飛びついたのだった。中央アジア史で頭角を現しつつあった研究者、ワシーリー・グリゴリエフの指揮の下、この機関は、カザフ小ジュズ——ロシア帝国に吸収されつつあった遊牧民のテュルク系集団——を管理する責任を負っていた。それは、イリミンスキーの将来にも、カザン神学アカデミーの東洋学の運命にも、深い意味を持つ移転であった。

「特別任務の行政官」としてのオレンブルクでの三年間で、ニコライ・イリミンスキーは、学者から活動家へと生まれ変わり始めた。彼の関心の多くは、正教への改宗を通じたカザフ人の同化へと向けられた。ヴォルガ川中流域でそうだったように、イリミンスキーは、カザフ人の魂をめぐる競争の主要な相手は、時にオレンブルクを越えて活発に布教していた、ムスリムのタタール人であることを発見した。この「ステップのタタール化」に対抗するグリゴリエフの戦略は、カザフ人たちにキリスト教教育を、彼らの言葉で、ただしキリル文字を使って、施すことだった。後者は、アラビア語の使用を阻害するためであった。というのも、アラビア語で書かれていたために、ムハンマドの教義が彼らにとって触れ易くなっていたからである。イリミンスキーは、カザフ人たちが新しい牧草地へと家畜と共に移動するのに付いて行き、かなりの時間を彼らの中で過ごした後、この手法——若い異族人を正教の学校に送り、そこで彼らが福音を彼ら自身の言語で学ぶ——が、故郷でクリャシェンの棄教と戦う最良の方法であると、最終的に確信するようになった。

最初のカザフ語・ロシア語辞典を含む、オレンブルクでのイリミンスキーの研究は、注目を浴びずにはいなかった。一八六一年にカザン大学が、ようやくテュルク学の講座を再設置すると、大学はそのポストに彼を招き、そして彼はその職に一八七二年まで就いていた。そこで東洋学のしかるべき復活のために、たとえうまくいかなくても、彼が絶えず働きかけている間、彼の教育義務は軽いもので抑えられていた。教授が一握り以上の学生を集めることは稀であったし、時には、彼の厳しい科目をあえて履修しようという学生が皆無ということもあった。一方、彼が大学に加わってから二年後、カザン神学アカデミーはイリミンスキーを、引退したばかりのサブルコフに代わって、正教授のポストに呼び戻した。彼は、反イスラーム論証法に関わることは何もしたくない、と思いながらも、半額の給与の准教授として戻り、語学だけを教えることを条件に、オファーを受け入れた。総長と彼の取り決めによれば、イリミンスキーの給与の残り半分は、最近卒業したばかりの、エフフィミー・マロフを論証法の講師として雇うために使われることになっていた。

カザン大学と神学アカデミーの両方にポストを持っていたにも関わらず、イリミンスキーのキャリアは、より実務的な方向へと向かった。一八六四年、キリスト教のテクストのタタール語翻訳を手伝っていた信心深いクリャシェン、ワシーリー・チモフェエフ〔ティモフェエフとも〕が、村の数名の少年たちを連れてきて、自宅で彼らを教え始めた。この時、イリミンスキーは、彼の真の天職を見付け、チモフェエフのプロジェクトに直接尽力するようになった。この慎ましやかな始まりから、クリャシェンや他の東方少数民族の、村の初等学校の広範なネットワークが育ち、世紀の終わりまでには、その数は三百を越えるまでになった。[58] 多くは慈善事業によって成り立っていたそれらの学校はすべて、イリミンスキーがオレンブルクでの三年間で発展させたアプローチに従っていた。

より一般的にはイリミンスキー・システム（ニコライ・イワノヴィチ自身は謙遜して、カザンの初代大主教にちなんで「聖グーリー・システム」と呼んでいたが）として知られるこの学校は、異族人の子供たちに、彼ら自身の言語で、正教の基本的なカリキュラムを教えた。イリミンスキー・システムを中傷する者がいなかったわけではない。教育領域に入り込んできたことに憤慨する教育官僚や、全少数民族にロシア語を押し付けたがるロシア・ナショナリストなどがそうであった。しかし同時に、体制内の高位の保守主義者の中には、強力な支持者もいた。シノドの二代の総監であった、ドミトリー・トルストイ伯とコンスタンチン・ポベドノスツェフである。こうした支持は、高まるロシア化の雰囲気の中で、それだけいっそう目立った。一八六四年、ツァーリ支配に対する〔一八六三年から六四年にかけての〕二度目の大規模なポーランド反乱を受けて、教育大臣は、帝国中のあらゆる教育をロシア語のみで行うことを宣言したが、イリミンスキーの学校は除外された。[59] イリミンスキーは、人生の残りの三十年間を、自身の方法論に従って、帝国の少数民族に正教信仰を教育することに捧げた。東洋学における初期の業績により、一八八四年には帝立科学アカデミーの会員に選ばれたが、カザンを離れずに済むようにと、彼は会員となる名誉を断った。

イリミンスキーの追究は実用的な性格がさらに強まっていったが、これはイスラームへの敵意の深化と対になっていた。年を取るにつれ（イリミンスキーは一八九一年に亡くなる）、ニコライ・イワノヴィチは、若き日々にその知的精力の多くを費やした宗教に対する敬意を、ますます失っていった。一八七一年に、かつての同僚がこう述べている。「彼は最近、ムスリムに関するあらゆることに対して過剰な反感を持っており、ムスリムに関係することは何でも、いやいや聞いている。[60]」彼らの信仰の力の強さに対する憤激からなのか、年寄の怒りっぽさなのか、あるいはその両方の組み合わせからなのか、一八八〇年代までには、イリミンスキーの見解は、むき出しの敵愾心にまで硬化した。[61] 彼はしばしば行政官たちに、「イスラームに対するいかなる譲歩も、正教を傷つけることになる」という理由で、この宗教に対して妥協のない立場を取るよう迫った。[62] 近代の力を手なづけようとした若き日の情熱とは対照的に、この時期のイリミンスキーは、ヨーロッパ式教育の不可避的な結果として、汎イスラーム主義の虞を引き合いに出すようになっていた。「恐ろしい雷雲が、ムハンマドの信者に、新しい文明に近づいている。今回は、モンゴル人ではなく、ムスリムなのだ。アジアの野蛮人によるものではなく、大学やギムナジウムや軍士官学校に行った文明化された野蛮人によるものだ。[63]」晩年に書かれたポベドノスツェフ宛のイリミンスキーの書簡の多くは、タタール人ムスリムを、ずる賢く、狡猾で、利己的、そしてキリスト教にとって危険な存在として描きながら、同時代の人々による、より不愉快な反ユダヤ主義の決まり文句に、恐ろしいほどの類似性を示している。

神学アカデミーにおけるイスラーム研究はというと、一八五八年のイリミンスキーの離脱が、完全に修復不能な程の後退となった。アカデミー史の執筆者によれば、イリミンスキーとサブルコフが加わった一八五六年から一八五八年の短い期間は、「[反イスラーム科が]存在した間の、最良の時期とみなすことができる。[64]」イリミンスキーがいなくなると、サブルコフと彼に従った人々は、イスラームとの直接的論争という伝統的な手法、決してめざましい結果を生むことのなかったアプローチに立ち返った。にもかかわらず、アカデミーは、彼らの間に若干名の、優れた業績を上げたイスラーム研究者を有していた。もっとも注目すべきは、サブルコフと、一八六二年から一八七〇年まで教鞭を取っていた彼の弟子、エフフィミー・マロフであった。サブルコフは、アラビア語から直接訳した最初のロシア語版コーランを出版し、対してマロフは、コーランの前イスラーム的起源に関する画期的な研究を物した。

　第五章で論じたように、ロシアの大学における東洋学は、ロシア国内のアジア系少数民族を無視して、東方の主要な文化に集中する傾向にあった。帝国の異族人への布教が徐々に教授陣の関心を惹きつけていったカザン神学アカデミーにおいて、この重点は移行した。けれども、アカデミーがここにきてタタール語、カルムィク語、ブリヤート語のような土着の言語を重視するようになっても、ロシアの多くの文字を持たない東方の「小さな人々」のアニミズム信仰よりも、より広く認められたアジアの宗教の方がまだ、強い関心を集めていた。例として、一八五四年に設立されてからたったの二年で、宣教部の対チュヴァシ・チェレミス科は潰され、反ムスリムと反仏教徒の論証法の講座には、不規則にスタッフが補充されただけだった。

　イスラームと戦い、その信者たちをキリスト教に改宗させるという、彼らの試みの究極目的を考えれば、反ムスリムの講座を担当した人々が、完全な客観性をもってこの課題にアプローチすることはほとんどなかったとしても、おかしくはない。初期のニコライ・イリミンスキーを重要な例外として、彼らの見方はしばしば敵対的で、防衛的、あるいはその両方であった。アカデミーの教員たちにとって、イスラームは運命論的で、道徳的に欠陥があり、そしてもちろん狂信的なものとしてしばしば特徴づけられるもので、彼らはその創始者を、専制的であるが弱い、癲癇持ちとして描いた。アカデミーで一八七八年から一九一一年まで教鞭を取ったミハイル・マシャノフの言葉を借りれば、イスラームは「ユダヤ教とキリスト教の様々な教義の一貫性のない寄せ集めで（…）それがアラブの異教信仰と「組み合わさった」もの」以上の何物でもないのであった。[65]

高位の聖職者たちからの冴えない後援しか得られなかった数十年の後、カザン・アカデミーの東方研究は、ポベドノスツェフの支援の下で、控え目な再生を果たした。一八八〇年から一九〇五年にかけてのシノドの総監にして、ニコライ・イリミンスキーの支援者であったポベドノスツェフは、福音を帝国の少数民族の間に広めることを、熱心に支持した。一八八四年、反イスラーム科と反仏教科で働く教員を四人に倍増することで、彼は宣教部を活気づけた。[66] しかし、ペテルブルク大学のような、より手厚く支援を受けた世俗の機関に比べれば、一九一九年に新しいボリシェヴィキ政権がこれを閉鎖するまで、アカデミーは東洋学において、取り残された場所のままであった。

アカデミーというよりも神学校の卒業生で、一般にロシアの中国研究の父とみなされる人物、イアキンフ神父——元の名をニキータ・ビチューリン——は、カザンにおける教会の高等教育機関が輩出した、もう一人の成果であった。アレクサンドル・プーシキンの友人で、外務省の行政官、十九世紀初頭のペテルブルクの知識人・文学サークルの常連であったエキゾティックな僧は、学界の外にも足跡を残しており、いくつもの小説や戯曲にインスピレーションを与えることさえあった。[67] と同時に、イアキンフ神父は、彼の上司にとっては長年の邪魔者で、彼の人生の物語は、ロシア帝国における東方研究と教会との困難な関係を照らす好例である。

イアキンフ神父のキャリアは、帝国の中国研究黎明期における重要な組織の一つと密接につながっている。北京教会宣教団である。[68] この組織の物語は、東アジアはアムール川にあるアルバジン砦での、ロシアと中国の最初の衝突から始まる。[69] 一六五〇年にコサックの探検家、エロフェイ・ハバロフによって占拠されたシベリアの前哨地は、清朝の北方遠征への挑戦と徐々にみなされるようになった。一六八五年、康熙帝の軍はアルバジンを攻略し、ロシアの進軍を効果的に止めた。四年後、両帝国はネルチンスク条約を締結したが、これは今でも、東シベリアと満州の間の国境の多くを規定している。[70]

康熙帝の軍がアルバジンを攻め落とした時、司令官は、敗れたロシア人たちに、故国に帰るか、あるいは中国の軍役に加わるか、という選択肢を提示した。ほとんどが同国人に再合流する中、四十五人ほどのコサックが後者を選び、北京の鑲黄旗〔中国の軍事・社会組織「八旗」のうちの一つ〕の護衛隊に加わった。不本意にこの集団に同行したのが、アルバジンの軍隊付き司祭、マクシム（レオンチェフ）神父であった。清の新兵が、司祭として仕えるようにと、彼を強制的に中国の首都へと連行したのだった。

康熙帝は、アルバジン人たち――コサックはこう呼ばれるようになった――を丁重に扱った。彼らが北京に到着した際には、彼が自ら出迎え、自分の軍人たちと同じ額の賃金を支払い、中国人の妻を娶ることを許可した。マクシム神父については、皇帝は彼に、北京の北東端にある「タタール人街」の仏教寺院を割り当て、ここは聖ニコライ教会として奉献された。不運な司祭は、非常に難しい仕事に直面した。というのも、小さなロシア人コミュニティは、いずれ中国の「数百万の異教の人々」に飲み込まれるはずだったからだ。実際、一世紀を少し過ぎた頃に、あるロシア人旅行者が、アルバジン人の子孫のうちたった二十二人が洗礼を受けただけで、ほとんどは完全に中国化していた、と報告している。[71]

それでも、ロシアの行政官たちは、北京の正教の飛び地に対して強い関心を抱いていた。シベリア庁長官アンドレイ・ヴィニュスは、ピョートル大帝にマクシム神父の活動について報告し、一七〇〇年、ツァーリは「正教信仰を強め、中国の偶像崇拝者の間に聖なる福音を広めるための」布告を出した。それは、中国語を学び、アルバジン人たちに説教する二人か三人の聖職者を北京に派遣する、というものであった。キエフ府主教が、候補者を立てるよう命じられた。そこの司祭たちが宣教に関するもっとも優れた専門知識を持っていると考えられたからだった。

北京に永続的な正教の足場を作るというツァーリの望みは、宣教への熱意に動かされたものではほとんどない。ピョートルは何より、名高い中国の市場との貿易を活性化することに関心があった。正式な外交的つながりを欠く中で――中国の支配者たちには、「赤ひげの野蛮人」を正式に認める用意がなかった――、司祭たちの植民地が、ちょうど良い代替として役立つかも知れなかった。康熙帝は、北京における正教宣教活動に対する中国の許可を確約しようとした、ピョートルの最初の試みをはねつけた。しかし、ヴォルガ川下流のステップに移住した内陸アジアの一民族、カルムィクに使節を送ることに、ロシアの許可をどうしても取り付けたかったので、一七一二年、康熙帝は折れ、掌院イラリオン（レジャイスキー）に率いられた宣教団の入国を認めた。

この最初の教会宣教団は、一七一五年に到着した。とはいえ、キャフタ条約により、ロシア正教会が中国の首都に定期的に宣教団を派遣する許可を取り付けるのには、それからさらに十二年かかることになる。[72] それ以降、一九一七年の後の、亡命者のロシア在外正教会の支援による二件を含めると、全部で二十の宣教団が派遣される。宣教団にはまず、アルバジン人たちの魂の救済が課された。カトリックやプロテスタントの宣教師とは異なり、正教の神父たちは、中国人の新たな改宗者を求めない傾向にあった。宣教史家の一人、掌院ニコライ（アドラツキー）によれば、「北京での正教宣教活動は、他のヨーロッパの宣教師団とは異なり、中国を弱体化させようとしたり、キリスト教文明の利でもって民衆を誘おうとしたりすることを禁じたロシア政府の方針と、完全に一致していた。」ニコライ神父の方針は、イエズス会の悪意ある目的との、際立った対照性を示した。「我々の宣教団は常に、道徳的・宗教的圏内で自制していた。布教したり、政治に干渉したり、宮廷で陰謀を企てたり、商業目的を推し進めたりすることは、慎んだ。」掌院によれば、北京での正教会の宣教活動は、中露関係を友好的なものに維持することに役立った。[73]

ロマノフ朝と清朝の間の「特別な関係」というニコライ神父のテーゼは、ロシア帝国の世界観にも共通したものであった。外交官や、エスペル・ウフトムスキーのような保守的な著作家は、ロシアの対東アジア政策は、フランスやイギリスのような資本主義列強の卑劣な目的を持つそれとは根本的に異なると、しばしば論じていた。[74] そうした言説は、ペテルブルクの官僚サークルでは流布していたかも知れないが、ロシアの動機に関して幻想を抱く中国人はほとんどいなかった。中国北部における暴力的な反ヨーロッパ的民衆反乱、一九〇〇年の義和団の乱の中では、正教改宗者も聖職者たちも、外国人嫌悪《ゼノフォビア》の猛威から除外されはしなかった。ある統計によれば、義和団は、二百人ほどの中国人正教徒を殺害し、ロシア人宣教師の居住区を破壊した。[75]

教会宣教団は、教育的機能も果たした。というのも、そこには数名の学生も含まれていたからである。外国語学習の資質を認められた典型的な学童だった少年たちは、ロシア外務省で通訳として働けるように、中国語と満州語を学ぶ目的で北京に派遣された。が、彼らは手に負えない連中で、相当数が飲酒と病気で死んだ。聖職者もいつも最良の手本とは限らなかった。三番目の宣教団長、掌院イラリオンには、泥酔しては、女装して北京の居住区を徘徊する癖があった。

一八五〇年代までには、教会宣教団の学問的な役割は、ロシアの機関によって補われていた。カザン大学は一八三七年には既に中国文献研究の講座を開設していたし、ペテルブルク大学もすぐに続いた。さらに、一八六一年の中国とロシアの正式な外交関係の成立は、北京の神父たちを外交的な責務から解放した。にもかかわらず、今日、ロシア連邦の在中国大使館が、かつての宣教団の居住地にあるという事実は、二つのアジア国家の仲介者としての正教会の先駆的役割を、我々に日々思い出させる。

一七七七年、北京宣教団のもっとも有名な成員が誕生する。カザン県、チュヴァシの村の輔祭の息子、ニキータ・ヤコヴレヴィチ・ビチューリンである。[76] カザンから川を遡ったところに住む、フィン・ウゴル系とテュルク系の混血であるチュヴァシ人は、この頃になって初めて正教に改宗され始めたところであった。多くの者が、エカテリーナ二世による精神的ロシア化の試みに抵抗し、少なからぬチュヴァシ人が、ビチューリンが生まれるほんの数年前に起こったプガチョフの乱に加わった。

聖職者の将来有望な息子として、ニキータはカザン神学校に進んだ。彼は素晴らしい生徒だった。一七九九年に首席で学校を出ると、この卒業生は、新しくできたカザン神学アカデミーで文法を教えるために残って欲しいと頼まれた。一年のうちに、彼は剃髪して僧となり、イアキンフの名を受けた。二年後、彼はイルクーツクにある修道院長および地元の神学校の学長に任命された。それはあまりに早い出世だった。二十四歳という若さでは、いうことを聞かない神学生たちの間で秩序を保つ能力がないことが判った。数年のうちに、コサックによって鎮圧されなければ収まらなかった学生暴動が、彼の降格とトボリスクへの追放につながった。（農奴の少女を彼の「召使い」として住まわせたが、役に立たなかった。）

失脚はしたものの、イアキンフ神父は幸運なチャンスを得た。西シベリアの町に着いて間もなく、彼は、中国とのより良好な通商関係を求める交渉のために北京に向かう途中であった外交官、ユーリー・ゴロフキン伯と出会った。伯爵は、新しい第九回目の宣教団と共に旅をしており、それは北京での任期を始めるところだった。この聖職者と知り合うと、ゴロフキンは、彼こそが宣教団を率いる完璧な候補者だと考えた。イアキンフ神父の語学の才能、知的能力、そして目にも明らかな管理能力、すべてが伯爵に感銘を与えた。彼はすぐさま彼を任務に就けるよう手を打った。

一八〇八年一月、掌院は新しいポストに就き、それから の十四年間を中国で過ごすことになった。最初、彼は、アルバジン人の面倒を見る仕事に没頭した。しかし、同化してしまった十七世紀のコサックの子孫たちの中に、正教信仰を生かし続けることは、望みのない仕事だと思われたに違いない。グループ内の三十五人の男性のうち、ほんの数人のみがまだロシア人名を持っていた。彼の前任者、第八回目宣教団の掌院ソフロニーは、ペテルブルクに戻り、聖シノドでこう報告していた。「彼らは教会に行きません。それは、アルバジン人たちが遠い昔に、その信仰だけでなく、言語をも忘れてしまったからなのです。」イアキンフ神父は後に、彼らが礼拝に出席する動機はただ、「キリストのためではなく、一切れのパンのため」だと、皮肉を込めて述べた。[77]

掌院の最優先事項は、礼拝をより理解しやすくするために、様々な正教のテクストを中国語に翻訳することだった。この仕事に取り掛かる中で、彼は適当な中国語・ロシア語辞書がないことに困るようになった。もっとも役立つ参考文献は、ポルトガルの宣教団にいたカトリックの神父が彼に貸してくれた、中国語・ラテン語辞書であった。四年間のうちに、イアキンフ神父は自分の語彙録を作成し、それを滞在期間中ずっと、補い続けた。また、生きた言語についての知識を増やすために、彼は中国服を着て、頻繁に町の通りをぶらぶらと歩き回り、通行人たちとお喋りに興じた。社交的な僧は、地元住民たちの多くとすぐに友達になった。その中には、清朝の外交官署である理藩院の官僚たちも含まれており、彼はそこでヨーロッパの外交書簡をすすんで翻訳することで、人気を博した。同時に、イアキンフ神父は、政治的展開にも多大な注意を払っていた。下級官吏の息子、林清が、一八一三年、王朝に対して、失敗に終わった天理教徒〔白蓮教徒〕の乱を率いた時には、掌院はペテルブルクへ蜂起の目撃証言録を送り、それが彼の最初の出版物となった。[78]

やがて、イアキンフ神父は、宗教と教会運営における義務を犠牲にして、ますます中国研究に没頭するようになった。宣教団の二人の語学学生は飲酒が原因で死に、別の教区民は教会の財産を売り払い始めた。他方、一八一二年のナポレオンの侵攻は、そうでなくても微々たるものだったロシアからの資金の流れを止めてしまい、宣教団を深刻な財政的窮境に追いやった。イルクーツクでもそうだったように、聖職者の中に不満が生まれ、掌院の疑わしい適性に関する不穏な報告がシノドに届くようになった。滞在の終盤に北京で彼に会った外務省アジア局の行政官、エゴール・チムコフスキー〔ティムコフスキーとも〕によれば、こうした非難は、まったくの的外れというわけでもなかった。後年チムコフスキーは、ロシアに戻って、「一杯の酒を飲みながら、ふざけた行為への自分の関与を決して否定することなく、様々な北京のスキャンダルを話して私を楽しませることが大好きだった」この僧と、幾晩も過ごしたことを述懐した。[79]

一八一六年、イアキンフ神父が、任期をもう一期更改できるかどうか問い合わせると、彼の要求は即座に却下された。一八二二年にペテルブルクに帰るやいなや、掌院は様々な罪に問われた。その中には、「不適切な服装で公の場に出、劇場や酒場に行き（…）飲酒をし、教会の礼拝を行わず、概してその（…）宣教師としての責任を果たさなかった」ことが含まれた。[80]さらには、非文化的蛮行、横領、姦通に男色という主張まであった。しかし、イアキンフ神父のもっとも重い罪は、彼の真の天職が、精神世界ではなく、学問にあったことだった。チムコフスキーの言葉でいえば、彼は「とても才能があって、知的で、さらに快活な男で、熱烈な美食家で食道楽でもあった。宗教職は彼の性格に合っていなかったし、彼はきわめて偶然にその職に就いたにすぎなかったのだ。[81]」聖職者としての位を剥奪し、シノドはイアキンフ神父を（北極圏近くにある）ソロヴェツキー修道院に、一介の僧として、「厳重な監視の下に」追放することを宣告した。が、ツァーリが彼を、ラドガ湖のヴァラーム島の、若干緩やかな環境下に送ることで、罰を軽くした。

イアキンフ神父が聖シノドの上司と徹底的に仲違いしても、彼には重要な支援者がいた。外務省は特に、帝国の東の隣人に関する僧の知識に感銘を受けていた。外務省アジア局長であったパーヴェル・シリング・フォン・コンスタット男爵は、結局一八二六年に彼を、局が給与を支払う行政官として、ヴァラームからペテルブルクに呼び戻す手配をした。彼を誓約から解放するため、いくつものことを試みたにも関わらず、イアキンフ神父は僧のままでいた。聖アレクサンドル・ネフスキー修道院に、居心地の良い二部屋の間を割り当てられ、彼は仕事のほとんどをこの部屋で行い、ペフチェスキー橋にある外務省の建物に足を運ぶことは滅多になかった。

こうしてイアキンフ神父は、今度は、中国と内陸アジアに関する実に多くの一連の研究を生み出した。[82] 首都に着いてから三年のうちに、一七九二年の清朝の行政官の叙述に依拠した、一八二八年の『チベットの記述』に始まる、六冊の本を出版した。批評家で東洋学者のオシップ・センコフスキーにとりわけ賞賛され、それはすぐにフランス語に翻訳された。[83] 年が明ける前に、僧は彼の『モンゴルについての覚書』も出した。一八二一年に北京から戻る旅の間に書き溜めた旅行記を、宗教史、法典、統計の議論と組み合わせたこの本は、フランス語で、さらにはドイツ語でも出版された。イアキンフ神父の最初の著作は、外務大臣カール・ネッセリローデ伯と、教育大臣カール・リーヴェン公の二人から好意的な評価を受け、一八二八年十二月、彼は科学アカデミーの通信会員に選ばれた。翌年にはさらに四冊の本が出た。『チンギス家の最初の四人のハンの歴史』『ジュンガルと東トルキスタンの記述』『三字経』（儒教思想の子供向け入門書）、そして彼の『北京素描』である。最初の三作は、基本的に中国語の本のロシア語訳であるが、後者は、彼が一年にわたって個人的に足で稼いだ情報の集積である。

イアキンフ神父の驚異的な生産性は、彼がペテルブルクで多くの新しい友人を作る妨げにはならなかった。[84] ヴァラームへ追放される前でさえも、彼は、中国について面白いことを言う、並外れて才能豊かな学者という評判を得ていた。僧は、プーシキン、カラムジン、ベリンスキーといった人々や、帝立公立図書館長のアレクサンドル・オレーニンらと親しかった。後者は、彼に中国語や満州語の蔵書の分類をしてもらうことで彼の収入を補い、センコフスキーやクリスチャン・フレーンといった東洋学者たちにも同じように授けられた、名誉司書の称号を与えた。中国から戻って間もなく、イアキンフ神父は、未来のデカブリストの共謀者となるニコライ・ベストゥージェフと知り合いになった。後年、イアキンフ神父は、流刑になった反逆者に会いに、東シベリアのペトロフスキー・ザヴォートを訪ねた。ベストゥージェフの描いた聖職者の肖像画は、今ではキャフタ博物館に保存されている。

上流階級、シャンパン、そして葉巻が好きなイアキンフ神父は、修道士というよりは、街の洒脱な遊び人だった。色白で、アジア風の顔立ちをし、背が高く、黒い修道服をまとったスラリとした容貌をして、フランス語が流暢で、北京についての楽しく、しばしばきわどい小話を尽きることなく繰り出す彼は、ペテルブルクのサロンでは人気の客人だった。歴史家ミハイル・ポゴージンがかつて、ウラジーミル・オドエフスキー公の夜会についてこんな風に思い出話を語った。「上機嫌のプーシキンと、オリエンタルな物腰のイアキンフ神父が来た。恰幅が良く、いかめしいドイツ人旅行家――シリング男爵(…)グリンカ(…)レールモントフ(…)クルィロフ、ジュコフスキー、そして、ヴァーゼムスキーもいつも来ている。[85]」

イアキンフ神父とアレクサンドル・プーシキンの友情については、多くの推測が重ねられてきた。[86]詩人と中国学者は一八二〇年代の末に、おそらくはカラムジンの家で、初めて出会った。プーシキンはイアキンフ神父の本を読み、プガチョフの乱の歴史書に用いた。[87]他方で、プーシキンが深く関わっていた新聞『文学新聞』は、イアキンフ神父の論文を定期的に掲載した。僧は、おそらく詩人の想像力をかき立てたことだろう。一八三〇年、プーシキンは皇帝直属官房第三部〔以下、第三部〕(ツァーリの秘密警察)に、キャフタから中国へと向かう旅に、イアキンフ神父を伴う許可を申請した。長官のアレクサンドル・ベンケンドルフは、「それは君の金銭状態に過大な損害となるだろうし、同時に、君の職業からは逸脱になるだろう」という理由から、この要求を認めなかった。[88]

第十一回目の宣教団を伴う北京への旅の途上、ロシア側にいる間、イアキンフ神父はシリング男爵と共に、キャフタへと旅した。外務省はシリングに、中国貿易と地元の住民について調査するよう命令していた。行政官としての義務に加えて、男爵の連れは、彼らしく野心的な自分の研究計画を持っており、そこには、彼の中国語の辞書と文法書を修正し、ロシアと清の地図の正確さを検証し、いうまでもなくモンゴル語を学ぶことが含まれていた。彼はまた、旅の間に、宣教団のメンバーと地元の商人の息子たちに北京語を教えた。後者の目的は特に重要であった。キャフタは長い間、アジアの隣人と帝国の伝統的な商業中心地として、東シベリア経済で主要な役割を果たしていた。しかし、イアキンフ神父が記したように、住民たちは、貿易相手の言語を情けないほどに知らなかった。[89] 僧の授業はたちまち、有力な商人をして、外務省により恒久的な機関を設立してくれるよう嘆願させることにつながった。一八三二年に認可を受け、それは、ロシアで初めての機関、キャフタ中国語学校として結実した。[90]

国境の町で十八か月ほど過ごした後、イアキンフ神父は、前任の北京宣教団のメンバーと共にペテルブルクに帰ってきた。すぐに、もう三冊の本が出された。『チベットと青海湖の歴史、紀元前二二八二年から紀元一二二七年まで』、中国語文法書の第一版、そして『オイラートあるいはカルムィクの歴史概説、十五世紀から今日まで』である。最初の二冊は中国語からの翻訳を編集したものであるが、『歴史概説』は情報集積以上のもので、彼に最初のデミドフ賞をもたらした。ロシアと中国両方の史料に基づいたこの作品は、その子孫たちがヴォルガ川下流域のステップに定住することになった、内陸アジアの遊牧民たちの〔西方への〕最後の大移動の物語を綴っていた。イアキンフ神父のロシアの首都滞在は、新しい中国語学校の設立に手を貸すためにキャフタへ戻れという命令を受けて、三年のうちに中断された。彼はこの義務を重く受け止め、中国の統計や、天文学、教育、とりわけ地方政治などの主題に関する論文を書く時間もとった。しかし、辺境の町での生活は、コスモポリタンな聖職者には魅力に乏しく、外務省に何度も請願してようやく、一八三八年にペテルブルクに戻ることを許された。

それから先の十年間、イアキンフ神父はその関心を、さらに中国そのものに向けるようになった。一八三九年から四二年の第一次アヘン戦争で、英国海軍が中国を撃破し、よりイギリス寄りの貿易へと市場開放させるのに成功したことは、ロシア国内で、東アジアの隣国への興味を高め、僧は大喜びだった。一八四八年までに、彼はさらに四冊の本を出版した。それらは、中国の政治、法、教育、農業、とりわけ通商といったテーマをカバーしていた。一貫した物語というよりは、清の出版物から直接訳した事実を集めたものに近かったが、それでもこれらの著作は、広く読まれた。

評者たちはほぼ一様に、否定しようのない彼の博識を賞賛した。しかし、中には、主題についてあまりにも無批判であるとして、非難する者もいた。センコフスキーがその独特な長文に表したように、「我が誉れ高き中国学者は、中国に関するものは何でも、あまりにも熱烈に愛しているものだから（…）彼のロシア語の文章はしばしば、あたかもいかめしい中国人の、すぼまった、ぶっきらぼうな唇から発せられているのかと思うほどだ。[91]」第一次アヘン戦争の時期に刊行された、これよりも初期の作品を評する中で、センコフスキーは、イアキンフ神父が描き出すような偉大な文明を、一体どうやって、小さなイギリスの軍が圧倒することができたのか、と不思議がった。「中国は、ある種のおとぎ話に違いない」と彼は推測する。「中国の、でっち上げの（…）輝かしい帝国、一本の脂のろうそくの炎で燃えてしまうような、ある種、紙に描かれ、塗られた国なのである」と。イデオロギー的スペクトルの他の一方では、ヴィッサリオン・ベリンスキーが、僧は「ほとんど、中国の公的な側面、均質で、儀式的な側面だけを見せている」と文句を言った。[92]

これらの評価は、当を得ている。神学生だった頃、イアキンフ神父はヴォルテールの著作に敬服し、宗教的寛容をうたった彼の詩『アンリヤード』を翻訳したほどであった。[93]哲学者に似て、彼は中国を、理性の極致として理想化する傾向にあった。四千年の歴史が、法は正義で、支配者は公平、臣民は良く教育されていて秩序を守る、そのような国を創り出したのだと。イアキンフ神父によれば、「中国の人々には良いところも悪いところも、両方ある。しかし、善が悪をはるかに上回る。これは、学校を通じて子供に浸透し、しつけと国家の監督によって維持された、健全な道徳が、悪を禁ずるよりも善を奨励する法によって確立されているからである。[94]」現に、清の法典は「政府の真髄にとても近いものなので、もっとも発展した国家に対しても、何かしら教えるものがある。[95]」

センコフスキーとイアキンフ神父は、言語をめぐっても口論をした。前者は、僧がフランス語や英語で出版しないことへのいら立ちを表した。「オリエントの諸問題に関する学問的な議論で、これまでロシアはヨーロッパの後塵を拝し続けている」と、彼は論じ、こう付け加えた。「これからも長い間、このままだろう。[96]」イアキンフ神父は、これに不賛成だった。彼はフランス語、ドイツ語、ラテン語を解したが、常に母国語で出版した。おそらくは彼のチュヴァシ人伝来の遺産を汲んで、中国学者はロシアの学問を熱心に擁護した。友人ポゴージンに宛てた手紙の中で、彼は「子供のように、［ロシアの学者たちは］ロシアの真実よりも、フランスの虚偽を好む」と不平を述べた。[97]また別の機会には、東方に関する西欧の本をこう切って捨てた。「外国の著作家たちの学問的業績を読むと、彼らがしばしば、中国のことわざで言うように、ロバを馬と呼び、山羊を牛と呼んでいることが明らかになる。問題に対する彼らの判断、特に中央アジアや東アジアに関することについては、盲目の人が色について下す判断と同じ程度にしか信頼できない。[98]」

おそらくはこの地域における帝国の軍事的利害に衝き動かされて、一八四六年、科学アカデミーはイアキンフ神父に、中央アジアの古代史に関する主要な研究を集めることを委託した。[99]この時既に七十歳に近い老人で、健康を損ねていたが、それでも彼は向う見ずにも任務に没入した。僧は再び、紀元前百年あたりに書かれた、前漢の歴史家、司馬遷の『史記』を始めとして、もっぱら中国の史料に依拠した。一八五一年に三巻組で出版された『古代中央アジアに住んでいた人々についての事実の選集』は、トルキスタンから日本まで広がる広大な地域を扱っていた。本はイアキンフ神父に四度目のデミドフ賞をもたらしたが、ミルザ・カゼム＝ベクは、著者は西欧の史料を無視して、無批判に中国の記述をなぞっていると酷評する、痛烈な書評を書いた。[100]

彼がこの本に取り掛かり始めて間もなく、イアキンフ神父はポゴージンにこう告白している。「光陰矢の如し、だ。次に何があるのか――見当もつかない。[101]」七十歳代の僧は明らかに、『事実の選集』が彼の最後の重要な業績になるであろうことを理解していた。これを完成させた後、彼は蔵書の多くをカザン・アカデミーに寄贈した。そして、もう数本の論文が出された。しかし、病が彼のエネルギーをますます奪い、一八五三年、彼は修道院の部屋で亡くなった。

イアキンフ神父の同時代人たちは、彼の業績を高く評価した。いつもの嫌味の洪水に反して、酷評家のセンコフスキーすら心を動かされ、こう言明した。「我々の同時代の東洋学者の中に、我らが不屈の中国学者イアキンフ神父ほど、アジアの文献の混沌から、かくも多くの新しい事実、東アジアの過去に関するかくも多くの、興味深く重要な詳細を明るみに出した者はいなかった。[102]」科学アカデミーは彼に、権威あるデミドフ賞を四度も授与し、『文学新聞』『北方文書』『テレスコープ』『モスクワ・テレグラフ』などの定期刊行物に載った僧の多くの論文は、より広く、教養ある人々の興味を引いた。同時に、彼は、有名な一万二千字の中国語・ロシア語辞典、中国語の文法書、満州語・ロシア語辞典など、多くの貴重な言語学上の貢献をした。今日では、イアキンフ神父はロシア国外ではあまり知られていないが、彼の業績は、当時のヨーロッパの東洋学者たちの関心を集めた。一八三一年、パリのアジア協会は彼に名誉会員の地位を授与し、彼の本の多くが翻訳され、出版された。

ロシアの中国研究におけるイアキンフ神父の貢献を適切に評価するには、彼以前には、この学問分野は基本的に存在しなかった、ということを思い出すことが重要である。十八世紀のロシアは、確かに中国に興味を持っていた。しかし、イラリオン・ロッソヒンやアレクセイ・レオンチェフといった、初期の北京宣教団出身者たちの、比較的知られていない業績を別にすれば、十九世紀以前には、清に関する知識の主な情報源は西欧であった。イアキンフ神父は、研究における重要な土着の基礎を生み出した、最初の人物であった。続く世代の東洋学者たちは、彼の研究に短所を見出したが、彼の先駆的業績の価値を否定するものは稀である。[103]ワシーリー・バルトリドによれば、この僧のおかげで、「一八五一年には既に(…)ロシアの中国研究は西ヨーロッパを凌駕していた。[104]」草分けであると同時に、イアキンフ神父は、二つの方向でロシアの中国研究にその足跡を残した。第一は、研究対象に対する相対的な思い入れと客観性である。多くの西欧の専門家が、たいていは中国を見下していた時代に、イアキンフ神父は、評価を避ける傾向にあった。彼に続く多くのロシアの東洋学者は、彼の偏見のないアプローチを共有した。イアキンフ神父を始まりとするロシア学派のもう一つの重要な特徴は、中央アジアに相対的重要性を認めたことである。漢民族の中国についての研究に加えて、僧は、モンゴル、新疆、チベットを含む清の西の周縁――ついその頃に北京の支配下に入ったばかりの地域――の研究に多大な力を傾注した。これは、きわめて自然なことであった。ほとんどの西ヨーロッパ人が海から中国に入ったのに対して、ロシア人たちは一般的に、モンゴルを経由して中国まで旅した。実際、イアキンフ神父が北京に着いた時、彼はそれに先立ってモンゴル語と満州語を学んでおり、北京語が中国のもっとも重要な言語だと気付いたのは、後になってからだった。

カザン神学アカデミーは、ロシア正教会の四つの高等教育機関のうち、アジアの言語と宗教を講じた唯一の学校であった[105]。同じ街の大学のように、アカデミーがその専門性を伸ばしたのは、主として、帝国の東に対する教育を委託されたからだった。つまり、大学の場合もそうだったが、東方研究には多分に実用的な目的があったのである。しかし、その究極の目的は異なった。ロシア帝国の国境内外のアジア人と接する政府の行政官を養成する代わりに、アカデミーは、洗礼を受けていない少数民族を正教へと改宗させるための（また、古儀式派を公式の教会に戻すための）宣教師を育てたのである。したがって、教授陣の東方に対する見方は、大学の世俗の同僚たちのそれとは、異なっていた。

この「宣教師の東方研究者」の世界観が意味するところは明らかに思われるが、現実はもっと複雑であった。カザン神学アカデミーで、反イスラーム、反仏教研究に携わった者の多くは、自然と、彼らの学問研究対象に対する強い反感を持った。しかし、そうした敵意が不可避だったわけではない。もっとも優れた東洋学者、ニコライ・イリミンスキーの初期の研究が示したのは、敬虔なキリスト教徒でさえも、相対的な冷静さをもってライヴァルの宗教を研究することができる、ということだった。イリミンスキーのイスラームに対する意見は後年硬化するが、その憎しみの情が増したのが、実際的な宣教活動のために象牙の塔をほぼ離れた後になってからだったのは、おそらく偶然ではないだろう。

むしろ、ロシアのもっとも有名な宣教師東洋学者、イアキンフ神父は、多分、彼の研究する人々に対してあまりにも同情的だったといえるだろう。確かに、彼は教会の信心深い成員だったとはいいがたい。往々にして「修道服を着た自由思想家」と呼ばれる彼は、ツァーリの命令により、本人の意思に反して僧であり続けたのであって、彼の見解は明らかに世俗的だった。教会指導者の後の世代からの賞賛にもかかわらず、彼の同時代の聖職者たちは、彼の学問的探究をほとんど奨励しなかった。

東洋学におけるカザン大学の貢献は良く知られているとしても、それに比べて、神学アカデミーの貢献は、あまりにも知られていない。ロシア帝国におけるこの学問分野の歴史に関する研究はよく、カザンにおける真剣な東洋学は一八五四年に終わったとし、アカデミーにおける研究の残存を認める者は、それをあまりに主観的で反動的だと批判する。[106] 宣教に対する教会の伝統的な無関心と、十九世紀に多くの世俗的な学者が正教聖職者に抱いていた低い評価の両方を考慮に入れると、カザンの宣教師の東方研究は、知的地位をめぐる困難な戦いに直面していたといえる。しかしそれでは、ロシアの東洋学における神学アカデミーの地位もろとも、否定し去ることになりかねない。マルク・バトゥンスキーが指摘するように、反ムスリム科の教員は「ロシアの宣教活動史の中で、最初のプロフェッショナルなイスラーム研究者だった。彼らは、ムスリムの宗教について広く普及した感覚的で曖昧な概念を、科学的方法論と十九世紀に特徴的なステレオタイプに置き換えようと奮闘した人々であった。」[107]

第7章 ペテルブルク学派の興隆

アカデミーは、西の文明と東の光を媒介するために創立されるべきである（…）そこでは、アジアの僧と並んで、ヨーロッパの批評家を目にすることだろう。

セルゲイ・ウヴァロフ

ヴォルガ川沿いの縁者に比べて、ペテルブルク学派は遅咲きだった。学問分野としてのロシア東洋学の誕生は、十八世紀への転換期、ピョートル大帝がネヴァ川河畔に都市を建設した時と、だいたい一致する。しかし、これまで見てきた通り、東方の研究のためにピョートルが敷いた土台は、彼の死後数十年の間、肥沃だったわけではない。仮のスタートを切った少数の事例を別にすれば、エカテリーナ大帝の時代まで、専制体制はもはやアジア言語教育を試みはしなかった。科学アカデミーに関していえは、ツァーリズムの黄昏の数十年まで、二次的な役割しか果たさなかった。

長いまどろみの後、十九世紀初頭、アレクサンドル一世の下で大学制度が作られると、東洋学は帝国の首都で再び目覚めた。ピョートルの科学アカデミーがそうであったように、これらの大学は実用的な任務を託された。アレクサンドル・ヴシニクによれば、「様々な役職の政府行政官の養成は、ロシアの大学創立における、最重要課題に上がった。政府の目には、大学教授は自由な学問の独立した代表者ではなく、［国家の］役人だったのである。[1]」

アレクサンドル一世の高等教育へのアプローチには、そもそも矛盾が潜在していた。新たな大学構想を練る中で、ツァーリは二つのヨーロッパ・モデルを考えていた。まずは、フランスの専門職養成機関、グランゼコール。ナポレオンが官僚養成のために設立した、国家の厳格な支配下にある特殊な大学である。ロシアにより近いのは、フランスよりは自由度の高いドイツ型であった。プロイセンの教育大臣ヴィルヘルム・フォン・フンボルト男爵が一八一〇年に設立したベルリン大学を例とする、自律的な大学では、知識の獲得そのものが目的であった。(オックスブリッジの完全に独立した課程は、明らかに論外であった。[2])

体制の目標はガリア・タイプの方に近かったが、チュートン・タイプが選ばれた。[3] 結果的に、実用的な訓練と純粋な学問という矛盾する命題はいうに及ばず、ロシアの大学は、自由主義と軍事主義の交互の入れ替わりにさらされた。これは、東洋学の教授陣、特に専制権力の諸機関にもっとも近い首都でたまたま教えていた者たちを、とりわけ苦しめた。

一八〇四年のアレクサンドルの大学令は、ハリコフやカザンの新しいキャンパスと並んで、ペテルブルクにも大学を設立することにしていたが、それが実現するにはさらに十五年を費やすこととなる。当面、軍やその他の様々な特殊学校を別にすれば、首都で唯一の高等教育機関は、教育大学(師範学校)であった。一八一六年に中央教育大学と改称したこの学校の目的は、帝国内のギムナジウムや大学の教員を養成することにあった。四年後の一八一九年二月八日、アレクサンドル一世は師範学校を一般大学に格上げすることを認めた。

ペテルブルク大学の始まりと、ロシアの首都における東洋学の復活はどちらも、当時の教育管区の最高責任者、セルゲイ・セミョノヴィチ・ウヴァロフ伯と密接につながっている。[4] 歴史は彼に対して優しくはない。というのも、彼の名は、世紀でもっとも抑圧的なツァーリ、ニコライ一世と結び付いているからである。ニコライの教育大臣として、ウヴァロフは彼の治世のイデオロギーの定式、「正教、専制、国民性」の三位一体に基づいたドクトリン、官製国民主義を考案した。結果として、ソ連時代の歴史家は、彼を「ヨーロッパの憲兵」の反動的従僕として激しく非難し、その感情は、ニコラス・リャザノフスキーによる、ウヴァロフが案出したイデオロギーの研究でも、共有されている。[5] 実際は、ウヴァロフは、彼に対してしばしば陰謀を企てた当時の多くの官僚たちよりも、政治的には穏健であった。[6] しかし、伯爵は同時代人たちに、貪欲で、虚栄心が強く、おべっか使いだという印象も与えた。モスクワ大学の歴史家、セルゲイ・ソロヴィヨフは、こう述懐した。「ウヴァロフは大地主のごとく振る舞ったが、彼には貴族的なところなどまったくなかった。むしろ逆に彼は、身分の高い主人（アレクサンドル一世）の家で、たまたま上品な振る舞いを覚えただけの、良き召使いだった。[7]」

　ウヴァロフの高い知的能力を否定する者は、ほとんどいなかった。彼は、亡命フランス人聖職者から、ヨーロッパ啓蒙主義の最良の部分を教え込まれた。彼と同じ身分の多くの者と同様に、ウヴァロフはフランス語を完璧に話し、さらに、ドイツ語（詩人のゲーテは彼の文通仲間の一人であった）、英語、イタリア語もあっさりと習得した。十八世紀末に育った子供として、ウヴァロフは、彼の世代のギリシア語とラテン語への情熱も共有していた。教育大臣としてのキャリアを通じて、彼はたえず古典を支援した。彼の教育方針が徹底して西欧的だったとしても、彼の血筋は東方にそのルーツを持っていた。そのことが、彼の東洋学への姿勢に影響を及ぼしたのかも知れない。帝国の公式系譜図によると、彼の一族の起源は、十五世紀にキプチャク・ハン国から転じてモスクワ公国の大公ワシーリー・ドミトリエヴィチに仕えた、タタール人首長、ミンチャク・コサエフのそれとぶつかる。[8]

　若い時分、ウヴァロフはその早熟な知性でアレクサンドル一世を感激させ、一八〇一年、十六歳の若さで海外勤務に就いた。彼の仕事は難しいものではなかった。一八〇二年から〇三年にかけて、ウヴァロフは、当時初期ドイツ・ロマン主義とドイツ東洋学の中心地であった——これは偶然ではない——ゲッティンゲンの有名な大学で、一年間を過ごすこともできた。その三年後、若き外交官は、ウィーンのロシア大使館で書記官に任じられた。その貴族的な外見と魅力で、彼は街のサロンで人気の客人となり、スタール夫人、シャルル＝ジョセフ・ド・リーニュ公といった大物知識人のスターたちと、すぐに友人になった。

オーストリアでの任期が終わりに近づいた頃、ウヴァロフはフリードリヒ・フォン・シュレーゲルの知遇を得た。ヨハン・ゴットフリート・ヘルダーの文明のインド起源という思想に魅せられ、シュレーゲルは、サンスクリット語を学ぶためにパリで数年を過ごし、ナポレオンに幻滅して、一八〇九年にウィーンに移ってきたのだった。まだパリにいた頃、シュレーゲルは、大きな影響を及ぼした著作『インド人の言語と英知』を出版した。ウィリアム・ジョーンズやヘルダーのような著作家の思想を反復しつつ、著者は、ヨーロッパや近東の学知、文学、宗教はすべて、古代インドに遡ることができると論じた。シュレーゲルはそれから、「オリエンタル・ルネサンス」に関する驚くべき予言をするに至るのである。彼の論理では、数世紀前にギリシア語やラテン語の再発見が、西欧を暗黒時代から抜け出させたように、サンスクリット文学の翻訳は、西の世界と東の知の源泉を結びつけることによって、近代思想を完全に若返らせることになる。それゆえシュレーゲルは、同時代人たちに、その関心を東へ向けるよう促した。「同程度の献身をもってすれば、（…）インド研究はヨーロッパに、［ルネサンスに］劣らず深く、広範にわたる影響を及ぼすだろう。」[9]

レイモン・シュワブは、「オリエンタル・ルネサンス」がドイツ・ロマン主義の想像力を刺激したことを指摘した。[10] セルゲイ・ウヴァロフも同様に、心を奪われた。一八〇九年末にロシアに戻ると、彼はすぐさま、ペテルブルクに設立すべき「アジア・アカデミー・プロジェクト」の執筆に取り掛かった。[11] 提言されているアジア・アカデミーの目標は壮大で、革命と戦争で荒廃したヨーロッパを蘇らせることに他ならなかった。シュレーゲルの近著に共鳴したウヴァロフは、これは、「人文学の揺籃の地」であるインドの原初の英知を学び直すことによってのみ、達成可能なことだと示唆した。彼が信じていたのは、東方の古典は、現代西欧の憎むべきイデオロギーの最良の解毒剤だ、ということだった。「我々はその知識を、現代哲学を破壊することのできる、最大の力を持つものということができる。[12]」その保守的な説明原理を背景に、彼はこう主張した。「人間の精神の名の下で行われた過度の流血に疲弊し、我々は、これを再生させてくれるかも知れない衝撃の一つを切望しているのである。我々は、［ヨーロッパ文明の］膨大な残骸を保存し、再建することを求められているが、それは、何か新しい建造物を建てることではないのである。」最低でも、アカデミーは「賢明に、飽くなき知性の人々を揃えるだろう」と彼は付言した。[13]

北の首都は、アジア・アカデミーにはもっとも理にかなった地であった。というのも、「ロシアは、言ってみれば、アジアにもたれかかっている。広大な陸の国境は、ほとんどすべてのオリエントの人々との直接的な接触をもたらしている。」ウヴァロフは自信をもって、「あらゆるヨーロッパの国の中で、ロシアがもっとも、アジアを研究するに相応しい」と主張した。[14] 彼はまた、愛国的な感情にも訴えかけた。「皇帝アレクサンドル一世陛下の尊いご加護が、啓蒙をアジアにまで伝えるべき時が来た。アジアを他の諸国のレベルにまで引き上げ、ロシアは思い通りの方法で、それらを凌駕するだろう。[15]」ウヴァロフは、彼のアカデミーは、単に深遠な学問探究にのみ尽くすものではない、と強調する。なぜならそれは、「トルコ、ペルシア、グルジア、中国との関係において必要な通訳を養成することによって、重要な実利をもたらしもするからである」。実際、「国家理由（国益上の理由）が、道徳文明の危機的状況に、かくもぴったりと一致したことはなかった。[16]」

アカデミーの仮構成は、文献学に対する当時のドイツ人の強迫観念を反映していた。帝立科学アカデミー所属のプロイセンの東洋学者、ハインリヒ＝ユリウス・クラプロートの助言を得て、ウヴァロフは、アジアの主要な言語と文学の課程を提案した。それは、次の四つの科に分かれていた。中国語および満州語、アラビア語とペルシア語とトルコ語とタタール語、ヘブライ語、そしてもちろん、「最古の、もっとも興味深いものでありながら、人々にもっとも知られていない」インドの諸言語。[17] 著者は急いでこうも付け加える。ここに提案された学校の学生たちは、「考え得るあらゆる知が依拠する、二つの基礎」であるギリシア語とラテン語を教授される、と。[18]

ウヴァロフの計画が認められていたら、これはもちろん、ヨーロッパでもっとも包括的なアジア研究の機関になっていただろう。一八一〇年、彼がこの冊子を刊行した年に、東洋の言語教育に貢献していたヨーロッパの機関は、その十五年前にパリに創設された東洋言語専門学校と、通詞（外交通訳）養成のためのウィーンの大学、東洋学アカデミーだけであった。それ以外では、東洋人文学の個々の講座が、様々な大学に散らばっていた。

堂々としたレトリックを剝ぎ取れば、ロシアの首都における東洋学研究機関の基本構想は、彼のオリジナルとはいいがたい。ピョートル大帝との会談の後、ゴットフリート・ライプニッツは、東と西を学問的に媒介するロシア独特の潜在能力を認識していたし、十八世紀には、ゲオルク＝ヤコブ・ケア、ミハイル・ロモノソフ、そしてセルビア人教育改革者のテオドル・ヤンコヴィチ・デ＝ミリエヴォ〔ロシア語ではフョードル・イワノヴィチ・ヤンコヴィチ・デ＝ミリエヴォ、セルビア語ではテオドル・ヤンコヴィチ・ミリエフスキ〕が、ペテルブルクにアジア言語の学校を作る提言を執筆した。彼らはみな同様に、ロシアのアジアへの近さを強調した。ケアは、「帝国の南の範囲を広げる」ために、つまり、オスマン帝国と中央アジアのハン国の方向に拡大するために、専門家を養成する必要性があると、はっきりと言明した。[19]一八〇二年には、アレクサンドル一世のポーランド人相談役、ヤン・ポトツキが、「アジア・アカデミー」についての覚書を記した。[20]（計画の類似性から判断して、ウヴァロフはまず間違いなくこれを読んでいただろう。）

悠久のオリエントが、破壊的なオクシデントの急進主義と革命に対する護符となってくれる、というウヴァロフの訴えの方が、まだ独自性がある。十九世紀ロシアでは、ビザンツと正教のルーツへの回帰を模索するスラヴ派と、ヨーロッパ近代を擁護する西欧派との、大論争が起こる。ウヴァロフはその中で、伝統的秩序を支えるために、キリスト教世界を越えてさらに東方を眺めた最初の一人であった。そして彼は、その最後の一人ではない。

ウヴァロフの提言は、先達の計画と同じ運命をたどり、実現されず終まいだった。それは単に、教育システムがまだ生まれたばかりの国には、あまりに早すぎた。[21]いずれにしても、体制はまもなく、ナポレオンが大陸軍をロシアに進めるという、はるかに緊迫した事態に直面する。にもかかわらず、先駆者たちとは異なり、提言が文書館に埋もれることはなかった。野心家で、自分を売り込む才に長けたウヴァロフは、一八一〇年の秋にこれを百部印刷し、ロシア内外で広く読まれるように取り計らった。シンシア・ウィタカーによれば、それは、ナポレオンやシュレーゲル、強い影響力を持っていたツァーリの妹、皇女エカテリーナ・パヴロワ、そして多くの優れたヨーロッパの東洋学者たちの関心を惹き、ゲーテは著者に熱烈な返信を書き送ったのだった。[22]

この概して好意的な反応は、ウヴァロフのキャリアにとって大きな助けとなった——一八一〇年に教育大臣の娘と結婚したことも、その一つであったことはいうまでもないが。一年経たないうちに、彼の新しい義父は、ウヴァロフをペテルブルク教育管区の責任者に任じ、彼はすぐに科学アカデミーの会員にも選ばれた。同時代人たちの意地の悪い評価にも関わらず、彼は有能な管理官であった。一八一八年までには、彼は科学アカデミーの会長となり、一八五五年に亡くなるまでその職にあった。一方、ペテルブルクの責任者としては、師範学校を普通大学に変えるにあたって、主要な役割を果たした。[23]

教育大臣としてのキャリアを通じて、ウヴァロフは、ロシアにおける東洋学の発展を熱心に支えた。一八一八年、首都の大学が創立される一年前、彼はその前身に、ペルシア語とアラビア語の講座を開設した。シルヴェストル・ド・サシの助言を得て、ウヴァロフは、ジャン＝フランソワ・ドゥマージュとフランソワ・ベルナール・シャルモワという二人のフランス人の弟子を迎え、気前良い給与を払って、それぞれにアラビア語とペルシア語を教えさせた。翌年にはまた、ペルシア語とトルコ語に堪能な、グルジア生まれの帝国臣民であるミルザ・ジャファール・トプチバエフを、会話実践の講師として迎えた。[24]

一八一八年三月二十二日、ペテルブルクの未来の大学に、世界史の講座と並んで東洋学の講座を開設する特別式典で、ウヴァロフが行った長いスピーチには、文明の始祖としてのアジア観について、八年前の「計画」で表した多くの見解が確認できる。彼は「人類の英知の尽きることのない源泉の富に、近くあるために」ロシア人は東方の言語を学ばなくてはならない、と強調した。[25] しかし、ウヴァロフがより高尚な目的を叫んでも、彼の上司たちは、東洋人文学をあくまで、有能な外交官を育てるための体制の実用的ニーズとして捉えていた。[26] 彼の愛するサンスクリット語が首都で教えられるようになるには、それからさらに半世紀待たなくてはならない。最初に開講された言語、アラビア語とペルシア語は、アレクサンドル一世の戦略的利害と、直接つながっていた。（彼の治世下では、トルコとペルシアの両方に軍事遠征が行われた。)

一八一八年には、ウヴァロフは、ペテルブルクにアジア博物館を開館させもした。[27] その前年、カザンの東洋人文学の元教授、クリスチャン＝マルティン・フレーンが、科学アカデミー所蔵の膨大な東方の工芸品を整理するために、一時的に雇われていた。ピョートル大帝のクンストカメラの一部としてのその始まり以来、過去一世紀の間、コレクションはおびただしく膨れ上がった。この時までに、それは、約二万枚のコイン、希少なイスラームの写本、仏教の木版画、ヨーロッパ東洋研究の驚くべき数の蔵書、そして東アジアの美術品から成っていた。アカデミーの新会長に選出されるとすぐ、その学問上の多大な重要性を認識していたウヴァロフは、それらを所蔵する独立した機関を組織し始めた。正式には一八一八年十二月に、フレーンを初代館長として開館したアジア博物館は、アカデミーが東方に特化した初めての機関であった。

所蔵品は増え続けたが、十九世紀のほとんどの時期、博物館は人手不足だった。一八四二年まで館長を務めたフレーンには、彼の後継者ベルナルド・ドルンという、たった一人の補佐がいただけであった。フレーンはその四十年の任期の間、繰り返しアカデミーに助力を要請したが、聞き入れられなかった。両人とも、性格的に、孤独を好む古物学者であったため、フレーンもドルンも——ドルンはもっとそうだった——、学生や他の研究者たちと共に特に熱心に働いたわけではなく、そのエネルギーの大半を、管理するコレクションの整理と研究に費やした。結果として、その存在期間のほとんどを通じて、アジア博物館はペテルブルク大学の補助的役割しか果たさなかった。

ウヴァロフによる東洋学促進に、挫折がなかったわけではない。ペテルブルク大学では、彼が雇い入れたフランス人二人組のキャリアが、早くも危機に晒された。それは、カザン大学を包み込んだ反啓蒙主義と神秘主義的愛国心の暗雲が、ペテルブルクをも覆った時期であった。新しい教育大臣、アレクサンドル・ゴリツィン公は、異質な西欧の世俗思想の危険性について、カザンの監督官、ミハイル・マグニツキーと同じ考えの持ち主だった。作家で歴史家のニコライ・カラムジン——彼自身はリベラルではない――は、ゴリツィンの下で彼の部署は「日食省」になったと皮肉った。（ロシア人は教育を、「光をもたらすもの」という意味の「啓蒙」と呼ぶことから。）[28]

一八二一年、ペテルブルク大学予備科の十代の学生たちの起こした小さなトラブルを口実に、ゴリツィンはウヴァロフから最高責任者の地位を剝奪し、元郵政局長のドミトリー・ルニチに挿げ替えるよう工作した。カザンの教授陣に対するマグニツキーの最近の攻撃を真似て、ルニチは、今度はペテルブルクの、政治的に信頼できないと思われる教授を根絶し始めた。夏の半ばに、この新しい責任者が大学の秘密会議を招集し、講師たちに公の場で同僚を批判するよう求めると、ドゥマージュとシャルモワは憤然として辞職を申し出た。[29]

「教授事件」――ルニチの粛清はこう呼ばれるようになった――の代償は、萌芽期のペテルブルク大学には高くついた。二十人の教授陣のうち、十一人が解雇されるか、自分の意思で大学を去るかし、学生の半数が退学させられた。ルニチは、今や外務省がその科目を教えているから必要ない、という理由で、東洋学を機関ごと一掃したがった。しかし、教授会がその提言を拒絶した。事実、近東の言語に堪能な外交官を求める差し迫った需要ゆえに、アラビア語とペルシア語を履修する学生の中で、追い出された者はいなかった。[30]

カザンのミルザ・カゼム＝ベクがそうであったように、ペテルブルクのキャンパスでの不運な出来事は、相応の能力を持った野心的な部外者にとっては、僥倖でもあった。その次の十年間、大学を牽引する研究者となったのは、大衆誌の辛口編集者として知られ（そして悪くも言われ）、派手な言動で知られるポーランド人、オシップ・センコフスキーである。重層的なアイデンティティを持つ彼は、一八〇〇年、ヴィリニュス近郊に住む没落貴族の息子、ユゼフ＝ユリアン・センコフスキとして生を受けた。それから、ロシア帝国の首都に移り住むと同時に、彼はその名を〔センコフスキーと〕ロシア化した。さらにややこしいことに、センコフスキーは、ブラムベウス男爵、トゥトゥンジュ＝オール＝ムスタファ＝アー、ビッテルヴァッセルなど、いくつものペンネームで書いたものを出版した。[31]

彼の同時代人、カザンのモンゴル専門家、オシップ・

コワレフスキと同じように、センコフスキーはヴィルノ大学で、歴史家のヨアヒム・レレヴェルや古典学者ゴットフリート・グロデックといった、優れた教授の下で学んだ。しかし、同様のサークルに入り、アダム・ミツキェヴィチと友人になっても、センコフスキーは大学のナショナリズム熱には、まったく無関心なままだった。彼の仲間たちはやがて、ツァーリの支配から解放されたいという熱い思いを彼が共有しないことを、特に、一八三〇年の失敗に終わった反乱（センコフスキーはこれを彼に典型的な毒のある皮肉で評した）の後に、悪しざまに言った。[32] 他方、アレクサンドル・ゲルツェンは、彼に「ロシア化されたポーランド人」という誤ったレッテルを貼った。[33] 本当のところ、センコフスキーは、いかなる旗印に対しても、忠誠を誓うにはあまりに皮肉屋過ぎたのだ。[34]

センコフスキーが東方の魔法にかかったのは、ヴィルノの学生だった時である。大学は東洋学の講座を持ってはいなかったが、グロデックもレレヴェルも、文献学と歴史学それぞれに対する関心からアラビア語を学んでおり、良く出来る学生たちに、彼らもその言語を学ぶよう勧めていた。[35] センコフスキーによれば、グロデックはこのように講じた。「東方はギリシアを説明し、ギリシアは東方を説明する。彼らは共に興り、栄え、共に滅びた。」そして、こう続ける。「その遺跡をくまなく探せば、(…)近代の精神からはまだ隠されている財宝を見付けることになるだろう。」[36] センコフスキーはこの助言を心に留め、徹底的にアラビア語を学んだので、卒業の一年前の一八一八年には、イスラーム以前の時代の賢者ルクマンの伝説を、アラビア語からポーランド語へ翻訳したものを出版したほどだった。彼は学部生時代に、トルコ語、ペルシア語、ヘブライ語でも、めざましい上達をみせた。

センコフスキーの超自然的とも思える語学能力に感動し、彼がヴィルノ初の東洋学者になるかも知れないという望みを持って、教員たちは彼に、近東で語学を学び続けることを推奨した。その頃破綻した結婚から逃げたい一心だったセンコフスキーに、強い勧めは必要なかった。唯一の障害は、彼の家族の危機的な財政状況であった。大学の司書、カジミェシ・コントリムは、新奇な解決策を思い付いた。彼は、三十人が、それぞれ三十ルーブルを旅に投資することを呼びかけるアピールを回覧した。購読者たちは見返りに、旅行記と、最新のフランスの研究、ムラジャ・ドーソンの『オスマン帝国総覧』のポーランド語修正版を受け取ることになっていた。

コントリムの計画は成功し、ポケットに一九〇〇ルーブルを持って、一八一九年九月一日、センコフスキーはヴィリニュスを出て、コンスタンチノープルへと旅立った。[37]ウクライナを通って、黒海の港町オデッサへと抜ける不快な陸路の旅（悪路、不潔さ、汚れ、混乱について、典型的な文句が書き連ねられている）の後、若き旅人は一月にはトルコのメトロポリスに到着した。そこでの生活は、彼の好みに合った。気候がとても穏やかであっただけでなく、センコフスキーはほどなく、富裕なポーランド人のアマチュア東洋学者、ヴァツワフ・ジェヴスキ伯とも知り合いになった。伯爵はこのポーランド人をすぐに気に入り、彼をオスマン帝国の宮廷に派遣されているツァーリの公使、グリゴリー・ストロガノフ男爵に紹介した。後者はジェヴスキの好意的な感触を明らかに共有していた。というのも、彼は即座にセンコフスキーに、ロシア使節団の通訳としての職を申し出たからだ。

その仕事は、若者の旅を邪魔はしなかった。ストロガノフ男爵は、彼の新しい通訳に語学の勉強を続けてもらいたかったので、彼をレヴァントへの旅に派遣した。センコフスキーの最初の滞在地は、ベイルート近郊のマロン派の大学で、そこで彼は、ウィーン大学を引退した優れた教授、アル＝フーリー・アントン・アリダ学長の下で、半年間、勉強して過ごした。[38]このポーランド人は、逗留について、鮮やかな描写を残している。「額に汗して、私は本を一つの山からもう一つの山へと引っ張って移した――それが私のたった一つの持ち物だ。アラビア語の純正な発音を完璧なものにしようと、のどは力を失ってボロボロだ。（…）マロン派の修道院にある自分の部屋に戻ると、同じくらい死に物狂いで、残る力を注ぎこんで、博学な僧の質素な図書館から持ってきたシリア語とアラビア語の写本をせっせと読む。（…）新しい仕事のために再び元気を取り戻すには、むき出しの台の上で、辞書を枕にとる二時間、せいぜい三時間の睡眠で十分だ。[39]」この描写は、手加減を加えて読むべきだろうが、センコフスキーは勉強に励んだあまり健康を害し、一八二〇年十一月、滞在を短く切り上げなくてはならなかった。

センコフスキーは南へと旅を続け、アクレとエルサレムを経由して、カイロに出た。ここで彼は、フランス生まれのエジプト陸軍参謀長スレイマン・パシャと知遇を得て、すぐに上流階級の社交界に加わった。ナポレオンの不運な遠征の直後からヨーロッパを席巻したエジプト・マニアの波は、若いポーランド人をすっかり失望させた。彼はギザのピラミッドを過大評価だと感じ、埃まみれの過去の遺物のかけらに法外な値を支払う「蒐集家のキャラヴァン」を嘲笑した。[40] にもかかわらず、ギリシアの反乱がトルコとロシアの外交的不和に帰着し、一八二一年の夏にカイロを発たなければならなくなると、彼は気分を害した。ギリシアの運動に同情はしていたものの、彼は、反乱に寄せる同時代人のバイロン的な情熱を、まったく共有していなかった。エーゲ海を通って帰国の途につく船旅の途中で出会ったギリシアの反乱兵たちは、彼には、ロマンティックな自由の戦士というよりも、横柄な海賊の暴徒と映った。[41]

センコフスキーの旅のはっきりとした目標の一つは、ポーランドの過去に関する、トルコ語の史料を集めることであった。コントリムの出資者への呼びかけは、数十年後のロシア人の耳には、馴染のある響きをもっていたことだろう。「我々の起源と、はるか遠い過去の東方の人々と我々の祖先たちとの関係を考えるには、風習や慣習、言語や歴史をもすすんで検討しなくてはならないし、オリエントを研究することでのみ、それは理解できるのである。[42]」センコフスキーは熱意をもってこれを引き受け、そして旅の早い段階で、「ポーランド貴族の起源について」と題する論文を書いた。それは、ヴィルノにいる彼の師たちには好意的に受け取られなかった。この論文は、上流階級は、ポーランドを六百年前に掃討したモンゴルの遊牧民の子孫に出自を持っており、それゆえ、それは国のスラヴ系大衆とはまったく異質だ、と論じていた。

一八二四年に、かつての王国に関するトルコ語文書の『選集』の第一巻を刊行すると、センコフスキーは、前作以上にポーランド人の怒りを買った。両国の関係をオスマン側の観点から実に自然に説明したために、愛国者たちは怒り狂った。ミツキェヴィチはこの本を「死に値する罪」「冒瀆」だと怒り心頭で非難した。[43] センコフスキーはもはや、ロシアでは当然視されているデリケートな話題にも気を遣わなかった。ペテルブルクへ移ってからは、十二世紀の『イーゴリ軍記』の信憑性を疑う論文を発表した。その論文は、ロシア史の史料としては、『原初年代記』よりもスカンディナヴィアの伝説の方が適切であると論じ、貴族団の舞踏会を蛍の求愛行動になぞらえた。(そして、ニコライ一世の秘密警察長官ベンケンドルフ伯から厳しい叱責を受けた。)[44]

トルコとの関係破綻のせいで、一八二一年の秋に彼がペテルブルクに帰り着いた時、センコフスキーの外務省での地位ははっきりしないものだった。再び、彼の支援者、ジェヴスキ公がとりなして、彼を外務大臣に通訳として推薦してくれた。北の首都は、センコフスキーにとっては、そもそもほとんど魅力がなかった。レレヴェルへの手紙の中で、彼はこの街を「暗く、湿っぽくて、体に悪い洞窟に引きこもっている、美しい女性」にたとえた。[45]ルニチの大学での粛清が、意外にも新たな扉を彼に開くと、彼はそれをより肯定的に捉えるようになった。シャルモワとドゥマージュが出ていこうとしていたため、東洋学の二つの教授ポストが空くはずであった。そこでセンコフスキーはアラビア語の教授に応募したが、幾人かは、二十二歳ではあまりに若過ぎると言って反対した。数か月後、ヴィルノ大学が彼にポストをオファーすると、外交上の緊急性に鑑みて、教育大臣は彼の採用を即座に決めた。センコフスキーの若さに対する異議については、勤務記録の生年から二年を引くことで、あっさりと乗り越えられた。[46]

一八二二年八月十八日、ペテルブルク大学での就任講演で、彼はその教育哲学を披露した。[47]彼は、「東洋学の父」ことシルヴェストレ・ド・サシにしかるべき敬意を払い、彼の教科書を選んだ。同時に、新たに選任されたこの教授は、この科目には、ヨーロッパ言語の文法よりも、アラビア語の文法からアプローチする方が良いと、そして、アラビア語は文法を学ぶことでのみ、本当に習得できると説明した。彼はまた、アラビア語に、古典、現代(あるいは民衆語)の区別があるという考え方を批判した。そこには、どの西欧言語にもある文語と口語以上の差異はない。要するに、現代アラビア語を読み書きしたいと思う者は、「東方でそうされているように」、それを古典から学ばなくてはならない、ということであった。

センコフスキーは大学教員のポストに二十五年間就いていた。最初の十年間、彼は献身的な教師であり、多産な研究者であった。アラビア語の講座に加えて、個人的にトルコ語も教えていた。言語に限定することなく、近東文学と地理を初めて講じたのも彼だった。ある学生に言わせると、センコフスキーは「オリエントに関する歩く百科事典」で、また別の学生は「彼は言語学のような無味乾燥な科目を、実に面白い方法で扱うので、気が付くと二時間の授業があっという間に終わっている」と感激していた。[48]受講者は少な目であったが、センコフスキーはその後成功する幾人もの東洋学者を育てた。もっとも有名なのは、大学の最初のアジア史家、ワシーリー・グリゴリエフであろう。他方で、二巻組の『選集』に加え、センコフスキーは十八世紀初頭のブハラ史のフランス語訳を出し、サシ賞を受賞した。[49]

この分野でもっとも有名なセンコフスキーの貢献は、もっとも悪名高いものでもある。一八二七年、ファッデイ・ブルガーリンの新しい日刊紙『北方の蜜蜂』に奇妙な手紙が掲載された。それは、トゥトゥンジュ＝オールー＝ムスタファ＝アーという人物からだとされていた。その人は、ヤッファ〔現イスラエルの旧港町〕から来た「正真正銘のトルコ人哲学者」で、ペテルブルクのデパート、ゴスチーヌィー・ドヴォールで石鹸を売ることを余儀なくされていたという。[50]ある日、商品を包むための紙切れを仕分けていたところ、商人は偶然、オーストリアのアラブ研究者、ヨーゼフ・フォン・ハンマー＝プルクシュタル男爵の『ロシアの起源について』の廃棄本を目にした。トゥトゥンジュ＝オールは好奇心に負けて本を読み始めたが、たくさんの間違いや翻訳ミスに憤然としてきた。事実、この「手紙」は、ハンマー＝プルクシュタルの古代ロシアに関する近東の史料研究に対する、痛烈な批判だった。ペンネームで書かれたセンコフスキーの論評は、続いてフランス語と英語に翻訳され、広く読まれた。彼の弟子の一人、古銭学者のパーヴェル・サヴェリエフによれば、東洋学者たちはおおむねその評価に賛同したが、その仮借ない論調は得策ではないと思われたようだ。[51]

研究者として、センコフスキーは、東方を比較的客観的なレンズを通して見ていた。「歴史はフィクションではない」と彼は主張した。その実践に関わる者は、出来事を「敵の物語」を含むあらゆる史料から検討しなければならない。センコフスキーは「Audi alteram partem!(もう一方の意見も聞きなさい)」と命じたのだった。[52] 彼は、オリエントが他者であることを疑ってはいなかった。[53] アジア人たちは世界を「異なる原則と別の論理でもって」見ている。実際、東と西は「別々の惑星」なのである。[54] 様々な機会に、教授は前者を、非道徳的で、独裁的、そして変わることがないものとして描写した。同時代の中国研究者、イアキンフ神父のように中国に魅了されることもほとんどなく、中国政府を「アジアでもっとも臆病」だと考えていた。中国のイデオロギー、儒教は、清朝が三億六千二百万の臣民を洗脳し、従属させるために利用した「家父長制的慈悲のマキアヴェリ的虚構」にすぎない、と。[55] サンスクリット語に関しては(ロシアにおける擁護者、ウヴァロフは友人ではない)、その言語は過大評価され過ぎているとした。[56]

近東に対するセンコフスキーの態度は、これよりもやや曖昧だ。彼はイスラームを狂信的で文化に対して破壊的だとみなしていた一方、それを東方でもっとも進んだ宗教だとも考えていた。[57] さらに、オスマン帝国の政治秩序は、多くのヨーロッパ人が考えているほど「馬鹿げたものではない」と信じていた。事実、トルコ人は「市民の自由を深く理解」している。保守主義者として、センコフスキーは「夢想じみた西欧の理論」に対する彼らの敵意を、トルコを社会不安から守るものとして、美徳と考えていた。彼はまた、トルコの時のスルタン、マフムト二世(一八〇八―三九年在位)の改革を、珍しく皮肉抜きで褒め、ロシアの君主ニコライ一世との相似を暗に認めた。[58] しかしこれは、ロシアがアジアであるということではない。「パリはペテルブルクに似ている」と彼は書いた。「対照的に、ペテルブルクとコンスタンチノープル、[ロシアを含む]ヨーロッパ人とトルコ人は、まったく相容れない対極である。[59]」

一八三〇年代初頭のある時期、センコフスキーの学問に対する熱意が冷め始めた。研究は長い熟成期間があり、収穫までには大変な忍耐が求められる。筆の早い野心的な若者に、大学ではまだ収穫期は訪れなかった。しかし、広大な帝国の文化的中心地として、ペテルブルクは、書くオのある者たちに、別の、より直接的な表現手段を与えた。

首都に着いた直後、センコフスキーはヴィルノでの学生時代からの知り合い、ファッデイ・ブルガーリン(タデウシュ・ブルガーリン）を訪ねた。一八二五年、失敗に終わったデカブリストの乱の直後、ニコライ一世が行った文学抑圧にブルガーリンが関わっていたため、移住してきたポーランド人は、概して彼を、D・S・ミルスキーの言葉を借りれば「あらゆる正直者が忌み嫌う、下劣なごますり」とみなすようになった。[60]彼をさらにいっそう多くの者からの非難の対象にした理由は、一八二五年以前、ブルガーリンが後のデカブリストたちの多くと同じ、リベラル陣営にいたことである。もう一人の怪しげな政治的職業作家、ニコライ・グレーチと共に、センコフスキーとブルガーリンはしばしば、ニコライ一世の治世初期における反動的なロシア言論界の、打算的な三人組（別名「卑劣な出版者」）として、一緒くたにされてきた。これは、センコフスキーには不公平な評価かも知れない。彼の伝記を書いたアメリカ人研究者は、彼がブルガーリンと特に親しかったことはなく、彼らの関係は年を追うにつれて冷え切っていった、と指摘する。[61]この陰鬱な時代に生きる当時の多くの者にとって、彼の残酷なウィットは不快に感じられたかも知れないが、センコフスキーは決しておべっか使いではなかった。彼は専制の文学界の犬になるには、あまりにも冷笑的であった。

いずれにしても、一八二一年にセンコフスキーが最初に知り合ったブルガーリンは、初期の、より進歩的なブルガーリンであったということだ。十一歳年上のブルガーリンは、彼自身を同国人たちの師だと思っていた。翌年、雑誌『北方文書』を創刊すると、ブルガーリンは、若い教授の旅行記の一つをそこに載せ、彼を何人もの他の作家たちに紹介した。こうして、センコフスキーの直近の旅の回想録やオリエントの物語が、様々な定期刊行物に掲載されるようになった。

ペテルブルクの読者は、ヨーロッパの近東ブームを共有していたため、この多産なポーランド人には、当初から読者が付いていたのである。彼らは、『ベドウィン』『忘恩の徒の訓話』『盗賊』などの彼の物語を貪り読んだ。そのうちの一つ、『アンタール』は、一八六八年、ニコライ・リムスキー＝コルサコフの組曲の題材となった。プーシキンは『灰褐色の馬の騎士』に「魅せられ」、詩人の友人、ヴィルヘルム・キュヘルベッケルは、センコフスキーを、ロシアでトップ四人の作家に挙げた。[62]作家になった教授は、退職まで、オリエンタリズム的な物語を書き続けた。学問研究におけるよりもはるかにずっと、センコフスキーの文学的想像における東方は、不変、暴力、美、抑制のきかないセクシュアリティといった、オリエンタリズム的決まり文句に満ちていた。彼自身もまた、その一部を演じていた。一八三九年に彼のもとを訪ねた人物は、こう記している。「書斎はオリエント様式に飾られていて、その奥に、まだら模様のクッションの山の真ん中に、［センコフスキーが］くつろいでいた。（…）彼はたいてい、青いアルバニアのジャケットと、赤のトルコのズボンを履いていた。頭には、赤いトルコ帽。カーペットの上にクリスタルの水ギセルが置いてあり、そこから［彼が］香り高い煙をゆらゆらと吐き出していた。[63]」

エキゾティックな東方に関するその当時のロマン主義的な流行に、センコフスキーが乗っていたとしても、彼は同時に、それを冷やかさずにはいられなかった。[64]彼のもっとも人気の高い作品『ブラムベウス男爵の素敵な旅』は、オリエンタリズム的散文と学問研究の両方をからかったものである。[65]一八三三年に出版されたこの小説は、十等官の文官の旅を描いた悪漢小説で、その奇想天外な冒険は、ルドルフ・ラスペの架空の主人公、ミュンハウゼン男爵のそれを思い起こさせる。[66]プーシキンの『カフカスの虜』やレールモントフの『現代の英雄』の主人公たち同様に、ブラムベウス男爵は、高貴な生まれで、ロマン主義的な倦んだ人物、都市生活に幻滅し、刺激を求めてオリエントへ旅立つという、原型的な主人公である。コンスタンチノープルに着くやいなや、男爵はすぐに、官能的でエネルギッシュな、「オリエントの情熱と官能のすべてを傾けて私に夢中になった」通訳の娘との情事に溺れる。彼らの愛の交わし方があまりにも激しかったので、それは郊外全域を焼き尽くしてしまう。エジプト研究を風刺した別の二つの旅では、皮肉な調子でエドワード・サイードの先手を打って、異国の地の描写の中で、「他者」の異質性という概念を誇張した。今日では分かりづらいが、当時は、『素敵な旅』は大変な人気を誇り、作者は一般読者の間では、「ロシアで最初の流行作家の一人」になったのである。[67]

センコフスキーの作家としての成功は、彼を新しいキャリアに駆り立てた。一八三四年、彼は『読書文庫』を創刊する。これは、何百ページものニュース、研究、文学、評論が集まった「分厚い雑誌」の原型となる、人気の高い月刊誌だった。こうした雑誌は、十九世紀ロシアの知識界の要になった。何年もの間、『読書文庫』は儲かる事業で、プーシキンからドストエフスキーまで、ほぼ全ての重要な作家の作品を掲載した。同時に、センコフスキー自身がその多くを著した書評では、その容赦ない皮肉から、誰も逃れられなかった。

『読書文庫』の公然とした商業目的（と、その成功）、そしていうまでもなくその保守的な方針ゆえに、編集者は、インテリゲンツィアの間で最大の嫌われ者の一人となった。ほとんどの者は、彼に関するある著作家の評価に賛成しただろう。「［ロシア］文芸界の道化、（…）空想家の東洋学者で言語学者、盗作作家、宮廷ピエロのような批評家、我が文学界で最強の強情張り。[68]」

健康状態が最良だったためしがないセンコフスキーは、大学のポストからも雑誌の編集からも四十代後半で退き、その十年後の一八五八年に世を去った。矛盾に満ち、しばしば逆説的な見解を持つ人物であった彼は、ロシア・オリエンタリズムのジキル博士とハイド氏だった。研究者としてのセンコフスキーは、十九世紀前半にはロシアを牽引するアラブ研究者で、ワシーリー・バルトリドによれば「東洋学のペテルブルク学派の創始者」だった。[69]しかしながら、彼のもっとも重要な功績は、帰化先の同国人たちに、近東文学を紹介したことだった。[70]こうした業績にもかかわらず、この教授には強烈な知的ニヒリズムの気味があった。同僚の研究者や作家にたいする棘のある攻撃は、ニコライ一世下のロシア文化の中でも、非建設的な特徴の一つだった。

一八三〇年代、センコフスキーは徐々に教育を放棄していったが、ペテルブルク大学はアラビア語、トルコ語、ペルシア語の講座を開講し続けた。ウヴァロフ伯は、教育大臣を務めた一八三三年から一八四九年の間、大学における東洋学の強力な擁護者であり続けた。一八三五年の彼の高等教育令は、その十年後には閉講されてしまうが、モンゴル語とタタール語の講座も開かせた。一方、カフカス制圧のための軍事作戦難航を受けて、一八四四年にはアルメニア語、グルジア語、アゼリー語がカリキュラムに加えられた。[71]

大学はまた、アジアの諸言語を教えさせるために、学識のあるネイディヴ・スピーカーを雇い入れた。そこには、ルニチのポグロム〔ここでは粛清の意〕の後に昇進したミルザ・ジャファール・トプチバエフ、カイロのアル＝アズハル大学の教授だったシャイフ・ムハンマド・アイヤード・アッ＝タンタウィ、一八四九年にカザンから引き抜かれたイラン人、ミルザ・カゼム＝ベクが含まれていた。ある歴史家によれば、三十五年間の歴史の中で、ペテルブルク大学の東洋学部で教えていた十八人のうち、アジア出身の七人に比べて、ロシア人はたった三人だけだった。（残りはほとんどがポーランド人、ドイツ人、フランス人。）[72]ロシアの大学で外国人が多数を占めるのは、珍しいことではなかった。十九世紀初頭の帝国の首都の学術機関では、彼らは大きく平均以上の率を占めていた。独特だったのは、これほど多くの者たちが、西方よりも東方出身であったことだ。

世紀の半ばまでは、学科の履修者は少なく、東洋学ではカザンの前に見劣りしていた。これがすべて変わるのが、一八五四年十月二十二日、ニコライ一世が、ペテルブルクの学科を学部に昇格させる令に署名した時だった。カザンの講座は閉講となり、ほとんどの講師と、中でも優秀な学生たちが皆、図書館の大量の資料と共に、ペテルブルクに移った。東洋学を首都に集中させるという決定は、実際には三年早く下されていたが、外務省との管轄権をめぐる口論のせいで、相当の遅れが出たのだった。

ニコライの布告は、専制君主の気まぐれのようなものではなかった。彼の新しい教育大臣、アヴラーム・ノロフによれば、「東洋研究を進めるための資源を提供できる」がために、ペテルブルクはアジア言語を教えるには最適の場所であった。[73]しかし、真の理由は、帝国が膨張主義的方向に突き進み続けていた先の東方に関する専門知識を、体制がますます必要とするようになっていたことと、より関係が深い。ロシアは一八五三年にトルコに対して武器を取っただけでなく、カフカスの反乱も荒れ狂い続けていた。他方、清朝の一層の脆弱化は、極東のアムール川に新たなチャンスをもたらした。

この動きは、一八四四年、通訳養成のために、毎年五人の学生をザカフカスからペテルブルクに派遣することをツァーリが命じたことで、国内的に固められた。[74]カザンの東洋人文学科の入学者数が一八五〇年頃に急落すると、教育大臣は、アジアに関する全教育課程を中央に集中させることを検討し始めた。これは、十分に訓練を積んだ行政官を、コンスタントに確保するためであった。ペテルブルクはすぐに、理に適った選択肢として浮上した。

計画の最初の具体化は、ペテルブルク大学の歴史・文献学部の東洋言語学科だが、ペテルブルク学派はまだカザンの弟分でしかなかった。後者は、行政のトップの熱心な後援と共に、専制体制の「東方への窓」としての当時の役割から、十九世紀の前半、ヨーロッパを除けば、ロシア国内のアジア研究のまさに中心となっていた。しかしながら、一八五〇年までに、ペテルブルクの教授たちが強固な基礎を築いた。ツァーリがヴォルガ川からネヴァ川へと西に舵を切ると、ペテルブルク大学が東洋学を主導する象徴となるのに、そう時間はかからなかった。

初期のペテルブルク学派は、別の重要な遺産ももたらした。カーチャ・ホカンソンが述べたように、「ロシアでは、もっとも有名な東洋学者が、必ずしも真の研究者とは限らなかった。実際には、西ヨーロッパでの熱狂がもたらした、東洋学やロシアに存在するオリエンタルなものに対する興味関心を利用するだけの、知性がある者だった。」[75] 帝国の文化的中心地に位置したこの大学は、東方がとりわけ流行していた時代に、ロシアの文芸にも影響を与えた。もっとも優れた教授、オシップ・センコフスキーが、一八三〇年代に文学の方に力を注ぐようになると、プーシキンやレールモントフのような作家のオリエントへの興味をかき立てるのに、一役買った。その強烈なニヒリズムにもかかわらず、それは最終的に、彼が成した最大の貢献だったのである。

第8章
東洋学部

東洋の言語を学ぶのに、ペテルブルク以上に適した場所はない。(…)ここには、アラブの情熱的な詩が、ペルシアとトルコの高価な文献が、仏教徒の思索的な教えが、ユダヤの聖なる言語と中国の漢字があり、それらすべてに解説を付すことのできる者と、熱心な支持者がいる。

A・V・ポポフ

ペテルブルクの北端、スターラヤ・ヂェレーヴニャというところに、好奇心をそそる建築物がある。プリモルスキー大通り九十一番。大ネフカ川の右岸に沿って伸びる人通りの多い通りに、粗く切子面を刻まれたグレーがかった青紫色の花崗岩で作られ、鮮やかな黄、青、赤の煉瓦の縞模様を冠した、三階建ての大きな建物が、かつては静かだった別荘地の木々の間に、そびえ立っている。よく見ると、その建物は、ロシアのもっとも西欧化された都市には、はっと驚くほど場違いな特徴を備えていることがわかる。怪しむことなく西門から入った訪問者は、十九世紀ロシアの建築で好まれた新古典主義的様式に似ても似つかぬ巨大な四本の柱廊に支えられたポルチコに戸惑うだろう。標準的な白い円柱の代わりに、長方形の柱と入り組んだチベット様式の柱頭が、邪悪な霊を防ぐための鏡の円盤を擁した、明るい赤の装飾帯を支えている。その上にあるのは、細工を施された、八方に伸びる法輪で、その脇を一対の玉鹿が飾る。そして、仏教の勝利を象徴する二本の真鍮の筒が、天井を飾っている。いかめしく角ばったファサードに、内側に傾斜する曲線、平坦な天井とエキゾティックな細部を備えたこの建物の建築は、ペテルブルクの近代とラサの伝統の融合というのが、最良の説明だろう。

一九一五年に、ブリヤート人のラマ僧、アグワン・ドルジエフによって建てられた、スターラヤ・ヂェレーヴニャのこの寺院の建設は、楽ではなかった。二十世紀への転換期に、ドルジエフは、ロマノフ朝の宮廷へのダライ・ラマ十三世の使者として仕えていた。そして、まさに彼のイニシアティヴによって、仏教のダツァン、修道僧の祈禱の家が建てられたのだった。寺院は、ペテルブルクに住むブリヤート人やカルムィク人――チベット仏教ゲルク派の忠実な信者であるアジア系少数民族――の小さなコミュニティのためのものであり、それは、多民族帝国の首都で、それぞれの信仰の精神的ニーズを満たすための、多様な教会、シナゴーグ、モスクと同じようなものだった。[1]

ニコライ二世は、宗教への寛容を約する一九〇五年の十月詔書を発した後の、一九〇九年初頭にはこのダツァンを認可していたが、それはすぐに、偏見の強い一部のロシア人からの怒りを買った。シノドは、古いブラゴヴェシェンスク教会と墓地の近くという建設立地が、信者たちの感情を害すると抗議し、他の者たちは、「偶像崇拝の寺院」がキリスト教ロシアの心臓部で「異教」を布教するのではないかと恐れた。同時に、日本大使館が仏教事業に補助金を出しているという報告が、汎モンゴル主義に対する恐怖心を抱かせた。内務省の外国宗教宗務局〔外国信仰宗務局とも〕からの強い圧力の下、ニコライ二世の首相、ピョートル・ストルィピンは、数か月のうちに決定を撤回するよう、ツァーリを説得した。「街の中心部からの距離ゆえに、役人の監視の下に〔ダツァンの〕仏教徒住民を置くことが難しい」という反対理由のもとに、ストルィピンは建設を実質的に中止した。[2]

寺院には、数名の強力な友人たちがいた。スターラヤ・ヂェレーヴニャの地所を購入して間もなく、僧ドルジエフは賢明にも、多数の高名な東洋学者たちを顧問委員会に招き入れていた。ペテルブルク大学東洋言語学部のサンスクリット研究者、フョードル・シチェルバツコイに率いられたグループには、モンゴル語を専門とし、アカデミー会員でもある二人の同僚、セルゲイ・オリデンブルクとワシーリー・ラドロフが含まれていた。ドルジエフは、画家のニコライ・レーリヒと、仏教芸術に対する情熱をもった新聞発行者、エスペル・ウフトムスキー公にも声をかけた。これは賢明な行動だった。学者たちは、建設計画のもっとも有力な弁護者となったからだ。シチェルバツコイとオリデンブルク両者は、ストルィピンに、寺院建設を進める許可を出すよう訴えた。当初、彼らの請願は聞き入れられなかったが、幸運にも、シチェルバツコイの妻が偶然、内務省の副長官、ニコライ・クルィジャノフスキーと知り合いだった。後者が仲裁に入ると、ストルィピンは諦めた。

抗議は即座に、さらなる怒りを招きつつ再開された。辛辣なアピールの典型例が、掌院ヴァラームのパンフレットだった。彼は、「闇の力と反キリストの支配が、我々に迫っている。偶像崇拝の寺院が首都に開かれるのである。(…)これは、キリストに対する古の悪魔の蛇の攻撃にほかならない」と吠えた。[3] 他方で、外国宗教宗務局が計画を妨害しようという努力をしなかったため、警察官たちは、彼らの上役に、仏教徒の破壊工作について繰り返し警告していた。それよりさらに悪意ある者たちは、ドルジエフに匿名の死の脅迫状を送りつけた。対照的に、ペテルブルクの東洋学者たちは、ダツァンの熱心な支援者であり続けた。一九一五年八月十日、ドルジエフが盛大な礼拝儀式を執り行った時には、オリデンブルクとシチェルバツコイは、他の高名な学者たちと揃って儀式に参加した。一九一七年の十月革命の直後、国境を越えて高価な品を持ち出そうとした罪で逮捕されたドルジエフの命を、二人の研究者は嘆願の末、救い出すことに成功した。しかし、シチェルバツコイは、彼の管理下にあった寺院が、続く内戦の中で、赤軍に略奪されることを防ぐことまではできなかった。

寺院をめぐる論争の中で、帝国内の仏教徒少数民族の信仰の権利を守るにあたって、ペテルブルクの多くの一流東洋学者たちが果たした役割は、決して異常なものではなかった。実際、ツァーリのアカデミーで東洋学が学問分野として確立される中で、専門家たちは、彼らが研究する文化や人々を尊重する傾向にあった。もちろん、特に正教会の高等教育機関には例外もあったし、多くは偏見から完全に自由ではなかったが、全体的に、帝政ロシアの大学の東洋学部の教育者たちが、アジア人を、劣った、軽蔑すべき、悪意ある「他者」とみなすことは稀であった。十九世紀後半にこの分野を実質的に独占してい

であった。

ペテルブルク大学の東洋言語学部は、正式には、一八五五年八月二十七日正午に発足した。（奇しくも、皮肉なことに、これはイギリスとその同盟国がクリミアのセヴァストポリ要塞に最後の攻撃を仕掛けたのと、まったく同じ時刻であった。[4]）新しい学部は、イスラーム近東、内陸アジア、東アジア、カフカス、ヘブライの五つの学科に、十四人の講師を擁していた。後に、サンスクリット語、日本語、朝鮮語、チベット語と共に、アジア史とイスラーム法の講座が加わる。最初の学部長、ミルザ・カゼム＝ベクは、開設の辞を、実にふさわしくこう始めた。「ヨーロッパのどこにも、これほど多くの東洋学者が一つの学術機関に集ったところはありません。他のいかなる場所にも、一つの学部に、あらゆるアジア言語と文学の学科が、これほど密に結びついているところもありません。そしてそれ以上に、これほど多くの西欧の東洋学者と東方の知のその地の代表者が、我々のように一つの場所に集ったことなど、ないのです。[5]」

未来の雇い主となる可能性の高い外務省から、最大の需要があった言語を教える近東研究の学部には、圧倒的多数の学生が入学した。入学者たちの動機はしばしば、ロシアの植民地拡大にあった。一八六〇年代から一八八〇年代にかけてのトルキスタンでの帝国の小規模な戦争が、さらに多くの学部生を、アラビア・ペルシア・トルコ・タタール語科に引き入れ、二十世紀の変わり目の東アジアにおける動向が、多くの学生を中国語と満州語の履修に向かわせた。[6]

時に、カリキュラムは外交的なメッセージを伝えるように作られた。クリミア戦争のピーク時には、アジア博物館長、ベルンハルト・ドルンは、ロンドンに英領インドの脆弱さを思い出させるために、アフガニスタンの言語のコースを開いた。彼は、教育大臣アヴラーム・ノロフにこう説明した。「かくも不当にロシアに対する戦争を始めたイギリス人は、長い間、ロシアが中央アジアに進出することに怯えてきました。アフガニスタンは、ロシアと英領インドの間の障壁です。ロシアがそこに踏み込むかも知れないと考えて、［イギリス人は］震撼するのです。（…）アフガンの言語がロシアで公に教えられていると知れば、イギリス議会は茫然とするでしょう。」[7]

ほとんどの学生同様に、教育省も、ペテルブルクの東洋言語学部を何よりも職業訓練の場として見ていた。一八八八年に（政府に任命された）総長から大臣に宛てた手紙が、そうした姿勢の典型である。「東方における我々の文明化の使命、アジアのあらゆる問題における我々の権力と影響力の政治的確立は、注意深く準備しない限り、そして、軍事的手段と並んで、地域、その生活様式、信仰と言語に精通した人材を育てない限り、成功することはないでしょう。」[8] 東方に関する知識を備えた行政官を育成するという必要性があまりにも高かったので、一八六一年の学生暴動でペテルブルク大学の他すべてが閉鎖された時にも、東方研究の学部は、ツァーリから授業を続行する特別免除を受けた。[9]

ただし、専制体制が、教授陣を帝国の野心の道具だと考えていたとしても、教授たちは物事を違う風に捉えていた。カザン大学の東洋学部のメンバーが、その主要な義務を、通訳や政府の行政官を育成することだと考えがちであったのに対して、ペテルブルクの教授たちは概して、より学問的な目的を望んだ。カザンでキャリアを積み始めた学部長カゼム＝ベクは、例外だった。彼はしばしば、学問よりも、実践的なトレーニングを強調する必要性について語った。しかし、彼は圧倒的少数派だった。この問題をめぐって、学問の方が望ましいと考えていた人々が勝ち、三年のうちにカゼム＝ベクは学部長の職を辞した。[10] 一八六四年、新たに採用された歴史家、ワシーリー・グリゴリエフは、同僚たちを代表してこのように書いている。「いかに重要であろうとも、学部の実用的目標は義務の一部でしかない。あらゆる他の学部でもそうであるように、それにはもっとも重要な課題、つまり、学問研究と知識の普及が伴うのである。」[11] 一八八四年のアレクサンドル三世の大学令において、東洋学部の職業訓練の任務が強調されようとした時でさえも、教授たちはこの動きを巧みにかわした。[12]

これは、ペテルブルクの東洋学者たちが、より直接的な方法で国家に奉仕することを拒んだ、ということを意味しない。他学部のメンバーと同じように、様々な省や委員会にポストを持つ者もいた。[13] ミルザ・カゼム＝ベクがこの点で特に積極的だったことは、驚くべきことではない。一八五〇年に始まって、彼は法務省にイスラーム法学に関する助言をし、個々の裁定を評価しもした。[14] クリミア戦争中には、カゼム＝ベクは軍の士官たちにトルコ語を教え、参謀本部アカデミーのための語学教材も作った。[15] 中央アジア史家、ワシーリー・グリゴリエフは、内務省の検閲部長を五年間務め、ユダヤ委員会の一員でもあった。[16] さらに、インド研究者のイワン・ミナエフは、南アジアのイギリスの植民地に関して、参謀幕僚に報告書を上げていた。[17] けれども、ペテルブルクのほとんどの教授は、学問に集中することの方を好んだ。

もっと直接的に需要に応えさせようという、教授陣に対する体制の圧力は、容赦ないものだった。一八九二年、教育大臣のイワン・デリャノフ伯は、キエフ教育管区の監督官でテュルク研究者のウラジーミル・ヴェリャミノフ＝ゼルノフに、ペテルブルク大学の東方研究の状態を審査するよう依頼した。ヴェリャミノフ＝ゼルノフの報告は、好ましいものではなかった。近東の言語にしぼっていうと、学生の知識は「良くて月並み」。彼らの学問的訓練度は「はなはだ低い」。彼の意見では、主な問題点は、一つの言語を完全に習得するのではなく、履修生全員に三つの主要言語（アラビア語、ペルシア語、トルコ・タタール語）すべてを学ばせる慣行にある、ということだった。[18] 予想通り、教授陣はヴェリャミノフ＝ゼルノフの批判に激しく反発した。卒業生に十分な力がなかったとしても、それは多分に、不十分な資源のせいである、と彼らは反論した。履修言語を一つに限定することについては、三言語すべての間に歴史的つながりがあるがゆえに、それは教育上不健全である、とされた。[19]

東洋学部を服従させられないことに業を煮やし、大臣は調査に調査を重ねたが、効果は少なかった。[20] もっとも思慮深い分析は、モスクワ大学の名誉教授で、アジア言語に興味を持つラテン語学者、フョードル・コルシュによるものである。一八九六年の報告で、彼は、職業訓練からの重点移行は、きわめて自然なことだと指摘した。「実用から理論へと徐々に移行し（…）高等教育機関の一部を自任する東洋学部は、西欧の東洋学へと踏み込んだのである。学問的追究において、［ロシアの東洋学者たちは］実際的な問題にはあまり関心を払わない。」実用的な教育よりも学問研究を好む教授を酷評することは、基本的に、「東洋学部は、大学の学部のように振る舞うので、非難すべきだ」と言うに等しい。結局、コルシュは、大臣の望みは非現実的だと結論付けた。政府の行政官にアジア言語を教えたいのであれば、その目的のための、実用的な機関を創るべきである、と。[21]

ペテルブルクの教授たちが体制に抵抗できた理由の一つは、おそらく、モスクワのラザレフ東洋言語学院のような、別の選択肢が存在したからだろう。[22] この学院は、一八一四年にアルメニア人の一族が同胞のための学校として創立し、そのカリキュラムは近東とカフカスの言語に主眼を置いていた。ロシア人も迎え入れられており、十九世紀の間にそれらの地域における国益が増大すると、官庁への関与も増えていった。一八七一年、教育大臣のドミトリー・トルストイ伯が、ペテルブルク大学の東洋学カリキュラムをモデルにした、三年制の特進コースをラザレフ学院に組織したが、それははるかにずっと実際的な方針を持っていた。通訳と領事館の行政官を養成することを第一の目的とし、課程にはアラビア語、ペルシア語、トルコ・タタール語教育と、さらに追加コースとしてアルメニア語とグルジア語が含まれていた。

二十世紀転換期の、専制体制の極東への一時的なのぼせあがりは、ウラジオストクで類似の構想をふくらませた。[23] シベリア鉄道と、一八九六年の清朝との協定の直後に持ちあがった同じくらい野心的な計画ゆえに、東アジアの言語に通じた行政官が至急必要となった。一八九九年、ニコライ二世の太平洋への冒険の第一の計画者であった財務大臣セルゲイ・ヴィッテは、これに応じて、東洋学院がこの港町に設立されるよう取り計らった。「政治的、商業・経済的活動に従事する人材」を育てることを委託され、学院は、中国語、日本語、朝鮮語、モンゴル語、満州語を教え、一九〇六年からはチベット語も教えた。学生たちはウラジオストクの東洋学院に大挙して押しかけ、一九一六年までに、その卒業生の数は、およそ三百人の文官と、二百人を越える士官にのぼった。

ペテルブルク大学の東洋学部でもっとも際立った教授の一人が、半世紀近くにわたって中国語の教鞭を取ったウラジーミル・ペトロヴィチ・ワシリエフであった。カザン学派が輩出したワシリエフは、アジアの言語教育の重視、一次史料への依拠、東方に対する、客観的ではあるけれども無情ではない姿勢など、カザンの伝統の多くを首都でも受け継いだ。同時に、科学的唯物主義、進歩への信仰と、反体制的政治傾向を組み合わせた彼の世界観は、ロシアのポスト・ロマン主義的インテリゲンツィアに典型的なものだった。

ワシリエフは、一八一八年、カザンの上流にあるヴォルガ川流域の商業都市、ニジニ・ノヴゴロドに生まれた。彼の父は、地方政府の下級職員だったが、両親は共に聖職者の身分の出で、少年は最初、家族の助祭から教育を受けた。ワシリエフの父はすぐに息子の才能に気付き、彼を街のギムナジウムに入れて、大学に進むための教育を始めた。ウラジーミルの野心は、一八三二年に父親が、寡婦と子供たちを困窮状態の中に残したまま死んだ時に挫折しかけた。その結果、少年は、彼の母親を養うためと、自分の学資を稼ぐために、二年間家庭教師として働かなくてはならなかった。

ワシリエフの少年時代は幸せなものではなかった。晩年に書いた短い自伝の中で、彼は惨めだった日々を、三ページ半にわたって事細かに記しているが、職業上の業績についてはたった一段落しか書いていない。彼の最初の記憶は、家族の死、厳しい父親の折檻、貧乏の苦しさであった。彼は冷笑的にこう思い起こす。少年だった頃、「全世界は、私に苦しい思いをさせるためだけに創られたのであって、すべてのことは幻想なのだと思っていた。つまり、私は自家製仏教徒だったわけだ。[24]」彼の心理状態は向上することがない。失望、焦り、悲しみが、彼の自伝に繰り返し現れるテーマなのである。学者としての頂点にあった時に撮影された彼の公的な写真は、深い哀愁を漂わせている。

一八三四年の夏、十六歳の時に、ワシリエフは大学の医学部の入学試験を受けるためにカザンに移った。合格はしたものの、彼には学費を払うことができなかった。総長をさんざん悩ませた末に、若者は、東洋学部で教え始めたばかりのオシップ・コワレフスキの下で、モンゴル語を学ぶための奨学金を与えられた。言語を学ぶには良いだろうと、ワシリエフはブリヤート人の僧の下に下宿した。総長の確信には、十分な根拠があった。ワシリエフは二年目に銀メダルを取り、三年目の終わりには、教育大臣がチベット語の作文に対して三〇〇ルーブルの賞を授けた。北京への宣教団の元メンバーだった掌院ダニール（シヴィロフ）が学部に加わったその年に、彼は中国語も履修した。ワシリエフはその後も学究活動を続け、一八三九年には「仏教哲学の基礎について」という学位論文で、カザンで初めてのモンゴル文学の修士号を取得した。

ワシリエフが卒業する以前、既に、コワレフスキは彼の中に未来の同僚を見出していた。チベット語の講座を設置する計画が持ち上がると、彼の弟子はそのポストに相応しい候補者に思われた。敬意の念は双方向のものであった。師匠の同国人たちのロシアへの敵意を好きにはなれなかったが、ワシリエフは後年、こう回想した。「私の進歩と、私の学問と国家に対する特定の見解に関して、私はポーランド人教授（オシップ・ミハイロヴィチ・コワレフスキ）に多くを負っている！」彼は、コワレフスキがくれたもっとも重要な教訓をこう語る。「真実の探求において、権威の前に屈するな。あらゆる事実を、好き嫌いなく検討しろ。決して、いかなる疑問も完全に解決したと考えるな。」[25]

コワレフスキは、ワシリエフを学術的キャリアにおいて鍛えるべく、非常に厳しい計画を提案した。それは、北京への第十二回目の正教宣教団の一員として、十年間、彼を派遣するというものだった。さらなる勉学のために外国に送り出されるロシアの有望な若い学者によくあるように、彼にはいくつもの厳しい指示が下された。彼の指導教授は、チベット語と地域の他の言語を習得し、アジアの民族を取り巻くすべてを学び、教材を作成し、日記を付け、中国語と満州語の文献の網羅的リストを作るようにと求めた。他方、科学アカデミーを代表して、イサーク・シュミットは、単純に「学問的に関心を惹かれたことすべて」を報告するようにとだけ依頼した。[26] ワシリエフ本人にも、目標があった。仏教に関する包括的な理解を得たいと思うだけでなく、「それを中国に関する知識——歴史や世俗文学も——に加え、中央アジアの論争的な側面に光をあて、満州語、朝鮮語、トルコ語に精通すること」を計画していたのだった。[27]

ワシリエフは、一八四〇年一月、シベリア、モンゴルを経由して北京へと向かう宣教団がカザンに立ち寄ったところで、それに合流した。宣教団は、教育大臣セルゲイ・ウヴァロフを心底嫌う外務大臣、カール・ネッセリローデ伯の保護下にあり、そのことが、遥か遠い極東におけるワシリエフの任務を複雑なものにしてしまった。宣教団長、掌院ポリカルプ（トゥルガノフ）が、聖職者の中に俗人が加わることに腹を立てていたという事実も、事態を悪くした。そして、ワシリエフが内心期待していたような、『千一夜物語』で読むようなオリエントの不思議」に出会う代わりに、北京は、巨大で不毛な、悪臭を放つ、まったく興味をそそらない建築物の広がりで、「埃と不快感」が一歩ごとに自分を迎える地と映った。[28]

ワシリエフは、北京滞在中に中国好きにも中国嫌いにもなってはいけない、という師の教えに従った。その長いキャリアを通じて、彼は中国政治の一流の権威であり続けることになる。彼の論文や論評が示すように、彼はその不快な経験が、中国に対する見解を染めることを許さなかった。[29] ワシリエフの最初の公的な場での発言は、一八五〇年、カザンでの就任講演「中国の意味について」であった。[30] ロシアが東の隣国を無視していることに対するお決まりの不平の後で、彼は様々な西欧のステレオタイプを批判していった。一つには、アジアは単一のものではない、ということがある。西欧にキリスト教、イスラーム、ユダヤ教の違いがあるように、「儒教の無味乾燥な経験主義、仏教の健全な信仰、ヴェーダの夢のような伝説」の間には多くの差異があるからである。[31]

ともかく、ワシリエフは考えた。「東と西とは何なのか？」と。そもそも、モスクワはエルサレムの東にあるが、ウラル山脈（一般的には、ヨーロッパとアジアの境界とされた）の西に位置するペルミの町は、インダス川河口と同じ経度にある。[32] 後の論文の中で、彼は、オリエントとオクシデントの古典的区分を、別の方法で問い直した。「真の東には（…）ペルシアもトルコも含まれない。これらの国々は、我々が西とみなしているヨーロッパの一部と、長い間密接に結ばれていた。ペルシアとトルコは、西欧の南部に過ぎない。ロシアとスカンディナヴィアが西欧の北部であるのと同じように。真の東方とは、中国に支配され、南をインド、北をシベリアが占める地域から構成されている。[33]」

東が何であれ、それを「他者」とみなすことに、ワシリエフは頑なに異議を唱えた。彼の指導原理は、「どこに住んでいようとも、人は変わらず人である」というものだった。違いはあろうとも、それは主に、ユーラシアの半々それぞれの歴史的発展によるものである。デイヴィド・ウルフが述べるように、ワシリエフの中国観は、彼の師、コワレフスキのそれと似ている。[34] たとえば、ワシリエフは、中国が静止したものでも不変のものでもない、ということを強調した。ヨーロッパの科学技術への十分なアクセスを持っていることを考えれば、中国の人々はかつての偉大さを取り戻すだろう。はっきり言えば、中国は西欧を凌駕するかも知れない、と彼は警告した。しかし、彼の講演全体のトーンは楽観的だ。「我々は、［西と東の間の］隔たりが消滅する時代の幕開けにいるのです。この予言をするには、千里眼になる必要も、偉大な哲学者になる必要もありません。我々はただ、共通して持っている先入観を捨てれば良いだけなのです。[35]」

その後五十年間に清朝が経験する激変にもかかわらず、ワシリエフの見解は実に一貫していた。彼は、「私の思想や意見は、すべて中国［北京宣教］で生まれた」と説明した。[36] 一八八四年の論説『中国の進歩について』の中で、教授は「知的能力を人種によって分類するという誤った理論」に、激しく反駁した。[37] それより以前の一八五九年の論文「中国の発見」は、中国の当時の弱体化を率直に説明していた。それはもっぱら、清朝の強欲によるものである、と。[38] 寄生的で異質な満州族による一六四四年の征服は、当初帝国が持っていた活力を奪ってしまったのだと。別のところでのコメントから確認できるように、ワシリエフは北京での年月の間に、ステップの遊牧民に対する中国の伝統的な偏見に、すっかり同化していたのだった。[39]

ロシアのアジアでの使命についてのワシリエフの立場は、より曖昧である。多くの同国人と同じように、彼は、ロシア帝国の支配が、その保護下にあるオリエントの人々に資するものだと信じていた。「我が国の異族人たち［アジア系少数民族］は、ロシア人自身よりも良い暮らしをしている」と。[40] 教授は、東方におけるイギリスや西欧列強の強欲な植民地主義を、頻繁にののしりもした。同時に、彼は国民に、アジアにおけるマニフェスト・デスティニーを実現するよう呼びかけた。「私はオリエントを愛している。それゆえに私は、ロシアの壮大で実り豊かな事業を予見するのであり、その支配下で、いつの日か我々が本当の意味で ex oriente lux［光は東からくる］と言えるものと確信するのである。[41]」しかし、別のところでは、彼はペテルブルクによる中国での領土獲得を批判した。例えば、彼は当初、清朝に中央アジアのイリ渓谷を返還することに反対していたが、一八七六年には、外務省の友人、フョードル・オステン＝サッケン男爵に、両国の良好な関係のために、その領土を還すべきだと促すようになっていた。[42] 二十年ほどの後、彼は同様に、ロシアによる満州の旅順占領に反対した。[43]

ワシリエフは国内問題についても書き記した。一八七五年、ロシアにおける改革の処方箋を、「現代の諸問題について」と題した原稿として書き溜めた。最初の二版は検閲を通過しなかったが、論集は結局その三年後、『三つの問題』として刊行された。フランス革命のモットー「自由、平等、博愛」を引き、教授は、ヨーロッパ金融から祖国が経済的に解放されることと、身分に関係なく全ロシア人が教育を受けられることを求めた。地方の困難な問題については、農民が自分たちの運命を集団で決められるように、共同体を維持するべきだと主張した。[44]

ソ連時代のある伝記作家は、拙速にも、ワシリエフ自身はまったくラディカルではなかった、と指摘した。しかし、彼の二人の息子は、学生時代の破壊活動のせいで、第三部の監視下におかれることになる。そのうちの一人、ニコライ・ウラジミロヴィチは後に、労働者争議に関与したことにより、一八七八年、北極圏の港町アルハンゲリスクに追放され、そこから結局スイスに亡命することになる。父親の支援を受けて、彼はその地で労働運動に関わり続けた。ロシア帝国の秘密警察のファイルには、一八九二年五月一日、ベルンで、ニコライが「赤旗を掲げ、ビラを配りながら、労働者のデモの先頭を行進していた」という報告が収められている。[45]

ワシリエフにとっては、北京での宣教団との長い年月が、人生でもっとも辛いものだっただろう。けれども、気を逸らすこともほとんどなく、飽くことを知らない知識欲をもって、彼は、不可能と思われるほど広範な指示の多くを達成することができたのである。チベット語、中国語、満州語に堪能になることに加えて、ワシリエフはその滞在中に、膨大な量のメモを書き残し、これは彼の後のキャリアの中で、その研究を大いに豊かなものにした。中でももっとも重要なのは、仏教に関する広範にわたる調査で、そのうち二冊の本が最終的に出版された。

彼は、東アジアの言語、宗教、歴史に関する深い知識を得て、一八五〇年九月、カザンに戻ってきた。彼の上げた成果に喜んで、大学は彼を准教授に任じた。前任者が亡くなったばかりだったので、彼はチベット語を教える代わりに、中国と満州研究のポストに就いた。その肩書きに甘んじることなく、ワシリエフは早速、中国の金融と地理に関する七本の論文を発表し、それによって、帝立地理学協会の会員に選ばれた。一八五二年、彼は総長の娘、ソフィア・イワノヴナ・シモノワと結婚し、彼女との間に四人の男の子と一人の女の子をもうけた。二年後、ワシリエフは正教授に昇格を果たした。

一八五五年、カザンからペテルブルクへの東洋学者たちの一斉移動に、ワシリエフも入っていた。その地で彼は、四十五年間、一九〇〇年に亡くなる直前まで教鞭を取った。十九世紀の後半、帝国内では北京語を教える大学が他になかったために、教授はそこでの長いキャリアの間ずっと、ロシアにおける中国研究を独占していた。最長期間（一八七八年から一八九三年まで）務めた学部長として、彼は東洋学部の重鎮であった。同僚たちの中には、彼を守旧派だと思っていた者もいたが、ヒンディー語、チベット語、朝鮮語、日本語などのより多くの言語を入れるべく、カリキュラムを広げるにあたって、彼は多大な尽力をした。

この教授は、母校の教育実践をペテルブルク大学にも多く持ち込んだ。もっとも重要なのは、西欧の東洋研究を軽視したことだろう。多くのカザンの同僚以上に、ワシリエフは、研究においても教育においても、もっぱらアジアのテクストに依拠した。ヨーロッパの潮流とは並走してはいたものの、彼はそれを意義あることだと考えなかった。ある仏教研究の中で記したように、「もちろん、ロシア、フランス、イギリス、ドイツの研究者たちは、このテーマに関して実に多くを書いてきた。私はそのほとんどの研究成果に通じているが、それらは私に、仏教について教えてくれはしなかった。」ワシリエフは誇らしげに、北京での十年間が、彼に独特な視点をもたらしてくれた、と主張する。「しばしば述べてきたように、私は他の研究者よりも、さらに多くの史料と情報を求めてきたと、自信を持っている。[46]」

ミルザ・カゼム＝ベクやオシップ・センコフスキー同様、ワシリエフも、古典よりも現代の生きた言語を教えることを、強く主張した。一八八六年の論文で、彼はこう述べている。学界全般では、古典主義から「より現実的な学びへ」というのが流行だが、言語についてはそうだとは言えない、と。ダーウィン主義的喩を引いて、彼は次のように示唆した。「まるで、［淡水魚の］コイやクラゲを研究することが、生きている人々の言語、文学、歴史を研究することよりも高尚で貴いといっているようなものだ。」彼は、なぜ学部が、現代ヒンディー語よりも、（ギリシア語やラテン語同様死んだ言語である）サンスクリット語を教えているのか、と訝った。[47]

ペテルブルクの東洋学部が出来た二年後、学生の中から、適切な教科書がないことへの不満が上がった。[48] 中国語履修者は、彼らの手にある唯一の教科書は、一八三五年にイアキンフ神父が作成した「とても不満な」文法書だけだ、と書き残している。ワシリエフは彼らの言葉を肝に銘じた。僅かな財源しかなかったにもかかわらず、その先の十年間にわたって、教授は中国語と満州語両方の教科書と辞書を作成した。中国語の漢字を分類するために彼が開発したシステムは、語根で分類する西欧の方法とは対照的に、音韻によるもので、それはソ連時代のロシア語の辞書でも変わらず使用されていた。ワシリエフは、中国語の文法と言語についても、他の十九世紀ヨーロッパの中国研究者たちとは異なる視点を持っていた。彼の同僚たちは、中国語は印欧語ほど洗練されていないと信じがちであったが、ワシリエフはこれを、かなり違った風に考えていた。「人間はどこでも同じだ。もしも中国人の脳がヨーロッパ人と同じようにできているなら、特に千年にわたって思考し、思想を表現してきた前者に、文法がないなど、どうやって発想することができるだろう。」[49]

ワシリエフの生涯にわたる野望は、中国と中央アジアの仏教に関する、最初の体系的な研究を著すことであった。彼は、北京での修行にもとづいて、宗教の教義、文献、歴史を検討し、さらには七世紀の中国の巡礼の僧、玄奘の旅行記を含めた、六巻本の出版を構想した。ワシリエフが打ち出したもっとも重要な新機軸は、彼の同時代人のほとんどがやっていたように個々のテクストに焦点を当てるのではなく、仏教の信仰全体を対象にしたということだった。[50] 彼にとっては、教義とは、常に進化を続ける、一貫した有機的な思想体系であった。たとえば、経典は変わらぬものと考えるべきではなく、むしろ、「特定の時代における、ブッダの教えの歴史」を表すもの、とみなすべきであった。[51]

ワシリエフが計画していた研究を完成させることはなかった。教育活動、時事問題への関心、そしておそらくは鬱病の発作ゆえに、彼は二巻目以上を刊行することはできなかった。概説である第一巻は、一八五七年にロシアで刊行され、続いてドイツ語とフランス語に翻訳され、好評を博した。[52] 初めて仏教の包括的分析を世に出した彼の功績を元素記号周期表になぞらえて、フョードル・シチェルバツコイは彼を「東洋学のメンデレーエフ」と呼んだ。[53] それから十二年後、彼はどうにか第二巻、チベットの史料を使ったインドの仏教史を完成させた。

キャリアの多くをこの宗教に費やしたものの、彼は隠れた仏教徒ではなかった。ワシリエフには無神論の気があったと示唆した、ソ連時代の中国学者、ワシーリー・アレクセエフは、おそらく正しかっただろう。[54] 確かなことは、教授の考えは、当時のインテリゲンツィアの科学的唯物論と軌を一にしていたということで、それゆえに、特定宗派への熱情には向かわなかったということである。ワシリエフの学問的関心は、ロシアの東洋学における、より大きな流れも反映していた。十九世紀前半のように、この分野で文献学が優位にあったなら、研究者たちはもっと宗教研究に向かう傾向にあったことだろう。彼自身の言葉で言えば、「宗教ほど、深い人間理解をもたらしてくれるものはない」のであるから。[55]

彼の学問への貢献を考えると、ワシリエフが科学アカデミーの正会員に選ばれるには、驚くほど長い時間がかかった。一八八六年、大学が彼の研究者としてのキャリア五十周年を祝った前年になってようやく、彼はその名誉に浴したのだった。ある研究者によれば、遅れの理由は、彼がロシア語以外の言語で出版することに根強い反感を持っていたからで、それゆえに彼の仕事の多くが西欧で読まれ得なかったからであろう。また、彼には生来論争的な傾向があり、それが数名のアカデミー会員を怒らせていた。[56] 同時に、ワシリエフは、ジェネラリストであり大衆向けの書き手であるという、そして、あまりにも多くのテーマについて、あまりにも広い読者層に向けて描くという、学問における重罪を犯したのだった。

アカデミーの当時の規則では、正会員は賃金カットなしでは教え続けることはできないことになっていた。そこで、ワシリエフは大学を退職しようとしたが、彼の上司は、コマ数を減らすので留まって欲しいと引き留めた。

彼が抵抗にあった理由の一つは、相応しい後任を見付けるのが難しいことにあった。彼の二人の弟子、セルゲイ・ゲオルギフスキーとアレクセイ・イワノフスキーが、年老いた師の後を継ぐことを望まれて雇われたが、前者は早すぎる死に見舞われ、後者はアルコール依存と狂気に倒れた。ワシリエフが一九〇〇年四月に亡くなると、ペテルブルク大学の中国研究は、強烈な打撃を受けたのだった。

一八七六年八月二十日、東洋学部の学部長、ワシーリー・グリゴリエフは、ペテルブルク大学の大ホールで、第三回国際東洋学会を正式に開催した。「素晴らしい歌声」と、「多くの異なる民族の代表が、それぞれの民族衣装で盛装して」列席した後で、組織の公用言語、フランス語でスピーチが始まった。「宗教的、政治的熱狂に呑み込まれ、ヨーロッパとアジアは苦痛に満ちた騒乱状態（…）人種対人種の闘いの中にあります。ある信仰が別の信仰に対立するスローガンを掲げ（…）［しかし］制御不能な熱情の海にあって、それらが侵入しようとはしない天国、より幸せな時代の到来を予感させる聖域があります。その隠れ家こそ、学問なのです。」平和的協力の場としての科学の役割を強調しつつ、グリゴリエフは自国の大陸的アイデンティティを主張した。「たった今、あなた方を匿っているこの建物は、ペテルブルクでもっとも古いものの一つです。これは、近代ロシアの建設者、ピョートル大帝のまさにその手によって作られたと言えましょう。ここでは皆、我々を西欧諸国の偉大な家族に導き入れた尊い君主の庇護下にあるのです。[57]」

この学会は、フランスの日本学者、レオン・ド・ロニーの申し子であった。学会におけるこの分野の地位を正統化するために、彼は一八七三年、パリのソルボンヌで最初の東洋学者の国際会議を開催した。翌年、ロンドンが第二回目の会議を主催し、それから第一次世界大戦までに十三回の会議が開かれた。万博や産業博覧会など、ナショナリズムの時代の国境を越えた集まり同様、学会は主催国に、自国を見せびらかす機会を与えた。ペテルブルクでのイベントも、その例外ではなかった。学問的な議論に参加していない時は、海外から来た五十そこらの代表団は、帝国のアジア系少数民族のイスラーム美術、オリエントの写本、工芸品の特別展示や、豪勢なパーティ、ペテルゴフの宮殿への観光に招かれた。

第三回目の開催地としてペテルブルクを選んだのは、ロシアの東洋研究に対するヨーロッパの明確な敬意の表れであった。それはまた、この分野の西欧との関係の変化を先触れするものでもあった。十八世紀初頭に科学アカデミーで立ち上げられた当初は、外国人がアジア研究を独占していた。大学の最初の五十年の間、主な研究者たちは、西欧の同僚たちと遠く隔たりがちであった。しかし、十九世紀が近づくと、今度は、ペテルブルクの東洋学者たちは徐々に、自分たちをヨーロッパの研究者コミュニティの一員だと考え始めた。

この発展の背景にあった原動力は、一八九三年にワシリエフの後を継いで学部長になったアラブ研究者、ヴィクトル・ロマノヴィチ・ローゼンであった。その名が示す通り、ローゼン男爵のバックグラウンドは、前任者のそれとはだいぶ異なった。バルト海の港町、レイヴァール（現エストニアのタリン）のドイツ貴族の一族に生まれた彼の世界観は、東方というよりも西方のそれだった。[58]一八六六年、彼は、近東文学を学ぶためにペテルブルク大学に入学したが、彼以前の世代のロシアの東洋学者たちとは異なり、アジアではなくヨーロッパで学業を仕上げた。ライプツィヒの有名なハインリヒ・フライシャーの下で一年間学んだ後、一八七二年から早すぎる死を迎える一九〇八年まで、学部でアラビア語を教えた。

男爵の研究は、アジア博物館所蔵の中世イスラームの写本が中心だった。この点で、彼は貴重な貢献をしたが（ビザンツ研究者たちは今でも、アラブ世界との関係に関する彼の研究に依拠している）、彼のもっとも意義深い功績は、教育と大学行政におけるものだった。学生の一人、イグナティー・クラチコフスキーは、ほんの少しだけ誇張しながら、ローゼンの「名は、まったく新しい東洋学派と結び付いている」と述べた。[59]前者に加えて、ローゼンは、ワシーリー・バルトリド、セルゲイ・オリデンブルク、ニコライ・マールといった、ソヴィエト初期の優れた東洋学者を多く育てた。何よりも、彼らに、ヨーロッパの研究を重視する視点を教え込むよう努めた。ヴェラ・トルツが指摘するように、ローゼンは、彼の学部で教鞭を取ろうとする者は誰でも、彼自身がそうであったように、西欧の教育研究を良く知るために、西欧で修業を終えるべきだと主張した。[60]

ドイツの出自はいうまでもなく、そのコスモポリタンな視点にもかかわらず、彼は帝国に忠実で、学問言語としてのロシア語を強力に擁護した[61]。この点において、彼は、ミルザ・カゼム＝ベクやオシップ・センコフスキーといった、外国の血を引くペテルブルクの東洋学者たちとそう変わらなかった。実際、男爵が西欧との交流を促進したのは、一部では、ロシアの研究成果がより広く知られるようにするためであった。

ローゼンのもっとも重要な業績は、ペテルブルク学派を、キャンパスをはるかに越えて広めたことであった。彼の最初の重要な試みは、一八八五年に会長に選ばれた帝立ロシア考古学協会の東洋部門を通じたものであった。四十年近く以前に設立された協会は、長い間、帝国の古代アジア文化に強い関心を寄せていた。パーヴェル・サヴェリエフはその創始メンバーの一人であった。ローゼン男爵の下で協会は、翌年彼が創刊した『帝立ロシア考古学協会東洋部門紀要』を通じて、ロシア東洋学の発展をさらに促進するにあたって、積極的な役割を果たし始めた。

この点、ロシアは後進だった。十八世紀の終わり頃にかけて、ベンガルのウィリアム・ジョーンズのアジア協会は『アジア研究』を出版し始めていたし、フランスの『アジア・ジャーナル』は一八二三年に初めて刊行され、その二十五年ほど後に、ドイツの東洋学協会の『ジャーナル』誌が続いていた[62]。これは、ペテルブルクの努力不足のせいというわけではなかった。一八一八年、シベリアの歴史家、グリゴリー・スパスキーが、『シベリア通報』をペテルブルクで創刊したが、そのタイトルとは違って、雑誌は東方研究を幅広く扱っていた。後に、その関心対象をより正確に表す『アジア通報』へと名称を変えて、この月刊誌は、九年間続いた[63]。ウラジーミル・ワシリエフも、一八六五年、東洋学部を拠点として『アジア評論』を刊行しようと試みたが、財源不足を理由に、大学の委員会がこれを却下した[64]。

ローゼンは『紀要』を一般向けに出すことを計画していたが、それはすぐに、もっと学術的なものになった。ロシアにおける読者層は限られていたが、編集者の努力によって、外国の研究者たちが関心を向けるようになった。書評と論文を通じて、『紀要』は西欧においてロシア東洋学の研究成果を広める重要な媒体となったのである。[65]

ローゼン男爵は科学アカデミーにも属していたが、この神聖な組織と彼の関係は、良好に始まったわけではなかった。一八七九年に、三十三歳という比較的若い年齢で彼が初めて準会員に選出された時、アジア研究は、しばらく弱体化していた。ウヴァロフ伯は、一八三六年のアカデミー令で、（計二十二名の正会員のうち）アジア文学史のためのポストを二つ設けることで、この分野を活性化しようとした。何年もかけて、さらにポストは増やされ、ローゼンが就任した時には、三名の正会員と一名の準会員がいた。そのうちの一人として特に優れていたわけではなく、三年のうちに全員が亡くなり、ずいぶん前に彼の同国人のドイツ人に戻されたサンスクリット語のポストが残された。結果として、一八八一年、ローゼンはそこで残った唯一の東洋学者で、もっとも低いランクにいた。

一八八〇年代の初頭は、アカデミーにとってとりわけ大変な時期だった。帝国の大学が成熟するにつれ、しばらくすると、アカデミーの評価は急落していった。さらに、皆が切望する正会員の肩書きを持つ高位の外国人会員たちに対して、世論が怒りを募らせていた。多くのロシア人にとって、科学アカデミーは「ドイツ人の組織」であって、その唯一の機能は、外国から来た並みの研究者に閑職を与えるだけの、十八世紀流の古風な風習を持つものであった。怒りは、ローゼンに声がかかった直後の一八八〇年、高名な化学者、ドミトリー・メンデレーエフが会員に認められなかったことで、沸点に達した。元素記号周期表を編み出したことで既に世界的に有名だった彼は、その栄誉にもっとも値すると思われていたのに、これが却下されたことで、メディアは怒りで溢れかえった。[66]

メンデレーエフの予期せぬつまずきは、部分的に、アカデミー内の厳しい区分によるものだった。一方の派閥は外国人研究者で構成されており、もう一方はロシア人から成っていた。しばしば傲慢な態度を取る前者によって、問題は悪化した。有名なロシア人化学者が、組織内の彼らの支配について苦情を述べると、プロイセンの血を引く仲間の会員が歯を剝いた。「結局のところアカデミーはロシアのアカデミーではなく、帝立アカデミーなのである！」[67] 多くのロシア生まれの正会員たちが、帝国内の新進の大学と結び付いており、そのことが「ドイツ人」たちには二重の脅威となっていたのである。

自身のチュートンのルーツにもかかわらず、ペテルブルク大学の愛国的な教授として、ローゼンは断然ロシア陣営に属していた。新しく空いたアジア文学と歴史学のポストを埋めるべく、彼が同僚たちを説得しようとすると、その試みは、この面倒な政治の中ですっかり泥沼化してしまった。その結果、一八八二年、ローゼンは怒ってアカデミーを去ったのだった。[68]

男爵の性急な動きは、アカデミーをまたもや世論の非難の的にした。しかし、今度は望ましい効果を生んだ。科学アカデミーはすぐに、テュルク研究者ワシーリー・ラドロフ、ペルシアの専門家カール・ザレマン、そしてウラジーミル・ワシリエフを会員に認めたのだった。八年のうちに、ローゼンも再任された。新会員四名のうち三名が東洋学部で教えており、彼ら全員が生産的な研究者であった。十月革命までに、もう三名の優れた学部のメンバー、インド研究者のセルゲイ・オリデンブルク、カフカス研究者のニコライ・マール、中央アジア史家のワシーリー・バルトリドが、アカデミーに迎え入れられることになる。彼らのほとんどが、大学と密接なつながりを維持していくこととなり、そのことは、かつてペテルブルクのワシリエフスキー島の二つのエリート陣営を、かくも隔てていた壁を大幅に低くしたのであった。実際、アカデミーの公式史によると、一八八〇年代までには、基本的にアカデミーと大学は、揃ってロシアの首都における東洋学の単一中心地を形成していたとされる。[69]

セルゲイ・フョードロヴィチ・オリデンブルクは、ペテルブルク学派の新たな歩みを示す最高の事例である。[70] 仏教民俗学とインド美術史の専門家であったオリデンブルクは、そのキャリアを東洋学部で始めたが、そのうちほとんどを科学アカデミーと共に歩んだ。彼の指導教員、ローゼン男爵と同じく、彼は、厳密な意味でのロシアというよりは、ヨーロッパの研究者コミュニティの一員だと自任していた。そして、祖国に忠実であった一方で、アカデミーの国家からの自律性を強く支持した。もっとも、これは、一九一七年にロマノフ王朝が、それよりもはるかにイデオロギー的に厳格な体制に取って代わられた後には、ますます難しくなった。

セルゲイ・オリデンブルクの東洋学への興味の始まりは、中等学校の六年生だった時に想像力をかき立てられたチベットに関する本に遡る。もしかするともっと先まで、つまり、彼の父がコサックの連隊を指揮していた、東シベリアのバイカル湖周辺のブリヤートの故郷で過ごした幼少期にまで、遡るべきかも知れない。バルト海地域のドイツ領、メクレンブルクから迎えられたオリデンブルク家は、ピョートル大帝の下でロシアの軍役に加わった、軍人の家系だった。[71] セルゲイの母、ナデジュダ・ベルクは、フランス人のハーフで、子供の頃はフランス語で育てられた。軍を引退すると同時に、オリデンブルクの父は西ヨーロッパへ引っ越し、そこで大学の講義を聴講し、息子の教育に携わった。息子たちをギムナジウムに入れるために、最後はワルシャワに落ち着いたが、一八七七年、セルゲイが若干十四歳の時、元将軍は突然亡くなった。この逆境にも屈せず、少年は学業を続け、一八八一年には金メダルを受けて卒業した。兄のフョードルと共に、セルゲイ・オリデンブルクはその年、ペテルブルク大学への入学を果たし、東洋学部のサンスクリット・ペルシア語学科に入った。母親は二人に付き添って首都に移り、上流階級の子女のためのスモーリヌィ女学院で、フランス語を教えて生計を立てた。

オリデンブルクが入学した時、近東や中国の研究に比べて、ロシアのインド研究は、まだ若い分野だった。[72] 理由は単純だ。前者の地域がロシアと国境を接していたのに対して、インドはそうでなかったからである。ウヴァロフのアジア・アカデミー計画が示すように、ペテルブルク大学も、十九世紀転換期におけるヨーロッパのサンスクリット熱と無縁ではいられなかった。けれども、東洋学部は、一八六三年になってようやく、この科目の講座を正式に加えたのだった。ロシアにおけるインド研究の父は、だいたいにおいて、一八七三年から一八九〇年に亡くなるまでペテルブルク大学で教鞭を取った、イワン・ミナエフだと考えられている。

ミナエフとワシリエフの下で学び、オリデンブルクは仏教研究でキャリアを積み始めた。彼の師同様、彼は、精神的に特別何かに傾倒していたわけではなかった。彼の同僚、シチェルバツコイが説明するには、あらゆるロシアのインド研究者同様、オリデンブルクもその関心を信仰に向けていたが、それは、その宗教が、南アジアの国と彼自身の国を結ぶリンクだったからである。「仏教を通じて見れば、インドは、バイカル湖から遠くヴォルガ川上流まで、東の境界に沿った我々の隣国となる。」[73] 彼の研究は当初、宗教の初期の発展を対象としていた。セルゲイ・フョードロヴィチは特に民間伝承に興味を惹かれ、ブッダの輪廻の伝統的な物語を扱った「仏教の伝説」という修士論文を書いた。

　民俗学に重点を置いたのは、オリデンブルクが若い頃にナロードニキと接したことによるのかも知れない。[74] 大学生だった頃、彼は政治に関わるようになった。一八八一年、父親の暗殺の直後からアレクサンドル三世が学生生活に課した厳しい規制を考慮すると、革命的地下活動の外では、そうした活動は、非公式なサークルでの議論に限られた。それすらも、概して眉をひそめられてはいたが。彼は、彼の兄と、後の地質学者ウラジーミル・ヴェルナツキーや、その他の学生たちと一緒に、どことなく人民主義系《ナロードニキ》でフェビアン的な勉強サークルを形成した。[75] 多くのメンバーは、セルゲイ・フョードロヴィチ自身を含め、後に自由主義的な立憲民主党の主要メンバーとなる。

オリデンブルクは、大学の学生科学文学協会にも参加した。そこで知り合った中には、シンビルスク出身で動物学専攻の学生、アレクサンドル・ウリヤノフがいた。かなりラディカルな傾向を持った人物、ウリヤノフは、一八八七年、ツァーリ暗殺の陰謀に関与した罪で死刑になった。数年後、法律学校の入学試験を受けるためにペテルブルクを訪れていた彼の弟ウラジーミルが、アレクサンドルのことを聞きに、オリデンブルクを訪ねて来た。これは、セルゲイ・フョードロヴィチとウラジーミル——革命家としての別名、レーニンとしての方が有名だろう——との、最後の会談とはならなかった。

　大学院時代に、オリデンブルクは学部長のローゼン男爵と特に親しくなった。二人の広範囲にわたる文通は、学問に対するオリデンブルクの姿勢に、ローゼンが強い影響を与えた、というイメージを裏切る。特にそれが、西欧とのつながりの強化となると、なおのことである。[76] 学部のもっとも将来有望な若い学生の一人として、セルゲイ・フョードロヴィチは、一八八七年、ヨーロッパに二年間派遣された。(ローゼンが近東をどうにか避けていたのと同じように、彼はインドには一度も足を踏み入れていない。）パリ、ロンドン、ケンブリッジ、そしてドイツの複数の大学に滞在し、彼は海外の東洋学者たちと、生涯にわたる友情を築いた。もっとも長く続いたうちの一人は、コレージュ・ド・フランスの教授でアジア協会会長として、そのキャリアの頂点に昇りつめることとなるパリのユダヤ人、シルヴァン・レヴィである。[77]

オリデンブルクは一八八九年、ペテルブルク大学でサンスクリット語を教え始めた。東洋学部での彼の日々はつらいものだった。一八八六年に修士号の試験に合格できたものの、学位取得までにはもう九年かかった。私生活での悲劇にも見舞われた。一八九一年、妻が結核性髄膜炎で急死し、彼に幼い息子を残していったのである。ローゼンに宛てたオリデンブルクの手紙は、おそらくは鬱病を引き起こしたと思われる、彼自身の健康上の問題もほのめかしている。同時に、この若い研究者は、多くの課外任務も喜んで引き受けた。大学教育の熱心な支持者であった彼は、ベストゥジェフ女子高等課程――一八六三年の皇帝の令によってロシアの大学から追い出されていた女性に、大学教育を受けさせようとした機関――での活動にも積極的だった。

オリデンブルクがヨーロッパへの研修旅行の間に出会った研究者の中に、イギリスのインド研究者、トーマス・ウィリアム・リース・デイヴィズがいた。彼は、南伝仏教の経典を刊行するという、このイギリス人の計画に感激した。この宗教を研究するほとんどのロシア人同様、オリデンブルクも、北伝仏教に焦点をあてていた。これは、サンスクリット語を土台とし、ヒマラヤ山脈周辺と内陸アジア、東アジアで優勢な一派であり、イギリスのインド研究の主流を占める、セイロンや南アジアのパーリ語の伝統に対抗するものであった。一八九七年、彼も類似したプロジェクトを開始した。北伝仏教の重要な経典を再版する『仏教文庫』である。このプロジェクトは、科学アカデミーが出資し、国際的な事業になった。レヴィ、アルバート・グリュンヴェーデル、ヘンドリク・ケルン、南条文雄といったロシア内外の研究者が関与し、その先三十年にわたって、シリーズで三十巻ばかりが刊行されることとなる。ここにオリデンブルク自身が寄せたのは、ブリヤートの木版印刷であった。

オリデンブルクは、より広い一般読者に向けて物を書く活動を見下しはしなかった。ラドヤード・キプリングやアナトール・フランスの短編作品をロシア語に翻訳し、仏教に関する一般向けの記事をたくさん発表した。正教宣教師たちのより批判的な見解と頻繁に衝突していた彼の公平なアプローチは、敵を作りもした。教授はこっそり仏教に改宗したのだと、ささやく者さえいた。オリデンブルクは、その宗教の倫理的教義を尊重していたけれども（彼は菜食主義者になった）、彼の真の信教は、学問だった。師ワシリエフと同じように、彼は仏教を文化的現象として、比較的客観的な目で見ていた。オリデンブルクは、中国研究者たちのオリエント観一般も共有していた。たとえば、彼は、ユーラシアの両半分の間に、絶対的な違いはないと考えていた。ファラオ時代のエジプト以来の、西と東の関係に関する議論の中で、彼は、近代科学は、争う余地のないほどはっきりと、その通りだと証明してきた、と指摘した。「歴史学は［十九世紀の東洋学者の発見を］より徹底的に検証している。あたかも、それらがまったく新しく、珍しい現象であるかのように。しかし、すぐに類似性を、時に［西方との］完璧な一致をも見出している。それゆえに、我々は皆、同じ出来事を共有し、同じ発展法則を持ち、同じ世界に住んでいるのだと、私は自信を持って言うのである。つまるところ、東洋人の中にあるのは、どこにでもいる普通の人間とまったく同じなのである。」そこには、もちろん差異がある。オリデンブルクは、「我々の学生たちは、もっとも洗練された東方の知識人よりも多く」、科学技術について知っていることを認めた。しかし、東方の人々は人間性についてははるかに深く理解している。彼は、アジア人は「知の力によって、人生の真義を見通している。アジア人は、何が全人類にもっとも大切かを研究し、説明してきた。――それは、まさにその人間性なのである、と。」[78]

別の論文でオリデンブルクは、西欧の現在の軍事的優位が、西欧を耐え難いほど傲慢にしていると指摘した。「例えば、ヨーロッパ人は自分を世界の支配者だと考えることに慣れてしまっている。」しかし、「ヨーロッパ人はその優越性に対して、あまりにも自信に満ちているため、――たまたま東洋学者かその専門家でもない限り――十字軍の時代には、彼らの敵に比べればヨーロッパ人の方こそ野蛮人だったということが、頭をよぎることさえないのだ。」[79] 彼の職業には、西欧の傲慢な態度を正す義務があると、オリデンブルクは固く信じていた。さらには、一世紀前にアジア・アカデミーを提唱したウヴァロフの根本理由に共鳴して、東方を知ることによって、西方は自分自身をより良く知ることになるだろうと論じた。「私の専門分野は、アジアを学び、理解することが務めだとする東洋学者の中に私を位置づけた。私たちはこう信じている。豊かな文化的功績を持つ東方を適切に理解することによってのみ、人類は自分たち自身を真に理解することができるのだ、と。[80]」

東洋学部で教鞭を取る間も、オリデンブルクは最新の政治の展開を見守っていた。十九世紀が終わりに近づく頃には、専制体制の絶えることのないように思える学問への介入に、彼は絶望していた。帝国の大学関係者に、指導学生をより注意して見張るようにと命じる新しい規定に関する『タイムズ』紙の記事を読んだ反応として、オリデンブルクはローゼンに次のように告白した。「[今とは違って] ロシアで人が自由に呼吸できた」時代がうらやましい。「今では、正直で、物を考える者は皆、膝を折り、窒息しています。[81]」一八九九年の夏、ペテルブルクをまた学生蜂起の波が襲った後、反乱を起こした者に対して同情的だという疑惑をかけられ、何人もの教授が解雇された。オリデンブルクは激怒した。彼はローゼンに次のように書き送った。「完全に、孤立している、私と、共にいた人たちは、露骨に大学を追われました。私はもうここにはいられません。[外国から] 戻ったら、私はしかるべき手段をとります。[82]」

教授は、辞任すれば、その学問上のキャリアを断たれるだろうことを十分覚悟していた。しばらくの間、彼は田舎に移り住み、地方自治組織であるゼムストヴォで職を得ようと考えていた。が、彼の同僚たちは別の方向を考えていた。ローゼン男爵と東洋学部の他の二人の教授が会員であった科学アカデミーで、偶然サンスクリット語のポストに空きができた。おそらくはローゼンのイニシアティヴで、一九〇〇年二月、オリデンブルクはアカデミー会員の圧倒的多数の票を得た。

人生の残りの三十四年間、オリデンブルクはあらゆる段階で、アカデミーに深く関与した。その組織で、彼の行政職の才能が完全に花開いた。一九〇三年に正会員に昇格すると、翌年、彼は永久書記に選ばれ、一九二九年に解任されるまでその職に就いていた。オリデンブルクはアカデミーのために、疲れを知らない働きぶりを見せた。たとえば、万年資金不足だったアカデミーの予算を増やすよう、ロシア国会に働きかけることに成功し、政治的自律性を保つための努力もした。

これは、オリデンブルクが時事問題から遠ざかっていたことを意味しない。一九〇五年一月、不人気な日本との戦争が帝国での革命気運を刺激していた時、彼は、公開書簡「教育の必要性について(三四二人の学者の覚書)」に署名した十七人のアカデミー会員の一人だった。ペテルブルクの日刊紙『ルーシ』に掲載されたこの書簡は、専制体制が帝国内の学校や大学への介入を止めることを求めていた。声明は、「学問の自由は、現在のロシアの政治秩序とは相容れない」と宣言し、体制の「警察のような政策」を非難するに至った。[83] この動きが、アカデミー会長のコンスタンチン・コンスタンチノヴィチ大公の厳しい叱責を買ったことは驚くに値しない。彼は、会員たちが政治に干渉していると、激しく非難した。同僚たちと共に、オリデンブルクは一歩も退かなかった。彼は大公に挑戦的にこう書き送った。「私はアカデミー会員であるだけではありません。私は市民でもあり、そして、ロシアの教育に関する意見を公に表明することを禁じるような(…)いかなる法律も知りません。[84]」コンスタンチン・コンスタンチノヴィチはすぐさま折れ、アカデミー会員に向けて謝罪文を発表したほどだった。

オリデンブルクは、少数民族に対する体制の非寛容な姿勢に特に心を痛めていた。首都における僧ドルジエフの寺院を擁護したことに加え、ウクライナのロシア化に対するアカデミーの抗議にも参加した。このアカデミー会員は、息子セルゲイ(政治的傾向としてはやや右寄り)に宛てた一九一〇年の手紙の中で、落胆を表現している。「至るところで少数民族の迫害が行われているのは、恐ろしいことだ。──カフカス、ポーランド、ヴォルガ川流域、ムスリムに、いうまでもなくユダヤ人──数千万人が責め苦にあっている。[85]」オリデンブルクはこの問題に関して、多くの同僚たちと同じ感情でいた。宣教師や政府の役人たちとは異なり、アカデミーや大学の研究者たちは、ロシア化に反対する傾向にあり、中には、帝国の異族人のナショナリズムを奨励する者さえいた。[86] ナサニエル・ナイトが指摘する通り、研究対象への同情は、ロシアの東洋学者の間の「一般的な職業上の危機」であった。[87]

学問と社会の関係に関するオリデンブルクの見解をもっともよく表したものの一つが、彼がアカデミーに入る一年前に、影響力の強い論文集『観念論の諸問題』に寄せた論文である。一九〇二年出版のこの本は、ロシア革命を率いるインテリゲンツィアのやかましい教条主義に対する、リベラルや元マルクス主義者による反論のうちの、最初のものである。[88]オリデンブルクが寄稿した「良心の自由の擁護者としてのルナン」は、キリストの生涯に対する客観的アプローチゆえに高位のカトリック聖職者から迫害された、十九世紀フランスの宗教学者を重点的に扱っていた。[89]

一見すると、知的自由を強固に支持するこの章は、超保守的な総監、コンスタンチン・ポベドノスツェフの下の、他ならぬ正教会の反啓蒙主義を批判しているようにも思える。しかし、そこには別の標的もあった。エルネスト・ルナンを引くことで、オリデンブルクは、インテリゲンツィアのニヒリズムをほのめかした。「十八世紀の懐疑主義者たちは、お気楽にもすべてを壊し、新しい信仰を打ち立てる必要性を見出さなかった。彼らの関心はもっぱら破壊そのものにあり、それが彼らを動かす原動力だと意識することにあった。[90]」

アカデミーの主要な東洋学者として、組織の内外両方でこの学問分野を発展させたローゼン男爵の遺産を、オリデンブルクは忠実に守り続けた。彼が会員に選ばれる前には、アジア文学と歴史学のポストは四つだったが、一九一四年には六つになっていた。一九一六年、アジア博物館の館長に選ばれる頃には、彼の名声は確固たるものになっていた。彼を良く知る中国学者、ワシーリー・アレクセエフによれば、「少数ながら、東洋学者が学界と社会で大役を果たしており、果たし続けているのは」まさにオリデンブルクのおかげである、と。[91]

永久書記に選任されてから四年後、オリデンブルクは息子に「アカデミー［での仕事］以外に、私は何も成し遂げられていない」とこぼした。[92]彼は少し、自分に厳し過ぎた。このアカデミー会員は、仏教やインド文学に関する論文に加え、義務であった書評などを発表し続けた。彼はまた、一九一〇年初頭、トゥルファン、敦煌、新疆のシルクロードの地をめぐる、二度にわたる調査旅行も率いた。後者は、十年以上前にオリデンブルクが組織を手伝ったグループ、中央・東アジア調査基金の助成を受けたものだった。[93] この国際組織は、一八九八年に、地域の古代仏教遺跡を発掘する激しい競争に引き込まれていた考古学者の調査を調整する目的で設立された。[94] ニコライ二世のハーグでの理想主義的な平和会議と同じ年に立ち上げられたために、ヨーロッパの研究者たちがペテルブルクを拠点とすることに合意したのは、おそらく驚くべきことではなかったのだろう。

一九一七年の重大な出来事に対するオリデンブルクの反応は、彼の階級に典型的なものだった。彼は、君主制がいくぶん限定されたかたちで保たれることが望ましいとは思っていたが、二月のツァーリの退位を嘆き悲しみはしなかった。多くの仲間の研究者たちと同じように、彼は自由主義的なカデット（立憲民主党）を強く支持しており、カデットは二月革命の直後から、穏健な左派政党と共に暫定政府を形成していた。[95] 夏の間、このアカデミー会員は、短命に終わったアレクサンドル・ケレンスキーの内閣で、教育大臣を務めさえした。

十月に、ウラジーミル・レーニンのより軍事的なボリシェヴィキがクーデターで権力を掌握すると、オリデンブルクはショックを受けた。彼は何度も新体制の行き過ぎに抗議し、反革命のかどで短期間逮捕された。彼の友人で象徴主義の詩人、アレクサンドル・ブロークが、ボリシェヴィキをイエス・キリストとその使徒にたとえた長大な賛歌『十二』を書くと、オリデンブルクはずっと陰鬱な詩『死』を書いて返した。にもかかわらず、他の多くの人々のようには、彼は亡命しなかった。一九一八年の春、アカデミーの書記は新体制との折り合いを模索し始め、時々レーニンとも直接会合を持った。当面、彼の努力は実を結んだ。多くの仲間のアカデミー会員たちは新しい政治秩序を忌み嫌っていたが（一九二九年まで、彼らの中には共産党員はいなかった）、この実践的なアプローチが、組織が生き残るための役に立った。[96]

オリデンブルクは、機会があると、ソヴィエト政府にアカデミーの持つ専門知識を提供しもした。フランシーヌ・ハーシュによれば、彼は少数民族に対する政策において、共産党との「革命的同盟」を巧妙に仕組んだ。[97] ハーシュは、この協力関係は、政略結婚以上のものだと論じた。というのも、初期には、党と、オリデンブルクのような研究者たちは、若きソヴィエト連邦のアジア系少数民族の地位向上に、似たような思いを共有していたからだ。しかし、レーニンの後継者、ヨシフ・スターリンがロシア・ナショナリズム寄りの方針を採用すると、この仕組みはだんだん弱くなっていった。さらに重要なのは、一九二〇年代後半、文化、知的生活に対してより厳格な支配を押し付けようとするスターリンの試みにより、アカデミーが共産党の命令に効果的に服従させられたことである。[98]

アカデミーの自律性を維持するために努めた時のようには、オリデンブルクはスターリンの「文化的革命」をかわすことはできなかった。[99]今では、ソ連科学アカデミーとなったアカデミーのソヴィエト化キャンペーンに対処するのに、オリデンブルクは彼の同僚たちよりは柔軟性を持っていたが、組織の学問的誠実さへの忠誠心ゆえに、彼は「ブルジョワ科学者」「過去の人間」として攻撃対象になった。一九二九年十月、オリデンブルクは永久書記としてのポストを追われ、それから幾晩も、ＯＧＰＵ〔統合国家政治保安局〕の秘密警察に逮捕されることを予期しつつ眠りについた。他のアカデミー会員たちがその運命に見舞われたが、彼は恐怖の夜の召喚を受けることはなかった。詩人のアンナ・アフマートワ、彼の仲間のアカデミー会員、イワン・パヴロフのような、独立傾向が強かった一流知識人たちのように、オリデンブルクは、粛清するにはあまりに有名だと判断されたのかも知れない。

次の年、新設の東洋学研究所の所長に任じられ、このアカデミー会員は復権を果たした。アカデミー管轄下のこの研究所は、アジア博物館と他のいくつかの関連組織を融合させたものであった。最終的にはモスクワに置かれ（ペテルブルクの支部は、ネヴァ川沿いの大公の宮殿で依然繁栄していた）、それは今でも、東洋学のトップクラスの機関であり続けている。一九三三年、オリデンブルクの同僚たちは、彼の学術キャリア五十周年を記念して、科学アカデミーで特別会議を催した。その一年後、彼は穏やかな死を迎えた。

一八五五年の創立から世紀末にかけて、ペテルブルク大学の東洋言語学部は、ロシア内外でのこの種の主要な機関であった。モスクワのラザレフ学院やパリの東洋言語専門学校のような、より実学的な方針を持った専門学校もあった。ケンブリッジ、レイデン、ゲッティンゲン、イェールのような欧米の有名大学の多くが、様々なアジアの諸言語の講座を立ち上げ、そのうちのいくつかの始まりは、数世紀前まで遡る。しかし、この分野に特化した学部そのものを持つ高等教育機関は、他のどこにもなかった。

法律や自然科学といったペテルブルク大学の他の学科と比べると、東洋学部への入学者数は少なかった。二十世紀への転換期に、法学部には二千人以上の学生がいたのに対して、たったの一八二人、全体の五%がアジア言語を専攻した。常に不満が聞かれたのに反して、学部は不釣り合いなほどの大学の資源を割り当てられていた。ペテルブルク大学の五十八名の専任教授のうち、十倍以上の学生数を抱える法学部の十八名に比べて、九名が東洋学部に属していた[100]。この数は、専制体制のアジアへの野望を支える専門家を産み出す源として、また、海外で学術的地位を得る源としての、この分野の重要性を表している。一九一六年に優れた古典学者、ミハイル・ロストフツェフがロシアの学問状況を調査した際、彼はロシアの東洋学を、国際的にもっとも高く評価されている分野として挙げたのだった[101]。

ピョートル大帝にとっての科学アカデミーがそうであったように、ニコライ一世は、実利的な目的を念頭に置いて、東洋学部を設立した。公式の講演の中で、インド研究者のイワン・ミナエフがこう宣言した時、彼は体制の考えを認識していた。「ロシアの利益は常に、東方と密接に結びついてきました。ゆえに、(…)我が国の研究者にとってアジアは、命のない、純粋に本の中だけの、学問的好奇心の対象ではありえないのです[102]。」ペテルブルクの教授たちは、政府の行政官であり、帝国の官等表は彼らの地位を、その他の文官として、注意深く表している。彼らの多くが、カゼム゠ベク、ミナエフ、ドミトリー・ポズネエフのように、より実用的な方法で国家に奉仕した。

これは、ペテルブルク大学で東方を研究する学者たちが、自らを帝国主義の手先と考えていたということではない。グリゴリエフの例のような保守的傾向から、ワシリエフやオリデンブルクのようなより進歩的見解まで、彼らの政治観には幅があったが、その興味関心はもっと深遠であった。ネヴァ川の東洋学者たちの情熱をかき立てたものは、いかにして東方を支配するかではない。それは、大乗仏教の起源や、イスラーム以前のアラブの詩、古代の硬貨に刻まれたクシテの銘刻といった問題だった。同じように、彼らの東方に対する姿勢には肯定的なものが多かった。カザン神学アカデミーの宣教部の同僚たちとは異なり、ペテルブルクの研究者たちは、彼らが研究する文化や人々を見下しはしなかった。ペルシアや中国のような古い帝国を統治する政府を、専制的で、老いぼれたものと考える者はいたかも知れないが、ペルシア人や中国人を生来劣っていると思うことは稀であった。

これは、冷戦期にアメリカの大学でソヴィエト研究に携わった者には、馴染みのある現象だろう。当時、帝政ロシアで行われたように、国家は莫大な資源を、大きな戦略的利害を持つ地域の研究に注ぎ込んだ。しかし、たとえアメリカの多くの研究者が、冷戦期にワシントンの気前の良さから利益を得たとしても、モスクワに対する国家《ワシントン》の目的に強く同調した者は、稀であった。

第9章 エキゾティックな自己

ロシアはモンゴルの国なんですよ。われわれにはみなモンゴルの血が流れていて、その侵入を喰いとめることができない。われわれはじきにみな中国の皇帝の前にひれ伏さねばならんでしょう。

アンドレイ・ベールイ

アレクサンドル・ボロディンの『中央アジアの草原にて』ほど、ロシア帝国のオリエントと密接に結び付いた音楽作品は、西欧にはない。事実上安価で手に入りやすいロシア・クラシック音楽のヒット作であるこの曲の、オーケストラ用の原曲は、一八八〇年、アレクサンドル二世在位二十五年記念に委託されて書かれたものである。記念式典の壮大な計画は、君主の偉業に光を当てた、多彩なオーケストラ版活人画によって描かれる「ロシアの天才」と「歴史」の対話を呼び物にしていた。ボロディンの作品に加えて、ニコライ・リムスキー＝コルサコフの合唱曲『栄光』や、一八七七年にオスマン帝国のカルスの要塞を陥落させたことを讃えた、モデスト・ムソルグスキーの行進曲などが含まれていた。（興行主が不可解にも失踪したため）企画されていた公演は結局行われなかったが、『中央アジアの草原にて』は、国内外で急速に、そして絶大な人気を博していった。[1]

ボロディンのスケッチは、アレクサンドルが新たに獲得したトルキスタンの領土における民族的調和《ハーモニー》を、メロディアスに伝えるべく、ロシアと東方の楽曲を組み合わせたものだ。楽譜に付されたメモの中で作曲家が説明するには、「まず、穏やかなロシアの歌の耳慣れないメロディーが、一様に砂っぽい中央アジアのステップの上を漂う。ラクダと馬のひづめの音が近づいて来るのが聞こえ、オリエントの楽曲の物憂いメロディーが聞こえてくる。ロシア軍に守られた無限の砂漠を、土地のキャラバンが通り過ぎる。キャラバンは、ロシア軍の保護下で、恐れることなく、自信たっぷりに、長い旅を続けるのだ。遥かかなた遠くへ、キャラバンは遠のいていく。ロシア人と先住民の平和な歌が、一つのハーモニーへと溶け合う。そのリフレインは、遠くへ消えゆくまで、ステップの上に長く響くのである。[2]」

あるレベルでは、ボロディンによるロシアとアジアのメロディー上の融合は、植民地の臣民を、白人の支配下における幸せな臣民として描こうという、帝国主義隆盛期における典型的なヨーロッパのプロパガンダである。音楽学者リチャード・タルスキンは、この作曲家のオペラ『イーゴリ公』も、同じように聞くことができると述べている。「『イーゴリ公』は確かに、十九世紀ロシアのオリエンタリズム的試みの、広く普及したサブ・テクストとなった。つまり、人種的に正当化された、ロシアの東方への軍事拡大の是認において、ということである。[3]」けれども、ボロディンのこの傑作をもっと注意深く見れば、それが、他のヨーロッパ植民地主義の文化的所産が持つパターンには、あてはまらないことが分かるだろう。確かにそれは、中央アジアへとロシアが急速に拡大した時期に構想されたものだが、このオペラにおける東方の他者の描き方は、実は、作曲家自身の大陸的アイデンティティに対する複雑な姿勢を反映しているのである。この点において、『イーゴリ公』は、帝国の最期の文化的開花である銀の時代のアジア的自己、ロシアのエキゾティックなものへの魅了に先駆けるものであった。

絵画や詩と同じように、東方は、ピョートル大帝後の時代のロシア音楽に、西欧を介して流入してきた。バロックのエキゾティック趣味によって、東洋のモチーフは既に、ジャン＝バティスト・リュリやヘンリー・パーセルのような、十七世紀のヨーロッパの作曲家たちの間で人気を博していた。ウォルフガング・アマデウス・モーツァルトのロココ調作品『後宮からの誘拐』（一七八二年）に至るまで、トルコのモチーフは特に人気があった。トルコとの直接の接触——オスマン帝国が一六八三年にウィーンを包囲する間に響いていた、イエニチェリの楽隊の不吉なドラムと不協和音の管楽器が、その最たる一例である——が、音楽におけるトルコ風様式を刺激する一方で、バロック時代のほとんどのオリエンタリズムの作曲家には、民族音楽の現実に関する知識がほとんどなかった。代わりに、それらは多分に、かつらをつけた君主たちや、アンシャン・レジームのパトロンたちを楽しませるために、面白半分にエキゾティックに脚色されたものであった。たとえば、ジャン゠フィリップ・ラモーの、四幕編成の組曲であるオペラ・バレエ『優雅なインドの国々』(一七三五年)は、トルコ、インカ、ペルシア、そして「野蛮人たち」(北アメリカの先住民)から成っている。[4]

エカテリーナ大帝が、ちょうど夏の宮殿建設に際して、建築におけるシノワズリーに熱中したように、劇場での娯楽作品のいくつかにも、オリエンタリズムが取り入れられた。女帝の宮廷音楽家、ワシーリー・パシュケヴィチの喜歌劇『皇太子フェヴェイ』はシベリアの王子の旅を描いているが、その中に含まれる『カルムィク人のバレエ』は、彼らの習慣を引いたラヴソングを伴奏にしている。

カルムィクの人々
食するのはカイマク〔クリーム〕と、
スリャクにトゥルマク〔魚の一種〕、
煙草を吸い、
クムィス〔馬乳酒〕を作る(…)[5]

そのメロディーは、モンゴルの遊牧民の伝統にあえて依拠してはいないものの、ジェラルド・アブラハムによれば、エキセントリックなリズムと、持続音(高音部での ハーモニーの変化と組み合わされて、長く奏でられる低音)の維持は、ロシア・オペラにおいて、東方を音楽的に表現する最初の試みと位置づけられる。[6]

ロマン主義の時代に起こった民俗学への関心の爆発的高まりは、ヨーロッパ人を、アジアの音楽をより詳細に研究する方向へと動かした。その先駆者の一人が、若きフランス人で、空想的社会主義のサン゠シモン運動で活発に活動し、一八三三年には、政府の取り締まりを逃れて近東へと旅立ったこともある、フェリシアン・ダヴィドである。オスマン帝国で過ごした二年の間、この逃亡者は、土着のメロディーを丹念に集め、一八三六年にフランスへ帰国してからピアノ用に編曲し、『東洋のメロディー』として刊行した。この巻が書棚を出ることはなかったが、ダヴィドの交響詩『砂漠』は、一八四四年に初演されると大ヒットとなった。作品は、ナレーションとオーケストラと合唱曲とを組み合わせた三部構成の旅行記で、レヴァント旅行の間に蒐集した素材も取り入れられていた。ダヴィドは、エキゾティックな舞台のオペラ『ブラジルの真珠』、『虜』や、トーマス・ムーアの東洋の物語を題材とした『ララ・ルーク』などを作曲し、音楽家としての成功を収め続けた。[7]

ロシアでダヴィドにもっとも近いのは、音楽に傾倒したナポレオン戦争の退役軍人、アレクサンドル・アリャビエフ（アラビエフとも）であった。[8] ペテルブルクのデカブリストたちと近しかったこの退役騎兵士官は、一八二五年二月に、トランプゲームが不愉快な展開になった際にトランプの名人を殺そうとしたという冤罪により、陰謀を企てたデカブリストたちよりも先に、シベリアへと流刑になったのだった。一八三〇年代初頭、彼は療養のために、ピャティゴルスクやその他カフカスの保養地で過ごすことを許可された。この長い休息は彼に、この地域の実に多彩なメロディーの豊かさを知らしめ、彼は熱心に編曲を始めることとなる。次に、中央アジアのステップの縁にある、西シベリアの都市オレンブルクへと異動になり、アリャビエフはそこでも、地元のバシキールやキルギスの歌を写しとった。彼は、バシキールのテーマに基づく序曲を作曲するために、その大量の知識を用いて、一八三四年には『カフカスの歌い手』という曲集を出版した。最後には、モスクワに定住することを許され、彼は、ベストゥージェフ（マルリンスキー）の有名な物語をもとにしたオペラ『アマラト・ベク』の作曲を続けた。アリャビエフの名前は、西欧ではあまり良く知られていないままだし、『グローヴ音楽事典』に名前が載るには至らない。しかしながら、彼は、次世代のオリエントへの志向を先取りした作曲家である。

彼よりも良く知られているのは、アリャビエフとだいたい同時代のミハイル・グリンカである。際立った民族的作風を確立した最初の作曲家として、ロシア音楽にとってのグリンカは、国民文学におけるプーシキンに匹敵する。専制体制がイタリア・オペラを好んだ時期に活動していたグリンカは、ペテルブルクの音楽エリートたちのコスモポリタニズムを拒み、その土地のテーマやモチーフに基づいた作風を立ち上げた。彼が言い表したように、おそらく「普通の人々が作曲するのであって、我々はただアレンジするだけ」なのだろう。[9] グリンカは、一八三六年、最初のオペラであり、十七世紀初頭の動乱時代のポーランド・モスクワ戦争を舞台にした愛国主義的冒険物語『皇帝に捧げし命』で、首都を席巻した。六年後の作品『ルスランとリュドミラ』は、前作ほどの成功を収めはしなかったものの、最終的にはそれ以上に影響力を持った。台本が題材とした一八二〇年のプーシキンの叙事詩風おとぎ話のように、このオペラは、ロシアの民俗的要素とオリエンタリズムを組み入れたものだった。後者は、ペルシアの合唱曲や、トルコ、アラブ、カフカスのダンスも取り入れている。しかし、グリンカが論じるように、それらは彼にとって必ずしも異質なものではなかった。「我々のロシアの歌が、北方の子孫であることは疑いないが、東方の人々もまた、そこに何かを与えてきたのである。」[10]

ロシア人はグリンカの成果の独自性《オリジナリティ》を誇張してきた、と論じる音楽学者たちは、彼が土着のメロディーを作曲に取り入れた最初の人物ではないと指摘する。[11] そのうえ、彼の民俗学への関心は、ヨーロッパのロマン主義のまったくの延長線上にある。にもかかわらず、彼はその遺産を引き継ぐ影響力の強い弟子を持っていた。才能溢れる若きピアニスト、ミリィ・バラキレフはそのうちの一人であった。グリンカ同様、バラキレフは田舎から上京し、同じようにアカデミーの外で音楽の訓練を受けた。彼の創作成果は比較的慎ましやかだが、彼はグリンカの民族主義的方向性を支え、これを、十九世紀後半に一斉に開花し、後にロシア国民学派として知られるようになる作曲家集団へと昇華させた。「力強い集団」、あるいはより簡単に「五人組」と呼ばれるこのグループには、リムスキー＝コルサコフ、ムソルグスキー、ボロディンといった、ロシア音楽における最高のビッグ・ネームたちが名を連ねる。（五人目にして、今日もっとも知名度が低いのは、ツェザーリ・キュイ。）

画家のワシーリー・ヴェレシチャーギン同様、五人組は一八六〇年代のリアリズム的美学に同調していた。[12] バラキレフは、時代の文化的アイコン、ニコライ・チェルヌィシェフスキーに、その小説風の宣言の書『何をなすべきか』をオペラにすることで、敬意を示そうと企図していた。十九世紀中盤の芸術論の中で、五人組の友人にして不断の支持者であった評論家のウラジーミル・スターソフは、ロシア国民学派の音楽へのアプローチを次のように説明している。[13]もっとも重要なことは、メンバーたちが、ヨーロッパの伝統が命じるところに従うことを、拒んだことである。主として独学であったバラキレフとその仲間たちは、新しく創設され、自らを西欧音楽文化の擁護者とみなすペテルブルク音楽院《コンセルヴァトーリヤ》に抵抗した。アカデミーへの反感と手を携えていたのが、ロシア国民楽派の「民族的本質志向」であった。これは、厳格な孤立主義を意味するものではない。五人組は、ヨーロッパの発展にぴったりとついて行っていたし、海外を旅し、海外の作曲家たちとの親交もあった。そして、もちろんのこと、ナショナリズムは当時の西欧の流行の特徴であった。その一方で、チェルヌィシェフスキーの教えに従いつつ、五人組は、標題音楽——つまり、音楽とは思想を運び、物語を伝えることを意味する——のために、その抽象化を拒んだ。

スターソフによれば、ロシア国民楽派のもう一つの重要な特徴は、「オリエンタルな要素」にある。ブィリーナのアジア的起源についてのスターソフの信念を共有していたバラキレフは、一八六〇年代を通じて、多様な人々の間に生きる民族音楽を蒐集すべく、カフカスに何度も足を運んでいる。[14]当時のバラキレフの作品の多くには、明らかに東方的な趣向がある。そこには、ピアノのためのオリエンタル・ファンタジー『イスラメイ』（一八六九年）や、伝説上のグルジアの美女についてのミハイル・レールモントフの詩をもとにした交響詩『タマーラ』（一八六七—八二年）が含まれる。リムスキー゠コルサコフは、バラキレフが、仲間の五人組たちと、彼がロシアの東方の山岳地帯を歩き回る間に編曲したメロディーを奏でて幾晩も過ごしたと、回想している。[15]彼らも同様に、アジア音楽への憧れを育み、ボロディンの『中央アジアの草原にて』はいうまでもなく、リムスキー゠コルサコフの『シェラザード』『アンタール』や『金鶏』、ムソルグスキーの『シャミールの行進曲』といった作品に、それを反映させていった。音楽学者のマリーナ・フロロワ

＝ウォーカーは、五人組がグリンカの東方への姿勢を共有していたことを示唆する。「バラキレフはオリエンタルな様式を、別の、異質な人々、今の用語でいえば他者、を表象するための道具とはみなしておらず、音楽におけるロシア的なものの本質的構成要素と考えていた。ゆえに、バラキレフ（および、初期の五人組のメンバー）にとっては、新たに構築されたオリエンタル様式を用いることは、明快な非ヨーロッパ的アイデンティティを主張するための、もっとも簡単な方法だったのである。」[16]

五人組のなかで、アレクサンドル・ポルフィリエヴィチ・ボロディンほど、このことを良く理解していた者はいない。[17] 一八三三年、タタール人を祖先に持つグルジアの侯爵、ルカ・ゲデアノフと、彼よりずっと若いロシア人の愛人との間の婚外子として生まれたことで、ヨーロッパ人とアジア人両方の血が彼には流れていた。彼を良く知るスターソフは、「皆、彼の特徴的な東洋的外見から強烈な印象を受けた」と記している。[18] 自分の東方の出自をユーモアをもって認め、ボロディンは時々、仮装舞踏会に中国のローブを纏って現れた。

アレクサンドルの奔放な幼少期にもかかわらず、ゲデアノフ公は父親としての責任を、貴族にふさわしい養育のための道を提供することで、忠実にまっとうした。それにより、ボロディンの母親は、息子に二方向の情熱の対象に熱中させることができた――音楽と化学である。彼は早いうちから、その両方に並外れた才能があることを示した。九歳になる頃には、アレクサンドルは最初のポルカを作曲し、その四年後にはコンチェルトと弦楽三重奏を作曲し、そのいずれも、後に出版されている。同時に、少年は、自宅で危険な火工品を混ぜ合わせる化学実験を行うことを許可され、アパート中を様々な有害異臭で満たしたりもした。

アレクサンドルが高等教育を求める年齢になると、彼の母は、彼をしぶしぶ大学にやった。ペテルブルク大学は既に、社会不安となる学生の温床としての悪評を得ていたので、彼は、家族の友人の助言を得て、陸軍の医科大学に進んだ。ボロディンはあらゆる科目で抜きんでており、一八五五年に卒業する際には、最高栄誉賞を受賞している。彼は、とりわけ化学の指導教授と近しく、教授はボロディンを自分の後継者として指導し始めた。医学博士号を取得すべく勉強を進めてはいたものの、ボロディンの本心は医者になることにはなかった。一八六二年、ハイデルベルクとパリに三年間留学した後、彼は、軍の医学校に彼を准教授として迎えるという指導教官の助言に、熱意をもって応じた。同僚からは尊敬され、学生からも好かれて、二年と僅かのうちに、ボロディンは化学の教授に昇進を果たし、そのポストに亡くなるまで就いていた。[19]

ボロディンは、医学校にいる間も、もう一方の愛を手放しはしなかった。今日残っている最初の作品群、室内楽用のパルティータと歌曲の作曲は、大学時代にまで遡る。陸軍病院でのインターンシップの間のある日、彼は、エリート部隊である近衛プレオブラジェンスキー連隊の若き士官、モデスト・ムソルグスキーに出会い、二人は音楽について喋るうちに、すぐさま意気投合した。それから数年後、ボロディンが再びこの士官に会うと、ムソルグスキーは、「オリエンタル」三重奏を含む自身の作品のうちの数曲を披露した。ボロディンはこの時のことを、こう回想している。「私は、私にとってはまったく新しいその幻想的な音楽の要素に仰天した。初めからそれが特に気に入ったとは言い難い。その斬新さはむしろ、私を困惑させた。しかし、少しばかり聞いた後、私はそれに傾き始めた。[20]」

しばらくの間、ボロディンの作風はきわめて西欧的であった。自ら「熱心なメンデルスゾーン主義者」と称し、ハイデルベルクでの滞在中には、友人たちと頻繁に室内楽用の作品を弾いていた。才能豊かなピアニストで、肺病の治療のためにモスクワから旅してきた彼の未来の妻、エカテリーナ・プロトポポワと出会ったのも、このドイツの大学都市であった。二人のロマンスは、彼女が彼にフランツ・リストやフレデリック・ショパンを聞く喜びを教えたことで急速に花開き、二人はリヒャルト・ワグナーのオペラを知るようになった。

ペテルブルクでの教員のポストを得て間もなく、ボロディンは、カリスマ的な音楽教祖、ミリィ・バラキレフの魔力にはまり、バラキレフは彼を自分のサークルに引き込んだ。威圧的なバラキレフとの関係は、いささか難しいものになったが、彼らが共に過ごした日々は、若き大学教授の趣向を強烈に規定した。スターソフによれば、ボロディンは「ロシアの、そしてロシアと不可分につながったオリエンタルな要素によって、もっとも顕著に特徴づけられた能力を持つ作曲家へと、すぐに変身した。[21]」

ボロディンの交響曲デビューは、一八六九年一月初旬、バラキレフの指揮によってロシア音楽協会で初演された、交響曲一番であった。否定的な批評もあったが、反応は概してとても好意的だった。この成功に勇気づけられて、ボロディンは、今度はむしろロシアの主題にもとづいたオペラを書いてみたい、と友人に話した。良いアイデアを提供する適役だったのは、ペテルブルク国立図書館に職を得ていたスターソフだった。一八六九年四月、長い会話の後で、スターソフはボロディンに、十二世紀の『イーゴリ軍記』にもとづいたオペラのための詳細な構想を送った。

この提案は、ボロディンに非常に魅力的にうつった。「あなたにどうお礼を言って良いか分かりません」と、彼はスターソフに書き送っている。「私はとにかくこの主題が好きです。ですが、私にその表現力があるでしょうか？　分かりません。虎穴に入らずんば虎児を得ず、です。やってみます。[22]」スターソフの助力を得て、彼は国立図書館の所蔵する、ほぼすべての関連作品をむさぼり読んだ。その中には、中世の年代記や、『ザドンシチナ』などの叙事詩、ニコライ・カラムジンやセルゲイ・ソロヴィヨフの歴史書、様々なトルコの歌集が含まれていた。ボロディンは、その夏、イーゴリ公の冒険が行われた地域をより良く理解するために、妻と共にウクライナを旅し、また、キエフの古い聖ソフィア聖堂のフレスコ画から、十二世紀の女性の外見について学んだ。九月には作曲に取り掛かったが、しかし、進み方は緩慢だった。一八七〇年初頭、作曲家はやる気をなくしてゆき、四年の間、この新たな取り組みを放置してしまった。

一八七四年にこのプロジェクトを再開すると、ボロディンは、イーゴリ公の遊牧民の敵、ポロヴェッツ人を投入する第二幕に取り組んだ。彼らの音楽に好奇心をかき立てられて、彼は民族学者ウラジーミル・マイノフに助言を求め、マイノフはブダペストの同僚、パール・フンファルヴィに手紙を書いた。十三世紀のモンゴル猛襲の間、西欧に移住したポロヴェッツ人がおり、彼らの子孫がまだ、北ハンガリーのマトラ山周辺に居住していた。民俗学に強い関心を抱いていたフンファルヴィは、彼らの歌に関して書いた研究を出版していた。しかし、返信の中で彼が指摘したように、その時には既に、かつてのポロヴェッツ人たちは完全にマジャール化していた。フンファルヴィの手紙に対する返事の中で、マイノフは、ボロディンがチュヴァシやバシキール、キルギスのような、より原初の民族的つながりを持つテュルク系民族の、「軟口蓋音や不調和音」を研究することで、もっと何か発見できるかも知れない、と提案している。[23] それでもマイノフは、『ポロヴェッツ人のメロディーの特別選集』を含むハンガリー民俗音楽のリストを転送した。[24] ボロディンが後者のいずれかをオペラのために使ったという直接的な証拠はないが、もっとも権威あるソヴィエト時代のボロディンの伝記作家は、『ポロヴェッツ人の踊り』への影響について、説得力のある事例を提示している。第二幕の他の場は、作曲家がパリで購入したアルジェリアやチュニスのフランス版の歌集や、アメリカ人ルイ・モロー・ゴットシャークの『黒人の歌』を含む、より遠い、エキゾティックな情報源に依拠して書かれた。[25]

ポロヴェッツ人をめぐるボロディンの音楽表現には、オリエンタリストの常套イメージが溢れている。第二幕の最初に登場する女性たちは、確かに官能的だ。オープニングのソロは、入り組んだメリスマ（一つの音節に多くの音符をかぶせる）と、「いかにもエロティックな」シンコペーション、そして、タルスキンが言うには「魅惑的な東方のイメージを完成させる」[26] 半音階ずつ降りていくメロディーラインをもって、彼らの強烈なセクシュアリティを強調する。一九九〇年に、ロイヤル・オペラがロンドンのコヴェント・ガーデンで『イーゴリ公』を上演した折には、裸で入浴する人々が、肉欲をさらに高めるように、メロディーに合わせてゆっくりと体を洗うという演出が見られた。男性については、有名な『ポロヴェッツ人の踊り』と、第三幕の導入にあたる『ポロヴェッツ人の行進』に合わせたその激しい動きが、雄々しい野蛮さを効果的に伝える。バス［低音域］で個性的に歌う彼らのリーダー、コンチャク・ハンは、彼の捕虜を、東方的なホスピタリティをもって惜しみなくもてなす。

アジアの他者の描き方に関する、ヨーロッパの慣習へのあらゆる追従にもかかわらず、そこには明白な不一致も見られる。ポロヴェッツ人は明らかに恐ろしい敵であるはずだが、ボロディンは彼らを実に好意的な見方で描いている。戦士たちは、キエフ・ルーシを襲撃すると、深い不幸と悲しみをもたらす。しかし、戦争は戦争である。陣地へ戻れば、彼らは誇り高き人々。唯一の悪いポロヴェッツ人は、密かに洗礼を受けたオヴルールであり、敵の信仰へと改宗することで仲間を裏切るというその行為のために、邪悪だとされる。

ボロディンの、キリスト教のルーシの描き方におけるコントラストは強烈だ。序幕では、貴族と大衆がみな、イーゴリ公の首都プティヴリに、「信仰のため、ルーシのため、人々のため」[27]にポロヴェッツ人との戦いに出発するリーダーの勝利を祈るべく集まっている。しかし、彼らの団結のショーは、きわめて欺瞞的であると判明する。イーゴリが発つやいなや、彼の義理の弟であるガリツキー公が権力を強奪しようとし、酒乱とレイプの乱痴気騒ぎを始める。スクラーとイェローシカという、オペラの中に喜劇的な要素として導入される二人のロシア人ヴァイオリン弾きは、序幕でイーゴリ軍から脱走し、第四幕で、捕虜になっていたイーゴリの帰還を知らせることで、偽善的にその保身を果たす。

オペラの中でもっとも共感を得る人物の一人は、ポロヴェッツのリーダー、コンチャク・ハンであろう。世に知られた戦士でありながら、ハンは捕虜となったイーゴリ公に敬意をもって接し、気遣う。第二幕でイーゴリがコンチャクの同盟の申し出を断ると、ハンはこれを温厚に笑い飛ばし、客人であることは不本意だとする彼の精神を褒め、ダンサーの女性たちを呼ぶのである。ステレオタイプなジェンダー役割の興味深い変換によって、オリエンタルなコンチャクは求婚者の役を、オクシデンタルなイーゴリは、不承不承の乙女に該当する役を割り振られている。その後、イーゴリの息子、ウラジーミルがポロヴェッツの陣から脱走しようとして失敗するが、コンチャクは寛容にも助命する。

この同情的な描き方は、オリジナルのイーゴリの物語はもちろんのこと、スターソフの構想からも明らかに乖離していた。[28]作曲家にしては珍しく、ボロディンはこのオペラの台本を自分で書いており、そうすることで、いくつかの重要な変更をした。スターソフがルーシとその異質な敵との対立を強調すると、ボロディンはこれを和らげた。また、ハンによる暴力的な激怒の発作を削除し、代わりに騎士道を強調した。スターソフの台本には、イーゴリが発った後のガリツキーの支配下での乱痴気騒ぎに加わる、プティヴリの外国人商人のグループが含まれていた。しかし、ボロディンの台本では、裏切者たちは皆、ロシア人である。そして、ボロディンは、オペラの終わり方も異なるものにした。スターソフ版では、イーゴリ公の息子がハンの娘を連れて帰還し、形式通りのハッピーエンドな婚礼が執り行われるが、ハンの娘がルーシに完全に同化することで、おそらく、末永く幸せに暮らしました、となるはずだった。対照的に、ボロディン版のウラジーミル・イーゴリエヴィチは、ポロヴェッツ陣営から逃げることはせず、代わりに、コンチャクの義理の息子としてそこに落ち着くのである。[29]

第二幕のデュエットの終わりに向けて、コンチャクはイーゴリに対し、ポロヴェッツに向かって二度と武器を取らないと誓えば、自由にしてやろうと申し出る。イーゴリがこれを頑なに拒むと、コンチャクは「まるで私自身のようだな！」と応える。[30] これは面白いセリフである。このオペラについてスターソフに書いた手紙の中で、ボロディンはこう記している。「私は二元性から逃れられないようです。――化学の二元性理論のかたちでなくとも、生物学においても、哲学においても、心理学においても、あるいは、オーストリア＝ハンガリー帝国においても！」[31] 作曲家の太陽のモチーフは、この二重奏の二人に共通する、もう一つの例を示してくれる。十七世紀フランスの太陽王、ルイ十四世の絶大な権力のシンボルは、オペラの中で、キリスト教徒のイーゴリ公と、異教徒であるコンチャク・ハン両方の権威のメタファーとなっている。プティヴリの人々は、彼らの公に、「太陽の美を讃えよ」と歌いかけながら幕を開ける。[32] 第二幕の終盤では、コンチャクのためにポロヴェッツ人が踊るなか、彼らは良く似た様式で「彼は真昼の太陽のよう」と褒めたたえる。[33]

ハンの言葉「まるで私自身のようだ！」は、ボロディンの中心的メッセージの一つをなぞっている。十二世紀のイーゴリの物語が、ポロヴェッツ人を他者として描いたとすれば、オペラの中では、彼らは二重の自己である。ソヴィエト時代のある音楽学者は、こう指摘した。『イーゴリ公』の中で、ボロディンは、「このオリエントとロシアの統合を、繰り返し強調した。」[34] ヨーロッパとアジア両方の血を引く作曲家自身のように、『イーゴリ公』

の西と東は、同じコインの表裏なのである。彼のアジアとは、サイード的な他者ではなく、キリスト教のルーシのもう一つの自分なのである。それらは共にロシアを形成している。イーゴリ公もコンチャク・ハンも、帝国の先祖である。「どこにも、ボロヴェッツ人に対する決定的勝利のいかなる記録もない」ことを、ボロディンは我々に思い出させる。[35]明らかにこの作曲家は、チェッカーゲームの代わりにへ音記号と四分音符を駆使し、オリエントを鞭打って征服するような、音楽界のスコベレフ（中央アジア遠征などで活躍したロシア軍司令官）ではなかった。彼が見た通り、ロシアはオリエントを打ち破りはせず、キリスト教徒のウラジーミル・イーゴリエヴィチ公が異教徒のハンの娘と婚姻によって結ばれたように、それと結びついたのであった。

ボロディンは、存命中にこのオペラを完成させることはできなかった。大学教授として、女子高等教育の活動家として、気を散らされることも多く、彼はめったに作曲のための静かな時間を得ることができなかった。彼が手紙の中で言った冗談のように、「冬の間、病気で仕事に行けない時にだけ、音楽を書くことができる。だから、私の音楽仲間たちは、一般的な慣習に反して、いつも私に健康よりも病を望んでくれるのだ。[36]」初めて『イーゴリ公』に着手してから十八年後の一八七七年に、心臓発作が急に彼の命を奪った時、オペラは未完成のままだった。幸いにも、リムスキー＝コルサコフと、若い作曲家アレクサンドル・グラズノフがその価値を見出し、彼が中断した箇所からまた作曲を始めた。

『イーゴリ公』の初演は一八九〇年の十月二十三日、ペテルブルクのマリインスキー劇場での上演であった。アレクサンドル三世が、ピョートル・イリイチ・チャイコフスキーのより西欧的なスタイルを好んでいたことに鑑みて、マリインスキーの監督は、これを上演することをためらった。そして、一九一七年までの間、公演回数は五十回を下回るものとなる。[37]それと同時に、出版者アレクセイ・スヴォーリンによれば、このオペラは観客に熱烈に受け入れられた。[38]ボロヴェッツがルーシよりも肯定的に描かれていると不満を言う者もいたが、ほとんどの同時代人たちは『イーゴリ公』を、異教の敵に対する正教スラヴ人の闘いを讃えた、愛国的作品として受け止めたのだった。[39]

ボロディンは自身の作曲について、「舞台の上で、我々の民族的起源を」見たいと願うロシア人のために書かれた、「本質的に民族的なオペラ」だと評していた。[40] ただし、ロシアの過去像は、そのアジア的ルーツに対して、敵対的ではない。ひたすら商業的な動機をもってではあったが、冒険的な興行主セルゲイ・ディアギレフが、一九〇七年にパリの観客の前で、『イーゴリ公』から、より豪華なポロヴェッツ人の踊りや歌の数曲を（ミハイル・フォーキンの振り付けで）上演し始めた際には、彼はこのことを巧みに伝え、それにより、海外における、きわめてオリエンタルなロシア風スタイルの流行を生み出したのである。

『イーゴリ公』の初演を観た者の中で、先の作曲家のアジア的ルーツに関する思想を共有した者は少なかった。[41] しかし、銀の時代として知られるようになるその次の数十年の間に、多くの者がこうした観念をより受け入れるようになる。二十世紀への転換期に、ロシア文化はエキゾティシズムへの回帰と、一八四〇年代以来支配的であった真剣な市民意識を持つリアリズムからの後退との、両方を経験した。一八九〇年代の作家や芸術家たちは、社会進歩に貢献するという義務から自らを解放し、ロマン主義の時代以来多分に避けていた精神の領域へと踏み出した。

哲学者で詩人のディミトリー・メレシコフスキーは、一八九二年、「現代文学における衰退と新思潮」という講義をもって、リアリズムに対する攻撃を開始した。[42] メレシコフスキーの講義は、一般的な調査であるように見せかけて、ロシア文学の「致命的に窮屈な実証主義」を非難した。リアリストのやかましい教訓主義と「粗雑な写真のような精密さ」を隷属的に続行する代わりに、作家がシャルル・ボードレールやエドガー・アラン・ポーのような「新しい芸術」を摂取するよう促した。この新しい芸術には、三つの要素がある、と彼は説明する。それは、「神秘的な内容、象徴、そして、より広い芸術的感性」[43]。この講義も、その次の年に書かれた本も、大して関心を集めなかった。けれども、著名な人民主義《ナロードニキ》の評論家、ニコライ・ミハイロフスキーの怒りに満ちた応答が、メレシコフスキーのメッセージを広めるのに大きく貢献した。[44]

もちろん、メレシコフスキーは基本的に、それよりも二十年先に、とりわけポール・ヴェルレーヌ、アルチュール・ランボー、ステファヌ・マラルメの詩において、フランスで最初に現れた文学潮流を伝えていただけであった。象徴主義と呼ばれるこの運動は、世界の隠された、より深遠な現実を、間接的な引喩やアナロジー、メタファーによって伝えようとする詩を提唱していた。エキゾティシズムと博識はその重要な特徴であったが、その指導的原理は、五感に訴えかけることを求めた、非常に洗練された審美的なものであった。[45]

リアリストたちが、芸術を通じて世界の短所を非難することによって、より良い世界を構築できると楽観的に信じていたとすれば、象徴主義者たちはより悲観的な傾向にあった。実際、「デカダンス」という文学用語は、象徴主義と実質的に同義である。十九世紀が終わりに近づくと、象徴主義者たちは二十世紀を不吉な予感をもって眺めていた。相対的な平和と繁栄の数十年は、逆説的に、大変動が不可避であるという感傷を生んだ。不可避なことに抵抗するのは無意味であって、唯一の選択肢は、文明の洗練された快楽を、黄昏の光の中で楽しむことなのである。[46] ヴェルレーヌはこの時代の精神を、自身の韻文『物憂さ』（一八八三年）でこう捉えている。

私はデカダンスの果ての帝国だ、
大柄で野蛮な白人が通るのを眺めている、
物憂い陽の舞う黄金様式で、
気の抜けた折句を詠みながら。[47]

芸術においては責務よりも美を擁護しようというメレシコフスキーの呼びかけは、ヴァレリー・ブリューソフやコンスタンチン・バリモントといった詩人たちの間から、すぐさま反応を引き起こした。両者とも、一八九四年に文壇に登場している。野心家で、若く、モスクワ出身のブリューソフは、その年、翻訳されたフランス語の韻文や土地に伝わる韻文を集めたアンソロジー『ロシア象徴主義』を世に出すことで、早々と、新しい潮流のリーダーを自ら名乗った。一方、貴族出身で数か国語に通じたバリモントは、彼の代表作である詩集『北国の空のもとで』（一八九四年）を出版した。そのあからさまな官能主義と実験的な音律は、まさにフランス象徴主義のそれでもあった。

より保守的な読者は彼らの「デカダンス的な」詩文にショックを受けたが、他の人々はすぐにブリューソフとバリモントの新潮流へと加わったのだった。一九一七年のおおよそ四半世紀前の、ロシア文学におけるこのポスト・リアリズムの時代は、象徴主義、デカダンス、ネオ・ロマン主義、モダニズムなど、様々なレッテルを貼られてきた。[48] が、なかでも「銀の時代」がもっとも一般的な呼称である。同時代人の一人、アンナ・アフマートワによって普及したこの呼び名は、彼女が後に著した『ヒーローのない叙事詩《ポエマ》』（一九四〇年）の中に現れるが、ロシア詩におけるプーシキンの時代を金の時代と呼びならわすことに対する、敬意を込めた同意である。[49] そこには、古典的な引喩も含まれる。ラテン文学では、「銀の時代」とは、先行した金の時代の後、紀元一世紀に世界的な開花を迎えた時期を指す。同時に、イギリスのスラヴ研究者アヴリル・パイマンが推測するように、あまりキラキラ輝かない貴金属を引き合いに出すことで、「芸術、黄昏、月や星の反射した輝き、という含意を持つ『銀の時代』という用語」は、ツァーリズムの黄昏の数十年の精神を巧みに映したのである。[50]

プーシキンの金の時代と同じく、オリエントはロシアの銀の時代に人気のあるテーマであった。一族の母方にモンゴルの血筋を引くというバリモントは、特に多産だった。[51] その時代の多くの旅する詩人の中でも――バリモントは生涯の半分以上を海外で過ごした――、彼はアジアの文学、特にエジプト、インド、日本のそれに、大きな関心を寄せていた。[52] あるロシア人研究者によれば、亜大陸の思想に刺激を受けて書かれたバリモントの一連の詩作『インドのハープ』（一九〇〇年）は、銀の時代の詩に多大な影響を及ぼしたという。[53] ロマン主義者たちと同様に、この放浪詩人も東方の形式を試し、一九一六年に島国の帝国、日本へと旅した後には、日本の短歌や俳句をまねた韻文を出版している。

アジアの遠い過去は、とりわけバリモントを魅了した。彼の世代が持っていた、ヨーロッパのブルジョワ唯物主義への深い嫌悪感を共有しながら、彼は異国の地に、未来へのインスピレーションを見出すことを望んだのである。詩人は、出版社にこう書き送っている。「ロシアは、あらゆる基本的な価値の完全な再評価へと、急速に近づいている。」彼はさらにこう加える。古典的なギリシアもローマも、いかなる答えも与えてくれない。なぜなら、「内的葛藤の、張り詰めた困難な時代に、ロシアの精神」は、「それらの思考方法に憧れることなどまずない」からだ。代わりに、ロシア国民たちは、長い時間に裏付けられ、現代でも光を失わない異国の伝説を通じて、新たな要素を求めるはずだ、と。[54] そこにはマヤやアステカの神話も含まれていたが、この詩人はこれらを総じてオリエントと呼んでいた。

アジアを英知の源と考えるバリモントの思想は、レフ・トルストイ伯の思想にも響いている。カザンにおいて、ミルザ・カゼム＝ベクの下で大学教育を始めたことで、この作家は長いこと東方に興味を持っていた。彼をインドや中国の思想へと向かわせることになった一八七〇年代の深刻な精神的危機の後、トルストイの憧れはいっそう強まっていた。[55] キリスト教信仰を捨てることはなかったが、彼は、特にヒンドゥーや仏教の非暴力思想に魅せられていた。後年、彼はインド独立運動家のマハトマ・ガンジーと文通していた。(ガンジーが、出身地である南アジアの伝統由来の観念に鼓舞されるようになったのは、部分的に、このロシア人作家を介してのことである。[56])

トルストイはまた、老子のような中国の思想家や、儒教にも目を向けた。彼にはその教えが、西欧の合理主義や唯物主義よりもロシアにとってより良いモデルと思えたのだ。作家の農業への執着を考えれば、中国は大きな魅力だったのだろう。一八八四年に書かれたと思われる、儒教に関する未刊行の討論記録の中で、彼はこのように喋りたてている。「中国人は世界でもっとも平和的な人々である。彼らは他人から求めることも、戦争に従事することもない。[これは]中国人が土を耕す民だからである。彼らの支配者も、自ら耕作を始めるのだ。[57]」

驚くべき言語運用能力に恵まれたバリモントは、外国文学の翻訳で部分的に生計を立てていた。彼は主に、シェリー、ポー、シェイクスピア、ロペ・デ・ヴェガ、イプセン、メーテルリンク、ユリウシュ・スウォヴァツキを含む、ヨーロッパの作家を扱った。基本的には英語やフランス語版からではあったが、アジアの作品もロシア語に訳した。一九一一年、彼の友人でモスクワを拠点とする出版者のミハイル・サバシュニコフが彼に、「世界文学の傑作」集企画に、「古代のテクスト」を寄稿しないかと持ちかけてきた。バリモントは、ギリシアやローマよりもさらに遡って構わないなら参加する、と言って引き受けた。彼はこれらを、「エジプト、カルデア、ユダヤやインドの普遍的価値の模倣か反復」にすぎない、と感じていたからだ。後者は、「疑いなく、ギリシアやローマのものよりもずっと面白く、翻訳する価値がある」のだった。[58]そこで彼は、一世紀のインドの詩人アシュバゴーシャの『ブッダ・チャリタ』を寄稿することを提案した。一九一二年の、南アジアを含む長い海外旅行の後、バリモントは、五世紀のインドの劇作家カーリダーサの戯曲三本のロシア語訳を、サバシュニコフの企画のために出すにあたって、セルゲイ・オリデンブルクの支援を取り付けた。

バリモントとブリューソフは銀の時代の第一世代で、彼らは西欧の象徴主義者たちがそうであったように、アジアを何よりもエキゾティックな美、新たな精神性として見ていた。一九〇四年から〇五年にかけて、ロシアの日本との壊滅的な戦争が勃発する中で目立ち始めるのが、それまでとは異なる第二世代の見方である。アンドレイ・ベールイの優れた小説は、その本質をよく摑んでいる。

ベールイとは、モスクワ大学の著名な数学者の繊細な息子、ボリス・ブガーエフのペンネームだった。[59]一八八〇年に生まれた少年の幼年時代は、楽なものではなかった。粗野な学者であった彼の父親と、神経質で、その美貌で知られ、社交家の華であった母親は、大変不釣り合いな組み合わせだった。半自伝的小説『コーチク・レターエフ』（一九一七―一八年）と『洗礼を受けた中国人』（一九二七年）で作家が伝えているように、両親の頻繁な、凄まじい口論ゆえに、彼は幼い頃から非常な恐怖でいっぱいだった。著者の最初の記憶の一つは、離婚をめぐる両親の口論だった。最終的に、彼らは離婚しないことを決めたが、それは、息子の養育責任を相手に委ねることを、二人ともあえてしなかったためであった。

ボロディンのように、ボリスは当初から、科学と芸術の間で引き裂かれていた。彼は父親から数学や抽象的思考への情熱を吸収した。対して、秀でたピアニストであった母親を通じて、音楽への愛が彼に染み込んでいた。モスクワ大学の数学・物理学部を主席で卒業した後、詩人は、夢想の世界に入ることを明確に決意する。幼馴じみで隣人でもあったセルゲイ・ソロヴィヨフを通じて、彼は文学に出会った。彼の混沌とした家庭環境と対照的に、ソロヴィヨフ家は家庭の平穏のオアシスであり、少年は、しょっちゅうといってもよいほど、毎日のように彼らを訪れていた。

哲学者で詩人のウラジーミル・ソロヴィヨフの弟、セルゲイの父ミハイルは、文化的発展に敏感な人物であった。芸術家で翻訳家であった妻オリガと共に、彼は若きボリスの隠れた詩の才能を目覚めさせた。ミハイルの強い勧めと寛大な資金援助を受けて、一九〇二年、ボリスは最初の重要な作品、散文における実に独創的な「調和《シンフォニー》」を持った作品を出版した。当時学部長となっていた彼の父を煩わすことを避けるべく、彼は、アンドレイ・ベールイというペンネームを用いた。詩集『るり色の中の黄金』は、その二年後に出された。ヴェルレーヌ、メーテルリンク、ワイルド、ボードレール、そしてバリモントが好きだったオリガの趣味を考えると、彼女の若い弟子が彼らの様式を選んだことは不思議ではない。ベールイは、彼の詩の新しい由来を軽々しくは認めなかった。彼は後に、「あの時私は既に、象徴主義を文学潮流としてではなく、宗教や生活様式、芸術や思索を調和的に束ねる独特な世界観だとみなしていた」と追想している。[60]

彼の回想にあるように、ベールイは時代の神秘的傾向を大いに共有していた。一番好きな先生が司祭であったというギムナジウムでは、仏教やヒンドゥーの思想に踏み込み、古代インドのヴェーダ文化にも関心を示した。ベールイは、オカルトや、ブラヴァツキー夫人の神智学にも近づいた。これは、神との直接的なコミュニケーションを強調する東方の神秘思想に部分的に基づいたものだった。十代の後半には、ドイツの哲学者アルトゥル・ショーペンハウアーやフリードリヒ・ニーチェの思想に傾倒した。最後に、一九一〇年、最初の妻であるアーシャ・ツルゲーネワが、オーストリアの科学者で、神智学と決別して人智学を発展させたルドルフ・シュタイナーの教えを彼に紹介した。精神世界に到達できるような、より高みに昇った意識への憧れをもって、その教えはその先十年にわたって、ベールイの創作に強い影響を及ぼした。

彼の世界観を根本から形成したウラジーミル・ソロヴィヨフと彼が出会ったのは、一九〇〇年の春、隣人のアパートでのことだった。ウラジーミルは十九世紀ロシアの大物哲学者であり、後年にはますます終末論に、あるいは、この世の終わりの研究に心を奪われていた。日本の近代的軍隊が一八九四年に清朝を劇的に破ったことを歌った有名な詩『汎モンゴル主義』の中でウラジーミルが説明したように、東方は最終的な破滅をもたらす悪の力なのであった。

汎モンゴル主義、呼び名は粗野なれど
その響き、われには甘美。
あたかも御神の大いなるさだめの預言で
みたされているかのようで（…）

マレー水域からアルタイ山脈まで
東の島々の頭目たちが
打ちひしがれた中国の長城ぎわに
雲霞のごとき軍勢を集結させた。

蝗のように無数で貪婪な、
恐るべき力をもった諸民族が
北へ進軍してくる。

おお、ルーシよ。過去の栄光を忘れよ。
双頭の鷲は打ち砕かれ、
汝の旗も切れ端は
黄色い子供たちの遊びに与えられる。[61]

ウラジーミル・ソロヴィヨフは、彼の弟のアパートで、ベールイの目の前で朗読した『反キリスト物語』の中で、こうした思想を展開した。彼の終末の予言によれば、日本に生まれた天皇が、八世紀前にチンギス・ハンがしたように、オリエントの遊牧民たちをまとめ上げ、ヨーロッパに二度目の攻撃を仕掛けるだろう。そして、ヨーロッパの滅亡が、神の国の前触れとなる、と。[62] 学生ベールイはこの哲学者と短い会話を交わし、秋にまた会う約束を交わした。ウラジーミルはその数か月後に、ベールイと再会する前に死去したが、彼らの短い出会いは刻印を残した。後者によれば、「あの時以来、私は終末の想いと共に生きていた。[63]」

度々上がる異論にもかかわらず、この繊細な作家にとってむしろ「黄禍論」は、詩的メタファー以上のものであった。ソロヴィヨフと出会った後のある時のこと、田舎で夏休みを過ごす中で、峡谷の連なりを眺めていると、彼にはそれが、破壊的な東方が「豊かな大地を削り取り、悪意を漲らせて私たちに近づいて来る」表れであるように想像された。じわじわと迫る猛襲を阻もうというクヌート王〔海岸で高波におさまるよう命じて力を示そうとした中世の王〕のように、ベールイは半狂乱になって小峡谷へと石を投げつけた。[64]

ベールイは独りではなかった。銀の時代の第一世代が大抵ソロヴィヨフを無視していたとしても、彼の死の直後に、その陰気な神秘主義は、詩人のアレクサンドル・ブロークやヴャチェスラフ・イワノフを含む何人ものベールイの同時代人たちに、圧倒的な影響を及ぼしたのだった。哲学者の死後からたった五年の後、南満州と日本海でのツァーリズムの驚くべき敗北と、ロシア全土を震撼させた革命の暴力は、ソロヴィヨフの黄禍論の不吉な予言を明らかに裏付けるものと思わせた。日本軍が満州の都市奉天に進軍してから間もなく書かれ、それにふさわしく「ロシア詩における黙示録」と題された論文で、ベールイはこう語った。「偉大な神秘主義者は正しかった。……モンゴル襲来の亡霊は、威嚇するように現れた。旋風が渦まきながら、粉塵を巻き上げた。塵に遮られて、光は赤くなった。確かに、世界を覆う大火が始まったのだ。」[65]しかし、バーニス・ローゼンタールが指摘するように、第二世代は、迫りつつあるアルマゲドンを、希望を持って見ていた。というのも、それは結局のところ、キリスト再臨の前兆だからだ。[66]

第一世代ではあるものの、機を見るに敏なブリューソフは、オリエントの脅威に関するソロヴィヨフのメッセージを取り上げた最初の主流詩人だった。彼は、一九〇四年初頭に日本に対する敵意が噴出すると、先駆けて愛国的な詩を書いた。友人に向けて、ブリューソフは自分の同国人たちを文明の敵だと、皮肉を込めて呼んでいた。「ロシアの砲弾に［東京の］寺院を、美術館を、芸術家たちを、打ち砕かせてしまえ。……日本全土を、死んだギリシアに、より良い偉大な過去の廃墟にすればよい。私は野蛮人の味方。私はフン族の味方だ。私はロシア人の側なのだ！」[67]おまけに、その秋、彼は自身の雑誌『天秤座』に、浮世絵のコレクションの複製品を載せるようになった。ロシアの勝利が訪れそうもないことが徐々に明白になると、ブリューソフの気分は落ち込んだ。一九〇五年の夏までに、ツァーリのバルチック艦隊が対馬海峡の底に沈むと、詩人は『来たるべきフン族』の中で、今度は日本を文化のネメシスとみなした。

来たるべきフン族よ、お前はどこにいるのか。
おまえはかつて、黒雲となって世界を覆った。
いまだ未踏のパミール高原に
おまえの蹄鉄の足音が聞こえる。

(…)

我々だけが知っていたものは、
恐らく、すべて跡形もなく消え失せよう。
しかし、私を滅ぼすであろうおまえを
私は歓迎の歌で迎えよう。

ブリューソフは明らかに、瀕死の文明を破壊するかも知れない「ブロンドの野蛮人」を、かつて喜んで迎えたヴェルレーヌに影響されている。今度は単にドイツ人の代わりに、破壊的な遊牧民たちがアジアの奥地からやって来ただけなのである。

戦争と革命に対するベールイの反応には、ブリューソフよりは長い熟成期間があった。そしてそれが明らかになってみると、黄禍は、異質な力というよりもむしろ、ロシアそのものの内にあった。一九〇五年の後、ベールイは彼がその頃見出した「調和《シンフォニー》」に関する三部作を書こうと意図した。『東か西か』という仮タイトルをつけられたそれは、ユーラシアにおける対立とロシアの関係を追究することを意味していた。彼は最初の分冊『銀の鳩』を、一九〇九年に出版する。[68] 東西の対立についての考究でもあるその物語は、ピョートル・ダリヤリスキーという一人の詩人が、無垢で可愛らしいフィアンセ、カーチャと夏を過ごそうと、都市から田舎へやって来るというものだ。カーチャの祖母トートラーベ＝グラーベン男爵夫人の誤解によって、彼は婚約を破棄することになる。村の居酒屋で酩酊した後、彼は目的もなく村をさまよい、結局、「眉のないあばた顔」をし、たるんだ胸と太鼓腹、扇情的な笑顔を持つ粗野な農婦、マトリョーナの腕の中に慰めを見出す。マトリョーナは、酒神崇拝的な秘密セクト「白い鳩（鳩宗）」を率いる大工、クデヤーロフの「心の妻」であった。クデヤーロフは、マトリョーナが新たな救世主となるかも知れない子供を産むことを期待して、ダリヤリスキーが彼女と関係を結ぶことを、阻止するどころか、勧める。しかし、彼女は子をもうけることができず、ダリヤリスキーは逃げようとするが、クデヤーロフは彼を惨殺してしまう。

「農民暴動があちこちで起きている」という一九〇五年の陰鬱な背景のもとで、『銀の鳩』は、いずれもそれぞれに有害な二つの隔たったグループを対比している。西は、トートラーベ＝グラーベン（死んだ真っ黒な墓地という意味）という、死を連想させる男爵夫人のドイツ名が表すように、命のない理性を表現している。「白い鳩（鳩宗）」に具現化された東は、制御不能で動物的な、破壊的不合理性を表す。同時代のナイーヴな庶民派知識人のように、ダリヤリスキーは農民の中に真の英知を探そうとするが、結局見付けたのは、「恐怖であり、首をしめるひもであり、穴であるということを理解し始めていた――これはルーシではない。この気狂いじみた儀式のためにすり減った肉体から、東方の何か暗い深淵がロシアに押し寄せて来るのだ。」[69] しかし、オリエントは本当に「ロシアではない」のだろうか？ ベールイはこの点については、きわめて曖昧である。男爵夫人の、徹頭徹尾西洋的な高官である息子が、ダリヤリスキーにこう言う。「ロシアはモンゴルの国なんですよ。われわれにはみなモンゴルの血が流れていて、その侵入を喰いとめることができない。」そしてさらに、「われわれはじきにみな中国の皇帝の前にひれ伏さねばならんでしょう」と付け加える。[70] ヨーロッパについては、ダリヤリスキーはこう述べる。「西には数多の書物があるが、ロシアには語られざる多くのことばがある。ロシアとは、そこにぶつかれば、書物はこなごなに砕け、知識はこなごなに飛び散り、生活そのものまで燃えつきてしまうような国だ。ロシアに西欧が接ぎ木されるその日、西は全世界を覆う火事に包まれよう。」[71]

『銀の鳩』の二年後、ベールイは三部作企画の二作目の小説『ペテルブルク』[72]に取り掛かった。再び舞台は、一九〇五年の革命の混乱期であるが、今度は、初夏の帝都である。物語は、たいしたものではなく、反動的な議員アポロン・アポローノヴィチ・アブレウーホフと、学生である彼の息子ニコライを中心に展開する。テロ組織に巻き込まれて、アブレウーホフの息子は、首謀者ドゥートキンに爆弾で彼の父を暗殺するよう命じられるが、最後に爆弾は誰をも傷つけることなく爆発する。

人物は生き生きと描写されているものの、それは真の物語——つまり、東による破壊に必死に抵抗する西——からすれば、純粋に二次的なものに過ぎない。テーマは『銀の鳩』に似ているが、ずっと大きなスケールで展開する。ドイツ系貴族の一族と、似非東洋的な農民のセクトとの間に挟まれた個人を描く代わりに、こちらの物語は、妖しい黄禍の脅威が包み込もうとしている大都市——その延長として、ロマノフ朝の専制政治——に迫りくる運命を扱っているに他ならない。切れ切れの散文の断章で書かれたベールイのこの小説は、「文学における新奇な、幻覚の表現……悪夢と恐怖の世界」と評される。[73]

アジアはこの悩める首都のどこにでも潜んでいる。黄色い色は至るところにある。アブレウーホフの豪邸の黄色い壁から、彼の召使いセミョーヌィチの黄色いかかと、通行人の「黄色いモンゴルの不良ども」、囮であるリッパチェンコの悪趣味な黄色い服、そして、しょっちゅう街を包み込む黄緑色の霧まで。ニコライの恋人であるソフィア・ペトローヴナ・リフーチナは、自分のアパートを日本の美術品で飾り、着物を着ている。ドゥートキンは不気味なペルシア人、シシナルフネと付き合いがあり、夢の中ではタタール人や日本人と会う。一方、時々現れる「モコモコの満州の毛皮の帽子」——極東の戦線から戻ってきた退役兵の帽子——は、読者にごく最近の災難を思い出させ、さらにゆゆしきものが来ることを告げる。「[義和団事件から]五年の歳月が流れたのだ——いろいろな出来事で沸き立った。旅順が陥落した。国に黄色い顔の連中が侵入した。ジンギス汗の騎馬戦士たちについての伝説がよみがえったのだ。……聞いてごらん、耳を傾けてごらん——ウラルのかなたのステップからやってくる……蹄の音だ。それは騎馬の戦士たちだ。[74]」

いくつもの現実のロシアの高貴な血筋と違わず、小説の中のアブレウーホフ一族は、十八世紀初頭にロシアの軍役に就いたキルギスの先祖から続く、東方の出自を持っている。にもかかわらず、アポロン・アポローノヴィチという名前と父姓が示すように、議員のあり方は完全に西洋的だ。感情を欠き、秩序に病的に固執する。彼の思考は「正方形、平行六面体、立方体」などの抽象的な幾何学図形で埋め尽くされている。しかし、アポロン・アポローノヴィチが西欧の味気ない合理性のカリカチュアだとすれば、彼の息子は、彼のアジア的ルーツへの先祖帰りである。ブハラの部屋着を着、中央アジアのつばなし帽をかぶり、タタールのスリッパを履いて、「ニコライは夢想に耽り始めた。彼は年を取ったトルコ系トゥラン人であった。彼はその血、その肉の中にロシア帝国の古い家柄の貴族を宿していたが、それはあらゆるものの土台をゆるがすという、秘めたる目的の遂行のためであった。古きドラゴンがアーリヤ人の堕落した血で養い育てられ、炎ですべてを貪り食ったのにちがいない。(…) ニコライ・アポローノヴィチは、この古きトゥランの爆弾なのだ。」[75]

スラヴ研究者のジョルジュ・ニヴァが指摘するには、ドストエフスキーが小説『悪霊』で革命の暴力を西欧から来るものとして描いたのに対して、ベールイはそれを東方のもの、ソロヴィヨフの汎モンゴル主義の脅威の現れとして捉えていた。[76]けれども、ソロヴィヨフとは対照的に、ベールイはオリエントを異質なものとはみなしていない。ちょうど二つの大陸に跨ったロシアの地理のように、アジアとヨーロッパは、その国のアイデンティティの切り離すことのできない部分なのである。ベールイはまた、それを、自分自身を構成するものとも考えていた。彼の幼少期をもとに書かれた小説に、ベールイは、テクストを通じて様々なアジア的アイデンティティを帯びる父親から、『洗礼を受けた中国人』(一九二一年) というタイトルを付けた。一九一五年、出版者であり、急進的な文芸批評家であったイワノフ＝ラズームニクへと宛てた、自分の新作についての手紙の中で、ベールイはこう説明した。「魂の歌は東方です。オーケストレーションと対位旋律が西方なのです。」そしてそれは、理想的なロシアの「調和《シンフォニー》」を生み出すために、そこに加わるべきものなのだ、と。彼の三部作の最初の二部である『銀の鳩』と『ペテルブルク』は、両者がいかに不和であるかを追究したが、三部目はどのようにハーモニーが達成されるかを説明するはずであった。[77]

ベールイは三部作を完成させることはなかった。というのも、一九一七年の出来事が、彼の革命観と東方観を変えてしまったからである。ロマノフ朝の崩壊とボリシェヴィキの権力掌握以前、彼はそれらを、暴力と破壊を強調しながら、否定的に描いていた。しかし、〔革命後、〕今度はその肯定的側面を強調するようになった。一九一八年、革命はすでにこの世の終わりではなく、キリスト再臨のように思われた。[78] その年の一月に、絶賛された物語詩『十二』で、ボリシェヴィキを現代の使徒として賞賛したブロークと同じように、ベールイも数か月後に、似たような恍惚の詩『キリスト復活』を著した。それから数年後に『ペテルブルク』を改訂した際には、彼は、直近の政治変動に対する評価を和らげた。イワノフ＝ラズームニクによれば、「一九一三年から一九二二年の間に、ベールイは革命をモンゴル主義と同一視することをやめ、代わりにスキタイ主義と等置するようになった。[79]」

「スキタイ主義」という用語で、イワノフ＝ラズームニクは、革命直後に彼が率いた文芸運動のことを指している。[80] このグループの名称は、二五〇〇年ほど前のヘロドトスの時代に、南ロシアのステップを駆け回っていた、東方起源の遊牧民から採ってある。十九世紀後半のクルガン（スキタイ人の墓塚）の考古学的発掘は、素晴らしい金工芸技術を持つ、この謎に満ちた中央ユーラシアの人々への注目度を上げることに、大きく寄与した。エカテリーナ二世やプーシキンは既に、ロシアの祖先のこの荒々しい血筋に関する考えと戯れていた。後者はかつて、こう謳った。

今、節制は時宜を得ない
私は激しいスキタイ人のように飲みたいのだ[81]

銀の時代の詩人たち幾人かにとって、スキタイ人は、民族の魂の飼い慣らされることのない活力や、想像上の繁栄を極めた彼らの先祖を讃える詩を意味するようになった。[82] そのうち最初の一人は、『スキタイ人』（一八九九年）の中で、遊牧民の自由な精神と、戦での武勇を讃えたバリモントである。

我らは、自由に遊牧するスキタイ人の至福なる集団
自由な意思こそが、我らにとって、何にもまして尊い、
グリュフォンの彫像を持つ城を捨て、
敵から身を隠し、我らは至る所で敵を打ち倒す。[83]

ロシア人は、内陸アジアの遊牧民の先祖と自らを結びつけた、唯一のスラヴ民族ではなかったし、最初のスラヴ民族ですらなかった。思想史家のアンジェイ・ヴァリツキは、十七世紀にポーランドのシュラフタ（貴族）は、二千年ほど前に南東ヨーロッパのスキタイ人に取って代わったイラン系民族、サルマティア人との有縁性を、誇らしげに公言していた、と論じる。[84]「サルマティア主義」は、カトリックの王国を、ずっと大きな、多宗派で民族的にも多様なポーランド共和国へと変えた、一五六九年のポーランドとリトアニアの連合の遺産であるという。ヴァリツキの説明では、「共和国の東方への拡大と、東方志向の政治は、ポーランドの民族意識の西方的性質を弱めた。」その結果は、「ポーランド人エリートと、ポーランド化されたリトアニア人とウクライナ人エリートの効果的な統合であり、これが、新たな『サルマティア的』文化、東西の独創的な融合を実現し、その独創性への誇りをもたらし、西欧の王制と道徳的腐敗に意識的に背を向けさせることになった。[85]」サルマティア主義は、彼らの想像上の先祖の独立精神と、権威への服従に対する疑似無政府主義的拒絶を強調し、支持者たちはそこに、共和国の特別なアイデンティティの反映を見ていたのである。こうして、この思想を提唱していた十七世紀のポーランド人たちは、二十世紀への転換期に、スキタイ人に自分のルーツを見ていたロシアの詩人たちを、予示していたのである。

スキタイ主義の自称リーダー、イワノフ＝ラズームニクは、ボリシェヴィキによる新たな支配を熱烈に歓迎した。暴力的な政変を東方に結びつけながらも、彼は異国のモンゴル人よりも、土着のスキタイ人にそれを具現化させるようになっていった。[86]数年の間、ベールイ、ブローク、イワノフ＝ラズームニクの文芸運動に関わりを持ったその他の詩人たちは、年刊誌『スキタイ人』やその他の作品の中で、ロシアの野蛮なアジア的アイデンティティを賛美した。が、文化に対して強まる統制と、レーニンの体制に対して大きくなる幻滅が、一九二〇年代にはこのサークルを徐々に解体へと導いた。

イタリアの人文学者エットレ・ロ・ガットによれば、銀の時代の作家たちは、西方を嘲るために東方のアイデンティティを採った。「ロシア詩において、モンゴル人、スキタイ人、フン人という用語は、スラヴ派的含意を持つイデオロギー概念であり、彼らはそれを、西欧とは異なるロシアの、いわばユーラシア的性格を宣言するために、一様に振りかざしていたのである。[87]」ベールイの親友であったブロークの挑戦的な詩『スキタイ人』ほど、このことを端的に表しているものはない。ブロークはこの詩を、一九一八年初頭、ブレスト＝リトフスクにおける、ボリシェヴィキと同盟国側との単独講和交渉に、西欧が干渉しないようにとの警告として書いた。

君らは幾百万。我らは無数で数えきれない。
まあ、試みに我らと戦ってみよ！
そうだ、スキタイ人とは我らのこと！
アジア人とは我らのことだ。
斜視の貪欲な瞳を持っている！（…）

ついに──その時期が来た。不幸は羽撃き、
侮辱は日を追ってふえてゆく
その日が来よう──君らの植民都市は
おそらく痕跡もなくなろう！

おお、古い世界よ！滅びぬうちに、
甘い悩みに苦しんでいるうちに、
賢き者よ、オイディップスのように、
スフィンクスの永遠の謎のまえに立つがよい！

ロシア──それはスフィンクス。
歓喜しながら悲嘆しながら、
黒い血を浴びながら、
ロシアはおまえを眺めてる、眺めてる、眺めてる、
憎しみをもって、愛をもって！（…）[88]

象徴主義者のある者は、革命を熱狂的に迎えたが、自ら亡命することでその意思表示をする者もいた。ボリシェヴィキに対して急速に強まる幻滅に、ベールイは一九二一年、ベルリンに移住すると、一時、国籍離脱者に加わった。しかし、母なるロシアへの想いはあまりにも強く、その二年後、彼はモスクワに戻った。詩人は歓迎されはしなかった。海外にいる間にマルクス主義を非難したことにより、彼は、レーニンの右腕、レオン・トロツキーに罵倒され、「生きる屍」として扱われるように

なった。[89]にもかかわらず、彼の筆が死ぬことは決してなかった。その後の十年間、彼は何本もの小説と、カフカスへの旅行記を出版しようとした。一九三〇年代初頭、その晩年に、ベールイは、革命的マルクス主義と象徴主義を和解させることを試みた三巻組の自伝も書いた。一九三四年に自然死した時、彼は四巻目に取り掛かっているところであった。

十九世紀前半のロシア・ロマン主義における東方への魅了と同様に、銀の時代の審美的アジア観もまた、帝国の植民地主義に影響されていた。プーシキンやレールモントフが、カフカスの「平定」に影響を受けたのだとすれば、ニコライ二世の極東における潰走は、ベールイや彼の同時代人たちの世界観を形成した。概して、日露戦争と直接関係を持つ文学作品は、比較的控えめだ。[90]しかしながら、太平洋での専制体制の敗北に続く革命の大変動と結びついた時、それらは、差し迫った破滅という十九世紀的思想を色濃くすることになったのである。その気分自体は、二十年ほど先立つフランスのデカダンスに由来する、西欧からの輸入品であったが、一九〇五年の政変は、流行の文学的ポーズを、驚くほど実体的なものに変えた。ロマノフ朝の滅亡までの長い十年間、ゲオルギー・フロロフスキーが巧みにも「精神的動乱時代」と呼んだ時代に、多くの者が、オリエントとアルマゲドンを結びつけるソロヴィヨフの悲観的な思いを共有するようになった。[91]

銀の時代に特有だったのは、迫りくる大変動を、外からやって来るものというよりもむしろ、何か内的なものとみなしたことである。それよりも早くに、中央アジアにおける戦いの冒険をオペラで描いたボロディンは、既にロシアのオリエンタルな起源に魅せられていた。しかし、ベールイや彼の同時代人たちにとっては、モンゴル人であろうとスキタイ人であろうと、その他者は、より一層明確に、ロシアのエキゾティックな自己の一部だったのである。

終章　ロシアの中のアジア

ロシアの魂には、確かに「アジアの層」がある。

ニコライ・ベルジャーエフ

ロシア人たちは常に東方を知っていた。しかし、ピョートル大帝の下で自身をヨーロッパ人とみなすようになると、彼らはアジアを遠く離れた大陸としてのみ意識するようになった。西方へ向くなかで、ピョートルは帝国の臣民に、東方についてより体系的に思考するよう諭した。実際、大陸をウラル山脈に沿った境界で明確に分けたのは、ツァーリのもっとも教養ある家臣の一人、博学なワシーリー・タチーシチェフだった。[1] ピョートルはその治世の間に、ゴットフリート・ライプニッツの提言もあって、東方研究を一学問分野として立ち上げた。

エカテリーナ二世の治世ほど、教育を受けたロシア人たちが自分たちを西欧に近い者とみなした時代はなかった。[2] とはいえ、ヨーロッパ人としてのアイデンティティを確信してはいても、彼らは必ずしもアジアを傲慢な蔑みをもって見ていたわけではない。その時代は、啓蒙主義の哲学的オリエンタリズムの時代とたまたま一致していたからである。しかし、彼女の治世の終盤に、エカテリーナがブルボン王朝のたどった残忍な末路を知ると、西欧化への彼女の情熱さえも冷め始めた。フランスを席巻した革命の混乱と、一八一二年のナポレオンの侵攻は、多くの人々にも、彼らとヨーロッパとのつながりを問い直させることになった。ニコライ・カラムジンはこう言った。「昔々、我々は他のヨーロッパ人を『異教徒』と呼んでいた。今では、兄弟と呼んでいる。どちらにとって、ロシアを征服することがより容易いだろう――異教徒か、兄弟か？　つまり、ロシアはどちらに対して、より抵抗できるのだろうか？」[3]

十九世紀初頭の数十年、いやますドイツ・ロマン主義の影響は、世界におけるロシアの地位に関する思索をさらに促した。その論争は、一八三六年、『テレスコープ』誌に掲載されたピョートル・チャアダーエフの『第一哲学書簡』刊行により、劇的に始まった。七年先だってフランス語で書かれ、内々に出回っていたこの論文は、ロシアは諸国家の家族の中では孤児であり、歴史もアイデンティティも持っていない、と、悲観的に言い切った。「われわれは、東洋でも西洋でもなく、そのいずれの伝統をも有していないということなのです。時の流れの外に置かれていたわれわれは、人類の普遍的な教育というものを受けていないというわけなのです。」[4] チャアダーエフの『哲学書簡』はスキャンダルを巻き起こした。アレクサンドル・ゲルツェンは後にこれを「闇夜にとどろいた銃声」と表現し、ニコライ一世は著者を狂人であると宣言した。[5]

チャアダーエフの悲観的な評価は、十九世紀初頭、西欧派とスラヴ派の間に嵐のような論争を引き起こした。西欧派は、こう考えた。ロシアは、合理主義、法による統治、個人の尊重に基づいた秩序に向かって、西ヨーロッパの路線に沿って発展すべきである、と。対して、その対抗勢力は、ピョートル大帝の西欧化を否定し、彼らがみなすところの、ロシア国家独特の精神的、温情主義的な道に戻ることを主張した。[6] ただし、たとえスラヴ派が西欧近代に対抗したとしても、彼らは、ロシアがアジアであるとほのめかしたわけではない。彼らが擁護したのは、ロマンス・ゲルマン型ではない、正教、スラヴ的ヨーロッパだったのである。[7]

ここに、興味深い部分的例外がある。フリードリヒ・フォン・シュレーゲルが世界を、インド・ヨーロッパ語系のアーリア人と、非アーリア人とに分けたように、最も傑出したスラヴ派の論客アレクセイ・ホミャコフは、人類に根本的な二分法を認めていた。一つ目のグループ、クシ人は、ノアの恥とされた息子ハムの血統にあり、アフリカ北部を発生の地とした。ホミャコフによれば、クシ人は服従とニヒリズムを体現しており、自由と精神性の人種、イラン人たちと恒常的に争っていた。創造的活力の担い手として、イラン人たちはギリシアとローマの両方を作り上げた。しかしながら、続くクシ人たちの波は、西欧をより抑圧的な異教の支配に隷従させた。スラヴ人だけが、大陸を覆うクシ人たちの支配から逃れたのである、とホミャコフは論じた。[8] ホミャコフの歴史観には、二十世紀の転換期に向けて人気を博することになるある概念――ロシア人には、オリエントのスキタイ人の祖先の、若さ溢れる力強さが流れている、という概念のルーツがある。

後に『狂人の弁明』で論を精緻化したチャアダーエフは、あくまで西欧派に属していた。「われわれがヨーロッパの東に位置していることはたしかです。しかし、だからといって、決して東洋の一部ではありませんでした。彼の東洋に対する嫌悪の情は明白だった。「東洋においては、時代の権威の前に跪いた従順な知性は、その絶対的服従のために世界史の初期に衰弱し、自らに用意されていた新しい運命に気づくこともなしに、ある日、動かなくなり、沈黙してしまったのです。[9]」チャアダーエフによる、よどんだ眠りに陥ったものとしてのアジアの否定的描写は、啓蒙主義の中国贔屓から、十九世紀転換期におけるヨーロッパの中国蔑視への、根深いところでの変容を映している。帝国を「シルクで包まれ、ヒエログリフを描かれ、防腐処理を施されたミイラ」であると軽蔑をこめて言い放ったヨハン・ゴットフリート・ヘルダーに始まり、ロマン主義の思想家たちは、中国を、専制的で進歩を知らないものとみなし、その人民を、自由意思や想像力のまったく欠けた蟻にすぎない、と考えた。[10]

「シノワズリー」は、現在のロシア語の語彙の中では大変侮蔑的な意味を付与されている。エカテリーナの時代なら、それは、先史時代の専制や、恥知らずなまでの腐敗、極端な保守性と結び付いていた。「アジア」もまた、英語の「アジア的（Asiatic）」同様、否定的な含意を持つようになった。ウラジーミル・ダーリのロシア語辞書は、名詞「アジア人（Aziat）」に「教養のない、無教育の人物」といった定義を、「アジアの（aziatskii）」という形容詞には「野蛮な、粗野な」という定義を加えている。[11] また、「アジア的な（aziatchina）」という単語も同様に、大陸の欠陥部分を表すようになった。アントン・チェーホフの戯曲『桜の園』の中では、傲慢な学生トロフィーモフが、ロシアを「ぬかるみと、凡俗と、アジア的野蛮だけだ」と切って捨てている。[12]
西欧派はしばしば議論の中で、アジアをツァーリズムの反動に対する警告、あるいはメタファーとして、引き合いに出した。進歩的な文芸批評家のヴィッサリオン・ベリンスキーにとって、「中国主義」という言葉は、反動や専制の同義語であり、彼はこれをニコライ一世の専制政治の形容辞として、躊躇なく用いていた。[13] 実際、ベリンスキーは、オリエントに対して軽蔑の情しか持っていなかった。彼は、ピョートル大帝とその父アレクセイ帝に関する本への長々しい書評の中で、自身の考えを詳細に提示している。そこに通底する彼のテーマは、ロシアに西方を向かせた前者の努力を称えることであった。中国やインドは歴史から疎外されているというヘーゲルの歴史観に共鳴し、批評家は次のように記している。「アジアは人類の揺籃の地であったたし、今に至るまでそのベビーベッドであり続けている。子孫は育ったが、彼らは依然としてそこに留まっている。彼らは力を得たけれども、まだ独り立ちできずにいるのだ。[14]」
ベリンスキーによれば、アジア人を動物から区別するものは、思考し話す能力だけで、どんなに良くてもその知性は原始的だ。「良いことなのか、悪いことなのか？　筋の通ったことなのか、不合理なのか？――そんな問いは、アジア人の頭には浮かばない。それらは、彼らの脳みそにはあまりに重たく、理解できないものである。」アジア人にもっと洗練された知性があると考えても、東洋の宿命論は、人をすっかり鈍くしてしまった。「なぜ全てが、別な風ではなく、こうなのか。あるいは他のありようがあるべきではないのか。――アジア人はそんなことを自問したことはない。物事は長い間こんな具合で、誰にとってもそうだ。これはアッラーのご意思なのだ！[15]」
この世代の多くの人々と同じように、ベリンスキーは、東方の様々な諸民族を区別することにあまり頭を悩ませなかった。たとえそうした場合にも、そのような比較は誰を嬉しがらせるものでもなかった。たとえば、「トルコ人は、支配者の不機嫌から自分が串刺しの刑や絞首刑に処されても、無関心だ。」他方、中国の政府は「成長に欠き、自らを化石と化した先祖を代表しているという。」ベリンスキーは西欧の優位を疑ったことはなかった。「アジアは、いわゆる自然的直覚の地であるが、ヨーロッパは意識の地である。アジアは黙想の地であり、ヨーロッパは意思と理知の地である。[16]」

プーシキンやレールモントフのような十九世紀前半の詩人たちは、東洋に対するこうした軽蔑の念を、必ずしも共有していたわけではない。バイロン卿のロマン主義的な詩に影響を受けた、彼らの韻文は、しばしば、ずっと鮮やかで魅惑的な東方を描き出した。その世界の住人たちは、残忍な独裁者に支配された、乱暴な野蛮人かも知れないが、彼らの古くからの文化は、近代の人為性や凡庸さにまだ汚されていないがゆえの美徳を持っていた。現に、プーシキンとその同時代人たちは、アジアの文明に対して深い尊敬の念を抱いていた。『コーランに倣いて』を著した際、彼がイスラーム世界を蔑むようなことはまずなかった。それでも、この詩人にも、より身近な事柄について述べるために、アジアを隠喩的に使うことがあった。西欧近代に抵抗する者たちを風刺した一八三〇年の詩『今や邪教徒がイスタンブルを讃える』の中で、プーシキンは、その二十年近く前、オスマン帝国のスルタン、マフムト二世による西欧化改革に反対して反乱を起こしたイエニチェリを、皮肉を込めて讃えている。[17]

たとえスラヴ派がアジアを見習うべきモデルとみなしていなかったとしても、そう考えるロシア人たちは存在した。スラヴ研究者のオリガ・マイオロワによれば、その最初の一人は、イスタンブルに赴任した外交官ウラジーミル・チトフ〔ティトフとも〕であった。[18]外務省の多くの同僚たち同様に、チトフもまた、ペテルブルクの文学界で活動的であった。ウラジーミル・オドエフスキー公の初期スラヴ派的秘密結社「愛智会（愛智者の会）」のメンバーであった彼は、一八三六年、トルコの首都に到着した時のことについて、注目すべき手紙を公に宛てて書いている。[19]「イタリアやドイツでのことを思い返すと、私ははるかにトルコ人やアジア人に近くなったと感じます」とチトフは宣言している。彼が説明するには、東方には西方に勝る点が三つある。それは、強い宗教的信念、温情主義的な政府、そして、より感覚的な陶酔。封建的伝統とカトリック教会を持つヨーロッパ人には、これらいずれをも手に入れることは不可能である。幸いにも「ロシアには、この二つのシンドロームもなければ、それがもたらした結果もない。しかしそれでも、我々は別の病に苦しんでいました。それは、ヨーロッパの模倣です。」チトフはこの責めを全てピョートル大帝の肩に負わせようとは思わなかった。「しかし」と彼は言い切る。「今こそ、我々自身の道、東方の道へと戻るべき時なのです。」

アジアに対する姿勢はより曖昧ではあったが、ゲルツェンはチトフの共感の一部を共有するようになってた。一八三〇年代初頭、富裕な家の生まれではあるが、婚外子としての出自を持つモスクワ大学の学生として、ゲルツェンは当初、当時流行していたドイツ哲学やフランスの空想的社会主義の様々な思想に傾倒する、急進的サークルに加わっていた。西欧を目指した彼の同時代人たちと同じく、この若いインテリゲンツィアは、東方を停滞の権化や専制とみなすベリンスキーの否定的見解を多分に共有していた。つまり、彼はオリエントをニコライ的専制政治のメタファーとみなしていたのである。

一八四六年に父親からかなりの額の遺産を相続すると、ゲルツェンは、祖国の抑圧的な政治風土から逃れる機会を得て、パリに移住した。西欧化と社会主義思想に深くかかわっていたこの亡命者は、一八四八年革命を歓喜と情熱を持って迎えた。蜂起は旧秩序を一掃することに失敗し、ヨーロッパが伝統的方向に回帰すると、ゲルツェンは西欧派と袂を分かち、彼の理想社会としての祖国に、そして、ロシアの農村共同体に目を向けるようになった。[20]

彼の政治思想の展開という文脈において、ゲルツェンにとってのアジアは、肯定的意味と否定的意味の両方を持つようになっていた。亡命以前に、ロシア政治が東洋的専制と同義であったとすれば、そこで彼は、東ヨーロッパと東アジアの類似性を探っていただろう。チャアダーエフやベリンスキーは常に、沈滞した中国をヨーロッパと対照を成すものとして描いた。しかし、一八四八年の出来事の結果、ゲルツェンは後者のブルジョワ的俗物根性と受動性を、「中国主義」の西洋的具現化と考えた。[21] 西欧派を逆手に取って、儒教の有害な調和を表すお気に入りのメタファーを、彼はピョートル大帝の改革を嘲笑するために用いた。「ロシアが一五〇〇年の間履かされてきたドイツ製の中国靴は、多くのマメを作った」が、そのダメージは永遠ではない、とゲルツェンは書き加える。

なぜなら、「もしも手足を伸ばすことができた場合には、常にあのような新鮮な、若々しい力が現れる」のだから。[22]

この「新鮮な若々しい力」は、もう一つのオリエントから湧いていた。世界を抑圧的部分と自由な部分とに分けるホミャコフの二分論に共鳴して、ゲルツェンも東方を若返りの活力源とみなした。それは、中国人の停滞したアジアではなく、国内の遊牧民たち、スキタイ人やモンゴル人のトゥランのアジアだった。それこそが、ロシアを若く保つエラン・ヴィタールだった。事実、モンゴルのくびきは、封建制やカトリック教会といった不快な西欧の制度から国民を守ったのだから、恵みをもたらすものであった。[23]彼の同国人を、野蛮人やタタール人と言い表す伝統的なヨーロッパ人の表現に気分を害するどころか、ゲルツェンはこうした悪罵にむしろ喜びをおぼえていた。フランスのアナーキスト、ピエール・ジョセフ・プルードンに宛てた手紙の中で、彼は自身を「生まれも信条も野蛮人」だと書いている。さらに、「真のスキタイ人として、私は旧世界が崩壊する様を、喜びをもって見守っている」とも。[24]

多くのロシア人は、一八五五年、クリミアで英仏連合にロシア軍が敗北を喫したことを、西欧モデルに沿った新たな近代化への要求ととらえた。彼らは、自国をヨーロッパの国と考え、ロシアはもっと西方の隣人たちに近づかなくてはならないと信じていた。国家が生き残るためには、こうした方針が不可欠だという感情の広がりは、新たなツァーリ、アレクサンドル二世が、より西欧寄りの路線に沿って、市民的秩序を再形成することにつながる、徹底的な改革を導入することを可能にした。しかし、他の者たちにとっては、十九世紀後半の、ヨーロッパ列強間におけるペテルブルクのじりじりとした凋落は、アジアをより魅力的にみせることにつながった。中将イワン・ブラムベルクの言葉――「ロシアの未来はヨーロッパにあるのではない。ロシアは東方に目を向けなくてはならないのだ」――は、多くの人々の気持ちを代弁していた。[25]ある者たちは、軍事的栄光の場として、オリエントに向き直った。クリミア戦争と、その二十年後のベルリン会議によって、近東での野望を阻止された彼らは、中央アジアや極東への膨張を、帝国の傷ついたプライドのための活力剤だと考えたのである。小さいけれども影響力のある、とあるグループが、ロシアの運命は東方にあると、なぜなら、ロシアは本質的にヨーロッパよりもアジアの国なのだから、と論じ始めた。
オリエントへのマニフェスト・デスティニーの概念は、ロシア人にとって決して新奇なものではなかった。一八四八年に書かれた詩『ロシアの地理』の中で、詩人で外交官のフョードル・チュッチェフは、その境界が次のように伸びていると描いた。

ナイルからネヴァまで
エルベから中国まで
ヴォルガからユーフラテスまで
ガンジスからドナウまで……[26]

クリミア戦争論争の中で、ツァーリの大陸における使命の最たる主唱者は、モスクワ大学教授のミハイル・ポゴージンだった。ロシア史教授のポストを占めていたことに加えて、ポゴージンは、彼のその保守的ナショナリズムの表現の場として使っていた雑誌『モスクワ人』の出版に携わってもいた。戦後間もなく、彼はさらなる東方への帝国の膨張を要求した。「ヨーロッパを離れ、より好ましい状況を予期しつつ、我々はすべての注意をアジアに傾注しなくてはならない。アジアこそが我々の運命を決するものであるのに、我々はアジアをほぼ完全に考慮から外してしまっている。」チュッチェフのように、この大学教授は、ロシアの大陸における野心に、ほとんど限界線を見出していない。「アジアの半分、中国、日本、チベット、ブハラ、ヒヴァ、コーカンド、ペルシアが、我々に属している。[27]」ポゴージンは彼の国の帝国的野心が、他のヨーロッパ列強とは異なる部類にあるとは考えなかった。「ヤペテの種族」、つまり、聖書の言い伝えによれば、ノアの息子の血を引く白人種の優越性を確信し、彼は、その正しい運命とは、「セムとハムの種族」を支配することだと信じていた。したがって、例えば、一八五七年から五八年のインド大反乱の際には、イギリスに同情をおぼえていた。[28]
露土戦争の後、一八七八年のベルリン会議におけるペテルブルクの外交的屈辱は、アジア征服への情熱を煽っただけであった。帝国主義時代の他の植民地主義列強と同じように、多くのロシア人は、領土拡大を正当化する特別な使命を信じていた。一八七七年に新疆から手紙を書いた冒険家ニコライ・プルジェヴァリスキーは、次のように報告している。「地元の人々は、常に政府を罵り、ロシア臣民になりたいという欲求を表している。我々がいかにしてコーカンドやイリに秩序をもたらしたかという噂が、遠くまで広まっている。野蛮なアジア人たちは、ロシア帝国が繁栄の保障であると、明確に理解しているのである。[29]」

こうした見解のもっとも権威ある支持者は、ニコライ二世であった。一九〇三年に、陸軍大臣であったアレクセイ・クロパトキンは、その日記にこう記している。「陛下はお心の中に、満州をロシアに吸収し、朝鮮の併合を始めるという壮大な計画をお持ちである。陛下はまた、チベットをその配下におさめられることを夢見ておられる。ペルシアを支配し、ボスポラスとダーダネルスの両方を手に入れたいと思っておいでだ。[30]」こうした感情的意見は、その一年後、日本が太平洋上のツァーリの軍港である旅順へ攻撃を開始した後、人気を失うこととなる。

十九世紀にはロシア人の間で、彼らのアジア的過去に対する関心が高まりをみせた。それ以前には、エカテリーナ大帝が『ロシア史に関する覚書』を著したが、その中で彼女は、ロシア領に最初期から住んでいることで知られるスキタイ人について書いている。[31]その描写があまりに肯定的なので、ある学者が近年、女帝が、その養母たる祖国の先祖は遊牧民だと主張した、最初の人かも知れないと示唆したほどである。[32]その最初から、東方研究という学問分野の原動力の一つは、ロシア史の東方的要素を研究することであった。当初、そのような興味関心を追究していたのはドイツ人であった――エカテリーナ自身がそうであったように。しかし、十九世紀後半までには、地元ロシアの東洋学者たちも、この問題に徐々に興味をそそられるようになった。そこには、ワシーリー・グリゴリエフ、ニコライ・ヴェセロフスキー、ヴィクトル・ローゼン男爵といった優れた学者たちが含まれる。[33]一方、帝国の南の周縁部にあるスキタイ人の塚で、まったく異質なオリエントの様式と古代ギリシアのモチーフを組み合わせた複雑な金の工芸品が見付かるという、驚くべき発見があったことは、多くのロシア人が、本物であれ想像上のものであれ、彼らの中央アジアの祖先について考えることをさらに促した。[34]

確かに、革命以前の歴史家たちは、ロシアの東方とのつながりについて、深く考えない傾向にあった。が、いくつかの例外もある。一八〇〇年代の初頭、カラムジンは「モスクワはその偉大さをハンたちに負っている」と書いた。[35] 彼が言わんとしたことは、モスクワ公国の公たちが、モンゴルの政治的伝統から専制的な社会の組織化――ロシアがその卓越性を手にすることを可能にした、強力に中央集権化された支配――を採用したことだ、ということである。にもかかわらず、十九世紀のほとんどの歴史家は、モンゴルのくびきから何かしら良いものが受け継がれたという考えに、明らかに不快感をおぼえていた。中央アジアの征服者たちから受けた肯定的影響を認める者は、モスクワやペテルブルクの歴史学の流れにおいては、少数派であった。

祖国の遺産における東方との重要な結びつきを見出していた、影響力ある人物の一人は、ウラジーミル・スターソフだった。歴史家、考古学者、司書、芸術評論家、ロシア音楽国民楽派の不断の支持者であったスターソフは、一八六八年、一連の論文の中で、人々に親しまれている『ブィリーナは、インドやペルシアを起源とする物語の「骨抜きにされた」模倣にすぎない、と問題提起し、同国人の多くを憤慨させた。「我が古代の勇士たちは、古代東方の様々な神話、伝説、おとぎ話を伝えているにすぎない」と彼は結論づけた。[36] スターソフが真摯に認めた通り、彼は、ドイツのサンスクリット学者テオドール・ベンファイのような学者たちから、ヨーロッパの叙事詩が持つ東洋的基礎に関する基本的な説を演繹したのだった。しかし、ブィリーナを際立たせたことは、それらが、『イリアス』や『ニーベルンゲンの歌』、さらには『カレワラ』よりもずっと、オリジナルに近いということだった。

スターソフは、彼の一八七二年の著作『ロシア民俗装飾』の中でもっとも顕著に、ロシアとアジアの文化の類似性を強調した。[37] それが先だって巻き起こした論争の嵐にもかかわらず、『ロシア・ブィリーナの起源について』は著者にデミドフ賞をもたらし、これに関連する思想同様、後に多くの支持者を集めた。[38] 優れたフランスの建築史家ウジェーヌ＝エマニュエル・ヴィオレ＝ル＝デュクは、彼が記したところによれば、ロシア芸術に関する本を、次のような考えに基づいて著した。「ロシアは、全アジアから集まってくる芸術が、東洋と西洋世界の中間形態を創り出すために合わさる、実験場の一つであり続けている。」[39]

スターソフは比較的進歩的な考えを持った人物だった。熱烈な愛国者ではあったものの、彼のロシア文化の過去に対するアプローチは学問的な傾向をもっていた。しかし、より偏った動機をもって東方を眺める者たちもいた。ロシアの自由主義者たちが西ヨーロッパの立憲民主主義をその政治的理想と考えていたように、ある保守主義者たちは、アジアの専制政治には西欧以上の強い近親性があると唱えていた。後者のグループのうち、もっとも並外れた主唱者は、神秘主義的な反動的思想家コンスタンチン・レオンチェフである。三十数年前のチトフ同様、オスマン帝国への外交官としての勤務が、レオンチェフの中にオリエントへの情熱を呼び覚ました。最初、その魅力は審美的なものであった。彼は友人に宛てた手紙の中で、こう説明している。「コンスタンチノープルでの生活だけが、この多面的な存在だけが、私の過度に洗練された趣味を満足させてくれるのだ。」[40]一八六〇年代、バルカンの様々な都市へ領事として着任したことは、レオンチェフにとって大きな負担とはならなかった。より世俗的な楽しみを追求すると共に、彼はかなりの余暇を執筆に費やした。この時代の創作活動の典型は、『エジプトの鳩』で、頽廃的な感性を持つその半自伝的小説は、ジョリス＝カルル・ユイスマンスの『さかしま』を思い起こさせる。[41]

一八七〇年代初頭の精神的危機は、気持ちの変化につながった。外務省を辞職したレオンチェフは、アトス山の正教の修道院で長い隠遁生活に入った。結局はロシアに戻り、由緒あるオプチナ修道院で僧として剃髪した人生最後の日々まで、ほとんどをその領地で過ごした。レオンチェフの信条はストレートだ。「東洋的神秘主義を贔屓にし、ヨーロッパ的啓蒙理性をあまり好かない。」[42]多くのロシア人が汎スラヴ主義、つまり、東ヨーロッパの全スラヴ民族をツァーリの支配下に団結させようと主張するドクトリンに傾倒した時代に、彼は異なった路線を打ち出した。理由の一つは、彼の国には、ヨーロッパの有害な自由主義を既に根深く含んでしまった多くのスラヴ系の縁者たちと、共有するものが僅かだということだ。「ロシアの人々の特徴とはまさに、南や西スラヴ民族のおそらく誰よりも、トルコ人やタタール人など、アジアの諸民族に近く、とても強力で重要な特性を持っていることにある。我々は、セルビア人、ブルガリア人、チェコ人やクロアチア人よりも、怠惰で、宿命論者で、支配者に対してずっと従順で、より自堕落で、気立てがよく、異常なほど勇敢で、不安定で、宗教的神秘主義にはるかにずっと心を傾ける。[43]」

レオンチェフはこう信じていた。ロシアの真の運命は、スラヴの同胞と言われる中に加わるよりも、東西を結びつける帝国という、ビザンツの理想を復活させることにあるのだと。実際には、ロシアのきわめて専制的な政治秩序は、明らかにオリエントに近いものではあるけれども。結局、「いかなるポーランド蜂起も、プガチョフの乱も、もっとも秩序だった法的民主制度ほどには、ロシアを害することはできない」と彼は警告した。[44] ペテルブルクよりもツァーリグラート（コンスタンチノープル）に首都を構えた、彼が心に描く偉大なロシアは、「より文化的、つまり、より自身に正直な姿になるだろう。合理主義的でも、功利主義的でもなくなり、ひいては革命的でもなくなるだろう。[45]」この新たな国土は、おそらく他のスラヴ民族を組み込むだろうが、トルコ人、インド人、チベット人を含む多くのアジアの人々も加わるであろうし、そうなることで、その本質的な東方的性質を保持することになるであろう、と彼は考えた。

二十世紀への転換期は、多くのロシア人の中で、西欧との関係がさらに大きく揺らいだ時代であった。表面的には、とりわけ大都市において、帝国はどんどんとヨーロッパ化を進めているようにみえた。鉄道、工場、電信、大量に刊行される新聞のすべてが、新しい時代の到来を喧伝していた。この西欧化は、旧体制への挑戦という意味だけでなく、それが大英帝国やドイツといった近代産業国のライバルに対するロシアの劣位を目立たせるという点において、やっかいなものだった。しかし、たとえロシアが西欧を比較的弱い立場から眺めていたとしても、東方に対してはまだ、自信と強さをもって向き合うことができた。

十九世紀が終わりに近付くなか、ロシアの新皇帝ニコライ二世は、太平洋における帝国の国境地帯にますます心を奪われるようになっていた。一八九〇年代初頭、彼の父アレクサンドル三世は既に、シベリアを通って、ペテルブルクとはるか極東の領土とを結ぶ鉄道の建設を命じていた。その十年間の終わりまでには、ニコライの外交官たちは、満州における貸借権や広範にわたる経済特権に加えて、中国と同盟関係を結ぶ秘密条約に関する交渉を行っていた。二十世紀が幕を開けると、多くのロシア人の目には、帝国の運命はアジアにあると映った。レオンチェフに共鳴し、影響力の強い、「東方派（アジア主義者）」として知られる数名の政論家たちが、ロシアはその性格において、本質的には西方よりも東方の国だとさえ論じ始めた。

アジア主義のもっとも傑出した唱道者だったのは、新聞主宰者で詩人のエスペル・エスペロヴィチ・ウフトムスキー公である。ニコライ二世に近いウフトムスキー公――一八九〇年から九一年に、ニコライがまだ皇太子の時、東洋への視察旅行に同行している――は、ツァーリの治世の初期に、相当の影響力を発揮した。彼の日刊紙『サンクト・ペテルブルク報知《ヴェドモスチ》』の紙上で、ウフトムスキーは飽くことなくアジア主義の主張を論じていた。[46]レオンチェフよりもさらに強く、公はロシアのアジアとの近親性を信じていた。「西欧は我々の知的生活の中では、ぼんやりと反映されるのみである。表面のその下では、深いオリエントの思想と信仰に囲まれているのだ。[47]」アジア人と同じように、ロシア人は理性よりも信仰に依拠するものだ、とウフトムスキーは説明する。「我々は、あまりにも厳格な文明を背負わされたロマンス・ゲルマンの国々から、精神的、政治的孤立を感じている。我々にとって、アジアにとって、生活の基礎は宗教的信仰にこそある。[48]」同時に、ロシア人もアジア人も、唯物主義を嫌悪している。しかし何よりも、両者は、支配者の強い、父なる手に対する欲求によって結び付いている。「東方は、我々と同じように、国家の伝統にとってもっとも貴重なものは専制政治であると信じているのだ。それがなくては、アジアは、ロシアを心から好きにはなれないだろうし、無理なく同一視することもできないであろう。[49]」

アジア主義は、日本との壊滅的な戦争の後、ペテルブルクの政策決定者の間でその魅力を失った。一方、イワノフ＝ラズームニクのスキタイ人グループ、東方との親近性を見出した銀の時代の詩人たちは、一九二〇年代初頭、文学に対するボリシェヴィキの厳しい統制に屈した。亡命者の中で、こうした信念の多くがユーラシア主義によって蘇ったが、ただし、そこには一つ重要な違いがあった。ユーラシア主義者たちは、ロシアの東方的性格を強調するよりもむしろ、ロシアがそれ自体、一つの世界だと主張したのであった。つまり、ヨーロッパでもアジアでもなく、両方の要素を組み合わせた世界であると。けれども、多くのユーラシア主義者たちの中核的信念は、唯物主義の否定、独裁政治の擁護、精神性の強調といった、西欧の明確な否定にあった。[50]

プラハを拠点としたユーラシア主義の運動は、一九二一年、論文集『東方への旅立ち』[51]の刊行をもって始まった。寄稿者には、言語学者のニコライ・トルベツコイ公、地理学者のピョートル・サヴィツキー、音楽評論家ピョートル・スフチンスキー、神学者ゲオルギー・フロロフスキーが名を連ねた。その一年後、チェコの首都で職を得たばかりの有能な若い歴史家、ゲオルギー〔後にジョージと改名〕・ヴェルナツキーが加わった。ヴェルナツキーは際立った学問的背景を誇っていた。彼の父、ウラジーミルは優れた鉱物学の教授であり、ヴェルナツキー・ジュニアはモスクワ大学とペテルブルク大学という、二つの一流大学のロシア史学部に学び、ベルリンとフライブルクへの留学も果たした。プラハで五年間過ごした後の一九二七年、イェール大学に新設されたロシア史のポストに就くために、ヴェルナツキーはヨーロッパを去り、アメリカへ旅立った。

ヴェルナツキーは、そのキャリアの初期に、最も論争的でユーラシア主義的な著書『ロシア史の特徴』と『ユーラシア史の予備的考察』を書いた。[52]その焦点は、モンゴルからウクライナまで広がる広大な草原、大ユーラシア・ステップに合わせられていた。これらの著書の中で彼が説明したように、その平坦な地形ゆえに、ステップは常々、ヨーロッパとアジアの人々が出会う場所であった。スキタイ人、フン人、モンゴル人のように、内陸アジアの奥地から定期的に西側へと押し寄せた遊牧民たちは、定住性の強い東スラヴ民族と婚姻関係を結んだ。その後の著作の中で、彼はこう説明した。「こうした侵攻はそれぞれ、新しい文化的パターンをもたらし、数年あるいは数世紀後に遊牧民が退くと、ロシアとなる地に、消すことのできない痕跡を残していたのだった。」[53]

モスクワ公国とツァーリによる征服は、スラヴ民族とステップの遊牧民の、ヴェルナツキーが呼ぶところの「千年間の歴史的共生」を完成させた。ユーラシア主義者によれば、ロシア人、フィン人、テュルク人、モンゴル人、内陸アジアのステップから生まれたその他のすべての民族はみな、混血の結果、人が「トゥラン」と呼ぶ「スープラ・エトノス」となった。ユーラシアの民、トゥランの「スープラ・エトノス」は、血液型のつながりや言語を含む多くの特徴において共通しているが、なかでも重要なのは、強力な専制政府を必要とする意識の共有である。スキタイ人からロマノフ朝のツァーリまで、ユーラシアでもっとも成功した支配者はいずれも、強力な支配を行っていた。ヴェルナツキーによれば、「ユーラシア国家の組織は、その巨大な規模ゆえに、多分に軍事的傾向を有するものであった。[54]」その上、強力な支配を欲する本能とあわせて、ユーラシアの民は深い精神性によっても結び付けられている。[55]

後に、ニューヘイヴン時代に、ヴェルナツキーはそのユーラシア主義的思想のいくつかを修正した。ロシア史におけるステップの重要性を強調し続けはしたものの、ヴェルナツキーの伝記作家であるチャールズ・ハルペリンが指摘するように、「アメリカへの移住が(…)彼のユーラシア主義から、専制主義的、ショーヴィニズム的、集団主義的、エリート主義的側面を消し去った。[56]」けれども、今日、多くのロシア人の好奇心をそそるのは、ジョージ・ヴェルナツキーのアイヴィー・リーグへの穏健な転身ではなく、一九二〇年代のプラハにおける若き炎なのである。

その最盛期においても、亡命者の間で、ユーラシア主義者が少数の支持者を惹きつける以上のことはなかった。傑出した自由主義的歴史家であったパーヴェル・ミリュコフのように、海外在住の優れたロシア知識人たちは、この運動の反西欧的偏向に強く反発した。[57]しかしながら、このイデオロギーは、共産主義による支配が崩壊した後、復権を遂げる。一九九〇年代におけるその復活は、多くのロシア人の西側への深い幻滅と密接につながっている。カナダの文筆家で政治家のマイケル・イグナティエフは、ロシアがヨーロッパか否かをめぐる論争が、再び復讐のように現れたことを、こう観察している。「プーシキン以来、ロシア知識人たちは、ロシアがヨーロッパ文明の一部であるか否かを痛切に問うてきた。スラヴ派対西欧派、ドストエフスキー対トルストイ――その議論は、ロシアの自己規定のまさに核心に通じる。一方では、市場、議会制民主主義、個人の権利というヨーロッパが、ロシアのアジア的後進性とスラヴ・ナショナリズムの騒乱を逃れる唯一の望みを表している。他方で、ヨーロッパの資本主義は、魂を欠き、見かけ倒しの、悪魔同様、ロシアが逃れるべき心無い個人主義を意味している。[58]」しかし、イグナティエフの暗示にもかかわらず、再生を果したのはスラヴ主義ではなく、ユーラシア主義であった。いくつものユーラシア主義の論集が、多くの部数刊行されている。同時に、ユーラシア主義に強く傾倒する、ブレジネフ時代の反体制派知識人レフ・グミリョフの著作や、ヴェルナツキーの『ロシア史』(初版は一九二九年にイェール大学出版から出版された)の翻訳も、今ではロシアの書店で手に入る。[59]

ユーラシア主義は、現体制の敵味方双方の中に強力な支持者を見出した。そこには、共産主義者や、ロシアをかつてのソ連の栄光に向けて再興させたいと願う勢力が含まれる。ロシア・ナショナリズムを長年研究してきたアメリカの研究者、ジョン・ダンロップは、こう述べている。「かつての忘れ去られた亡命者のイデオロギーが一九九〇年代に甦ったことは、考えてみれば、驚くには値しない。ソ連を束ねていた『接着剤』としてのマルクス・レーニン主義の事実上の崩壊を機に、『帝国の救世主たち』は、それに代わるものを捜し回ることを余儀なくされたのである。[60]」

ユーラシア主義に影響を受けた有名な文化人の一人は、愛国的な映画監督で、大統領候補だったこともある、ニキータ・ミハルコフである。一九九一年十二月に受けたインタヴューの中で、ミハルコフは「我が国家がヨーロッパ的政治モデルに基づいているとする［ロシア］政府の錯覚」を激しく非難した。彼は続けてこう主張する。「我々はヨーロッパの裏庭ではない。アジアの正面玄関だ。[61]」一九九二年に撮られたミハルコフの映画『ウルガ』は、明白なユーラシア主義の表現だ。映画は、ステップで出会った放浪のロシア人トラック運転手とモンゴル人遊牧民との友情を描いている。現代世界の、侵食的な資本主義的唯物主義（ここでは、アメリカ化された中国の都市に表されている）は、不純で異質なものとして描かれている。

ロシアの右派で、もっとも良く知られたネオ・ユーラシア主義者は、それぞれに『ザフトラ』というタブロイド紙と『エレメントゥィ』という雑誌の編集者である、アレクサンドル・プロハノフとパーヴェル・ドゥギンである。より興味深いのは、ポスト・ソヴィエト時代の共産主義者の間で、ユーラシア主義が受けた好意的な反応だ。ロシア連邦共産党の党首ゲンナジー・ジュガーノフは、運動について続々と発言し、書き綴っている。「当初からユーラシア主義は、ロシア革命に対するロシアのナショナルな意識の、創造的反応だった」[62]と。ポスト・ソヴィエト期の混乱する政治の中では、一九二〇年代の亡命知識人の思想潮流が、その七十年後にモスクワの共産主義者によって復権させられたことは、完璧に筋の通ることではある。ロシアの政治学者アンドレイ・ノヴィコフは、こう読んだ。「今日人々は、かつてカール・マルクスの『資本論』を読んだのと同じくらい熱心に、[ユーラシア主義者]レフ・グミリョフ［の地政学的哲学］を学んでいる。マルクス主義の歴史学的決定論が、民族・地政学型の別種の決定論にかたちを変えてきている。[63]」

一九九七年、ジュガーノフはユーラシア主義の思想に関するもっとも強い声明でもある『勝利の地理学』を出版した。地政学の教科書のような体裁で書かれたこの冊子は、予想通り、国際関係におけるアメリカの優位を攻撃している。レオンチェフやウフトムスキー公のように、ジュガーノフは彼の同国人たちに、東方的性質を選び、西方を拒絶するよう促す。彼は、「かなりの程度、ロシアは東方に属している」と、主張する。また、彼は、儒教的価値に賞賛すべき点を多く見出している。ツァーリズムのプロパガンダの陳腐な主張に共鳴して、彼は、ロシア人は伝統的に、ヨーロッパ人よりもはるかに、アジアの隣人たちと接するにあたって平和的であったと論じる。そして、自分の党の以前の指導者たちにはあまり触れることなく、こう付け加える。「ソヴィエト時代には、この伝統的な『東方志向』は、新たな推進力を得た。それはまさに、ソヴィエト・ロシアが西からの抑圧や脅迫と戦う中で味方となった、東洋の人々であった。」ジュガーノフは、今日、ロシア人はアジアとのつながりを強固なものにしなければならないと信じている。なぜなら「ロシアと中国は、一つの歴史的運命において、動かし得ないほど固く結びついている」[64]からだ、と。

ロシアにとってアジアとは何か、というドストエフスキーの問いに、単純な答えはない。他のヨーロッパ人たちよりもはるかに東方に通じていたために、ロシア人は常にオリエントを多様な色相において眺めてきた。敵なのか味方なのか、危険なのか運命なのか、他者なのか自己なのか、あるいは、ウラジーミル・ソロヴィヨフが言ったように「クセルクセスか、キリストか」[65]。彼らのアジア認識は、安易な性格づけを超えるものであり続けている。西欧でそうであったように、ロシアの想像力においても、オリエントとは夢と悪夢両方の源であったが、しかし、オリエントの人々へのより強い親近感が、幻想と現実の独特な共生状態をかたち作ってきたのである。

同じ理由で、ロシアの東洋学者たちは、彼らの研究対象を、サイード的他者の型にはめ込むことはしなかった。彼らの見解は実に多彩だが、概して、恐怖も蔑視も、学界を席巻するようなことはなかった。確かに、自らの文化的優位をすっかり信じ込み、東方を軽蔑の念をもって見ていた教授たちもいた。多くの者が、アジアにおけるツァーリの野望に共感していた。しかし、ほとんどは、彼らが研究対象とする諸民族を尊重していたし、魅力を感じてすらいた。彼らが政府に雇われた専門家であった事実に、ほとんど意味はない。実際、他のどこよりも、ロシアにおいては、アジアに関する学問と国家は密接に結びついていた。大陸の諸言語は、東方の諸領域を管理することで体制に仕える行政官を育て、新たな領土を得るために、大学で教えられていた。けれども、他の国の研究者たちと同様に、彼らの好奇心は、国家の利益によって湧くものでは必ずしもない。こうした姿勢は、ジャン＝ジャック・ヴァールデンブルクによって、ヨーロッパのイスラーム認識に関する著書の中で、巧みに表現されている。「理解することとは、知ること以上のものである。それは、何か別のものでさえある。……［そのような理解が］異国の、人間の現象に関するものであった場合、研究者がこの現象に一定の敬意を示した時に初めて、知の要求に答えることができる。それはおそらく、この研究者が、対象が人間であると認識するからなのだろう。何かを理解するということは、開かれた心、研究対象となっている問題に寄り添うことのできる心を持つことを前提とする[66]。」

アジアをめぐるロシアの思考の中で、もっとも好奇心をそそる要素は、多くの人々の間で共有される、何かを受け継いでいるという感覚だ。少なからぬ貴族たちがタタール系の血筋に誇りを持っており、より一般的に、人々は人種間の混血に対して、他のヨーロッパ人のように不安をおぼえはしない。たとえ、二五〇年前のキプチャク・ハン国への従属を懐かしく振り返るロシア人が多くはいなくても、モンゴルのくびきは、その影響がいまだ活発な論争の源であり続けるという遺産を残している。一方、コサックのイェルマークとその後継者たちが十六世紀末にシベリアを征服して以来、ロシアの国土の大半は、アジアの大陸部に在る。その見地がきわめて西欧的だったレーニンでさえ、「ロシアは地理的、経済的、歴史的に、ヨーロッパとアジアの両方とつながっている」と理解していた。[67]

ロシアのオリエンタルな個性の主唱者は、常に少数派である。しかし、彼らの思想は生き残り、今日、ソ連邦の崩壊以来、ロシア連邦でもっとも顕著な政治運動の中に見出すことができる。西側の強国が優位を占める「新世界秩序」に心から不安を感じているロシアのナショナリストたちにとって、彼らの国がアジアと何かを共有していると信じることは、容易い。それは、世界銀行の大物や、ファストフード、ポルノグラフィー、荒れ狂う議会などを持つ、でしゃばりで、唯物主義者の西側を否定することでもあるのだから。専制、秩序、温情主義といった「アジア的価値」の方が、強いロシアを懐かしむ人々にとっては、ずっと魅力的なのである。保守的な共産主義者、新たなタイプのファシスト、極端なナショナリストといった右派政党は、しばしば東方との人種的親近性を主張する。クレムリンの高官ですら、アジア的アイデンティティを折に触れて引き合いに出す。ボリス・エリツィンの外相の一人であったイーゴリ・イワノフは、同国人たちに「ロシアはこれまでも、今も、これからも、アジアの国家である」ことを思い起こさせた。[68] ウラジーミル・プーチンとドミトリー・メドベージェフの下で、反西側的な同盟をアジア諸国とこれみよがしに組もうとする時にも、クレムリンは時々こうした姿勢を取ってきた。

アジアに関するロシアの思索は、しばしば、自らのナショナル・アイデンティティについての思考の反映である。十九世紀のスラヴ派と西欧派の論争は大きな関心を集めてきたが、ロシアが世界における自分の真の位置を理解しようと進めている探究において、東方も似たような役割を果たしてきた。究極的には、西や東との関係性に関するこうした議論は、一つの同じ対話の部分である。そして、西方の魅力が減ずる時に、しばしば東方がその魅惑を増すのである。

訳者あとがき

本書は、David Schimmelpenninck van der Oye, *Russian Orientalism: Asia in the Russian Mind from Peter the Great to the Emigration*, New Haven: Yale University Press, 2010の翻訳である。

著者のデイヴィド・シンメルペンニンク＝ファン＝デル＝オイェ氏は、現在カナダのブロック大学で教鞭を取るオランダ人研究者であるが、そのバックグラウンドはかなり興味深い。

その姓が語るように、父方はオランダ貴族の血を引く家系である。シンメルペンニンク・ファン＝デル＝オイェ家と共に、親戚筋にあたるシンメルペンニンク家も、ナポレオンの協力者としてバタヴィア共和国を統治したことで知られるルトガー・ヤンを始めとする、オランダの政治エリートを多く輩出している。母方はフランス系であるが、デイヴィド氏の母親はフランス人とロシア人のハーフで、氏によれば、ロシア出身であった祖父の存在が、彼がロシアに関心を持つ直接のきっかけであったという。祖父のコンスタンチン氏は、ロシア革命でデニキン軍に従軍した後、フランスに亡命してジャズ・ミュージシャンになったというユニークな経歴を持つ。（ちなみに、シンメルペンニンク＝ファン＝デル＝オイェ家の二階ロビーには、コサック兵の軍服を着たコンスタンチン氏の写真が飾られている。）

デイヴィド氏の出生地はカナダであるが、生後すぐにオランダに戻り、十歳までをロッテルダムで過ごす。その後、カナダに移住し、トロントの高校からアメリカのイェール大学に進むが、実は、卒業後は投資銀行に勤め、ロンドンでも数年間働いていた。しかし、研究に対する思いは強くなるばかりで、十年目についに仕事を辞めて、イェール大学大学院に戻った。氏が三十三歳の時の英断である。大学院修了後、ハーヴァード大学でのポスドク期間を経て現職に就き、現在に至っている。

言語的には、母親の教育方針で、家の中ではフランス語、外ではオランダ語がシンメルペンニンク＝ファン＝デル＝オイェ家の「公用語」。今でも氏の第一言語はフランス語だ。なお、英語はカナダに移住してから、ロシア史研究に必要なロシア語は大学に入ってから学んだということである。また、（オランダ語話者にとってドイツ語を学ぶことは比較的容易であるらしく、）ドイツ語も解する。一見して判るように、本書の注は、著者のマルチリンガルな能力を雄弁に物語っている。

余談ではあるが、氏の一家は宗教的にも多文化である。父親はプロテスタント、母親はカトリック。氏のパートナーのマリーさんはフランス人でカトリック信者だが、著者本人は、プロテスタントから改宗したロシア正教徒である。

氏の名前は、多くの日本のロシア研究者の間では、日露戦争の研究者として認識されていることだろう。学位論文に基づく *Toward the Rising Sun: Ideologies of Empire and the Path to War with Japan*, DeKalb: Northern Illinois University Press, 2006 は、日露戦争期のロシアにおけるイデオロギーを論じた著作である。氏の問題関心は主に、ロシアの思想・イデオロギー、とりわけ、その対アジア観にある。本書はその意味で、著者本人の幼少期からの問題関心の、まさに中心に切り込む試みであるといえよう。

ロシアにおけるアジア・イメージという問題は、それ自体が一大テーマであって、学界においては既に相当数の研究蓄積がある。特に、ソ連邦の解体後、それまでアクセスが容易ではなかった史料の公開も手伝って、ロシア（旧ソ連）そのものの多民族性、特に、テュルク系やモンゴル系（総じてアジア系と称することもある）少数民族やムスリムの存在に関心が集まるようになった。民族政策や、少数民族が置かれていた状況、内実に迫る研究が長足の進歩を遂げる一方、人文科学から発信されたポストコロニアル批評などの影響を受け、特に欧米の学界では、サイードの『オリエンタリズム』[1]と結び付くかたちで、このテーマの研究は進んできた。

嚆矢としてしばしば言及されるのは、文学研究におけるスーザン・レイトンの研究であろう。[2] 十九世紀ロシア文学における植民地表象を、ポストコロニアル的視点から再評価した研究として、今でもしばしば参照され続けていることからも、その影響力の大きさが推察される。歴史・思想研究におけるパイオニアとして、本書でも言及のあるマーク・バッシンとロバート・ジェラシ、[3][4] 加えて、ダニエル・ブラワーらの共著も挙げておく価値があるだろう。[5] これらは、ロシア帝国がその内なる「オリエント」「アジア」をどのように認識し、扱ってきたのか（あるいはその逆）という問題に、イメージや心象地理のみならず、政策や学問研究の関わりからも切り込んだ研究であり、後進に大いに刺激を与えた。その後、人文、社会科学それぞれの分野で次々と新しい研究が登場した。各先行研究の評価や位置づけについては本書（特に序章）をご参照いただくとして、この本の出版前後に刊行された比較的新しい研究で、内容には必ずしも反映されていない著書を数点付け加えておこう。

ロシアにおける（「オリエント」とも部分的に重なる）ステップのイメージとその変遷を描写し、やがてロシア帝国ではそれが不可欠な要素となったと指摘したウィラード・サンダーランド、[6] 新史料に依拠して、ロシア帝国とムスリム臣民との興味深い共存関係を描き出したロバート・クルーズ、[7] 分析の時期的な射程をソ連時代へと伸ばしたマイケル・ケンパーらの論文集などが挙げられるが、[8] 特筆すべきは、ロシア帝国の東洋学者と非ロシア系民族の知識人との交流から、ロシアの「東／西」を再考したヴェラ・トルツの研究であろう。[9] いずれの研究も、ロシアにおける「東／西」概念が、サイード的な構図に比べてずっと曖昧であり、そもそもロシアとは、そのように明確な東西区別など存在しない、むしろ両者が混交する独特な空間なのではないかという問題を提起する。近年の研究の多くは、主にサイードから派生した「西／東」、「自己／他者」、「支配／被支配」の固定的な構図に批判的であり、本書もその流れの中に位置するが、良くも悪くも、『オリエンタリズム』の影響力の甚大さには驚きを禁じ得ない。[10]

興味深いのは、これらが主に欧米の学界の傾向であって、ロシアの研究動向はこれとはまた異なる様相を呈していることである。そもそもサイードの著作がロシアで翻訳されたのは、ようやく二〇〇六年になってのことで、おそらく学界におけるサイードの修正が進んだ後だったことが、欧米における程の影響力をロシアでは持たなかった一因であろう。そして、なぜか一部では、『オリエンタリズム』が、イギリスやフランスに代表される西欧批判の書として受け止められる向きもあった。つまり、そのグループ内では、『オリエンタリズム』のプリズムを通して、自らを批判的に眺めてみようとする意識が希薄だったということでもある。

一方ロシアでも、史料公開の波に洗われて、帝政時代の東洋学に関する研究は大きく進展した。例として、バルトリドを始めとする東洋学者たちの著作集やアンソロジーが再版、出版されており、その再評価も進んでいる。[11]また、文化表象に関する研究も少しずつ出始めているようである。[12]

こうした研究の流れの中にあって、先に述べた通り、本書は、ロシアにおいてはサイード的な二項対立のパラダイムは必ずしも有効ではない、と主張する一連の研究の一つとして位置づけられる。最近殊に盛んな、民族政策などの実態面を扱った研究に対して、本書は、「オリエント」「アジア」をめぐるイメージや想像力に焦点を当てている。

本書が扱う内容は実に多岐にわたる。歴史はもちろんのこと、文学、音楽、絵画や建築といった表象文化から、ロシアにおける「東洋学《オリエントロジー》」の発展まで、アジア（東方）・イメージに関する幅広い事象を扱っている。それは、一人の研究者が完全に網羅することなど、本来なら到底不可能な幅広さでもある。そのため、無理もないことであるが、全体的に「浅く広く」という印象を与えてしまうかも知れないし、詳細に関してはそれぞれの研究テーマからの批判もあるかも知れない。本書内で挙げられた事例についても、例えば、詩人のフレーブニコフはどうした、とか、思想家のメーチニコフが欠けているではないか、というような声が上がることは想像に難くない。日本との関係についても、伝兵衛やゴンザへの言及はあるが、日本ではおそらくもっとも良く知られている漂流民、大黒屋光太夫に関する記述がないのは確かに物足りなく感じられるだろう。一連の東洋学の中でも、日本研究がどのような位置づけにあったのかも、日露関係史の観点からの説明が望まれるところである。ただそれでも、本書の意義として以下の三点を挙げておきたい。まず、全体像を描き出す概説書としての価値、次に、これまで欧米各国で発表されてきた豊富な先行研究に支えられていること、そして、基本的に手堅い実証研究に基づいていること、である。

繰り返しになるが、先に見たように、当該テーマには数々の先行研究があり、個々の事例に関してはその数はさらに多く、専門性も高い。ただし、今まさにこのテーマに関心を持ち始めた人が気軽に手に取れるような、そして全体の見取り図的なものを提示してくれるような概説書があったかといえば、心もとない。「東方」「オリエント」に向き合った人々の人生にまつわるたくさんのエピソードに彩られた本書が、その役割を果たしてくれることを期待したい。無論、そうした豊富なエピソードの一つ一つも、歴史研究者の手による実証に基づいた成果であり、問題設定も、全体像を描き出すマッピングも、これまでの優れた先行研究の上に成り立つものであることは言うまでもない。事例に「あれもこれも足りない」からといって、入門書としての本書の価値が減じるものではないだろう。

この点に関連して、著者の豊かな教養に裏打ちされたこのような著書を、自分の明らかな能力不足を顧みず、訳者が日本語に訳そうと決意したきっかけについて、ここで若干付記しておきたい。ロシアのアジアに対するイメージは、ロシア研究に触れる学生にとっても、好奇心を駆り立てられる魅力的なテーマである。訳者が担当する講義では、毎年少なからぬ学生がこれに関係したテーマでレポートを書きたいと（あるいは卒業論文のテーマに選びたいと）申し出てくれる。ところが、先に見たような豊富な研究蓄積があるにもかかわらず、学生が気軽に手に取って読める日本語の文献が思いのほか少ないのである。

ほんの少し前まで、日本語でアクセスできる類書の代表格は、「文脈を無視してキーワードを含む部分のみを引用し、あらかじめ用意した図式にしたがって断罪するという、まことに非学問的なやり口」[13]ですこぶる評判の悪いカルパナ・サーヘニーの著作であった。[14]ある時、一人の学部学生が、かなりの部分をこの本に依拠して書いたレポートを提出してきた。当然その結論は、あえて単純化していえば、「アジアを差別し迫害するロシアはひどい（！）」という、義憤さえ感じさせるものになっていた。私は焦った。ロシアの対アジア観は、そんな単純な図式で理解できるようなものではないのに、しかも、既にかなりの数の研究成果が出されてきたのに、学生がレポート作成時に参照できるようなセカンド・オピニオンが存在しないのだった。この時の危機感が、今回の企画につながっている。このテーマに関心を持った人々にとって（特に学生の皆さんにとって）、本書が、先入観や偏った情報を相対化する役目を果たし、「ロシアとアジア」という広くて深い課題への、知の入口としての意味を持つことを願ってやまない。そして、さらに興味関心を深められた方には、いっそう専門性の高い研究成果の数々が待っていることは、既に述べた通りである。

さて、訳者のあとがきとして、ここでキーワードの訳について書かないわけにはいかない。本書のキーワードでもある「オリエント」をどう訳すかという問題である。今日の日本では、「オリエント＝東洋」「オリエントロジー＝東洋学」とする訳語がかなり定着しているし、何よりも、サイードの『オリエンタリズム』の翻訳でもこの訳語が用いられている。ここから考えれば、本書でも「オリエント」をそのまま「東洋」と置き換えてしまっても良かったのかも知れない。しかし、そもそも日本語の「東洋」とは、いうまでもなく「西洋」の対義語であり、その漢字が示す通り「（海）洋の東／西」世界を指す。これは、大航海時代にヨーロッパ人が世界進出を始めてから、近代国際関係を非ヨーロッパ世界に拡張していった経緯をある程度前提としており、言い換えれば、非ヨーロッパ地域に対する、海洋を通じたヨーロッパの進出がなければ生まれ得なかった言葉だともいえる。このことを考慮に入れると、「屁理屈」と思われるかも知れないが、例えば、前近代のロシアにおける、（しかも、海との接点のない）ステップの遊牧民や非キリスト教世界を、「東洋」と呼ぶことには、どうも抵抗を覚えてしまう。

また、「東洋学」という用語も、主としてヨーロッパで成立した、「オリエント」を研究対象とする学問分野であり、ヨーロッパの学問研究が伝播する過程で、そこに含まれる問題意識も広まったものと考えられる。だとすれば、近代ヨーロッパの学問・教育が流入する以前のロシアにおける、何かしらアジアについて叙述されたもの、アジアに関する情報集積を、ディシプリンとしての「東洋学」と呼ぶことが可能だろうか。

そもそも、「西（洋）」も「東（洋）」も、何ら中立的で固定的な概念ではない。それぞれが指す地理的範囲も、含まれる意味も、地域や時代といった特定の条件下で変わり得る。つまり、流動的な「東」「西」という概念自体が歴史的考察対象なのであって、『オリエンタリズム』が投げかけてきた問題の一つこそが、それではなかったか。

さらに難しいのは、著者本人が、サイードが用いた「オリエント」「オリエントロジー」という言葉と、ロシア語の「東方」「東方研究」との間に、ニュアンスの差を認めていることである。そこで、本書の翻訳にあたっては、“Orient”をあえて訳さずそのまま「オリエント」と表記するか、あるいは、文脈によってはほぼ交換可能な語として用いられている“East”と同じく、「東方」という言葉をあてることとした。対して、明らかにヨーロッパ人の目から見た“Orient”が論じられている箇所では、「東洋」という定訳を用いている。もちろん、両者の間に厳密な区別があるわけではない。時に重なり、時に異なるものであると考えていただきたい。“Orientology”に関しては、「東方研究」もしくは「東洋学」が可能な選択肢であるが、基本的には慣用を優先した。ペテルブルク大学の「東洋学部」やウラジオストクの「東洋学院」などの名称は、既に日本語では定訳になっているため、それに従った。

本書の翻訳に際しては、多くの方々のお世話になった。訳者が非力だと、そのぶん謝辞が長くなる。これは、著者の博学と教養の幅広さ、そしていくつもの言語を操るその能力に、訳者がまったくついていけなかった結果である。それでも、それぞれの分野の専門家による助言や専門知識を反映させるに従って、訳稿全体が徐々に豊かになっていくのを感じることは、心躍る楽しい経験であった。嫌な顔一つせずに初歩的な質問の嵐に答えて下さった各分野の専門家の皆様に、心からの感謝を伝えたい。まず、佐光伸一氏には、引用されている文学作品の原典と既存の翻訳を探し出すのを助けていただき、ロシア文学に関する知識を伝授していただいた。既訳の存在しないロシア詩を日本語に訳して下さったのも佐光氏である。フランス語の翻訳については北見秀司氏に助けていただき、トルコ語とイスラーム関係の用語については宇野陽子氏に、ポーランド語の日本語表記については吉岡潤氏にご教示いただいた。美術史（特にヴェレシチャーギン）に関しては福間加容氏に、文化史に関しては鳥山祐介氏に、教育史とロシア帝国の関連組織については青島陽子氏に多くを教えていただき、イスラーム関係の知識を長縄宣博氏に提供していただいた。また、佐光氏、長縄氏、鳥山氏には、それぞれ原稿の一部をお読みいただき、たくさんの貴重なご指摘、コメントをいただいた。もちろん、それでも生じてしまった本書における誤訳や間違いの責任は、すべて訳者にある。

　最後になってしまったが、遅々として進まない翻訳を静かに見守り、時に励まして下さった成文社の南里功氏にお礼を申し上げたい。翻訳がこんなに楽しいものだとは、この機会をいただくまで、まったく知らなかった。悔やまれるのは、訳者の能力の限界ゆえに、原文の優雅ともいえる文体と、時にウィットに富み、巧みなダブル・ミーニングを駆使した表現の数々を伝え切れなかったことである。とにかくシンプルな日本語にまとめられてしまった文章を、それでも読み易さの追求と理解し、好意的なコメントを下さった南里氏に、改めて感謝を申し上げたい。

　なお、本稿の執筆ならびに本書の翻訳は、科学研究費助成事業若手研究Ｂ（課題番号２３７２００４２）の助成を受けた成果の一部である。

浜　由樹子

注

1 Edward W. Said, *Orientalism*, New York: Georges Borchardt, 1978.

2 Susan Layton, *Russian Literature and Empire: Conquest of the Caucasus from Pushkin to Tolstoy*, Cambridge: Cambridge University Press, 1994.

3 Mark Bassin, *Imperial Vision: Nationalist Imagination and Geographical Expansion in the Russian Far East, 1840-1865*, Cambridge: Cambridge University Press, 1999.

4 Robert P. Geraci, *Window on the East: National and Imperial Identities in Late Tsarist Russia*, Ithaca: Cornell University Press, 2001.

5 Daniel R. Brower and Edward J. Lazzerini, *Russia's Orient:*

Imperial Borderlands and Peoples, 1700-1917, Bloomington: Indiana University Press, 1997.

6 Willard Sunderland, *Taming the Wild Field: Colonization and Empire on the Russian Steppe*, Ithaca: Cornell University Press, 2004.

7 Robert D. Crews, *For Prophet and Tsar: Islam and Empire in Russian and Central Asia*, Cambridge: Harvard University Press, 2006.

8 Michael Kemper and Stephan Conermann eds., *The Heritage of Soviet Oriental Studies*, London: Routledge, 2011.

9 Vera Tolz, *Russia's Own Orient: The Politics of Identity and Oriental Studies in the Late Imperial and Early Soviet Period*, New York: Oxford University Press, 2011.

10 ちなみに、こうした議論の枠組そのものに対する批判的観点を持って書かれた日本人研究者の研究として、乗松亨平『リアリズムの条件――ロシア近代文学の成立と植民地表象』水声社、二〇〇九年。

11 *Istoriia otechestvennogo vostokovedeniia*, Tom.1-2, M.; Vostochnaia Literatura (RAN), 1997.

12 *Vostok v russkoi literature XVIII– nachala XX veka, znakomstvo, perevody, vospriiatie*, M.; Imli (RAN), 2004.

13 木村崇氏による書評、『ロシア語ロシア文学研究』（日本ロシア文学会）三十三号、二〇〇一年、一四六ページ。

14 カルパナ・サーヘニー（松井秀和訳）『ロシアのオリエンタリズム――民族迫害の思想と歴史』柏書房、二〇〇〇年。

歴史・思想

ユーラシア主義とは何か

浜由樹子著

四六判上製　３０４頁　３０００円

978-4-915730-78-8

ロシアはヨーロッパでもアジアでもないユーラシアである。ソ連邦崩壊後にロシア内外で注目を集めたこの主張は、一九二〇年代のロシア人亡命者の中から生まれた思想潮流に源を発している。その歴史的起源を解明し、戦間期国際関係史の中への位置づけを図る。　２０１０

歴史・思想

ロシア社会思想史 上巻

インテリゲンツィヤによる個人主義のための闘い

イヴァーノフ＝ラズームニク著／佐野努・佐野洋子訳

Ａ５判上製　６１６頁　７４００円

978-4-915730-97-9

ロシア社会思想史はインテリゲンツィヤによる人格と人間の解放運動史である。ラヂーシェフ、デカブリストから、西欧主義とスラヴ主義を総合してロシア社会主義を創始するゲルツェンを経て、革命的民主主義者チェルヌイシェフスキーへとその旗は受け継がれていく。　２０１３

歴史・思想

ロシア社会思想史 下巻

インテリゲンツィヤによる個人主義のための闘い

イヴァーノフ＝ラズームニク著／佐野努・佐野洋子訳

Ａ５判上製　５８４頁　７０００円

978-4-915730-98-6

人間人格の解放をめざす個人主義のための闘い。倫理的個人主義を高唱したトルストイとドストエフスキー、社会学的個人主義を論証したミハイローフスキー。「大なる社会性」と「絶対なる個人主義」の結合というロシア社会主義の尊い遺訓は次世代の者へと託される。　２０１３

歴史・思想

ロシアとヨーロッパⅠ

ロシアにおける精神潮流の研究

T・G・マサリク著　石川達夫訳

Ａ５判上製　３７６頁　４８００円

978-4-915730-34-4

第1部「ロシアの歴史哲学と宗教哲学の諸問題」では、ロシア精神を理解するために、ロシア国家の起源から第一次革命に至るまでのロシア史を概観する。第2部「ロシアの歴史哲学と宗教哲学の概略」では、チャアダーエフからゲルツェンまでの思想家たちを検討する。　２００２

歴史・思想

ロシアとヨーロッパⅡ

ロシアにおける精神潮流の研究

T・G・マサリク著　石川達夫・長與進訳

Ａ５判上製　５１２頁　６９００円

978-4-915730-35-1

第2部「ロシアの歴史哲学と宗教哲学の概略」（続き）では、バクーニンからミハイローフスキーまでの思想家、反動家、新しい思想潮流を検討。第3部第1編「神権政治対民主主義」では、西欧哲学と比較したロシア哲学の特徴を析出し、ロシアの歴史哲学的分析を行う。　２００４

歴史・思想

ロシアとヨーロッパⅢ

ロシアにおける精神潮流の研究

T・G・マサリク著　石川達夫・長與進訳

Ａ５判上製　４８０頁　６４００円

978-4-915730-36-8

第3部第2編「神をめぐる闘い。ドストエフスキー」は、本書全体の核となるドストエフスキー論であり、ドストエフスキーの思想を批判的に分析する。第3編「巨人主義かヒューマニズムか。プーシキンからゴーリキーへ」では、ドストエフスキー以外の作家たちを論じる。　２００５

価格は全て本体価格です。

訳者紹介

浜　由樹子（はま・ゆきこ）

上智大学外国語学部ロシア語学科卒。津田塾大学大学院国際関係学研究科修士課程、同後期博士課程修了（国際関係学博士）。津田塾大学学芸学部助教（2004-06年）、ハーヴァード大学デイヴィス・センター客員研究員（2009-10年）等を経て、現在、津田塾大学国際関係研究所研究員（2006年-）、および、津田塾大学、東京大学、青山学院大学等非常勤講師。

主要著書・論文：『ユーラシア主義とは何か』成文社、2010年；「思想としての戦間期ユーラシア主義——ロシア思想のグローバル・ヒストリー」塩川伸明他編『ユーラシア世界1〈東〉と〈西〉』東京大学出版会、2012年；「ロシアにおけるアジア主義とユーラシア主義」松浦正孝編著『アジア主義は何を語るのか——記憶・権力・価値』ミネルヴァ書房、2013年等。

ロシアのオリエンタリズム

2013年6月27日　初版第1刷発行
2013年10月7日　初版第2刷発行

訳　者　浜　由　樹　子
装幀者　山　田　英　春
発行者　南　里　　　功
発行所　成　　文　　社

〒240-0003　横浜市保土ヶ谷区天王町
2-42-2

電話 045 (332) 6515
振替 00110-5-363630
http://www.seibunsha.net/

編集協力・組版　寺田祐司

落丁・乱丁はお取替えします

印刷
製本　モリモト印刷

Printed in Japan
ISBN978-4-86520-000-3 C0022

人名索引

ア行

アガファンゲル（ソロヴィヨフ） 166
アクサーコフ 125
アシュバコーシャ 253
アトラソフ 53
アファナーシー（ソコロフ） 166
アブデルマレク 19
アフマートワ 37, 233, 251
アリダ 195
アリャビエフ 239
アレクサンドル一世 87, 95, 121, 122, 126, 129, 139, 150, 185-187, 189, 190
アレクサンドル三世 132, 209, 226, 276
アレクサンドル二世 21, 107, 122, 236, 271
アレクセエフ 219, 231
アル＝バッラーニー 162
アンナ（女帝） 54, 155, 156
アンハルト＝ツェルプスト（→エカテリーナ二世） 68
イアキンフ（ビチューリン） 22, 23, 138, 142, 171, 174-184, 199, 218
イェルマーク 283
イオアン（ソコロフ） 166
イグナティエフ 279, 280
イグムノフ 141
イザベラ女王 154
イプセン 252
イラリオン（レジャイスキー） 173, 174
イリミンスキー 133, 142, 157-171, 183, 184
イワノフ、イーゴリ 283
イワノフ、ヴャチェスラフ 256
イワノフ＝ラズームニク 260-262, 277
イワン三世 34, 38
イワン四世（雷帝） 36, 120, 153
インディコプレウステス 37
ヴィオレ＝ル＝デュク 274
ヴィッテ 211
ヴィニュス 172
ヴィノグラドフ 74
ウヴァロフ 131, 138, 141, 149, 185-192, 199, 202, 213, 223, 225, 229
ヴェガ 252
ヴェセロフスキー 273
ヴェリャミノフ＝ゼルノフ 210
ヴェルナツキー、ウラジーミル 226, 278
ヴェルナツキー、ゲオルギー 278-280
ヴェルレーヌ 250, 254, 257
ヴェレシチャーギン 100-118, 240
ヴォルテール 59, 68-71, 76, 79, 144, 180
ウフトムスキー 16, 173, 207, 277, 281
ヴャーゼムスキー 91, 94, 178
ウラジーミル（大公） 26, 42, 44, 65
ウリヤノフ、アレクサンドル 226
ウリヤノフ、ウラジーミル（→レーニン） 226, 232
エカテリーナ二世（大帝）62-80, 84, 91, 93, 101, 122, 131, 150, 155, 185, 238, 261, 265, 267, 273
エフェンディ 56, 58
エリザベータ（女帝） 52, 68, 74, 122, 155
エリツィン 283
エルドマン 124-127, 132, 138, 140, 141, 147, 149
エルモーロフ 91, 129, 130
エンゲルス 115
オステン＝サッケン 216
オストロウモフ 22
オドエフスキー 178, 269
オリデンブルク 206, 207, 221, 224-234, 253
オルテリウス 14
オレーニン 178

カ行

カウフマン　21, 104-108, 113, 115
カゼム＝ベク　22, 127-137, 143, 145, 148, 149, 157, 160, 181, 193, 203, 208-210, 217, 222, 234, 252
ガードナー　74
カボット　13
ガマ　13, 39
カラムジン　16, 85, 177, 178, 192, 244, 266, 274
ガルシン　112
ガンジー　252
カンテミール、アンティオフ　55, 58, 69
カンテミール、ディミトリエ　55-60, 67
キゼヴェッテル　125
キプリング　18, 227
ギボン　59
キャメロン　75
キュイ　93, 240
キュスティーヌ　15
キュヘルベッケル　200
キュリロス　152
グミリョフ　280, 281
グラズノフ　248
クラプロート　189
クラムスコイ　102, 113
グリゴリー（ポストニコフ）　158, 160-162
グリゴリエフ　22, 23, 167, 198, 209, 210, 220, 234, 273
グリボエードフ　21
グリンカ　178, 239, 240, 242
グリュンヴェーデル　227
クルィジャノフスキー　207
クルィロフ　78, 178
クルゼンシテルン　100
グレーチ　200
グロデック　194
クロパトキン　273
ケア　51, 52, 67, 190
ゲーテ　83, 94, 187, 191
ゲルツェン　100, 119, 194, 266, 270, 271
ケルン　227
ケレンスキー　232
乾隆帝　56, 71
康熙帝　48, 171-173
コツェブー　115
ゴットシャーク　245
ゴリツィン　192, 193
コルシュ　210
ゴルチャコフ　87, 112
ゴルバチョフ　15
ゴレンコ（→アフマートワ）　68
ゴロフキン　175
コロンブス　13
コワレフスキ　139-149, 194, 212, 213, 215
ゴンザ　54
コンスタット　177
コンスタンチノヴィチ（大公）　230
ゴンチャロフ　100
コントリム　194-196

サ行

サイード　17-24, 82, 99, 118, 121, 201
サヴィツキー　278
サヴェリエフ　198, 222
サシ　123, 191, 197
サーディー　94
サバシュニコフ　252
サブルコフ　165, 167, 169, 170
ザレマン　224
シェイクスピア　14, 86, 252
ジェヴスキ　195, 197
シェリー　252
シェリング　83
ジェローム　18, 99, 100, 103, 104, 110
ジェンキンソン　48
シチェルバツコイ　206, 207, 219, 225
シャー・アリー　36
シャトーブリアン　91
シャミール　156
シャルモワ　191, 193, 197
ジュガーノフ　281
ジュコフスキー　178

シュタイナー　254
シュミット　138, 141, 213
ジュリアン　142
シュルツ（→ソウザ）　54
シュレーゲル　83, 188, 190, 266
ショパン　243
ショーペンハウアー　254
ジョーンズ　59, 125, 188, 222
シリング　179
シリンスキー＝シフマトフ　147
スウォヴァツキ　252
スコベレフ　17, 21, 248
スシュコワ　72
スターソフ　100, 113, 114, 241, 243, 244, 246, 274, 275
スターリン　233
ストルィピン　206, 207
ストロガノフ　195
スパスキー　222
スフチンスキー　278
スレイマン・パシャ　196
聖イオアン　42, 43
聖グーリー　153, 154
聖ステファン　152, 153
聖セルギイ　152
セギュール　63-67
センコフスキー　23, 140, 177, 178, 180-182, 193-202, 204, 217, 222
ソウザ　54
ソフロニー　175
ソロヴィヨフ、ウラジーミル　23, 24, 254-256, 260, 264, 282
ソロヴィヨフ、セルゲイ　187, 244, 253

タ行

ダヴィド　238, 239
タキトゥス　68
タチーシチェフ　67, 86, 265
ダニール（典院）　37, 38
ダニール（シヴィロフ）　212
ダライ・ラマ　143
ダライ・ラマ十三世　206
ダランベール　68
ダーリ　44, 267
タルスキン　237, 245
タンタウィ　203
ダンテス　97
チェーホフ　268
チェルニャーエフ　21
チェルヌィシェフスキー　101, 102, 110, 116, 241
チェンバーズ　75
チトフ　269, 270
チムコフスキー　176
チモフェエフ　168
チャアダーエフ　266, 267, 270
チャイコフスキー　248
チャンセラー　14
チュッチェフ　272
チンギス・ハン　32, 33, 35, 127, 140, 255
ディアギレフ　249
ディアス　13
デイヴィズ　227
ディドロ　68
デリャノフ　210
デルジャーヴィン　76, 77, 84, 87, 91
伝兵衛　53, 54
ドゥギン　281
トゥクスン　123
ドゥマージュ　191, 193, 197
ドストエフスキー　17, 21, 202, 260, 279, 281
トプチバエフ　191, 203
ドミトリー（公）　33, 36
ドミトリエヴィチ（大公）　187
ドミトリエフ＝マモノフ　63
ドラクロワ　18, 98, 99
トリヴォリス（→マクシム・グレコ）　43
トレチャコフ　113
トレヂャコフスキー　52
ドルジエフ　206, 207, 230
トルストイ、ドミトリー　168, 211
トルストイ、ピョートル　56
トルストイ、レフ　21, 93, 133, 252, 279
トルベツコイ、イワン　59

トルベツコイ、ニコライ　278
ドルン　123, 147, 192, 208
トロツキー　263

ナ行

ナポレオン　30, 81, 82, 91, 98, 176, 186, 188, 190, 265
南条文雄　227
ニキーチン　38-41, 46
ニケタス　43
ニコライ（アドラツキー）　173
ニコライ一世　95, 101, 131, 134, 137, 142, 143, 147, 148, 151, 186, 199, 200, 202, 203, 234, 266, 270
ニコライ二世　115, 132, 206, 211, 232, 264, 273, 276, 277
ニコラエヴィチ（大公）　162
ニーチェ　254
ネッセリローデ　130, 177, 213
ネフスキー　32, 85
ネフィオール　56
ノヴィコフ　72, 77, 84
ノロフ　148, 203, 208

ハ行

バイデマン　102
バイヤー　50, 51, 52, 67
バイロン　59, 83-85, 87, 89, 91, 93, 96, 98, 117, 196, 269
パーヴェル一世　157
パヴロフ　233
ハクストハウゼン　146
パシュケヴィチ　238
パーセル　237
バトゥ・ハン　32, 34, 35, 120
バトゥンスキー　76, 184
バハドゥル　52
ハバロフ　171
ハーフペニー　75
バラキレフ　240-244
バリモント　250-254, 261
バルトリド　25, 26, 50, 60, 182, 202, 221, 224
ハルフィン、イブラヒム　131, 140
ハルフィン、サギット　122, 131
バロッツォ　75
バンザロフ　22, 146
ハンボ・ラマ　141
ハンマー＝プルクシュタル　59, 198
ピョートル一世（大帝）　16, 23, 37, 44, 46-61, 66-68, 73, 74, 85, 91, 155, 172, 173, 185, 192, 220, 225, 234, 237, 265, 266, 270
フェルデナンド王　154
フォイクト　146, 147
フォーキン　249
フォンヴィージン　72, 73
ブガーエフ（→ベールイ）　253
プガチョフ　73, 122
プーシキン　21, 30, 66, 84-97, 103, 117, 118, 171, 177, 178, 200-202, 204, 240, 251, 261, 264, 269
フセヴォロドヴィチ、スヴャトスラフ　30
フセヴォロドヴィチ、ユーリー　32
プーチン　283
フックス　130, 147
フライシャー　221
ブラヴァツキー　254
ブラチシチェフ　79
ブララムベルク　271
フランス　228
フリードリヒ三世　49
フリードリヒ大王　70
ブリューソフ　250, 251, 253, 256, 257
ブルガーリン　198-200
プルクシュタル　59, 198
ブルース　74
プルジェヴァリスキー　21, 273
プルタルコス　68
プルードン　271
フレッチャー　14
フレーン　123, 124, 126, 178, 192
ブローク　16, 232, 256, 261-263
プロハノフ　281

フロマンタン　18
フロロフスキー　264, 278
フンファルヴィ　244, 245
フンボルト　186
ペステリ　91
ベストゥージェフ、ニコライ　178
ベストゥージェフ（マルリンスキー）　21, 92, 93, 117, 239
ベリーニ　97
ベリンスキー　78, 84, 93, 177, 180, 268-270
ベール　68
ベールイ　236, 253-264
ベルジャーエフ　265
ヘルダー　83, 84, 144, 188, 267
ヘルバーシュタイン　14
ベレジン　133, 142, 146, 148
ベーレント　123
ヘロドトス　27
ベンケンドルフ　178, 197
ベンファイ　274
ポー　249, 252
ポゴージン　178, 181, 272
ポステル　58
ポズネエフ　234
ポチョムキン　62-64, 66
ボーデ　20
ボードゥアン　38
ポトツキ　190
ボードレール　249, 254
ボブロヴニコフ　146, 157, 158
ポベドノスツェフ　159, 168, 169, 171, 231
ポポフ　140-142, 157, 205
ホミャコフ　266, 267, 271
ホメロス　65, 102
ポモルツェフ（→ゴンザ）　54
ポリカルプ　213
ボルドィリョフ　123
ボロディン　236, 237, 240-249, 253, 264

マ行

マイノフ　244
マクシム・グレコ　43
マクシム（レオンチェフ）172
マグニツキー　126, 127, 130, 192, 193
マシャノフ　151, 170
マゼラン　13
マフムト二世　199, 269
マール　221, 224
マルクス　15, 115, 281
マラルメ　250
マルジュレ　14
マロフ　168, 170
マンデヴィル　14
ミツキェヴィチ　66, 139, 140, 194, 196
ミナエフ　210, 225, 234
ミハイロフスキー　249
ミハルコフ　280
ミリエヴォ　190
ミリュコフ　279
ムーア　239
ムーシン＝プーシキン　127, 130, 131, 137-139, 147-149
ムソルグスキー　112, 236, 240, 241, 243
メシチェルスキー　16
メーテルリンク　252, 254
メトディオス　152
メドベージェフ　283
メフメト二世　58
メレシコフスキー　249
メンデレーエフ　223
モーツァルト　66, 237
モティル　24
モンタギュー　76
モンテ・クローチェ　43
モンテスキュー　59, 68, 73, 78

ヤ行

ヤコブソン　44
ユイスマンス　275
ユゴー　82, 86
雍正帝　72
ヨーゼフ二世　63, 64
ヨハネス四世　43

ラ行

ライプニッツ　47-50, 70, 78, 80, 190, 265
ラエフスキー　89, 91, 93, 96
ラスペ　201
ラドロフ　206, 224
ラモー　238
ランボー　250
リーヴェン　177
リスト　243
リナルディ　74, 75
リーニュ　71, 187
リムスキー＝コルサコフ　200, 236, 240, 241, 248
リュリ　237
ルー　97
ルイ十四世　48, 78, 154, 247
ルソー　83, 92
ルナン　231
ルニチ　193, 197, 203
レイノルズ　97
レヴィ　227
レオンチェフ、アレクセイ　54, 182
レオンチェフ、コンスタンチン　275-277, 281
レーニン　159, 226, 232, 262, 263, 283
レーリヒ　206
レールモントフ　21, 81, 92, 93, 103, 117, 178, 201, 204, 241, 264, 269
レレヴェル　139, 194, 197
レンブラント　97
ロストフツェフ　234
ローゼン　221-224, 226, 229, 231, 273
ローゼンタール　256
ロニー　220
ロバチェフスキー　131, 139, 140, 142, 149
ロッソヒン　54, 79, 182
ロモノソフ　52, 190

ワ行

ワイルド　254
ワグナー　243
ワシリエフ　142, 146, 211-220, 222, 224, 225, 228, 234
ワシーリー三世　43
ワシーリー二世　33

注

序　章　ロシアのオリエンタリズムとは何か

1　例えば、1492年版のプトレマイオスの『ゲオグラフィア』で、クラクフの学者グウォグフのヤン（ヨハネス・フォン・グローガウ）は次のように書いている。“haec tabula habet Sarmatiam asiaticam, nunc dictam Moszkowiam.”（この図は、現在モスクワ公国と呼ばれているアジアのサルマティアを含む。）Ekkehart Klug, “Das ‘asiatische’ Rusland: Über die Entstehung eines europäischen Vorurteils,” *Historische Zeitschrift* 245, no. 2 (1987): 273.

2　S. F. Platonov, *Moscow and the West*, trans. Joseph L. Wieczynski (Gulf Breeze, FL: Academic International, 1972), 1–3 ; Marie-Louise Pelus, “Un des aspects d’une conscience européenne: La Russie vue d’Europe occidentale au XVIe siècle,” *La conscience européenne au XVe et XVIe siècles* (Paris: École Normale Supérieure de Jeunes Filles, 1982), 309; Melvyn C. Wren, *The Western Impact upon Tsarist Russia* (Chicago: Holt, Rinehart and Winston, 1971), 1–10.

3　イギリスの旅行記蒐集家であるリチャード・ハクルートは、チャンセラー〔の作品〕を「奇妙で素晴らしいロシア発見」と信じていた。Francesca Wilson, *Muscovy: Russia through Foreign Eyes, 1553–1900* (New York: Praeger, 1970), 19. 当時の西欧のロシア観に関する2本の研究として、Marshall Poe, *A People Born to Slavery: Russia in Early Modern European Ethonography, 1476–1748* (Ithaca, NY: Cornell University Press, 2000); Stéphane Mund, *Orbis Russiarum: Genèse et développement de la representation du monde “russe” en Occident à la Renaissance* (Geneva: Librarie Droz, 2003).

4　この点は、以下の中で強調しつつ指摘されている。Klug, “Das ‘asiatische’ Rusland,” 265–289.

5　Pelus, “Un des aspects,” 317.

6　Pelus, “Un des aspects,” 310.

7　エリザベス女王時代の詩人トマス・ロッジの言葉。Karl Heinz Ruffmann, *Das Russlandbild im England Shakespeares* (Göttingen: Musterschmidt, 1952), 171.

8　Pellus, “Un des aspects,” 119–120.

9　Alstolphe de Custine, *Empire of the Tsar: A Journey through Eternal Russia* (New York: Doubleday, 1989), 214, 230. フランスのロシア認識全般については、以下を参照。Ezequiel Adamovsky, *Euro-Orientalism: Liberal Ideology and the Image of Russia in France (ca. 1740–1880)*, French Studies of the Eighteenth and Nineteenth Centuries 19 (Bern: Peter Lang, 2006).

10　Custine, *Empire of the Tsar*, 229.

11　Karl A. Wittfogel, “Russia and the East: A Comparison and Contrast,” *Slavic Review* 22 (1963): 632.

12　Tibor Szamuely, *The Russian Tradition* (New York: McGraw-Hill, 1974), 19.

13 Wittfogel, "Russia and the East," 627–643.
14 David Aikman, "Russia Could Go the Asiatic Way," *Time*, June 7, 1992, 80.
15 Mikhail Gorbachev, *Perestroika: New Thinking for Our Country and the World* (New York: Harper & Row, 1987), 191.
16 Emanuel Sarkisyanz, *Russland und der Messianismus des Orients* (Tübingen: J. C. B. Mohr, 1955), 203–204; Sarkisyanz, "Russian Attitudes Toward Asia," *Russian Review* 13 (1954): 245; Nicholas V. Riasanovsky, "Asia through Russian Eyes," in Wayne S. Vucinich, ed., *Asia and Russia: Essays on the Influence of Russia on the Asian Peoples* (Stanford, CA: Hoover Institution Press, 1972), 9–10.
17 George Vernadsky, *The Mongols and Russia* (New Haven, CT: Yale University Press, 1953), 333.
18 Aleksandr Blok, "Skify," *Stikhotvoreniia i poemy* (Moscow: Khudozhestvennaia literatura 1968), 231.〔翻訳は、ブローク、鈴木積訳「スキィフ人」『ロシア文学全集』第27巻、1958年、修道社、262ページ参照。〕
19 David Schimmelpenninck van der Oye, *Toward the Rising Sun: Russian Ideologies of Empire and the Path to War with Japan* (DeKalb: Northern Illinois University Press, 2001), 42–60, 203–204.
20 F. M. Dostoevskii, *Pol'noe sobranie sochinenii*, vol. 27 (Leningrad: Nauka, 1984), 32–36.〔翻訳は、ドストエフスキー、米川正夫訳「作家の日記」『ドストエーフスキイ全集』第15巻、河出書房新社、1970年、495ページ参照。〕
21 なかでも、以下を参照。Alexandre Koyré, *La philosophie et le problème national en Russie au début du XIXe siècle* (Paris: Honoré Campion, 1929); Alexander von Schelting, *Russland und Europa in Russischen Geschichtsdenken* (Bern: A. Francke, 1948); V. V. Zen'kovskii, *Russkie mysliteli i Evropa* (Paris: YMCA Press, 1955); and Iver B. Neumann, *Russia and the Idea of Europe* (London: Routledge, 1996).
22 例としては、Szamuely, *Russian Tradition*; Edgar Knobloch, *Russia and Asia: Nomadic and Oriental Traditions in Russian History* (Hong Kong: Odyssey Books, 2007).
23 Mark Bassin, *Imperial Visions: Nationalist Imagination and Geographical Expansion in the Russian Far East, 1840–1865* (Cambridge: Cambridge University Press, 1999); Robert P. Geraci, *Window on the East: National and Imperial Identities in Late Tsarist Russia* (Ithaca, NY: Cornell University Press, 2001). ハルフォード・マッキンダーの地政学的見解に影響を受けた、ゴルバチョフ時代の研究調査としては、Milan Hauner, *What Is Asia to Us?* (Boston: Unwin Hyman, 1990). 最近のより広い2つの研究は、それぞれイタリア語とフランス語で出されている。Aldo Ferrari, *La foresta e la steppa: Il mito dell'Eurasia nella cultura russa* (Milan: Libri Scheinwiller, 2003); Lorraine de Meaux, *L'Orient russe: Représentations de l'Orient et identité russe du début du XIXème siècle à 1917* (Paris: Fayard, 2010).
24 Bernard Lewis, *Islam and the West* (New York: Oxford University Press, 1993), 101.
25 Edward A. Said, "Orientalism Reconsidered," in Francis Barker et al., eds., *Literature, Politics and Theory* (London: Methuen, 1986), 215.
26 Mikhail Pavlovich, "Zadachi Vserossiiskoi nauchnoi assotsiatsii vostokovedeniia," *Novyi vostok* 1 (1922): 5. その40数年後に書かれた論文の中で、ソ連の日本研究者ニコライ・コン

ラッドも同様に、東洋学を植民地主義的命令に従属したものとみなした。 N. I. Konrad, *Zapad i Vostok: Statii* (Moscow: Glavnaia redaktsiia vostochnoi literatury, 1972), 9–10.

27 S. Vel'tman, *Vostok v khudozehstvennoi literatura* (Moscow-Leningrad: Gosudarstvennoe Izdatel'stvo, 1928), 42.

28 N. G. Svirin, "Russkaia kolonial'naia literatura," *Literaturnyi kritik* no. 9 (1934): 56. スヴィリンは1937年に逮捕され、1941年に亡くなった。Stephanie Sandler, *Distant Pleasures: Alexander Pushkin and the Writing of Exile* (Stanford, CA: Stanford University Press, 1989), 237–24.

29 *Bol'shaia sovetskaia entsiklopediia*, 2nd ed., s.v. "Vostokovedenie."

30 Vera Tolz, "European, National, and (anti-)Imperial: The Formation of Academic Oriental Studies in Later Tsarist and Early Soviet Russia," in Michael David-Fox et al., eds., *Orientalism and Empire in Russia,* Kritika Historical Studies 3 (Bloomington, IN: Slavica, 2006), 132–133.

31 Robert Irwin, *For Lust of Knowing: The Orientalists and Their Enemies* (London: Allen Lane, 2006), 4.

32 Robert D. Kaplan, *The Arabists: The Romance of an Elite* (New York: Free Press, 1993).

33 E. H. P. Baudet, *Paradise on Earth: Some Thoughts on European Images of non-European Man,* trans. Elizabeth Wendholt (New Haven, CT: Yale University Press, 1965). この分野のより新しい研究には、Maxime Rodinson, *La fascination de l'Islam* (Paris: Librarie Francois Maspero, 1980); ならびに、Peter Rietbergen, *Europa's India: Fascinatie en cultureel imperialisme, circa 1750–circa 2000* (Nijmegen, the Netherlands: Uitgeverij Vantilt, 2007).

34 Raymond Schwab, *La renaissance orientale* (Paris: Payot, 1950). 英語版翻訳には、エドワード・サイードによるまえがきが含まれている。; Schwab, *The Oriental Renaissance: Europe's Rediscovery of India and the East, 1680–1880*, trans. Gene Patterson-Black and Victor Reinking (New York: Columbia University Press, 1984). 以下も参照。J. J. Clarke, *The Oriental Enlightenment* (London: Routledge, 1997).

35 Susan Layton, *Russian Literature and Empire: Conquest of the Caucasus from Pushkin to Tolstoy* (Cambridge: Cambridge University Press, 1994); Harsha Ram, *The Imperial Sublime: A Russian Poetics of Empire* (Madison: University of Wisconsin Press, 2003); Ewa M. Thompson, *Imperial Knowledge: Russian Literature and Colonialism* (Westport, CT: Greenwood Press, 2000). 以下も参照。Katya Hokanson, "Empire of the Imagination: Orientalism and the Construction of Russian National Identity in Pushkin, Marlinskii, Lermontov, and Tolstoi" (PhD diss., Stanford University, 1994). このテーマに関するナタン・エイデルマンの1990年の研究は、ポストコロニアルの流れに乗じて、近年再版された。Natan Eidelman, *Byt' mozhet za khrebtom Kavkaza* (Moscow: Vagrius, 2006).

36 Kalpana Sahni, *Crucifying the Orient: Russian Orientalism and the Colonization of Caucasus and Central Asia* (Bangkok: White Orchid Press, 1997).

37 Lewis, *Islam and the West*, 108.

38 Nathaniel Knight, "Grigor'ev in Orenburg, 1851–1862: Russian Orientalism in the Service of Empire?" *Slavic Review* 59 (2000): 74–100.

39 Adeeb Khalid, "Russian History and the Debate over Orientalism," *Kritika* 1 (2000): 691–

699.

40 Layton, *Russian Literature and Empire*, 191.

41 Knight, "Grigor'ev in Orenburg," 96–80.

42 V. S. Solov'ev, "Ex oriente lux," *Chteniia o Bogochelovechestve: Stat'i, stikhotovreniia i poema. Iz "Trekh razgovorov"* (St. Petersburg: Khudozhestvennaia literatura, 1994), 385.

43 帝政ロシアにおける学界と軍のインテリジェンスとのつながりについては、David Schimmelpenninck van der Oye, "Reforming Military Intelligence," in Schimmelpenninck van der Oye and Bruce W. Menning, eds., *Reforming the Tsar's Army* (New York: Cambridge University Press, 2004), 133–150 も参照。

44 Barbara Heldt, "'Japanese' in Russian Literature: Transforming Identities," in J. Thomas Rimer, ed., *A Hidden Fire: Russian and Japanese Cultural Encounters* (Stanford, CA: Stanford University Press, 1995), 171.

45 Jonathan D. Spence, *The Chan's Great Continent: China in Western Minds* (New York: W. W. Norton, 1988).

第1章　森と草原

1 ウクライナ人とベラルーシ人も、その起源を東スラヴに持つ。13世紀前半のモンゴルによる侵略以前のロシア人に関する議論の多くは、この2つの民族にも等しく当てはまる。

2 P. B. Golden, "The Question of the Rus' Qağanate," *Archivum Eurasiae Medii Aevii*, vol. 2 (Wiesbaden: Otto Harrasowitz, 1982), 81; Simon Franklin and Jonathan Shepard, *The Emergence of Rus, 750–1200* (London: Longman, 1996), 31, 38.

3 V. V. Barthold, *Sochineniia*, vol. 9 (Moscow: Nauka, 1977), 534.

4 *Herodotus*, vol. 2, trans. A. D. Godley (London: William Heinemann, 1921), 198–345.

5 Simon Franklin, "Kievan Rus' (1015–1125)," in Maureen Perrie, ed., *The Cambridge History of Russia*, vol. 1 (Cambridge: Cambridge University Press, 2006), 89–90.

6 P. P. Tolochko, *Kochevye narody stepei i Kievskaia Rus'* (St. Petersburg: Aleteiia, 2003), 45–66, 89–129; Richard Voorheis, "The Perception of Asiatic Nomads in Medieval Russia: Folklore, History and Historiography" (PhD diss., Indiana University, 1982), 10–75; T. S. Noonan, "Rus, Pechenegs and Polovtsy," *Russian History/Histoire Russe* 19 (1992): 300–326; Charles J. Halperin, *Russia and the Golden Horde* (Bloomington: Indiana University Press, 1985), 10–20; Willard Sunderland, *The Taming of the Wild Field: Colonization and Empire on the Russian Steppe* (Ithaca, NY: Cornell University Press, 2004), 13.

7 Halperin, *Russia and the Golden Horde*, 18.

8 Andreas Kappeler, "Ethnische Abgrenzung: Bemerkungen zur ostslavischen Terminologie des Mittelalters," in Uwe Halbach et al., eds., *Geschichte Altrusslands in der Begriffswelt ihrer Quellen* (Wiesbaden: Franz Steiner, 1986), 128.

9 *Lavrent'evskaia letopis'*, Polnoe sobranie russkikh letopisei, vol. 1 (Moscow: Iazyki slavianskoi kul'tury, 2001), 163, 232.〔翻訳は、『ロシア原初年代記』國本哲男他訳、名古屋大学出版会、1987年、187、191、252ページ。〕

10 *Lavrent'evskaia letopis'*, 234–236; Leonid S. Chekin, "The Godless Ishmaelites: The Image

of the Steppe in Eleventh-Thirteenth Century Rus," *Russian History/Histoire Russe* 19 (1992): 12–17.

11 Alain Ducellier, *Chrétiens d'Orient et Islam au Moyen Age, VIIe–XVe siècle* (Paris: Armand Colin, 1996).

12 Vladimir Nabokov, trans., *The Song of Igor's Campaign* (New York: McGraw-Hill, 1975), 29–31. それ以外の引用は全て、*Entsiklopediia "Slova o polku Igoreve,"* vol. 1 (St. Petersburg: Dmitrii Bulanin, 1995), 9–14 の原典から用いている。〔翻訳は、中村喜和編訳『ロシア中世物語集』筑摩書房、1970年、15–16ページ。〕

13 *Entsiklopediia "Slova o polku Igoreve,"* s.v. "Igor' Sviatoslavich"; Nabokov, *Song*, 111n296.

14 *Ipat'evskaia letopis'*, Polnoe sobranie russkikh letopisei, vol. 2 (Moscow: Iazyki russkoi kul'tury, 1998), 637–644.

15 In George Vernadsky, *Annuaire de l'institut de philologie et d'histoire orientales et slaves* 8 (1845–47), 217.

16 こうした推測は、もっとも最近では以下に現れている。Edward Keenan, "Josef Dobrovsky and the Origins of the *Igor Tale*," *Jahrbücher für Geschichte Osteuropas* 54 (2006): 556–571. イーゴリの歌が本物であるという擁護としては、D. S. Likhachev, "'Slovo o polku Igoreve' i skeptiki," *Velikoe nasledie* (Moscow: Sovremennik, 1975), 348–363.

17 *Entsiklopediia "Slova o polku Igoreve,"* s.v. "Avtor ''Slova.'"

18 *Novgorodskaia pervaia letopis'* (Moscow: Izd-vo Akademii nauk SSSR, 1950), 62.

19 Ibid., 63.

20 後の議論は、以下に多くを負っている。Halperin, *Russia and the Golden Horde*; Donald Ostrowski, *Muscovy and the Mongols* (Cambridge: Cambridge University Press, 1998); また、それには劣るが、Vernadsky, *Mongols and Russia*; Bertold Spuler, *Die goldene Horde* (Wiesbaden: Otto Harrassowitz), 1965.

21 Halperin, *Russia and the Golden Horde*, 114.

22 "Povest' o razorenii Riazani Batyem," in V. P. Adrianova-Perets, ed., *Voinskie povesti drevnei Rusi* (Moscow: Izd-vo Akademii nauk SSSR, 1949), 9–19.

23 Ostrowski, *Muscovy and the Mongols*, 109–167.

24 Charles J. Halperin, *The Tatar Yoke* (Columbus, OH: Slavica, 1986), 13.

25 Vernadsky, *Mongols and Russia*, 165; Ostrowski, *Muscovy and the Mongols*, 138. サライの外交に関するより詳細な説明については、Spuler, *Goldene Horde*.

26 Halperin, *Russia and the Golden Horde*, 74.

27 Edward Keenan, "Muscovy and Kazan', 1445–1552: A Study in Steppe Politics" (PhD diss., Harvard University, 1965), 25–51; Halperin, *Tatar Yoke*, 94–136; Ostrowski, *Muscovy and the Mongols*, 164–167.

28 Christopher Atwood, *Encyclopedia of Mongolia and the Mongol Empire* (New York: Facts on File, 2004), s.v. "Tatar"; Denis Sinor, "Le mongol vue par l'Occident," *Studies in Medieval Inner Asia*, vol. 9 (Ashgate, UK: Variorum, 1997), 62.

29 Ostrowski, *Muscovy and the Mongols*, 167.

30 国家形成についてのモスクワ公国の思想に、ビザンツ帝国とタタールが共に及ぼしたインパクトに関する古典的議論については、Michael Cherniavsky, "*Khan* or *Basileus*: An Aspect

of Russian Mediaeval Political Theory," *Journal of the History of Ideas* 20 (1959): 459–476.

31 モンゴルの地理学では、白い色は西を示す。サライに任命されたロシア人指導者は、それゆえ、「白い公」として知られた。モスクワ公国の統治者が自身をハンと対等であると考え始めると、彼らは「白いツァーリ」という新名称を名乗った。イワン3世とその後継者たちは、単純にツァーリを名乗ったが、前者は19世紀に入るまで、アジアの遊牧民と接する中で使われた。Keenan, "Muscovy and Kazan'," 385. 外交に関しては、N. Veselovskii, "Tatarskoe vliia nie na posol'skii tseremonial v moskovskii period russkoi istorii," *Otchet S. peterburgskogo universiteta za 1910 god* (St. Petersburg, 1911), 1–19; Leonid Iuzefovich, Put' posla (St. Petersburg: Izd-vo Ivana Limbakha, 2007).

32 Halperin, *Russia and the Golden Horde*, 90–91. モスクワ公国へのそれ以外の側面へのモンゴル支配の影響に関する議論としては、Gustave Alef, "The Origin and Early Development of the Muscovite Postal Service," *Jahrbücher für Geschichte Osteuropas* 15 (1967): 1–15; Chris Bellamy, "Heirs of Genghis Khan: The Influence of the Tatar-Mongols on the Imperial Russian and Soviet Armies," RUSI 128, no. 1 (March 1983): 52–60.

33 Keenan, "Muscovy and Kazan'," 400.

34 Paul Bushkovitch, "Princes Cherkasskii or Circassian Murzas: The Kabardians in the Russian Boyar Elite, 1560–1700," *Cahiers du monde russe* 45 (2004): 28; Janet Martin, "Multiethnicity in Moscow: A Consideration of Christian and Muslim Tatars in the 1550s–1580s," *Journal of Early Modern History* 5 (2001): 1–23; R. G. Landa, *Islam v istorii Rossii* (Moscow: Vostochnaia literatura, 1995), 56–58; Craig Kennedy, "The Jurchids of Muscovy: A Study of Personal Ties between Émigré Tatar Dynasts and the Muscovite Grand Princes in the Fifteenth and Sixteenth Centuries" (PhD diss., Harvard University, 1994), 47–49.

35 Kennedy, "Jurchids of Muscovy," 20.

36 Martin, "Multiethnicity in Moscow," 5. Janet Martin, "Tatars in the Muscovite Army during the Livonian War," in Eric Lohr and Marshall Poe, eds., *The Military and Society in Russia*, 1450–1917 (Leiden, the Netherlands: Brill, 2002), 365–387 も参照。

37 Boris Unbegaun, *Russian Surnames* (Oxford: Oxford University Press, 1972), 23–25; N. A. Baskakov, *Russkie familii tiurkskogo proiskhozheniia* (Moscow: Nauka, 1979).

38 Elaine Feinstein, *Anna of All the Russias* (London: Weindenfeld and Nicholson, 2005), 10.

39 Daniel Clarke Waugh, *The Great Turkes Defiance: On the History of the Apocryphal Correspondence of the Ottoman Sultan in Its Muscovite and Russian Variants* (Columbus, OH: Slavica, 1978), 188.

40 *Russkii khronograf*, Polnoe sobranie russkikh letopisei, vol. 22 (Moscow: Iazyki slavianskoi kul'tury, 2005); I. Iu. Krachkovskii, *Ocherki po istorii russkoi arabistiki* (Moscow: Izd-vo Akademii nauk SSSR), 1950, 20–21; A. A. Zimin, *Russkie letopisi i khronografy kontsa XV-XVI vv* (Moscow: Moskovskii Gos Istoriko-Arkhivnyi Institut, 1960), 8–9.

41 Valerie Kivelson, *Cartographies of Tsardom* (Ithaca, NY: Cornell University Press, 2006), 229n53. イゾルデ・トゥイレト氏は、親切にも、モスクワ公国でのテクスト受容を分析した論文のコピーを提供して下さった。Thyrêt, "Kosmas Indikopleustes' *Christian Topography* in Sixteenth-Century Russia" (paper presented at the annual conference of the American Association for the Advancement of Slavic Studies, Boca Raton, FL, 1998).

42 B. M. Dantsig, "Iz istorii russkikh puteshestvii i izucheniia Blizhnego Vostoka v dopetrovskoi Rusi," *Ocherki po istorii russkogo vostokovedeniia*, vol. 1 (Moscow: Izd-vo Akademii nauk SSSR, 1953), 209–213. 17世紀のこれらの資料に関する詳細な説明は、N. M. Rogozhin, *Posol'skii prikaz* (Moscow: Mezhdunarodnye otnosheniia, 2003).

43 E. I. Maleto, *Antologiia khozhenii russkikh puteshestvennikov, XII–XV veka* (Moscow: Nauka, 2005). 以下も参照。Klaus-Dieter Seemann, *Die altrussische Wallfahrts literatur* (Munich: Wilhelm Fink, 1976); Gail Lenhoff Vroon, "The Making of the Medieval Russian Journey" (PhD diss., University of Michigan, 1978); George P. Majeska, *Russian Travelers to Constantinople in the Fourteenth and Fifteenth Centuries* (Washington, DC: Dumbarton Oaks, 1984).

44 Igumen Daniil, "Khozhenia Daniila, igumena russkoi zemli," in Maleto, *Antologiia*, 163–208.

45 Dantsig, "Iz istorii russkikh," 194.

46 Maleto, *Antologiia*, 134–135.

47 N. S. Trubetskoi, "'Khozhenie za tri moria' Afonasiia Nikitina kak literaturnyi pamiatnik," in Trubetskoi, Three Philological Studies (Ann Arbor: Michigan Slavic Materials, 1963), 37–38; Lenhoff Vroon, "Making of the Medieval Russian Journey," 206–214.

48 Afanasii Nikitin, *Khozhenie za tri moria*, ed. V. P. Adrianova-Perets (Moscow-Leningrad: Izd-vo Akademii nauk SSSR), 1958.

49 M. N. Speranskii, "Indiia v staroi russkoi pis'mennosti," in *Sergeiu Fedorovichu Ol'denbergu k piatidesiatiletiiu nauchno-obshchesvennoi deiatel'nosti 1882–1932: Sbornik statei* (Leningrad: Izd-vo Akademii nauk SSSR, 1934), 463–466; Jean-Pierre Sabsoub, *Die Reise des Kaufmanns Nikitin von der Rus' nach Indien, 1466–1472: Ein Beitrag zur Begegnung mit den Anderen*, Mundus Reihe Ethnologie, vol. 20 (Bonn: Holos, 1988), 20–24; R. H. Stacy, *India in Russian Literature* (Delhi: Motilal Banarsidas, 1985), 20–22. 初期の西ヨーロッパの見方については、H. G. Rawlinson, "India in European Thought and Literature," in G. T. Garratt, ed., *The Legacy of India* (Oxford: Oxford University Press, 1937), 1–26 参照。

50 "Diuk Stepanovich," in B. N. Putilova, *Byliny* (Leningrad: Sovetskii pisatel', 1957), 354.

51 ニコライ・カラムジンは（時期を特定してはいないけれども）聖トリニティ修道院の図書館で、16世紀版の原稿に出会ったという。N. M. Karamzin, *Istoriia gosudarstva rossiiskago*, book 2 (St. Petersburg: V Tip. Eduarda Pratsa, 1842), 226–227.

52 Nikitin, *Khozhenie*, 11.

53 Ibid., 13.

54 Ibid., 17.

55 Ibid., 21–22. この一節は、ソ連とインドの友好関係が強まっていた時期に作成された、贅沢にも4か国語（教会スラヴ語、ロシア語、ヒンディー語、英語）で書かれた版からは、削除された。Afanasy Nikitin, *Khozhenie za tri moria*, ed. S. N. Kumkes (Moscow: Geografgiz, 1960), 116 参照。ニューデリーとの良好な関係を促すためにこの物語を利用しようとしたモスクワの試みについては、Lowell R. Tillet, "The Soviet Popularization of Afanasii Nikitin's Trip to India: An Example of Planned Publishing," in Balkrishna G. Gokhale, ed., *Images of India* (New York: Humanities Press, 1971), 172–191 参照。

56 Nikitin, Khozhenie, 30.

57 Ibid., 26.

58 Gail Lenhoff, "Beyond Three Seas: Afanasij Nikitin's Journey from Orthodoxy to Apostasy," *East European Quarterly* 13 (1979): 431–445; Mark Batunski, "Muscovy and Islam: In a Further Quest of an Empirical and Conceptual Compromise ('The Journey beyond Three Seas' by Afanasy Nikitin)," *Saeculum* 39 (1988): 289–292; Sabsoub, *Reise des Kaufmanns Nikitin*, 161–162; Keenan, "Muscovy and Kazan'," 372–373.

59 Nikitin, *Khozhenie*, 27.

60 *Entsiklopedicheskii slovar'* (St. Petersburg: Brokgauz i Efron, 1899), s.v. "Rossiia."

61 Janet Martin, "Muscovite Travelling Merchants: The Trade with the Muslim East (15th and 16th Centuries)," *Central Asian Survey* 4, no. 3 (1985): 21–22.

62 Paul Bushkovitch, "Orthodoxy and Islam in Russia, 988–1725," *Forschungen zur osteuropäischen Geschichte* (forthcoming).

63 *Lavrent'evskaia letopis'*, 86.〔翻訳は、『ロシア原初年代記』100–101ページ。〕

64 Bushkovitch, "Orthodoxy and Islam."

65 Abdel-Théodore Khoury, *Les théologiens byzantins et l'Islam* (Leuven, Belgium: Editions Nauwelaerts, 1969), 47–67; John Meyendorff, "Byzantine Views of Islam," *Dumbarton Oaks Papers* 18 (1964): 115–120; Norman Daniel, *Islam and the West: The Making of an Image* (Oxford: Oneworld, 2000), 13–14.

66 Ducellier, *Chrétien d'Orient*, 19.

67 Wil van den Bercken, *De mythe van het Oosten: Oost en West in de religieuse ideëngeschiedenis* (Zoetermeer, the Netherlands: Uitgeverij Meinema, 1998), 147. 伝記としては、Elise Denissoff, *Maxime le Grec et l'Occident* (Paris: Desclée, de Brouwer, 1943); Jack Haney, *From Italy to Muscovy: The Life and Works of Maxim the Greek* (Munich: W. Fink, 1973); N. V. Sinitsyna, *Maksim Grek v Rossii* (Leningrad: Nauka, 1977); A. Langeler, *Maksim Grek: Byzantijn en humanist in Rusland* (Amsterdam: J. Mets, 1986). 教父マクシムの全文献の解説については、A. I. Ivanov, *Literaturnoe nasledie Maksima Greka* (Leningrad: Nauka, 1969) を参照。

68 Maksim Grek, *Sochineniia prepodobnogo Maksima Greka*, vol. 1 (Kazan: Tip. Imp. universiteta, 1894), 77–130, 151–168; Krachkovskii, Ocherki, 22–23; Bushkovitch, "Orthodoxy and Islam."

69 Buskovitch, "Orthodoxy and Islam."

70 Daniel, *Islam and the West*, 76–88; John V. Tolan, *Saracens: Islam in the Medieval European Imagination* (New York: Columbia University Press, 2002), 251–254. 宣教師の著作に関する最近の研究としては、Rita George Tvrtkovic, "The Ambivalence of Interreligious Experience: Riccoldo da Monte Croce's Theology of Islam" (PhD diss., University of Notre Dame, 2007).

71 イスラームに対する中世ヨーロッパの姿勢についての調査には、Daniel, *Islam and the West*; Tolan, *Saracens*; and Richard Southern, *Western Views of Islam in the Middle Ages* (Cambridge, MA: Harvard University Press, 1962).

72 Putilova, *Byliny*; James Bailey and Tatyana Ivanova, trans., *An Anthology of Russian Folk*

Epics (Armonk, NY: M. E. Sharpe, 1998); Alex E. Alexander, *Bylina and Fairy Tale* (The Hague: Mouton, 1973); A. N. Afana'sev, ed., *Narodnye russkie skazki*, 3 vols. (Moscow: Gosudarstvennoe izd-vo Khudozhestvennoi literatury, 1953).

73 この所見をご教示下さったナターリア・コノネコ氏に記して感謝する。Putilova, *Byliny*, 104; Tolochko, *Kochevye*, 118.

74 Roman Jakobson, "On Russian Fairy Tales," in *Russian Fairy Tales*, trans. Norbert Gutman (New York: Pantheon, 1973), 649–650.

75 タタール人の方はそれを、ペルシア語の名詞「バガドゥル（*bagadur*）」あるいは「アスリート」から摂取した。Jakobson, "On Russian Fairy Tales," 646; V. V. Stasov, "Proiskhozhdenie russkikh bylin," *Vestnik Evropy* 4 (1868), 309.

76 Jeffrey Brooks, *When Russia Learned to Read* (Princeton, NJ: Princeton University Press, 1985), 214–245.

77 In ibid., 228.

78 モスクワ公国とステップとの関係に関する議論としては、Willard Sunderland, *Taming the Wild Field: Colonization and Empire on the Russian Steppe* (Ithaca, NY: Cornell University Press, 2004), 15–34 参照。ロシア人とイスラームの隣人たちとの間の敵意を強調する最近の研究としては、Michael Khodarkovsky, *Russia's Steppe Frontier: The Making of a Colonial Empire, 1500–1800* (Bloomington: Indiana University Press, 2002) 参照。

79 Landa, *Islam v istorii Rossii*, 74–85. 以下も参照。Albert Seaton, *The Horsemen of the Steppes* (New York: Hippocrene Books, 1985). 帝国期ではあるが、あるコサック集団の、近接したムスリム・コミュニティとの親交に焦点をしぼった研究として、Thomas M. Barrett, *At the Edge of Empire: The Terek Cossacks and the North Caucasus Frontier, 1700–1860* (Boulder, CO: Westview Press, 1999).

80 V. Dal', *Poslovitsy russkogo naroda* (Moscow: Gosudarstvennoe izd-vo Khudozhestvennoi literatury, 1957), 348.

第**2**章　ピョートル大帝期の夜明け

1 V. V. Bartol'd, *Sochineniia*, vol. 9 (Moscow: Nauka, 1977), 391.

2 O. Franke, "Leibniz und China," *Zeitschrift der Deutschen Morgenländischen Gesellschaft* 82 (1928), 155–178; Olivier Roy, *Leibniz et la Chine* (Paris: J. Vrin, 1972); Donald E. Lach, "Leibniz and China," in Julia Ching and Willard G. Oxtoby, eds., *Discovering China: European Interpretations in the Enlightenment* (Rochester, NY: University of Rochester Press, 1992), 97–116.

3 Gottfried Wilhelm Leibniz, "Preface to the Novissima Sinica," in *Writings on China*, trans. Daniel J. Cook and Henry Rosemont Jr. (Chicago: Open Court, 1994), 45.

4 Ibid., 47.

5 Spence, *The Chan's Great Continent*, 83.

6 しかし、1709年、ポルタヴァの戦いでピョートルがスウェーデンを破ったことを知ると、ライプニッツは彼を「いわば北のトルコ人」と呼んだ。Lindsey Hughes, *Russia in the Age of Peter the Great* (New Haven, CT: Yale University Press, 1998) 参照。

7 Leibniz, "Preface," 45.

8 Vladimir Ger'e, *Otnosheniia Leibnitsa k Rossii i Petru Velikomu* (St. Petersburg: Pechatni V. O. Golovinam, 1871), 124.

9 Ibid., 2.

10 Franke, "Leibniz und China," 160.

11 Ger'e, *Otnosheniia*, 11–18.

12 Ibid., 119; Petr Pekarskii, *Istoriia imperatorskoi Akademii nauk v Peterburge*, vol.1 (St. Petersburg: Tip. Imp. Akademii nauk, 1870), xxi–xxii.

13 Ger'e, *Otnosheniia*, 133–200; P. Pekarskii, *Nauka i literatura v Rossii pri Petre Velikom*, vol. 1. *Vvedenie v istoriiu prosveshcheniia v Rossii XVIII stoletiia* (St. Petersburg: V tip. tov. Obshchestvennaia Pol'za, 1862), 25–33. ロシアの学問機関へのドイツ人の影響を苦々しく思う、愛国的精神を持つロシア人は、ライプニッツの役割をしばしば軽視してきた。例えば、Pekarskii, *Istoriia imperatorskoi Akademii nauk*, 32–33.

14 Alexander Vucinich, *Science in Russian Culture: A History to 1860* (Stanford, CA: Stanford University Press, 1963), 65–66; K. V. Ostrovitianov et al., eds., *Istoriia Akademii nauk SSSR*, vol. 1 (Moscow-Leningrad: Izd-vo Akademii nauk SSSR, 1958), 30; Hughes, *Russia in the Age of Peter the Great*, 307.

15 Vucinich, *Science in Russian Culture*, 46–47.

16 Ostrovitianov, *Istoriia Akademii nauk*, 32–33.

17 Bartol'd, *Sochineniia*, vol. 9, 31; Vucinich, *Science in Russian Culture*, 78–80.

18 Franke, "Leibniz und China," 174.

19 Ger'e, *Otnosheniia*, 133.

20 Bartol'd, *Sochineniia*, vol. 9, 31–32.

21 Franz Babinger, *Gottlieb Siegfried Bayer (1694–1738): Ein Beitrag zur Geschichte der morgenländischen Studien im 18. Jahrhundert* (Leipzig: Otto Harrasowitz, 1916); Pekarskii, *Istoriia imperatorskoi Akademii nauk*, 180–196; P. E. Skachkov, *Ocherki istorii russkogo kitaevedeniia* (Moscow: Nauka, 1977), 52–54; A. N. Kononov, *Istoriia izucheniia tiurkskikh iazykov v Rossii: Dooktiabr'skii period* (Leningrad: Nauka, 1972), 31–33.

22 Bartol'd, Sochineniia, vol. 9, 32. 以下も参照。Tuska Benes, "Comparative Linguistics as Ethnology: In Search of Indo-Germans in Central Asia, 1770–1830," *Comparative Studies of South Asia, Africa and the Middle East* 24, no. 2 (2004): 117.

23 Bartol'd, *Sochineniia*, vol. 9, 32. より一般的に、ドイツが中央アジアに魅せられていたことについては、Benes, "Comparative Linguistics," 117–129 参照。

24 しかし、それは、ノルマン説をめぐるものほど刺々しい議論にはならなかった。

25 Krachkovskii, *Ocherki*, 45. しかしながら、バイヤーの翻訳は、初期のロシア史研究に重要なインパクトをもたらした。J. L. Black, *G.-F. Müller and the Imperial Russian Academy* (Kingston, ON: McGill-Queen's University Press, 1986), 39–40.

26 M. Shuvalov, "Kritiko-biograficheskii ocherk zhizni i deatel'nosti Orientalista Kera," *Sbornik moskovskago glavnago arkhiva Ministerstva inostrannykh del 5* (1893): 91–110; Kononov, *Istoriia izucheniia tiurkskikh iazykov*, 33–45; B. M. Dantsig, "Iz istorii izucheniia Blizhnego Vostoka v Rossii (vtoraia chetvert' XVIII v.)," *Ocherki po istorii russkogo vostokovedeniia*,

vol. 5 (Moscow: Izd-vo vostochnoi literatury, 1959), 7–11.

27 Hughes, *Russia in the Age of Peter the Great*, 315.

28 Pekarskii, *Nauka i literatura*, vol. 1, 558–561; Jozien Driessen, *Tsaar Peter en zijn Amsterdamse vrienden* (Utrecht/Antwerp: Kosmos- Z & K Uitgevers, 1996), 55–56.

29 Bartol'd, *Sochineniia*, vol. 9, 391.

30 Shuvalov, "Kritiko-biograficheskii ocherk," 91.

31 Bartol'd, *Sochineniia*, vol. 9, 34.

32 Skachkov, *Ocherki*, 54.

33 最初の4年間、議事録は、ユリウス暦ではなく、グレゴリオ暦を固守していた。Black, *G.-F. Müller*, 12 参照。

34 Kononov, *Istoriia izucheniia tiurkskikh iazykov*, 25.

35 N. N. Ogloblin, "Pervyi Iaponets v Rossii, 1701–1705 gg.," *Russkaia Starina* 72 (October 1891), 11–24; K. E. Cherevko, *Zarozhdenie russko-iaponskikh otnoshenii XVII–XIX veka* (Moscow: Nauka, 1999), 43–55; George Alexander Lensen, *The Russian Push toward Japan: Russo-Japanese Relations, 1697–1875* (Princeton, NJ: Princeton University Press, 1959), 26–30.

36 Cherevko, *Zarozhdenie*, 78–82; Lensen, Russian Push, 41–42; Bartol'd, *Sochineniia*, vol. 9, 26–29.

37 1753年から1816年の間に、イルクーツクに日本語学校が開設されるが、歴史家ウラジーミル・バルトリドによれば、「それが存在している間に、日本語に堪能な者を輩出することはできなかったし、ロシアの東洋学の歴史にいかなる足跡も残さなかった。」Bartol'd, *Sochineniia*, vol. 9, 390.

38 Eric Widmer, *The Russian Ecclesiastical Mission in Peking during the Eighteenth Century* (Cambridge, MA: Harvard University Press, 1976), 159–160.

39 Pekarskii, *Nauka i literatura*, vol. 1, 187; Bartol'd, *Sochineniia*, vol. 9, 29.

40 彼の音楽における貢献に関する研究には、Eugenia Popescu-Judet, *Prince Dimitrie Cantemir: Theorist and Composer of Turkish Music* (Istanbul: Pan Yayıncılık, 1999). 近年出たCDには、彼自身が作曲した作品と共に、彼のために作られた現代のトルコの作品とが収められている。*Cantemir: Music in Istanbul and Ottoman Europe around 1700*, with Linda Burman-Hall, I˙hsan Özgen, and Lux Musica (Golden Horn Records CD GHP-0192).

41 In Jonathan D. Spence, *The Search for Modern China* (New York: W. W. Norton, 1999), 101.

42 Hughes, *Russia in the Age of Peter the Great*, 47–48.

43 Werner Bahner, "Ein bedeutender Gelehrter an der Schwelle zur Frühauflärung: Dimitrie Cantemir (1673–1723)," *Sitzungsberichte der Akademie der Wissenschaften der DDR* 13 (1973), 7–9; P. Panaitescu, "Le prince Démètre Cantemir et le movement intellectuel russe sous Pierre le Grand," *Revue des études slaves* 6, nos. 3–4 (1926): 253–256.

44 Vasilii Nikitich Ermuratskii, *Dmitrii Kantemir: Myslitel' i gosudarstvennyi deiatel'* (Kishinev: Kartia Moldoveniaske, 1973), 36.

45 N. A. Smirnov, *Ocherki istorii izucheniia Islama v SSSR* (Moscow: Izd-vo Akademii nauk SSSR, 1954), 27; Popescu-Judet, *Prince Dimitrie Cantemir*, 35–36; Ermuratskii, *Dmitrii Kantemir*, 108.

46 In Ermuratskii, *Dmitrii Kantemir*, 94; Christina Bîrsan, *Dimitrie Cantemir and the Islamic World*, trans. Scott Tinney (Istanbul: Isis Press, 2004), 40–43.

47 Pekarskii, *Nauka i literatura*, vol. 1, 567–570; Panaitescu, “Le prince,” 252. あるソ連時代の研究者は、宗務庁がカンテミールのイスラーム批判に、真の意図を隠したキリスト教への攻撃を見てとったと示唆する。Ermuratskii, *Dmitrii Kantemir*, 100–103 参照。

48 Demetrius Cantemir, *The History of the Growth and Decay of the Othman Empire*, trans. N. Tindal, 2 vols. (London: A. Millar, 1756).

49 Joseph von Hammer, “Sur l’histoire du prince Cantemir,” *Journal asiatique* 4 (1824): 23–45. ロバート・アーウィンは、これを五十歩百歩だという。ハンマー自身の本は「ほとんど年表に従って並べられ、要約された、トルコとギリシアの史料の無批判な寄せ集め以上の何ものでもない」からだ。Irwin, *For Lust of Knowing*, 151.

50 Alexandru Duţu and Paul Cernovodeanu, eds., *Dimitrie Cantemir: Historian of South East European and Oriental Civilizations* (Bucharest: Association international d’études du Sud-Est européen, 1973), 319–329; Edward Gibbon, *The History of the Decline and Fall of the Roman Empire*, vol. 8 (London: Folio Society, 1990), 85n; Voltaire, *Essai sur les moeurs et l’esprit des nations*, vol. 1 (Paris: Editions Garnier Frères, 1963), 805; George Gordon, Lord Byron, *Don Juan* (Boston: Houghton Mifflin, 1958), 194, 206.

51 事実、あるドイツの百科事典は、誤って、カンテミールがそのポストに就いたものとしていた。M. I. Radovskii, *Antiokh Kantemir i Peterburgskaia Akademii nauk* (Moscow: Izd-vo Akademii nauk SSSR, 1959), 7; Ostrovitianov, *Istoriia Akademii nauk SSSR*, vol. 1, 36.

52 “The Life of Prince Cantemir,” in Cantemir, *History of the Othman Empire*, vol.2, 458.

53 Kononov, *Istoriia izucheniia tiurkskikh iazykov*, 30.

54 Sergei Vladimirovich Fomin, *Kantemiry v izobratel’nykh materialakh* (Kishinev: Shtinitsa, 1988), 8–9, 75.

55 Popescu-Judet, *Prince Dimitrie Cantemir*, 33

56 現にこの姓は、位がそう高くないモルドヴァの家系出身であったディミトリエの父親によって採用された。Ermuratskii, *Dmitrii Kantemir*, 20; Radovskii, *Antiokh Kantemir*, 3. ヴォルテールを特別な例外として、初期の伝記作家たちはこの作り上げられた家系を受け入れる傾向にあった。例えば、以下を参照。V. G. Belinskii, “Kantemir,” in *Sobranie sochinenii v trekh tomakh*, vol. 2 (Moscow: OGIZ, 1948), 734; Kononov, *Istoriia izucheniia tiurkskikh iazykov*, 28. 哲学者の懐疑主義については、Voltaire, “Histoire de Charles XII,” *The Complete Works of Voltaire*, vol. 4 (Oxford: Voltaire Foundation, 1996), 404.

57 Bartol’d, *Sochineniia*, vol. 9, 537.

58 A. P. Baziants et al., eds., *Aziatskii muzei — Leningradskoe otdelenie Instituta vostokovedeniia AN SSSR* (Moscow: Nauka, 1972), 7; Kononov, *Istoriia izucheniia tiurkskikh iazykov*, 27; A. L. Gal’perin, “Russkaia istoricheskaia nauka o zarubezhnom Dal’nem Vostoke v XVII v. — Seredine XIX v.,” *Ocherki po istorii russkogo vostokovedeniei*, vol. 2 (Moscow: Izd-vo Akademii nauk SSSR, 1956), 11.

59 Yuri Slezkine, “Naturalists Versus Nations: Eighteenth-Century Russian Scholars Confront Ethnic Diversity,” *Representations* 47 (1994): 170–171. リンゼイ・ヒューズによれば、「ピョートルの科学、学問観は『狭義で実利的』だという、広く受け入れられた見解は、し

かるべき挑戦を受けている。」Hughes, *Russia in the Age of Peter the Great*, 308.

60 Bartol'd, *Sochineniia*, vol. 9, 29–30.

第3章　エカテリーナ二世の中国趣味

1 もっとも徹底した研究は、A. G. Brikner, "Puteshestvie Ekateriny II v Krim," *Istoricheskii vestnik* 21 (1885), no. 7: 5–23; 8: 242–264; 9: 444–509. 主要な史料の中では、Louis-Philippe, comte de Ségur, *Memoirs and Recollections*, vol. 3 (London: Henry Colburn, 1827), 1–190; Charles-Joseph, prince de Ligne, *Lettres à Marquise de Coigny* (Paris: Librairie ancienne Honoré Champion, 1914); Catherine II, "Pis'ma imperatritsy Ekateriny II k Grimmu (1774–1796)," *Sbornik imperatorskogo russkogo istoricheskogo obshchestva* 23 (1878): 392–412. 以下も参照。Simon Sebag Montefiore, *Prince of Princes: The Life of Potemkin* (London: Weidenfield & Nicolson, 2000), 351–379. エカテリーナの国土視察旅行全般については、Nina Viacheslavovna Bessarabova, *Puteshestviia Ekateriny II po Rossii* (Moscow: Moskovskii gumanitarnyi institut, 2005).

2 Ségur, *Memoirs*, vol. 3, 45.〔セギュールの回想の翻訳に関しては、アンリ・トロワイヤ、工藤庸子訳『女帝エカテリーナ』中央公論社、1980年、第22章も参照した。〕

3 Ibid., 62.

4 Henri Troyat, *Catherine la Grande* (Paris: Flammarion, 1977), 392.

5 Larry Wolff, *Inventing Eastern Europe: The Map of Civilization on the Mind of the Enlightenment* (Stanford, CA: Stanford University Press, 1994), 129; Troyat, Catherine, 394. ある時、リーニュ公がセギュールに対して、ヨーロッパが受けるであろう印象についてこんな冗談を言う。「われわれを取り囲んだこの1200人のタタール人が、いきなり近くの港めざして全力で走り出し、われわれを連れ去って、貴きエカテリーナ女帝と、神聖ローマ帝国の偉大な皇帝ヨーゼフ2世を船に乗せ、コンスタンチノープルにおふたりを送りこんで、イスラーム教徒たちの君主にして支配者たるアブデュル＝ハミド陛下が大いに御満悦なさるというのは、どうです？」Ségur, *Memoirs*, 139–140.

6 Ségur, *Memoirs*, vol. 3, 130–131.

7 クリミア併合を含む、18世紀ロシアの黒海に対する動因を、かつての帝政外交の視点から分析した研究として、Boris Nolde, *La formation de l'Empire russe*, vol. 2 (Paris: Institut d'études slaves, 1953), 5–195. トルコ側の史料にも基づいた、それよりも若干新しい研究は、Alan W. Fisher, *The Russian Annexation of the Crimea, 1772–1783* (Cambridge: Cambridge University Press, 1970).

8 ポチョムキンは、要塞建設の際にギリシア時代の遺跡の石を用いた程に、クリミアの持つ古代ギリシアのあらゆる痕跡を、完全に無視していた。Andreas Schönle, "Garden of the Empire: Catherine's Appropriation of the Crimea," *Slavic Review* 60 (2001): 11.

9 優れた詩人ではないことを自ら認めていたエカテリーナは、おそらく秘書に、詩をおおむね直させていたであろう。Aleksandr Khrapovitskii. 以下も参照。Douglas Smith, *Love and Conquest: Personal Correspondence of Catherine the Great and Prince Grigory Potemkin* (DeKalb: Northern Illinois University Press, 2004), 179.

10 In Brikner, "Puteshestvie," 490.

11 Ségur, *Memoirs*, vol. 2, 142, 144–145.

12 Andrei Zorin, *Kormia dvuglavogo orla* . . . (Moscow: Novoe literaturnoe obozre nie, 2001), 100.

13 Schönle, "Garden," 2; Zorin, *Kormia*, 114–116.

14 ロシア文学におけるヘレニズムについては、以下を参照。Harold B. Segel, "Classicism and Classical Antiquity in Eighteenth- and Early-Nineteenth-Century Russian Literature," in J. G. Garrard, ed., *The Eighteenth Century in Russia* (Oxford: Oxford University Press, 1973), 48–71.

15 Richard Wortman, *Scenarios of Power: Myth and Ceremony in Russian Monarchy*, vol. 1 (Princeton: Princeton University Press, 1995), 138; Sara Dickinson, "Russia's First 'Orient': Characterizing the Crimea in 1787," *Kritika* 3, no. 1 (Winter 2002): 12.

16 Charles-Joseph, prince de Ligne, *Mémoires du prince de Ligne* (Brussels: Emile Flatau, 1860), 98; Ligne, *Lettres*, 21; Ségur, *Memoirs*, vol. 3, 2.

17 Isabel de Madariaga, *Russia in the Age of Catherine the Great* (New Haven, CT: Yale University Press, 1981), 394.

18 エカテリーナの新たな支持者、皇帝ヨーゼフ2世が、1783年、ウィーンでグリュックのオペラ『タウリスのイフィゲニア』を演じさせたのは、明らかに彼女のクリミア併合を記念してのことであった。Zorin, *Kormia*, 112

19 Dickinson, "Russia's First 'Orient,'" 9–10.

20 若干異なるが関係する文脈で、マーク・ラエフは、総督領におけるポチョムキンの大プロジェクトに、「見まがうことのない『遊び』の要素」、――もちろんホイジンガー的な意味で――を見出した。Marc Raeff, "In the Imperial Manner," in *Catherine the Great: A Profile* (New York: Hill and Wang, 1972), 228. ライデンの歴史家は、エロティックで感傷的なトルコ、中国、インドのイメージと戯れるロココ様式の「ナイーヴなエキゾティシズム」について論じる中で、18世紀のヨーロッパ文化がオリエントを貴族の気晴らしの源とみなしていたことを示した。J. Huizinga, *Homo Ludens: Proeve eener bepaling van het spel-element der cultuur* (Groningen, the Netherlands: H. D. Tjeenk Willink, 1974), 182.

21 In Wolff, *Inventing Eastern Europe*, 127.

22 In W. F. Reddaway, ed., *Documents of Catherine the Great: The Correspondence with Voltaire and the Instruction of 1767* (Cambridge: Cambridge University Press, 1931), 216.

23 Ségur, *Memoirs*, vol. 2, 122, 182.

24 V. N. Tatishchev, "Vvedenie k gistoricheskomu i geograficheskomu opisaniiu velikorossiiskoi imperii," in *Izbrannye trudy po geografii Rossii*, ed. A. I. Andreev (Moscow: Gosudarstvennoe izd-vo geograficheskoi literatury, 1950), 156; Mark Bassin, "Russia between Europe and Asia: The Ideological Construction of Geographical Space," *Slavic Review* 50 (1991): 2–7; Wolff, *Inventing Eastern Europe*, 149–154.

25 In Pierre Martino, *L'Orient dans la littérature française au XVIIe et au XVIIIe siècle* (Paris: Hachette, 1906), 22.

26 Vasilii Osipovich Kliuchevskii, "Aforizmy i mysli ob istorii," in *Sochineniia v deviate tomakh*, vol. 9, *Materialy raznykh let* (Moscow: Mysl', 1990), 414.

27 Madariaga, *Russia in the Age of Catherine the Great*, 327, 532.

28 In Reddaway, *Documents of Catherine the Great*, xxvi.

29 Catherine II, *The Memoirs of Catherine the Great*, trans. Mark Cruse and Hilde Hoogenboom (New York: Modern Library, 2005), passim.

30 Catherine II, *Sochineniia Imperatritsy Ekateriny II*, 11 vols., ed. A. N. Pypin (St. Petersburg: Tip. Imp. Akademii nauk, 1901–7).

31 Michael von Herzen, "Catherine II — Editor of *Vsiakaia Vsiachina*? A Reappraisal," *Russian Review* 38 (1979): 296–297. ソ連時代の文学者グリゴリー・グコフスキーの、エカテリーナの文才に対する否定的評価は、この類のものの典型である。G. A. Gukovskii, "Ekaterina II," in *Literatura XVIII veka: Istoriia russkoi literatury*, eds. G. A. Gukovskii and V. A. Desnitskii, vol. 4, pt. 2 (Moscow: Akademii nauk SSSR, 1947), 364–380. 女帝の恋愛沙汰に関する一般的見方については、John T. Alexander, *Catherine the Great: Life and Legend* (Oxford: Oxford University Press, 1989), 329–341.

32 In A. Lentin, ed., *Voltaire and Catherine the Great: Selected Correspondence* (Cambridge: Oriental Research Partners, 1974), 29.

33 Barbara Widenor Maggs, *Russia and 'le rêve chinois': China in Eighteenth-Century Russian Literature* (Oxford: Voltaire Foundation, 1984), 127–128.

34 Petr Romanovich Zaborov, *Russkaia literature i Vol'ter: XVIII-pervaia tret' XIX veka* (Moscow: Nauka, 1978), 7–78.

35 Giovanni Giacomo Casanova, *Mémoires*, ed. Robert Abirached, vol. 3 (1763–1774) (Paris: Librairie Gallimard, 1960), 460. マーク・ラエフはこれに同意しかねるとしている。彼の以下の論文を参照。"The Enlightenment in Russia," in Garrard, *Eighteenth Century*, 38.

36 Catherine II, *Memoirs*, 48. 彼女がヴォルテールと交わした書簡のコレクションの中から出版されているものとして、Reddaway, *Documents of Catherine the Great*.

37 Madariaga, *Russia in the Age of Catherine the Great*, 215–218.

38 哲学者の中国観に関する優れた研究の中でも、以下を参照。Shun-Ching Song, *Voltaire et la Chine* (Aix-en-Provence: Université de Provence, 1989); Walter Engemann, *Voltaire und China* (Leipzig, 1932). 前者は、このテーマに関するヴォルテールの著作の、徹底した参考文献リストを含んでいる。pp. 235–243.

39 François Arouet Voltaire, *The Works of Voltaire*, trans. William F. Fleming, vol.30 (Paris: E. R. Dumont, 1901), 119.

40 In Song, *Voltaire et la Chine*, 304.

41 Voltaire, *Works*, vol. 24, 29.

42 In Maggs, *Russia and 'le rêve chinois,'* 137–138.

43 バーバラ・マッグズによれば、エカテリーナの同時代人で、中国に関してヴォルテールを疑問視した者はわずかであった。Maggs, *Russia and 'le rêve chinois,'* 112. 例外の1人は、1757年に北京での短期滞在の間に、『中国に関するヴォルテールの所見の調査』を編集した外交官、ワシーリー・ブラチシチェフであった。Barbara Widenor Maggs, "Answers from Eighteenth-Century China to Certain Questions on Voltaire's Sinology," *Studies on Voltaire and the Eighteenth Century* 120 (1974): 179–198.

44 V. S. Miasnikov, *Dogovornymi statiami utverdili: Diplomaticheskaia istoriia russko-kitaiskoi granitsy XVII–XX vv.* (Khabarovsk: Priamurskoe geograficheskoe obshchestvo, 1997), 260–

265; Madariaga, *Russia in the Age of Catherine the Great*, 474; Michael Khodarkovsky, *Where Two Worlds Met: The Russian State and the Kalmyk Nomads, 1600–1771* (Ithaca, NY: Cornell University Press, 1992), 224–235; John LeDonne, "Proconsular Ambitions on the Chinese Border: Governor General Iakobi's Proposal of War on China," *Cahiers du monde russe* 45, nos. 1–2 (2004): 31–60.

45 In Reddaway, *Documents of Catherine the Great*, 101.

46 Ibid., 91.

47 Catherine II, *Les lettres de Catherine II au prince de Ligne (1780–1796)*, ed. Princess Charles de Ligne (Brussels: Librairie nationale d'art et d'histoire, 1924), 38.

48 Catherine II, *Sochineniia*, vol. 2, 332–363; Lurana Daniels O'Malley, *The Dramatic Works of Catherine the Great* (Aldershot, UK: Ashgate, 2006), 170–174.

49 このおとぎ話は、喜歌劇になった。*Khlor-Tsarevich, or the Rose without Thorns*, by D. I. Khvostov in 1786. P. I. Berkov, *Istoriia russkoi komedii XVIII v.* (Leningrad: Nauka, 1977), 265 参照。

50 Catherine II, *Sochineniia*, vol. 1, 347–406. 戯曲の翻訳は、Lurana Daniels O'Malley, *Two Comedies by Catherine the Great, Empress of Russia* (Amsterdam: Harwood Academic Publishers, 1998) 参照。

51 18世紀ロシア文学における東方テーマについての短い研究としては、Berkov, *Istoriia russkoi komedii XVIII v.*, 262–266 参照。中国モチーフについてのより広範な分析は、Maggs, *Russia and 'le rêve chinois*,' 81–112.

52 In Maggs, *Russia and 'le rêve chinois*,' 91.

53 N. I. Novikov, "Zaveshchanie Iundzhena, kitaiskogo khana, k ego synu," in *Satiricheskie zhurnaly N. I. Novikova,* ed. P. N. Berkov (Moscow: Izd-vo Akademii nauk SSSR, 1951), 267–268.

54 G. Makogonenko, *Nikolai Novikov i russkoe prosveshchenie XVIII veka* (Moscow: Gosudarstvennoe izd-vo Khudozhestvennoi literatury, 1952), 167–170.

55 D. I. Fonvizin, "Ta-Gio, ili velikaia nauka zakliuchaiushchaia v sebe vysokuiu kitaiskuiu filosofiiu," in *Sobranie sochinenii*, vol. 2. (Moscow: Gosudarstvennoe izd-vo Khudozhestvennoi literatury, 1959), 231–253.

56 Walter Gleason, *Moral Idealists, Bureaucracy, and Catherine the Great* (New Brunswick, NJ: Rutgers University Press, 1981), 189–190.

57 Hugh Honour, *Chinoiserie: The Vision of Cathay* (New York: Harper & Row, 1961), 125. ロシアにおける同誌の影響力については、G. Gareth Jones, "Novikov's Naturalised *Spectator*,“ in Garrard, *Eighteenth Century*, 149–165.

58 Charles de Secondat, baron de Montesquieu, *Lettres persanes* (Paris: Garnier, 1963).

59 Honour, *Chinoiserie*, 117; N. A. Samoilov, "Rossiia i Kitai," in S. M. Ivanova and B. N. Mel'nichenko, *Rossiia i Vostok* (St. Petersburg: Izd-vo S. Peterburgskogo universiteta, 2000), 241; O. L. Fishman, *Kitai v Evrope: Mif i real'nost' XIII–XVIII vv.* (St. Petersburg: Peterburgskoe Vostokovedenie, 2003), 400–404.

60 Skachkov, *Ocherki*, 67.

61 Dimitri Shvidkovsky, *The Empress and the Architect: British Architecture and Gardens at*

the Court of Catherine the Great (New Haven, CT: Yale University Press, 1996), 168.

62 Galina Agarkova and Nataliia Petrova, *250 let Lomonosovskomu farforovomu zavodu v Sankt-Peterburge 1744–1994* (St. Petersburg: LFZ, 1994), 5–13; T. I. Dul'kina and N. A. Asharina, *Russkaia keramika i steklo 18–19 vekov* (Moscow: Izobrazitel'noe iskusstvo, 1978), 106; Heikki Hyvönen, *Russian Porcelain* (Helsinki: Vera Saarela Foundation, 1982), 14–19.

63 V. A. Popov, *Russkii farfor: Chastnye zavody* (Leningrad: Khodozhnik SSSR, 1980), 5–15.

64 Maria Menshikova, "Oriental Rooms and Catherine's Chinese Collections," in Mikhail B. Piotrovski, ed., *Treasures of Catherine the Great* (New York: Harry N. Abrams, 2000), 207.

65 Aleksandr Benois, "Kitaiskii dvorets v Oranienbaume," *Khudozhestvennyia sokrovishchia Rossii*, 1, no. 10 (1910): 196–201; V. G. Klement'ev, *Kitaiskii dvorets v Oranienbaume* (St. Petersburg: BLITs, 1998); Will Black, *The Chinese Palace at Oranien baum* (Boston: Bunker Hill, 2003); Dawn Jacobson, Chinoiserie (London: Phaidon, 1993), 107–110.

66 Klement'ev, *Kitaiskii*, 74.

67 Igor Grabar, *Peterburgskaia arkhitektura v XVIII i XIX v.* (St. Petersburg: Lenizdat, 1994), 244–248; Shvidkovsky, *Empress and the Architect*, 171–180; Jacobson, *Chinoiserie*, 171.

68 In Shvidkovsky, *Empress and the Architect*, 179.

69 Alain Grosrichard, *Structure du serial: La fiction du despotisme asiatique dans l'Occident classique* (Paris: Editions du Seuil, 1979), 34–67; Asli Çirakman, *From the "Terror of the World" to the "Sick Man of Europe": European Images of the Ottoman Empire and Society from the Sixteenth Century to the Nineteenth* (New York: Peter Lang, 2002), 105–110; Henri Baudet, *Het Paradijs op Aarde* (Groningen, the Netherlands: Koninklijke Van Gorcum, 1959); Maxime Rodinson, *Europe and the Mystique of Islam* (Seattle: University of Washington Press, 1987), 45–48.

70 M. A. Batunskii, *Rossiia i Islam*, vol. 2 (Moscow: Progress-Traditsiia, 2003), 66n54.

71 Madariaga, *Russia in the Age of Catherine the Great*, 336.

72 Bartol'd, *Istoriia izucheniia*, 411.

73 Daniel, *Islam and the West*, 310–313; Reddaway, *Documents of Catherine the Great*, 20, 24–5.

74 In Reddaway, *Documents of Catherine the Great*, 33–34.

75 Rodinson, *Europe and the Mystique of Islam*, 44.

76 In Novikov, *Satiricheskie*, 262–263, 277–278.

77 Berkov, *Istoriia russkoi komedii XVIII v.*, 262–266.

78 G. R. Derzhavin, "Felitsa," in *Stikhotvoreniia* (Moscow: Khudozhestvennaia literatura, 1958), 18–25.

79 William Edward Brown, *A History of 18th-Century Russian Literature* (Ann Arbor, MI: Ardis, 1980), 382; Harold B. Segel, *The Literature of Eighteenth-Century Russia*, vol. 2 (New York: E. P. Dutton, 1967), 264.

80 I. A. Krylov, "Kaib: Vostochnaia povest'," in *Sochineniia*, vol. 1 (Moscow: Khudozhestvennaia literatura, 1969), 377–406.

81 In Nikolai Stepanov, *Ivan Krylov* (New York: Twayne, 1973), 54.

82 Krylov, “Kaib,” 384.
83 Maggs, “Answers from Eighteenth-Century China.”
84 Maggs, *Russia and ‘le rêve chinois,’* 146.
85 Widmer, *Russian Ecclesiastical Mission*, 166–167.
86 Madariaga, *Russia in the Age of Catherine the Great*, 588.

第4章　東洋のミューズ

1 Henri Laurens, “Les Lumières et l’Egypte,” in *Orientales I: Autour de l’expédition d’Egypte* (Paris: CNRS Editions, 2004), 49–54; Marie-Noëlle Bourguet, “Des savants à la conquête de l’Egypte? Science, voyage et politique au temps de l’expédition française,” in Patrice Bret, ed., *L’expédition d’Egypte, une enterprise des Lumières, 1798–1801* (Paris: Technique et Documentation, 1999), 21–36; Juan Cole, *Napoleon’s Egypt: The Invention of the Middle East* (New York: Palgrave Macmillan, 2007); Geoffrey Symcox, “The Geopolitics of the Egyptian Expedition, 1797–1798,” in Irene A. Bierman, ed., *Napoleon in Egypt* (London: Ithaca Press, 2003), 13–14.
2 Edward W. Said, *Orientalism* (New York: Pantheon, 1978), 80.〔翻訳については、エドワード・W・サイード、板垣雄三・杉田英明監修、今沢紀子訳『オリエンタリズム』上巻、平凡社、1993年、190ページ参照。〕
3 Todd Porterfield, *The Allure of Empire: Art in the Service of French Imperialism, 1798–1836* (Princeton, NJ: Princeton University Press, 1998), 43–79; Gérard-Georges Lemaire, *The Orient in Western Art* (Paris: Könemann, 2001), 105–109.
4 Jean Alazard, *L’Orient et la peinture française au XIXe siècle* (Paris: Librairie Plon, 1930), 35–36; Philippe Julian, *The Orientalists* (Oxford: Phaidon, 1977), 122–125.
5 Claudine Grossir, *L’Islam des Romantiques*, vol. 1, *Du refus à la tentation* (Paris: Editions Maisonneuve et Larose, 1984), 69–78.
6 Victor Hugo, *Les Orientales*, vol. 1, ed. Elisabeth Barineau (Paris: Librairie Marcel Didier, 1968), 11–12.〔翻訳には、ヴィクトル・ユゴー、辻昶訳「東方詩集」『ヴィクトル・ユゴー文学館』第1巻、潮出版社、2000年、220–221ページを参照。〕
7 Maurice Cranston, *The Romantic Movement* (Oxford: Blackwell, 1994), 1–48.
8 Friedrich Schlegel, “Gesprach über die Poesie,” in *Charakteristiken und Kritiken I*, ed. H. Eichner, Kritische-Friedrich-Schlegel-Ausgabe 2 (Munich: Ferdinand Schöningh; Zürich: Thomas-Verlag, 1967), 320.
9 S. Kaganovich, “Romantizm i Vostok,” *Voprosy literatury* 2 (February 1979): 169; D. I. Belkin, “Pushkinskie stroki o Persii,” in E. P. Chelyshev, ed., *Pushkin i mir Vostoka* (Moscow: Nauka, 1999), 99.
10 Orest Somov, “O romaticheskoi poezii,” in *Selected Prose in Russian*, eds. John Merserau Jr. and George Harjan (Ann Arbor: Department of Slavic Languages and Literatures, University of Michigan, 1974), 174–175.
11 V. G. Belinskii, *Pol’noe sobranie sochinenii*, vol. 7 (Moscow: Izd-vo Akademii nauk SSSR, 1955), 372.

12 V. M. Zhirmunskii, *Bairon i Pushkin* (1924; repr., Munich: Wilhelm Fink, 1972), vi–vii. アメリカ人研究者による最新の議論としては、Monica Greenleaf, "Pushkin's Byronic Apprenticeship: A Problem in Cultural Syncretism," *Russian Review* 53 (1994): 382–398 参照。

13 この伝記的叙述に関しては、以下に多くを依拠している。B. V. Tomashevskii, *Pushkin*, 2 vols. (Moscow: Izd-vo Akademii nauk SSSR), 1956–1961; P. V. Annenkov, *Materialy dlia biografiia A. S. Pushkina* (Moscow: Sovremennik, 1984); Iu. M. Lotman, *Aleksandr Sergeevich Pushkin* (Leningrad: Prosveshchenie, 1982); T. J. Binyon, *Pushkin: A Biography* (London: HarperCollins, 2002); Ernest J. Simmons, *Pushkin* (New York: Vintage Books, 1964).

14 Aleksandr Puskhin, *Pol'noe sobranie sochinenii*, vol. 3 (Moscow: Izd-vo Akademii nauk SSSR, 1963), 208.〔翻訳は、プーシキン、草鹿外吉訳「わが系譜」『プーシキン全集』第1巻、河出書房新社、1973年、296–297ページ。〕

15 もともとはエチオピア人であったと思われていたが、ベニン出身の研究者によれば、アブラハムは、チャド湖の近く、カメルーンの今日ではロゴンと呼ばれる町で生まれたようだ。Dieudonné Gnammankou, *Abraham Hanibal: L'aïeul noir de Pouchkine* (Paris: Presence Africaine, 1996), 19–24 参照。最近では、イギリス人作家が「論争はまだ決着をみていない」と主張している。Hugh Barnes, *The Stolen Prince* (New York: HaperCollins, 2006), 49 参照。

16 Pushkin, *Sochinenii*, vol. 8, 76–77. ロシアの公式系図は、これを裏付けている。*Obshchii gerbovnik dvorianskikh rodov Vserossiiskoi imperii,* s.v. "Pushkin." 17 参照。

17 傍点筆者。Simmons, *Pushkin*, 7.

18 Pushkin, *Sochinenii*, vol. 2, 44; David M. Bethea, "How Black Was Pushkin? Otherness and Self-Creation," in Catharine Theimer Nepomnyashchy et al., eds., *Under the Sky of My Africa* (Evanston, IL: Northwestern University Press, 2006), 122–123.

19 Catherine O'Neil, "Pushkin and *Othello*," in Nepomnyashchy, *Under the Sky*, 197.

20 ドイツにおけるアラブ主義史家は、こう指摘する。「オリエンタリストがいう東洋とは、地理的にいうと、東方にあるわけではない。むしろ、南東にあった。」Rudi Paret, *The Study of Arab and Islam at German Universities* (Wiesbaden, Germany: Franz Steiner, 1968), 3–4.

21 Hugo, *Orientales*, vol. 1, 11.

22 Pushkin, *Sochinenii*, vol. 3, 210.

23 Binyon, *Pushkin*, 19.

24 Ibid., 63.

25 Belkin, "Pushkinskie," 104.

26 Paul Austin, "The Exotic Prisoner in Russian Romanticism," *Russian Literature* 16 (1984): 219.

27 A. S. Pushkin, *The Captive of the Caucasus*, trans. Katya Hokanson, in Hokanson, "Empire of the Imagination," 263–285.〔翻訳は、アレクサンドル・プーシキン、川端香男里訳「コーカサスの捕虜」『プーシキン全集』第1巻、河出書房新社、1973年、514–527ページ参照。〕

28 例えば、Alexander Etkind, "Orientalism Reversed: Russian Literature in the Time of Empires," *Modern Intellectual History* 4 (2007): 620.

29 In Eidelman, *Byt' mozhet*.

30 Pushkin, *Sochinenii*, vol. 10, 17–18.〔翻訳は、『プーシキン全集』第6巻、河出書房新社、

1974年、127ページ。〕

31 Pushkin, *Sochinenii*, vol. 9, 48–54, 422–437; Belkin, "Pushkinskie," 134–141.

32 Tomashevskii, *Pushkin*, vol. 1, 407–408; Ram, *Imperial Sublime*, 130–132.

33 Layton, *Russian Literature and Empire*, 87.

34 Hokanson, "Empire of the Imagination," 53–54.

35 Laurence Kelly, Lermontov (London: Constable, 1977), 192. このフレーズは、プーシキンの『エフゲニー・オネーギン』を源にしていることを物語る。Pushkin, *Sochinenii*, vol. 5, 150 参照。

36 Layton, *Russian Literature and Empire*, 156–174.

37 Ibid., 17–30, 103.

38 Belinksii, *Sochinenii*, vol. 7, 372.

39 Pushkin, *Sochinenii*, vol. 4, 175–195. 詩の起源については、L. P. Grossman, "U istokov 'Bakhchisaraisaia Fontana,'" *Pushkin: Issledovaniia i materialy*, vol. 3 (Moscow: Izd-vo Akademii nauk SSSR, 1960), 49–100.

40 N. M. Lobikova, *Pushkin i Vostok* (Moscow: Nauka, 1974), 57–62; Belkin, "Pushkinskie," 100–101, Hokanson, "Empire of the Imagination," 135–136.

41 Belinskii, *Pol'noe sobranie sochinenii*, vol. 7, 379–380.

42 Lobikova, *Pushkin i Vostok*, 52–55.

43 Pushkin, *Sochinenii*, vol. 10, 135.

44 Lobikova, *Pushkin i Vostok*, 65–68.

45 I. S. Braginskii, "Zametki o zapadno-vostochnom sinteze v lirike Pushkina," *Narody Azii i Afriki* (1965): no. 4, 123–125; Tomashevskii, *Pushkin*, vol. 2, 21–22, 31–35.

46 Pushkin, *Sochinenii*, vol. 6, 637–701.〔翻訳は、米川哲夫訳「エルズルム紀行」『プーシキン全集』第5巻、河出書房新社、1973年、483ページ。〕

47 Ibid., vol. 10, 92.

48 D. S. Mirsky, *A History of Russian Literature* (New York: Vintage, 1958), 86.

49 Iurii Slezkine, *Arctic Mirrors* (Itahaca, NY: Cornell University Press, 1994), 75; Etkind, "Orientalism Reversed," 626.

50 Lemaire, *Orient in Western Art*, 20–57.

51 Julian, *Orientalists*, 28; Michelle Verrier, *Les peintres orientalistes* (Paris: Flammarion, 1979), 1–2.

52 Jean Alazard, *L'Orient et la peinture francaise au XIXe siècle* (Paris: Librarie Plon, 1930), 42–44.

53 Porterfield, *Allure of Empire*, 117–121; Julian, *Orientalists*, 47–50.

54 Julian, *Orientalists*, 28.

55 次の4段落は、以下の私の論文に依拠する。"Orientalizm delo tonkoe," *Ab Imperio* 1 (2002): 249–261.

56 Steven Vincent, "Must We Burn the Orientalists?" *Art & Auction* 20, no. 3 (November 1997): 128.

57 Said, *Orientalism*.

58 とはいえ、あらゆる美術史家がこれに従ったということでは決してない。例えば、以下を参

照。Donald Rosenthal, *Orientalism: The Near East in French Painting, 1800–1880* (Rochester, NY: Memorial Art Gallery of the University of Rochester, 1982); MaryAnne Stevens, "Western Art and Its Encounter with the Islamic World, 1798–1914," in *The Orientalists: Delacroix to Matisse* (London: Royal Academy of Arts, 1984), 15–23; Vincent, "Must We Burn the Orientalists?"; Lemaire, *Orient in Western Art*; Kristian Davies, *The Orientalists: Western Artists in Arabia, the Sahara, Persia and India* (New York: Laynfaroh, 2005). 論争の研究については、John M. MacKenzie, *Orientalism: History, Theory and the Arts* (Manchester, UK: Manchester University Press, 1995), 43–71; Louise Jacqueline Shalev, "Vasilii Vereshchagin (1842–1904): Orientalism and Colonialism in the Work of a 19th Century Russian Artist" (master's thesis, San Jose State University, 1993), 61–76.

59 Linda Nochlin, "The Imaginary Orient," *Art in America*, May 1983, 119–131, 186–191.

60 Ibid., 123.

61 Ibid., 122.

62 もっとも徹底した伝記は、A. K. Lebedev, *V. V. Vereshchagin* (Moscow: Iskusstvo, 1972). 他に、彼の死の直後に友人が書いた記述が目を引く。F. I. Bulgakov, *Vasilii Vasilevich Vereshchagin i ego proizvedeniia* (St. Petersburg: A. S. Suvorina, 1896). 画家の多くの旅に着目した、より新しい研究として、Lev Demin, *S mol'bertom po zemnomu sharu: Mir glazami V. V. Vereshchagina* (Moscow: Mysl', 1991). 20世紀の転換点で書かれた多量の記事を別にすれば、英語で書かれた唯一の伝記は、Vahan D. Barooshian, *V. V. Vereshchagin: Artist at War* (Gainesville: University Press of Florida, 1993). 画家本人の自伝にも、多くの詳細な記述がある。例えば、V. V. Vereshchagin, *Detstvo i otrochestvo khudozhnika*, vol. 1 (Moscow: Tip. T-va. I. N. Kushnerev, 1895); V. V. Vereshchagin, *Na voine v Azii i Evrope* (Moscow: Tip. T-va. I. N. Kushnerev, 1898).

63 Lev Demin, "Vereshchagin i Vostok," *Afrika i Aziia segodnia*, August 1992, 61.

64 Vladimir Vasil'evich Stasov, "Vasilii Vasil'evich Vereshchagin," in *Izbrannye sochineniia*, vol. 2 (Moscow: Iskusstvo, 1952), 215.

65 Elizabeth Valkenier, *Russian Realist Art* (New York: Columbia University Press, 1989), 11; Richard Stites, *Serfdom, Society, and the Arts in Imperial Russia: The Pleasure and the Power* (New Haven, CT: Yale University Press, 2005), 343.

66 Vereshchagin, *Detstvo*, 56.

67 Valkenier, *Russian Realist Art*, 3–7; David Jackson, *The Wanderers and Critical Realism in Nineteenth-Century Russian Painting* (Manchester, UK: Manchester University Press, 2006), 9–13.

68 N. G. Chernyshevskii, "Esteticheskie otnosheniia iskusstva k deistvitel'nosti," in *Sobranie sochinenii v piati tomakh*, vol. 4 (Moscow: Pravda, 1974), 5–117.

69 Ibid., 115.

70 Valkenier, *Russian Realist Art*, 33–40; *Stites, Serfdom*, 413–418; Jackson, *Wanderers*, 27–33. 客観性は薄れるが、協会の支持者の手による当時のロシア美術の全体傾向に関する優れた概説は、V. V. Stasov, "Dvadtsat' piat' let russkogo iskusstva," in *Izbrannye sochineniia*, vol. 2, 391–472.

71 V. V. Vereshchagin, *Listki iz zapisnoi knizhki khudozhnika* (Moscow: Tip. T-va. I. N. Kush-

nerev, 1898), 70.

72 Bulgakov, *Vereshchagin*, 28.

73 Ibid., 29.

74 後者は、以下の中で説得的に論じられている。Gerald Ackerman, “Gérôme’s Oriental Paintings and the Western Genre Tradition,” *Arts Magazine*, March 1986, 75–80.

75 この画家は、20世紀の境目での死以来、ほとんど忘れ去られていたが、アメリカの美術史家ジェラルド・アッカーマンによって取り上げられたことで、1980年代に甦った。アッカーマンによる伝記は、依然決定的に重要な研究である。Gerald M. Ackerman, *The Life and Work of Jean-Léon Gérôme* (London: Sotheby’s Publications, 1986). Hélène Lafont-Couturier, *Gérôme* (Paris: Herscher, 1998); Lemaire, *Orient in Western Art*, 238–242 も参照。

76 Basile Vereschaguine [Vasilii Vereshchagin], “Voyage dans les provinces du Caucase,” trans. Ernest le Barbier, *Le tour du monde* 17 (1868): 162–208; 19 (1869): 241–336.

77 Ibid., 196.

78 Ibid., 200.

79 強調は原文通り。In Lebedev, *Vereshchagin*, 54.

80 この旅は、以下の中に描かれている。Basile Vereschaguine, “Voyage dans l’Asie centrale: D’Orembourg à Samarcande,” *Le tour du monde* 25 (1873): 193–272.

81 E. Blanc, “Notes de voyages en Asie centrale: A travers la Transoxiane,” *Revue des deux mondes* 129 (1895): 904, cited in Irina Kanterbaeva-Bill, “Vasilij Vereščagin (1842–1904): Une vision de l’Orient lors de la conquete russe de l’Asie central” (master’s thesis, Université de Toulouse-Le-Mirail, 2005), 31.

82 Vereshchagin, “ Voyage dans l’Asie,” 211.

83 Ibid., 263.

84 Ibid., 248.

85 Vereshchagin, *Na voine*, 1–60. A. I. Maksheev, *Istoricheskii obzor Turkestana i nastupatel’nago dvizheniia v nego russkikh* (St. Petersburg: Voennaia tipografiia, 1890), 268–273; M. A. Terent’ev, *Istoriia zavoevaniia Srednei Azii*, vol. 1 (St. Petersburg: Tipo-litrografiia V. V. Komarova, 1906), 453–471 も参照。

86 V. V. Vereshchagin to V. V. Stasov, 20 September 1882, in A. K. Lebedev, ed., *Perepiska V. V. Vereshchagina i V. V. Stasova*, vol. 2 (Moscow: Iskusstvo, 1951), 134.

87 ヴェレシチャーギンが任命を公的に拒んだことは、激しい論争を巻き起こした。Lebedev, *Perepiska*, vol. 1, 20–25, 30–31. 彼はまた、聖スタニスラス勲章も辞退した。ibid., vol. 2, 320n6 参照。

88 Lebedev, *Vereshchagin*, 76.

89 Stasov, “Vereshchagin,” 235; Bulgakov, *Vereshchagin*, 54.

90 その場面は、個人的な観察に基づいたものであった。Vereshchagin, “Voyage dans l’Asie,” 224 参照。

91 オリエンタリズム美術における「パイプの快楽」については、Davies, *Orientalists*, 121–143.

92 Kistin [Andrei Ivanovich Somov], “Zametki o khudozhnikakh,” *Sankt-Peterburskie Vedomosti*, March 16, 1869. 美術アカデミーに属したこの批評家は、『芸術世界』の画家コンスタ

ンチン・アンドレーヴィチ・ソモフの父である。

93 Vereshchagin, "Voyage dans l'Asie," 224.

94 Barooshian, *Vereshchagin*, 32–33.

95 この点に関して、彼の他の多くの作品にも、女性は登場しない。Stasov, "Dvadtsat'-piat'," 445–6.

96 Vereshchagin, "Voyage dans l'Asie," 227.

97 Bulgakov, *Vereshchagin*, 64.

98 Ibid., 139.

99 Vereshchagin, *Na voine*, 16.

100 Ibid., 12.

101 Vladislav Artemov, *Voiny, srazheniia, polkovodtsy v proizvedeniiakh klassicheskoi zhivopisi* (Moscow: Olma-Press, 2002), 206.

102 "Sketches of Central Asia," *Pall Mall Gazette*, April 9, 1873, 11; "Khiva on Canvas," *The Spectator*, April 12, 1873, 470.

103 A. M. Gorchakov, memorandum, November 21, 1864, in D. C. B. Lieven, ed., *British Documents on Foreign Affairs: Reports and Papers from the Foreign Office Confidential Print* (Frederick, MD: University Publications of America, 1983–1989), part I, series A, vol. 1, 287.

104 ロシア語からの再翻訳、Lebedev, *Vereshchagin*, 119.

105 In "Sketches of Central Asia," 11.

106 A. V. Nikitenko, *Zapiski i dnevnik* (Moscow: Zakharov, 2005), vol. 3, 426.

107 しかし、保守的な新聞数紙は、それを「反愛国的」だとして非難した。Solomon Volkov, *St. Petersburg: A Cultural History* (New York: Free Press, 1995), 104.

108 In Bulgakov, *Vereshchagin*, 12; Volkov, *St. Petersburg*, 105–106.

109 強調は原文通り。Vereshchagin to Stasov, mid-March 1874, in Lebedev, *Perepiska*, vol. 1, 13.

110 Bulgakov, *Vereshchagin*, 139.

111 Vereshchagin to Stasov, mid-March 1874, *Perepiska*, vol. 1, 15.

112 Vereshchagin, "Voyage dans l'Asie," 222.

113 In Lebedev, *Vereshchagin*, 57.

114 Vereshchagin to Stasov, 4 October 1877, in Lebedev, *Perepiska*, vol. 1, 192.

115 Vereshchagin to Nicholas II, 18 February 1904, *Krasnyi Arkhiv* 2 (1931): 169.

116 Vereshchagin, *Listki*, 146.

117 Vereshchagin, Ibid., 82.

118 A. A. Bestuzhev-Marlinskii, *Sochinenii v dvukh tomakh*, vol. 2 (Moscow: Gosudarstvennoe izd-vo Khudozhestvennoi literatury, 1958), 599.

第**5**章　カザン学派

1 A. V. Martynov, *Zhivopisnoe puteshestvie ot Moskvy do kitaiskoi granitsy* (St. Petersburg: Tipografiia Aleksandra pliushara, 1819), 28.

2 In A. N. Khokhlov, "Mirza Kazem-Bek i V. P. Vasil'ev v Kazani i Peterburge (kharakter nauchnykh kontaktov vostokovedov)," in M. Z. Zakiev and R. M Valeev, eds., *Mirza Kazem-Bek i otechestvennoe vostokovedenie* (Kazan: Izd-vo Kazanskogo universiteta, 2001), 189–190.

3 この地域における帝国の民族政策についての決定的研究は、Andreas Kappeler, *Russlands erste Nationalitäten: Das Zarenreich und die Völker der Mittleren Wolga vom 16. bis 19. Jahrhundert* (Cologne: Böhlau, 1982).

4 Geraci, *Window on the East*.

5 G. F. Shamov, "Nauchnaia deiatel'nost O. M. Kovalevskogo v Kazanskom universitete," *Ocherki po istorii russkogo vostokovedeniia* 2 (1956): 118–119.

6 M. K. Korbut, *Kazanskii gosudarstvennyi universitet imeni V. I. Ul'ianova Lenina za 125 let*, vol. 1 (Kazan: Izd-vo Kazanskogo universiteta, 1930), 133.

7 V. Vladimirtsov, ed., *Istoricheskaia Zapiska o 1-i Kazanskoi gimnazii: XVIII stoletie*, part 1 (Kazan: Universitetskaia tipografiia, 1867), 45–48; N. P. Zagoskin, *Istoriia imperatorskago Kazanskogo universiteta za pervye sto let ego sushchestvovaniia, 1804–1904*, vol. 1 (Kazan: Tip. Imp. Kazanskogo universiteta, 1902), 220; Ramil M. Valeev, *Kazanskoe vostokovedenie: Istoki i razvitie (XIX v.–20 GG. XX v.)* (Kazan: Izdvo Kazanskogo universiteta, 1998), 74.

8 アレクサンドル1世はまた、既にヘルシンキとタルトゥに存在した大学の地位を固め、15年後にはペテルブルクの教育機関の地位を格上げした。これにより、彼の帝国にある大学の総数は7校になった。

9 Vucinich, *Science in Russian Culture*, 191–193; James T. Flynn, *The University Reform of Tsar Alexander I, 1802–1835* (Washington, DC: Catholic University of America Press, 1988).

10 S. V. Rozhdestvenskii, *Istoricheskii obzor' deiatel'nosti Ministerstva Narodnago Prosveshcheniia, 1802–1902* (St. Peterburg: Ministerstva Narodnago Prosveshcheniia, 1902), 54; Aleksandr Aleksandrovich Kizevetter, "Iz istorii borby s prosveshcheniem," in *Istoricheskie ocherki* (Moscow: Izd-vo Okto, 1912), 157.

11 N. I. Veselovskii, "Svedeniia ob offitsial'nom prepodavanii vostochnykh iazykov v Rossii," in V. V. Grigor'ev, *Trudy tret'iago mezdhunarodnago s"ezda or'entalistov v S. Peterburge* (St. Petersburg: Tip. Brat'ev Panteleevikh, 1876), 109; Bartol'd, *Sochineniia*, vol. 9, 232.

12 Bartol'd, *Sochineniia*, vol. 9, 43; G. F. Kim and P. M. Shastitko, *Istoriia otechestvennogo vostokovedeniia do serediny XIX veka* (Moscow: Nauka, 1990), 111–114.

13 検閲官として、ボルドィリョフは、ピョートル・チャアダーエフのきわめて批判的な「第1哲学書簡」のロシア語版出版を許可した。Alla Mikhailovna Kulikova, *Vostokovedenie v rossiiskikh zakonodatel'nykh aktakh (konets XVII v.–1917 g.)* (St. Petersburg: Institut vostokovedenie, 1994); Kim and Shastitko, *Istoriia otechestvennogo*, 98–99.

14 P. Savel'ev, *O zhizn' i uchenykh trudakh Frena* (St. Petersburg: Tipografiia Ekspeditsii zagotovleniia bumag, 1855), 13–23.

15 N. A. Mazitova, *Izuchenie blizhnego i srednego vostokoka v kazanskom universitete (pervaia polovina XIX veka)* (Kazan: Izd-vo Kazanskogo universiteta, 1972), 34.

16 ドイツの東洋学に関する包括的な研究は存在しない。しかし、以下のものは、この学問分野の発展に関して有益で詳細な情報を提供してくれる。Rudi Paret, *The Study of Arabic and Islam at German Universities: German Orientalists since Theodor Nöldeke* (Wiesbaden, Germany: Franz Steiner, 1968), 2–15; Johann Fück, *Die arabischen Studien in Europa* (Leipzig: Otto Harrasowitz, 1955), esp. 158–194; Kaushik Bagchi, "Orientalism without Colonialism? Three Nineteenth-Century German Indologists and India" (PhD diss., Ohio State University, 1996), 92–129.

17 Suzanne Marchand, "To Be a German Orientalist (1830–1930)" (paper presented at National Humanities Center, Research Triangle Park, NC, November 2002).

18 Sergei Timofeevich Aksakov, *A Russian Schoolboy*, trans. J. D. Duff (Oxford: Oxford University Press, 1978), 147.

19 Kizevetter, "Iz istorii," 155.

20 Zagoskin, *Istoriia imperatorskago Kazanskogo universiteta*, vol. 1, 375; Korbut, *Kazanskii gosudarstvennyi universitet*, 13–18; Pavel Nikolaevich Miliukov, *Ocherki po istorii russkoi kul'tury*, vol. 2 (Paris: Sovremennyia zapiski, 1930), 780; Edward Tracy Turnerelli, *Russia on the Borders of Asia: Kazan, the Ancient Capital of the Tatar Khans*, vol. 1 (London: R. Bentley, 1854), 290–291.

21 S. V. Rozhdestvenskii, *Istoricheskii obzor'*, 106.

22 Kizevetter, "Iz istorii,"171–174.

23 N. P. Zagoskin, *Iz vremen Magnitskogo: Stranichka iz istorii Kazanskogo universiteta 20-kh godov* (Kazan: Tip. Tov. Pechenkina i K., 1894), 8; Valeev, *Kazanskoe vostokovedenie*, 97.

24 Mazitova, *Izuchenie blizhnego*, 100.

25 William H. E. Johnson, *Russia's Educational Heritage* (Pittsburgh: Carnegie Press, 1950), 79–80.

26 Korbut, *Kazanskii gosudarstvennyi universitet*, 19; Johnson, *Heritage*, 80–81.

27 政府のシベリア委員会はこの構想を認めはしたものの、計画は延期された。Rozhdestvenskii, *Istoricheskii obzor'*, 158–159.

28 A. K. Kazem-Bek, "Avtobiograficheskaia zapiska," *Russkii Arkhiv*, October 1893, 220.

29 Krachkovskii, *Ocherki*, 126.

30 A. K. Rzaev, *Mukhammad Ali Kazem-Bek* (Moscow: Nauka, 1989), 23.

31 Kazem-Bek, "Avtobiograficheskaia," 222–223.

32 彼の改宗については、カゼム＝ベク本人の回想録の他に、英語で書かれた研究も数点ある。アストラハンへの長老派の「タタール宣教」がようやく洗礼を授けた、最初にしてもっとも有名なムスリムとして、カゼム＝ベクはいくつもの宗教冊子に影響を与えた。Rev. Dr. Ross, "The Persian Convert," in Rev. William Ellis, ed., *The Christian Keepsake and Missionary Annual* (London: Fisher, Son & Co., 1836), 155–168; *A Brief Memoir on the Life and Coversion of Mohammed Ali Bey, A Learned Persian, of Derbent* (New York: Carlton and Porter, ca. 1830). 以下も参照。Rev. William Brown, *History of the Propagation of Christianity among the Heathen since the Reformation*, vol. 3 (Edinburgh: William Blackwood & Sons, 1854), 425–428.

33 In Rzaev, *Kazem-Bek*, 25.

34 カゼム＝ベクの貴族の位は、公的には1840年に登録されたばかりだった。彼がカザン行政府に、家系図に載せてくれるよう申請して、これが無事に認められたのである。カゼム＝ベクは第3の部類、つまり、国家奉仕によってその資格を得た部類に名を連ねた。当時教授だった彼は、官等表の第7等を持っており、それによって身分を得る資格を有していた。Berezin, "Aleksandr Kasimovich Kazem-Bek," *Protokoly zasedanii soveta Imperatorskago S.-Peterburgskago universiteta* no. 4 (1872): 110. ただし、エルモーロフが嘘つきだったわけではない。というのも、これがロシアで外国人の貴族を認めるための一般的な慣行だったからだ。

35 E. Kozubskii, "A. P. Ermolov i A. K. Kazem-Bek: Po povodu biograficheskikh svedenii o Kazembeke," *Russkii Arkhiv*, December 1893, 556–560. "Eshche k biografii A. K. Kazem-Beka," *Russkii Arkhiv*, June 1894, 165–174; Rzaev, *Kazem-Bek*, 26.

36 Berezin, "Kazem-Bek" 103.

37 Rozhdestvenskii, *Istoricheskii obzor'*, 358; Valeev, *Kazanskoe vostokovedenie*, 97–99; Shamov, "Nauchnaia," 122–123; Korbut, *Kazanskii gosudarstvennyi universitet*, 114.

38 Barthol'd, *Obzor*, 83.

39 Sergei Semenovich Uvarov, "Project d'une académie asiatique," *Etudes de philologie et de critique* (St. Petersburg: L'imprimerie de l'académie impériale des sciences, 1843), 3–65; P. S. Savelev, "Predpolozheniia ob uchrezhdenii vostochnoi akademii v S. Peterburge, 1733 i 1810 gg.," *Zhurnal Ministerstvo Narodnago Prosveshcheniia* 89 (1855): 27–36; Cynthia Whittaker, "The Impact of the Oriental Renaissance in Russia: The Case of Sergej Uvarov," *Jahrbücher für Geschichte Osteuropas* 26 (1978): 503–524.

40 Shamov, "Nauchnaia," 120–122.

41 Mazitova, *Izuchenie blizhnego*, 70.

42 Geraci, *Window on the East*, 309–341.

43 この学者の刊行、未刊行の研究成果のもっとも完成度の高い文献リストは、Rzaev, *Kazem-Bek*, 191–193 に所収。

44 B. Dorn, "Razbor sochineniia Ordinarnago Professora Mirzy Aleksandra Kazem-Beka: Grammatika Turetsko-Tatarskago Iazyka," *Desiatoe prisuzhdnie uchrezhdennykh P. N. Demidovym nagrad* (St. Petersburg: Tip. Imp. Akademii nauk, 1841).

45 A. K. Kazem-Bek, *Allgemeine Grammatik der türkisch-tatarischen Sprache*, trans. Julius Theodor Zenker (Leipzig: W. Engelmann, 1848).

46 A. K. Kazem-Bek, "Notice sur la marche et du progrès de la jurisprudence parmi les sects orthodoxies musulamanes," *Journal asiatique* ser. 4, vol. 15 (1850): 158–214; Rzaev, *Kazem-Bek*, 177.

47 Berezin, "Kazem-Bek," 116–118.

48 例えば、政府寄りの『北方の蜜蜂』誌のコラムニストは、『ロシアのことば』紙に掲載されたカゼム＝ベクの「ムスリムの論文」を厳しく非難した。M. Kazem-Bek, *Izbrannye proizvedeniia* (Baku: ELM, 1985), 378; Berezin, "Kazem-Bek," 113, Mazitova, *Izuchenie blizhnego*, 159.

49 Rzaev, *Kazem-Bek*, 54.

50 A. K. Kazem-Bek, "Muridizm i Shamil'," *Russkoe Slovo*, December 1859, 182–242; A. K. Kazem-Bek, "Bab et les Babis, ou le soulèvement politique et réligieux en Perse de 1845 à

1853," *Journal asiatique*, April–May 1866, 329–384; August–September 1866, 196–252; October–November 1866, 357–400; December 1866, 473–507.

51 Rzaev, *Kazem-Bek*, 28–29.

52 P. Znamenskii, *Na pamiat' Nikolae Ivanovich Il'minskom* (Kazan: Tip. N. A. Il'iashenko, 1892), 15.

53 V. B. Shklovskii, *Lev Nikolaevich Tolstoi* (Moscow: Molodaia Gvardiia, 1967), 49–54. V. M. Dantsig, *Izuchenie Blizhnego Vostoka v Rossii* (XIX–nachalo XX v.) (Moscow: Nauka, 1968), 43.

54 August Freiherr von Haxthausen, *The Russian Empire: Its People, Institutions and Resources*, trans. Robert Faire (London: Frank Cass, 1968), vol. 1, 325–326; Rzaev, *Kazem-Bek*, 30.

55 Berezin, "Kazem-Bek," 105.

56 Turnerelli, *Russia on the Borders of Asia*, vol. 1, 178.

57 これらの子供たちの他に、妻であるプラスコヴィア・アレクサンドロヴナ、旧姓コストゥリフツェワとの間に、2人の正式な息子と娘がいる。Mireille Massip, *La Vérité est fille du temps: Alexandre Kasem-Beg et l'émigration russe en Occident, 1902–1977* (Geneva: Georg Editeur, 1999), 19. この作品は、ミルザの曾孫で、亡命君主制主義者の運動「青年ロシア」のリーダーであったアレクサンドル＝ルヴォヴィチの伝記である。後者に関するもう1つの研究は、Nicholas Hayes, "Kazem-Bek and the Young Russians' Revolution," *Slavic Review* 39 (1970): 255–268.

58 A. K. Kazem-Bek, "Istoriia Islama," *Russkoe Slovo* (1860): no. 2, 119–152; no.3, 267–306; no. 8, 129–162; no. 10, 270–302.

59 Ibid., no. 10, 280.

60 Ibid., no. 10, 281.

61 Ibid., no. 10, 283–284.

62 Ibid., no. 10, 290–291.

63 強調は原文通り。Ibid., no. 8, 162.

64 Ibid., no. 2, 151.

65 Kazem-Bek, "Muridizm i Shamil," 187.

66 アメリカ人研究者ポール・ワースは、狂信的なイスラームというヨーロッパの概念は、1830年代に始まった、フランスによる困難なアルジェリア制圧の試みと共に広がった、とする。Paul Werth, *At the Margins of Orthodoxy: Mission, Governance, and Confessional Politics in Russia's Volga-Kama Region, 1827–1905* (Itahaca, NY: Cornell University Press, 2002), 181n13.

67 Kazem-Bek, "Muridizm i Shamil," 183.

68 Ibid.

69 Kazem-Bek, "O poiavlenii i uspekhkakh slovesnosti v Evrope i upadke ee v Azii," in *Izbrannye proizvedeniia* (Baku, Azerbaijan: Elm, 1985), 339.

70 Ibid., 338.

71 Kazem-Bek, "Bab et les Babis," 66.

72 Ibid., 67.

73 Ibid.

74 Berezin, "Kazem-Bek," 124.

75 カゼム＝ベクは1852年に4等官に、その11年後には3等官に任じられた。彼が受けた勲章には、聖アンナ勲章第1等（1860年）、聖スタニスラス勲章第1等（1855年）、聖ウラジーミル勲章第3等（1851年）が含まれる。ペルシアのシャーも、彼に獅子太陽勲章を授与している。Berezin, "Kazem-Bek," 117–119; Rzaev, *Kazem-Bek*, 73.

76 Cynthia H. Whittaker, *The Origins of Modern Russian Education: An Intellectual Biography of Count Sergei Uvarov, 1786–1855* (DeKalb: Northern Illinois University Press, 1984), 160–161.

77 Veselovskii, "Svedeniia," 180–184.

78 In Korbut, *Kazanskii gosudarstvennyi universitet*, 116.

79 Shirap Bodievich Chimitdorzhiev, ed., *Rossiiskie Mongolovedy (XVIII–nachalo XX vv.)* (Ulan-Ude, Buriat Republic: Izd-vo BNTs, 1997), 19–23; C. R. Bawden, *Shamans, Lamas and Evangelicals: The English Missionaries in Mongolia* (London: Routledge & Kegan Paul, 1985), 30–34.

80 G. F. Shamov, "Mongolskaia kafedra Kazanskogo universiteta (Istoriia otkrytiia)," *Uchenye zapiski Kazanskogo Gosudarstvennogo universiteta* 114, no. 9 (1954): 173.

81 Norman Davies, *God's Playground: A History of Poland*, vol. 2 (New York: Columbia University Press, 1982), 313.

82 Ibid., 314.

83 G. F. Shamov, *Professor O. M. Kovalevskii: Ocherk zhizni i nauchnoi deiatel'nosti* (Kazan: Izd-vo Kazanskogo universiteta, 1983), 13–15; Władysław Kotwicz, *Józef Kowalewski Orientalista (1801–1878)* (Wroclaw: Nakladem wroclawskiego towarzystwa naukowego, 1948), 27.

84 Shamov, *Professor O. M. Kovalevskii*, 22.

85 Ibid., 25–28.

86 Ibid., 26.

87 Kim and Shastitko, *Istoriia otechestvennogo*, 125–127; A. N. Khokhlov, "Poezdka O. M. Kovalevskogo v Pekine (1830–1831 gg.) i ego sviazi s rossiiskimi kitaevedami," *Voprosy istorii* 5 (2003): 150–159.

88 A. S. Shofman and G. F. Shamov, "Vostochnyi razriad Kazanskogo universiteta," *Ocherki po istorii russkogo vostokovedeniia*, vol. 2 (Moscow: Izd-vo Akademii nauk SSSR, 1956), 427–430; Kim and Shastitko, *Istoriia otechestvennogo*, 427–430.

89 Bawden, *Shamans*, 32; Shamov, *Professor O. M. Kovalevskii*, 76–78.

90 R. M. Valeev, *Osip Mikhailovich Kovalevskii* (Kazan: Izd-vo Kazanskogo universiteta, 2002), 12.

91 もっとも完成度の高い文献リストは、以下に含まれている。Kotwicz, *Kowalewski*, 145–155.

92 O. M. Kovalevskii, "O znakomstve evropeitsev s Aziei," *Obozrenie prepodavaniia nauk v Imperatorskom Kazanskom universitete na 1837–1838 uchebnyi god* (Kazan: Universitetskaia tipografiia, 1857), 22–36.

93 Shamov, *Professor O. M. Kovalevskii*, 52–53.

94 Spence, *The Chan's Great Continent*, 99.

95 Shamov, *Professor O. M. Kovalevskii*, 52.

96 Ibid., 58.

97 Kovalevskii, "O znakomstve," 22–36.

98 Kotwicz, *Kowalewski*, 134–135.

99 Dorzhi Banzarov, *Chernaia vera ili shamanstvo u mongolov* (St. Petersburg: Tip. Imp. Akademii nauk, 1891).

100 Khokhlov, "Poezdka," 150.

101 Karl Voigt, *Obozrenie khoda i uspekhov prepodavaniia aziatskikh iazykov v Imperatorskom Kazanskom Universitete* (Kazan: V universitetskom tipografii, 1852).

102 Freiherr August von Haxthausen, *Studien über die inneren Zustände, das Volksleben und insbesondere die ländlichen Einrichtungen Russlands*, vol. 1 (Hildesheim, Germany: Georg Olms, 1973), 469.

103 Turnerelli, *Russia on the Borders of Asia*, vol. 1, 277–278.

104 Zagoskin, *Istoriia imperatorskago Kazanskogo universiteta*, vol. 2, 333–335; Chantal Lemercier-Quelquejay, "Les missions orthodoxes en pays musulmans de moyenne-et bas-Volga, 1552–1865," *Cahiers du monde russe et soviétique* 8 (1967): 394–395; Werth, *At the Margins*, 193–194.

105 *Materialy dlia istorii Fakul'tet vostochnykh iazykov*, vol. 1 (St. Petersburg: Tip. M. M. Stasiulevich, 1905), 7.

106 Ibid., 12.

107 Ibid., 29.

108 Ibid., 4–5.

109 Ibid., 14.

110 Ibid., 143–145.

111 Berezin, "Kazem-Bek," 125–126.

112 Bartol'd, *Sochineniia*, vol. 9, 46–47; Rzaev, *Kazem-Bek*, 15; R. M. Valeev, "Mirza A. Kazem-Bek i vostokovedenie v Rossii v XIX v.," in M. Z. Zakiev and R. M. Valeev, eds., *Mirza Kazem-Bek i otechestvennoe vostokovedenie* (Kazan: Izdatel'stvo Kazanskogo universiteta, 2001), 58.

113 教育法に関する好事例は、彼がカザン第1ギムナジウムのために練ったカリキュラムに見ることができる。A. K. Kazem-Bek, *Raspredelenie prepodavaniia arabskago, persidskago i turetsko-tatarskago iazykov v Pervoi Kazanskoi* Gimnazii (Kazan: V universitetskoi tipografii, 1836). 教え子2人に作った旅程も出版されている。A. K. Kazem-Bek, *Plan uchenago puteshestviia po Vostoky magistrov kazanskago universiteta Dittelia i Berezina* (Kazan: V universitetskoi tipografii, 1841).

114 Rzaev, *Kazem-Bek*, 8–9.

115 この点において、かつての師と対立していたベレジンは、カゼム＝ベクの乏しいドイツ語の知識が､彼の実用的方針の一因だったのではないかと邪推している。Berezin, "Kazem-Bek," 126. 以下も参照。Krachkovskii, *Ocherki*, 126–127.

116 In Rzaev, *Kazem-Bek*, 7.

117 Korbut, *Kazanskii gosudarstvennyi universitet*, 116; Shofman and Shamov, *Vostochnyi razriad*, 424.

118 Shamov, "Nauchnaia," 118; Bartol'd, *Sochineniia*, vol. 9, 83–84; Berezin, "Kazem-Bek," 121–122.

119 Veselovskii, "Svedeniia," 14; Bartol'd, *Sochineniia*, vol. 9, 467.

第6章　宣教師の東方研究

1 Veselovskii, "Svedeniia," 113–114.

2 Epiphanus the Wise, *Zhitie Sv. Stefana episkopa Permskogo*, ed. V. Druzhinin (1897; repr., The Hague: Mouton, 1959).

3 Nolde, *La formation de l'Empire russe,* vol. 1, 35–36; Jaroslav Pelenski, *Russia and Kazan: Conquest and Imperial Ideology (1438–1560s)* (The Hague: Mouton, 1974), 251. アメリカの歴史家、マイケル・ホダルコフスキーによれば、「これらの征服は、かつてのムスリムの君主に対する正教の、モスクワ公国の、政治的、イデオロギー的覇権の、最初の表明であった。」Michael Khodarkovsky, "The Conversion of Christians in Early Modern Russia," in Robert P. Geraci and Michael Khodarkovsky, eds., *Of Religion and Empire: Missions, Conversion, and Tolerance in Tsarist Russia* (Ithaca, NY: Cornell University Press, 2001), 120.

4 Kappeler, *Russlands erste Nationalitäten.*

5 Nolde, *La formation de l'Empire russe*, vol. 1, 36–41.

6 A. Mozharovskago, "Izlozhenie khoda missionerskago dela po prosveshcheniiu kazanskikh inorodtsev s 1552 po 1867 goda," *Chteniia v Imperatorskom Obshestv istorii i drevnostei pri Moskovskom universitete* no. 1 (1880): 2.

7 Isabelle Teitz Kreindler, "Educational Policies towards the Eastern Nationalities in Tsarist Russia: A Study of the Il'minskii System" (PhD diss., Columbia University, 1969), 25.

8 Josef Glazik, *Die Islammission der russisch-orthodoxen Kirche* (Münster, Germany: Aschendorff, 1959), 50.

9 Lemercier-Quelquejay, "Les missions orthodoxes," 371.

10 Matthew P. Romaniello, "Mission Delayed: The Russian Orthodox Church after the Conquest of Kazan," *Church History* 73 (2007): 513.

11 Bushkovitch, "Orthodoxy and Islam in Russia."

12 Nancy Shields Kollman, *Cartographies of Tsardom* (Ithaca, NY: Cornell University Press, 2006), 165.

13 スターリン時代以前、ロシアに存在した唯一の類似事例は、1850年代、カフカス戦争の終期に、数十万ものムスリムが帝国を去ったことであった。Robert Crews, *For Prophet and Tsar: Islam and Empire in Russia and Central Asia* (Cambridge, MA: Harvard University Press, 2006), 15 参照。

14 Eugene Smirnoff, *A Short Account of the Historical Development and Present Position of Russian Orthodox Missions* (London: Rivingtons, 1903), 73.

15 Orlando Figes, "Islam: The Russian Solution," *New York Review of Books*, December 12, 2006, 74.

16 Kappeler, *Russlands erste Nationalitäten*, 270–287; Glazik, *Islammission*, 68; Yuri Slezkine, *Arctic Mirrors: Russia and the Small Peoples of the North* (Ithaca, NY: Cornell University Press, 1994), 47–53.

17 Paul W. Werth, "Coercion and Conversion: Violence and the Mass Baptism of the Volga Peoples, 1740–55," *Kritika* 4 (2003): 543.

18 Ibid., 545–546.

19 Crews, *For Prophet and Tsar*, 32–34.

20 Glazik, *Islammission*, 112.

21 Nikolai Il'minskii, "Izvlechenie iz proekta 1849 o tatarskoi missii," in P. Znamenskii, *Na pamiat'*, 328–330.

22 Geraci, *Window on the East*, 39.

23 Werth, *At the Margins*, 180–183.

24 P. Znamenskii, *Istoriia Kazanskoi dukhovnoi akademii za pervyi (doreformennnoi) period eia sushchestvovaniia (1842–1870 gody)*, vol. 1 (Kazan: Tip. Imp. universiteta, 1891–1892), 1–5.

25 Elena Vladimorovna Kolesova, "Vostokovedenie v sinodal'nykh uchebnykh zavedeniiakh Kazani (seredina XIX–nachalo XX vekov)" (diss., Kazan State University, 2000).

26 Glazik, *Islammission*, 116; V. L. Uspenskii, "Kazanskaia dukhovnaia akademiia: odin iz tsentrov otechstvennogo mongolovedeniia," *Pravoslavie na Dal'nem Vostoke* 2 (1996): 118.

27 Znamenskii, *Istoriia Kazanskoi*, vol. 1, 21.

28 Ibid., 1–7; Veselovskii, "Svedeniia," 140–141; Kolesova, "Vostokovedenie," 46–47.

29 Znamenskii, *Na pamiat'*, 18–19.

30 Ibid., 29.

31 Geraci, *Window on the East*, 52.

32 Znamenskii, *Istoriia Kazanskoi*, 360–362.

33 Igor Smolitsch, *Geschichte der russischen Kirche*, vol. 2, ed. Gregory L. Freeze, Forschungen zur osteuropäischen Geschichte 45 (Leiden, the Netherlands: E. J. Brill, 1991), 287. 同様の見解は、Glazik, *Islammission*, 133; Lemercier-Quelquejay, "Les missions orthodoxes," 403–403, Kreindler, "Educational Policies," 参照。より最近のものでは、Wayne Dowler, *Classroom and Empire: The Politics of Schooling Russia's Eastern Nationalities, 1860–1917* (Montreal: McGill-Queen's University Press,2001). ロバート・ジェラシの評価は明らかに、そこまで肯定的ではない。Geraci, *Window on the East*.

34 B. V. Lunin, *Sredniaia Aziia v dorevoliutsionnom i sovetskom vostokovedenii* (Tashkent, Uzbekistan: Nauka, 1965), 57. スターリン時代のロシア・イスラーム研究史において、「資本主義時代（1860年代から1890年代）のイスラーム研究」についての章は、イリミンスキーを完全に無視している。Smirnov, *Ocherki istorii izucheniia Islama*, 58–83 参照。

35 Isabelle Kreindler, "A Neglected Source of Lenin's Nationality Policy," *Slavic Review* 36 (1977): 86–100.

36 Kreindler, "Educational Policies," 114.

37 Znamenskii, *Na pamiat'*, 7.

38 Il'minskii, "Izvlechenie," 323–337.

39 Ibid., 337.

40 N. I. Il'minskii, "Oproverzhenie islamizma, kak neobkhodimoe uslovie k tverdomu priniatiiu tatarami khristianskoi very," in Znamenskii, *Na pamiat'*, 388.

41 Znamenskii, *Na pamiat'*, 82–84.

42 Krachkovskii, *Ocherki*, 180.

43 N. I. Il'minskii, "Otchet bakkalavra Kazanskoi Dukhovnooi Akademii N. I. Il'minskago za pervyi god prebyvaniia ego na Vostoke," in Znamenskii, *Na pamiat'*, 338–356.

44 N. I. Il'minksii, "Obshchii otchet bakkalavra N. I. Il'minskago ob ego zaniatiakh vo vse vremie prebyvaniia na Vostoke," in Znamenskii, *Na pamiat'*, 357–386.

45 Ibid., 361.

46 Ibid., 367.

47 Ibid., 379.

48 Znamenskii, *Na pamiat'*, 107.

49 Glazik, *Islammission*, 134.

50 Znamenskii, *Na pamiat'*, 262.

51 Ill'minskii, "Oproverzhenie islamizma," 401.

52 Znamenskii, *Istoriia Kazanskoi*, 375–376.

53 Geraci, *Window on the East*, 55.

54 Glazik, *Islammission*, 140.

55 Znamenskii, *Na pamiat'*, 95–102.

56 Dowler, *Classroom and Empire*, 57.

57 Znamenskii, *Na pamiat'*, 107–111.

58 Smirnoff, *A Short Account*, 52.

59 Geraci, *Window on the East*, 77.

60 Ibid., 109.

61 この感情は、双方向のものであったようだ。あるリベラルな著者によれば、「[イリミンスキーの]名を目の前で口にすれば、たとえ高い教養を持つロシア人ムスリムであっても、青ざめるか、悪魔に出会ったかのような表情をするのを、目にするだろう。」Kreindler, "Educational Policies," 113.

62 N. I. Il'minskii to K. P. Pobedonostsev, February 2, 1887, in *Pis'ma Nikolaia Ivanovicha Il'minskago* (Kazan: Tipografiia Imperatorskago universiteta, 1895), 215.

63 In Mark Batunsky, "Russian Clerical Islamic Studies in the Late 19th and Early 20th Centuries," *Central Asian Survey* 13 (1994): 218.

64 Znamenskii, *Istoriia Kazanskoi*, 405.

65 In Kolesova, "Vostokovedenie," 139.

66 Ibid., 64–65; Werth, *At the Margins*, 192.

67 A. V. Talanov and N. I. Romanova, *Drug Chzhungo* (Moscow: Molodaia gvardiia, 1955); V. Krivtsov, *Otets Iakinf* (Leningrad: Lenizdat, 1984); V. P. Romanov, *Vol'nodumets v riase* (Cheboksary, Chuvash Republic: Chuvhashskoe knizhnoe izd-vo, 1987).

68 Ieromonakh Nikolai (Adoratskii), *Istoriia Pekinskoi Dukhovnoi Missii v pervyi period ee deiatel'nosti (1685–1745)* (Kazan: Tipografiia Imperatorskago universiteta, 1887); B. G. Al-

eksandrov, ed., *Bei-guan': Kratkaia istoriia Rossiiskoi dukhovnoi missii v Kitae* (Moscow: Alians-Arkheo, 2006); Widmer, *Russian Ecclesiastical Mission.*

69 Mark Mancall, *Russia and China: Their Diplomatic Relations to 1728* (Cambridge, MA: Harvard University Press, 1971); Gaston Cahen, *Histoire des relations de la Russie avec la Chine sous Pierre le Grand* (Paris: F. Alcan, 1912); "O nachale torgovykh i Gosudarstvennykh snoshenii Rossii s Kitaem i o zavedenii v Pekine Rossiiskoi tserkvi i Dukhovnoi Missii," *Sibirskii vestnik* 18 (1822): 95–196; V. A. Aleksandrov, *Rossiia na dalnevostochnykh rubezhakh (vtoraia polovina XVII v.)* (Moscow: Nauka, 1969); V. S Miasnikov, *Imperiia Tsin i Russkoe gosudarstvo v XVII veke* (Khabarovsk, Russia: Khabarovskoe knizhnoe izd-vo), 1987; Peter Perdue, China Marches West: The Qing Conquest of Central Eurasia (Cambridge, MA: Harvard University Press, 2005), 161–173.

70 V. S. Miasnikov, *Russko-kitaiskie dogovorn0-pravovye akty (1689–1916)* (Moscow: Pamiatniki istoricheskoi mysli, 2004), 27–29.

71 E. F. Timkovskii, *Puteshestvie v Kitai cherez Mongoliiu v 1820 i 1821 godakh*, vol. 2. (St. Petersburg: V Tip. Meditsinskago departamenta Ministerstva vnutrennykh del, 1824), 181.

72 Miasnikov, *Russko-kitaiskie*, 44.

73 Nikolai, *Istoriia Pekinskoi*, 17–18.

74 ロシア人は、中国における西欧のライヴァルたちに比べて、商業的な強欲に動かされることは少ない、というアドラツキーの主張は、不正直である。ピョートル大帝から19世紀末の財務大臣セルゲイ・ヴィッテに至るまで、主なロシア人たちは中国との貿易の発展に大いなる望みを抱いていた。しかしながら、ロシアは、イギリスのようなより熟達した商業国家と実際に競い合えたことはなかった。Schimmelpenninck van der Oye, *Toward the Rising Sun*, 79–80.

75 P. M. Ivanov, "Pravoslavnye missionerskie stany v Kitae v nachale XX veka," in S. L. Tikhvinskii et al., eds., *Istoriia rossiiskoi dukhovnoi misii v Kitae* (Moscow: Izd-vo Sviato-Vladimirskogo Bratstva, 1997), 253.

76 イアキンフ神父のもっとも網羅的な伝記は、P. V. Denisov, *Zhizn' monakha Iakinfa Bichurina* (Cheboksary, Chuvash Republic: Chuvashskoe knizhnoe izd-vo, 1997). 以下も参照。I. N. A. [Ieromonakh Nikolai Adoratskii], "Otets Iakinf Bichurin: Istoricheskii etiud," *Pravoslavnyi sobesednik* (1886): no. 1, 164–80, 245–278; no. 2, 53–80, 271–316; Skachkov, *Ocherki*, 89–120; Edward J. Kasinec, "A Secular Religieux of Late Imperial Russia: The Sinologist Father Iakinf" (master's thesis, Columbia University, 1968).

77 In Skachkov, *Ocherki*, 92.

78 Iakinf Bichurin, "Opisanie bunta, byvshego v Kitae v 1813 g.," *Dukh zhurnalov* (1819): no. 10, 527–558, in Kim and Shastitko, *Istoriia otechestvennogo*, 290.

79 Nikitenko, *Dnevnik*, vol. 3, 43.

80 In Denisov, *Zhizn' monakha*, 65.

81 Nikitenko, *Dnevnik*, vol. 3, 43. フランス語、ドイツ語、英語でも刊行されたチムコフスキー自身の広範囲にわたる旅行記は、初期のロシアにおける中国研究に対する、もう1つの重要な初期の貢献であった。Timkovskii, *Puteshestvie v Kitai.*

82 イアキンフ神父の業績一覧については、以下を参照。Hertmut Walraven, *Iakinf Bičhurin:*

Russischer Mönch und Siniloge, Eine Bibliographie (Berlin: C. Bell), 1988.

83 O. I. Senkovskii, *Sobranie sochinenii Senkovskago* (St. Petersburg: Tip. Imp. Akademii nauk, 1858), vol. 5, 380–407.

84 D. I. Belkin, "Russkie literatory 20-kh — nachala 40-kh godov XIX v. i kitaeved N. Ia. Bichurin," *Formirovanie gumanisticheskikh traditsii otechestvennogo vostokovedeniia (do 1917 goda)* (Moscow: Nauka, 1984), 53– 99.

85 In Denisov, *Zhizn' monakha*, 104.

86 M. P. Alekseev, "Pushkin i Kitai," in Chelyshev, *Pushkin i mir Vostoka*, 65–73; D. I. Belkin, "Pushkin i kitaeved o. Iakinf," *Narody Azii i Afriki* (1974): no. 6, 126–134; L. A. Cherevskii, *Pushkin i ego okruzhenie* (Leningrad: Nauka, 1975), 37–38; Binyon, *Pushkin*, 310–311.

87 Pushkin, *Sochinenii*, vol. 8, 293n8.

88 Binyon, *Pushkin*, 311.

89 Iakinf Bichurin, "Otrivok liubopytnago pis'ma . . . iz Kiakhty," *Moskovskii Telegraf* (1841): no. 42, 142.

90 Kim and Shastitko, *Istoriia otechestvennogo*, 186–194.

91 Senkovskii, *Sochinenii*, vol. 6, 406.

92 V. G. Belinskii, *Sobranie sochinenii* (Moscow: Khudozhestvennaia literatura, 1982), vol. 8, 598.

93 A. N. Khokhlov, "N. Ia. Bichurin i ego trudy o Mongolii i Kitae," *Voprosii istorii* (1978): no. 1, 71; V. G. Rodionov, "Po puti v khrame," in Iakinf Bichurin, *Radi vechnoi pamiati* (Cheboksary, Chuvash Republic: Chuvashkoe knizhnoe izd-vo, 1991), 13–14.

94 Iakinf Bichurin, *Kitai v grazhdanskom i nravstvennom sostoianii*, vol. 4 (St.Petersburg: V tipografii voenno-uchebnykh zavedenii, 1848), 173.

95 Ibid., vol. 1, 299.

96 Senkovskii, *Sochinenii*, vol. 6, 27.

97 Bichurin, *Radi vechnoi*, 19.

98 Ibid., 175.

99 A. N. Bernshtam, "N. Ia. Bichurin (Iakinf) i ego trud," in Iakinf Bichurin, *Sobranie svedenii o narodakh, obitavshikh v Srednei Azii v drevnie vremena*, vol. 1 (Moscow: Izd-vo Akademii nauk SSSR, 1950), xxvi.

100 A. K. Kazem-Bek, review of *Sobranie svedenii o narodakh, obitavshchikh v Srednei Azii v drevnie vremena*, by Iakinf Bichurin, *Otechestvennye zapiski* 84 (1852): pt. 5, 1–34.

101 Iakinf, *Radi vechnoi*, 20.

102 Senkovskii, *Sochinenii*, vol. 6, 28.

103 ペテルブルク大学の教授、ニコライ・ヴェセロフスキーによる評価が、実に典型的である。以下を参照。*Russkii biograficheskii slovar'*, s.v. "Iakinf." 以下も参照。Bernshtam, "Bichurin," xxv–xlvii.

104 In Kim and Shastitko, *Istoriia otechestvennogo*, 305.

105 ロシアの神学アカデミーは、その最初から、専門的にはアジアの言語であるヘブライ語を教えてはいた。Krachkovskii, *Ocherki*, 178 参照。

106 特筆すべき例外は、Kolesova, "Vostokovedenie."

107 Mark Batunsky, "Russian Missionary Literature on Islam," *Zeitschrift für Religions und Geistesgeschichte* 39 (1987): 261.

第7章　ペテルブルク学派の興隆

1 Vucinich, *Science in Russian Culture* 222. 以下も参照。F. A. Petrov, *Formirovania sistemy universitetskogo obrazovaniia v Rossii v pervye desiatiletiia XIX veka*, vol. 1 (Moscow: Izd-vo Moskovskogo universiteta, 2002–3), 1.

2 Walter Rüegg, "Themes," in *A History of the University in Europe*, vol. 3, *Universities in the Nineteenth and Early Twentieth Centuries (1800–1945)* (Cambridge: Cambridge University Press, 2004), 4–6; A. Iu. Andreev, "'Gumbol'dt v Rossii': Ministerstvo narodnogo prosveshcheniia i nemetskie universitety v pervoi polovine XIX veka," *Otechestvennaia istoriia* no. 2 (2004): 37–55.

3 Petrov, *Formirovanie*, vol. 1, 12. この決定の裏にある理由をめぐる議論については、Andreev, "Gumbol'dt," 37–54 参照。

4 ニコライ1世は、1849年に彼にこの肩書きを与えた。

5 ウヴァロフの政策に対して、特に手厳しいのが、S. Durylin, "Drug Gete," *Literaturnoe nasledstvo* 4–6 (1932): 186–217. 以下も参照。Ostrovitianov, *Istoriia Akademiia nauk SSSR*, vol. 2, 20; Nicholas V. Riasanovsky, *Nicholas I and Official Nationality in Russia, 1825–1855* (Berkeley: University of California Press, 1959), 46, 70–72.

6 彼の政治観のもっとも優れた描写は、Cynthia H. Whittaker, "The Ideology of Sergei Uvarov: An Interpretive Essay," *Russian Review* 37 (1978): 158–176. 以下も参照。Whittaker, *Origins of Modern Russian Education*; and M. M. Shevchenko, *Konets odnogo Velichiia: Vlast', obrazovanie i pechatnoe slove v Imperatorskoi Rossii na poroge Osvoboditel'nykh reform* (Moscow: Tri Kvadrata, 2003), esp. 57–86.

7 Sergei Mikhailovich Solov'ev, "Moi zapiski dlia detei moikh, a esli mozhno, I dlia drugikh," in *Sochineniia*, vol. 18 (Moscow: Mysl', 1995), 571.

8 *Obshchii gerbovnik dvorianskikh rodov Vserossiiskoi imperii*, s. v. "Uvarov."

9 Friedrich von Schlegel, "Über die Sprache und Weisheit der Indier," in *Studien zur Philosophie und Theologie*, ed. Ernst Behler and Ursula Struc-Oppenberg, Kritische-Friedrich-Schlegel-Ausgabe 8 (Munich: Ferdinand Schöningh; Zürich: Thomas-Verlag, 1975), 111.

10 Schwab, *La renaissance orientale*, 79–86.

11 S. S. Uvarov, "Projet d'une académie asiatique," in *Etudes de philologie et de critique* (St. Petersburg: Académie impériale des sciences, 1843), 3–49.

12 Ibid., 12.

13 Ibid., 22–23.

14 Ibid., 8.

15 Ibid., 9.

16 しかしながら、通訳への言及は脚注においてなされたのみであった。Ibid., 9.

17 Ibid., 28.

18 Ibid., 26.

19 P. S. Savel'ev, "Predpolozheniia ob uchrezhdenii vostochnoi akademii v S. Peterburge, 1733 i 1810 gg.," *Zhurnal Ministerstvo Narodnago Prosveshcheniia* 89 (1855): pt. 3, 27–36; A. P. Baziants and I. M. Grinkrug, "Tri proekta organizatsii izucheniia vostochnykh iazykov i Vostoka v Rossii v XVIII–XIX stoletiiakh," in *Formirovanie gumanisticheskikh traditsii otechestvennogo vostokovedeniia (do 1917 goda)* (Moscow:Nauka, 1984), 33–52; A. M. Kulikovo, "Proekty vostokovednogo obrazovaniia v Rossii (XVIII-1-ia pol XIX v.)", *Narody Azii i Afriki* (1970): no. 4, 133–139.

20 N. V. Tairova, "Proekt I. O. Pototskogo otnositel'no sozdaniia Aziatskoi Akademii v Rossii," *Narody Azii i Afriki* (1973): no. 2, 202–207.

21 Krachkovskii, *Ocherki*, 97.

22 Whittaker, "Impact of the Oriental Renaissance," 517; Georg Schmid, ed., "Goethe und Uwarow und ihr Briefwechsel," *Russische Revue* 28 (1888): 139–143.

23 V. V. Grigor'ev, *Imperatorskii S. Peterburgskii universitet* (St. Petersburg: Tip. Bezobrazova i komp., 1870), 6.

24 A. M. Kulikova, *Stanovlenie universitetskogo vostokovedeniia v Peterburge* (Moscow: Nauka, 1982), 28–31. A. N. Kononov, "Vostochnyi fakul'tet Leningradskogo universiteta (1855–1955)," *Vestnik Leningradskogo universiteta, Seriia istorii iazyka I literatury* 8, no. 2 (1957): 3–4.

25 Sergei Uvarov, *Rech' prezidenta Imp. Akademii nauk, popechitelia Sanktpeterburgskogo uchebnogo okruga v torzhestvennom sobranii Glavnogo pedagogicheskogo institute 22 marta 1818 goda* (St. Petersburg, 1818), 3. 立憲主義へと向かうロシア帝国の漸進的進化についての、ウヴァロフのバーク的ヴィジョンをまとめた演説の後半の部分訳については、Cynthia Whittaker, ed. and trans., "On the Use of History: A Lesson in Patience: A Speech by Sergei Uvarov," *Slavic and European Education Review* 2 (1978): no. 2, 29–38 参照。

26 Kulikova, *Stanovlenie*, 38; Barthold, *Obzor*, 52.

27 Baziants et al., *Aziatskii muzei* 5–29; S. F. Ol'denburg, *Aziatskii Muzei Rossiiskoi Akademii nauk, 1818–1918* (Petrograd: Rossiiskaia Gosudarstvennaia Akedemicheskaia Tipografiia, 1919). 初代館長の下で博物館が獲得した物の網羅的な年代別記録としては、彼の先代の仕事を参照のこと。Bernhard Dorn, *Das Asiatische Museum der kaiserlichen Akademie der Wissenschaften zu St. Petersburg* (St. Petersburg: Kaiserliche Akademie der Wissenschaften, 1846), 2 vols. 簡潔な説明が以下にも掲載されている。B. Dorn, "Aziiatskii Muzei," *Zapiski Imp. Akademii nauk* 5 (1864): 163–174.

28 Whittaker, *Origins of Modern Russian Education*, 74.

29 S. V. Rozhdestvenskii, *"Pervonachal'noe obrazovanie": S.-Peterburgskogo universiteta 8 fevralia 1819 goda i ego blizhaishaia sud'ba* (Petrograd: 2-ia Gosudarstvannaia tipografiia, 1919), 32–62; Grigor'ev, *Imperatorskii*, 33–38.

30 Kulikova, *Stanovlenie*, 44–45, 58.

31 P. S. Savel'ev, "O zhizni i trudakh O. I. Senkovskago," in O. I. Senkovskii, *Sobranie sochinenii Senkovskago* (St. Petersburg: Tip. Imp. Akademii nauk, 1858), vol. 1, xciv. 他に伝記が2冊ある。Louis Pedrotti, *Józef-Julian Sękowski: The Genesis of a Literary Alien* (Berkeley:

University of California Press, 1965) ならびに、Veniamin Aleksandrovich Kaverin, *Baron Brambeus* (Moscow: Nauka, 1966). センコフスキーとオリエントに関しては、L. G. Alieva, "O. I. Senkovskii — Puteshestvennik i vostokoved" (diss.,Tadzhikskii gosudarstvennoe universitet, 1977) と、以下の中の関連する章を参照。John Hope, "Manifestations of Russian Literary Orientalism" (PhD diss., University of Michigan, 2001), 48–102. 文学界の起業家としてのセンコフスキーのキャリアを検証した、より新しいアメリカの研究は、Melissa Frazier, *Romantic Encounters: Writers, Readers, and the "Library for Reading"* (Stanford, CA: Stanford University Press, 2007).

32 Pedrotti, *Sękowski*, 11–15; Kaverin, *Baron Brambeus*, 24–29.

33 A. I. Gertsen, *Sobranie sochinenii*, vol. 7 (Moscow: Izd-vo Akademi nauk SSSR, 1956), 89.

34 Jan Reychman, *Podróz˙nicy polscy na bliskim wschozie w XIX w* (Warsaw: Wydawnictwo Wiedza Powszechna, 1971), 23; D. A. Korsakov, *O. I. Senkovskij i M. P. Pogodin kak zhurnalisti* (Kazan: Tip. Imperatorskogo universiteta, 1902), 3–5.

35 Krachkovskii, *Ocherki*, 86–87; Izabela Kalinowska, *Between East and West: Polish and Russian Nineteenth-Century Travel to the Orient* (Rochester, NY: University of Rochester Press, 2004), 62–63.

36 In Savel'ev, "O zhizni," 19.

37 彼の旅の詳細を再現するのは難しい。一部では、彼が出版した様々な旅行記が美化されているからである。Senkovskii, *Sobranie sochinenii*, vol. 1, 3–218 参照。もっとも詳細で信頼できる研究は、Alieva, "Senkovskii," 62–93. センコフスキーの書簡も役に立つ。O. I. Senkovskii, *Senkovskii v svoei perepiske s I. Lelevelem* (Warsaw: Tip. A Paevskogo, 1878), 9–29. センコフスキーが（ポーランドの出資者たちに送ると約束していた）旅の日記を付けていたとしても、それが残されている形跡はない。しかし、リトアニアの中央文書館には、彼が近東を旅する間に、ポーランド語、フランス語、ギリシア語、トルコ語、アラビア語、ヘブライ語で記した膨大なメモや複写が保存されている。O. I. Senkovskii, "Notaty Jozefa Se˛kowskiego dotycace jego podrozy na Wschod, 1819–21," Tsentr. gosudarstvennoe istoricheskii arkhiv MVD Lit. SSR, fond 56, opis' 5, ed. khr. 91. この史料を見付けるにあたってご助力下さったユルガ・ミクニテ＝ヴィゴティエンナ氏に感謝したい。

38 アリダについては、センコフスキーが書いた項目を参照。*Entsiklopedicheskii leksikon*, vol.3 (St. Petersburg: Tip. A. Pliushara, 1835), 295–296.

39 Senkovskii, *Sobranie sochineniia*, vol. 1, 191–192.

40 Ibid., 8–23.

41 Ibid., 59–104.

42 In Alieva, "Senkovskii," 67.

43 In Pedrotti, *Sękowski*, 48.

44 Ibid., 61–62.

45 Ibid., 31.

46 Kulikova, *Stanovlenie*, 46–49; Alieva, "Senkovskii," 96–97.

47 Senkovskii, *Sobranie sochinenii*, vol. 7, 149–164.

48 Savel'ev, "O zhizni," 42; I. Iu. Krachkovskii, "Vostokovedenie v pismakh P. Ia. Petrov k V. G. Belinskomu," in *Ocherki po istorii russkogo vostokovedeniia*, vol. 1 (Moscow: Izd-vo

vostochnoi literatury, 1953), 12.

49 Antoine Isaac Sylvestre de Sacy, review of *Supplément à l'histoire générale des Huns, des Turks et des Mogols*, by M. Joseph Senkowski [O. I. Senkovskii], *Journal des savants*, July 1825, 387–395.

50 [O. I. Senkovskii], *Lettre de Tutundju-Oglou-Moustafa-Aga* (St. Petersburg: Imprimerie de N. Gretsch, 1828). これは、前年にロシア語で出された、オリジナルよりも長い方のヴァージョンである。これは以下にも収められている。Senkovskii, *Sobranie sochinenii*, vol. 5, 335–379.

51 Savel'ev, "O zhizni," 55–56. 反駁としては、以下を参照。"M. von Hammer's Reply to M. Senkowski," *Asiatic Journal and Monthly Miscellany* 26 (September 1828): 271–277. このオーストリア人の評判は、時が経っても良くなっていない。イギリスのアラブ研究者ロバート・アーウィンは「[彼の思想と洞察の]多くは、単に間違っているだけでなく、若干おかしくもある」と断じる。Irwin, *For Lust of Knowing*, 150–151.

52 Senkovskii, *Sobranie sochinenii*, vol. 6, 17.

53 Hope, "Manifestations," 64–65.

54 Senkovskii, *Sobranie sochinenii*, vol. 6, 74–75; vol. 7, 41.

55 Ibid., vol. 6, 379, 384.

56 [Senkovskii], "Vostochnye iazyki," *Entsiklopedicheskii leksikon*, vol. 12, 110.

57 Senkovskii, *Sobranie sochinenii*, vol. 7, 171; "Aziia," *Entsiklopedicheskii leksikon*, vol. 1, 271.

58 Ibid., vol. 6, 92, 112–113.

59 Ibid., vol. 8, 111.

60 Mirsky, *History of Russian Literature*, 125. 以下も参照。Sidney Monas, *The Third Section: Police and Society in Russia under Nicholas I* (Cambridge, MA: Harvard University Press, 1961), 117–122.

61 1825年には既に、彼はレレヴェルに、彼のかつての師は「狂っていくように見える」と書き送っている。Senkovskii, *Senkovskii v svoei perepiske*, 76. その20年後、彼は友人に、ブルガーリンは「品性も良心のとがめもない男で、自分のむら気の不幸な奴隷だ」と打ち明けた。E. N. Akhmatova, "Osip Ivanovich Senkovskii (Baron Brambeus)," *Russkaia starina* 20 (May 1889): 296.

62 Alieva, "Senkovskii," 15–16.

63 In Pedrotti, *Sękowski*, 56.

64 センコフスキーとプーシキンの文学的オリエンタリズムの興味深い比較としては、以下を参照。Rachel Polonsky, "Hajji Baba in St. Petersburg: James Morier, Osip Senkovskii and Pushkin's Literary Diplomacy between East and West," *Journal of European Studies* 35 (2005): 253–270.

65 Senkovskii, *Sobranie sochinenii*, vol. 2, 1–278. スラヴ研究者による最近の解釈は、Andreas Schönle, *Authenticity and Fiction in the Russian Literary Journey, 1790–1840* (Cambridge, MA: Harvard University Press, 2007), 169–181.

66 V. Zilber, "Senkovsky (Baron Brambeus)," in B. M. Eikhenbaum and Yuri Tynyanov, eds., *Russian Prose* (Ann Arbor, MI: Ardis, 1985), 133.

67 Timothy Kiely, “The Professionalization of Russian Literature: A Case Study of Vladimir Odoevsky and Osip Senkovsky” (PhD diss., University of Michigan, 1998), 141–142.

68 Pedrotti, *Sękowski*, 4. ロシアでは復権させようという試みが時折なされているが、センコフスキーは今でも一般的に二流作家とみなされている。Kaverin, *Baron Brambeus*; A. E. Novikov, “Tvorchestvo O. I. Senkovskogo v kontekste razvitiia russkoi literatury kontsa XVIII–pervoi poloviny XIX v” (Avtoreferat disertatsii na soiskanie uchenoi stepeni kandidata filologicheskikh nauk) (St. Petersburg: Institut russkoi literatury, 1995).

69 Bartol’d, *Sochineniia*, vol. 9, 620.

70 Krachkovskii, *Ocherki*, 107.

71 Kim and Shastitko, *Istoriia otechestvennogo*, 147–148; Bartol’d, *Sochineniia*, vol.9, 67–71; Whittaker, *Origins of Modern Russian Education*, 209–211.

72 Kulikova, *Stanovlenie*, 158.

73 *Materialy dlia istorii*, vol. 1, 141. このコレクションは、学部の組織史の基本史料である。以下も参照。Bartol’d, *Sochinenii*, vol. 9, 85–106; Grigor’ev, Imperatorskii, 123–125; A. A. Vigasin, A. N. Khokhlov, and P. M. Shastitko, *Istoriia otechestvennogo vostokovedeniia s serediny XIX veka do 1917 goda* (Moscow: Vostochnaia literatura, 1997), 7–18.

74 *Materialy dlia istorii*, vol. 1, 7.

75 Katya Hokanson, “Russian Orientalism” (MA thesis, Stanford University, 1987), 28.

第**8**章　東洋学部

1 この珍しい祈禱の家にまつわる物語は、以下に記されている。Aleksandr Ivanovich Andreev, *Khram Buddy v Severnoi stolitse* (St. Petersburg: Nartang, 2004). 以下も参照。John Snelling, *Buddhism in Russia: The Story of Agvan Dorzhiev, Lhasa’s Emissary to the Tsar* (Shaftesbury, Dorset: Element, 1993), 129–141, 157–162.

2 In Andreev, *Khram Buddy*, 54.

3 In ibid., 65.

4 Krachkovskii, *Ocherki*, 123.

5 A. K. Kazem-Bek, “Rech’ po sluchaiu otkrytiia v S. Peterburgskom universitete fakul’teta Vostochnyk iazykov,” *Zhurnal ministerstva narodnago prosveshcheniia* 88 (1855): 19–20.

6 Bartol’d, *Sochineniia*, vol. 9, 169–172; V. M. Alekseev, *Nauka o Vostoke* (Moscow: Nauka, 1982), 7n1.

7 *Materialy dlia istorii*, vol. 1, 188–189.

8 Ibid., vol. 2, 185.

9 Ibid., vol. 1, 366–375.

10 Bartol’d, *Sochineniia*, vol. 9, 118–119.

11 *Materialy dlia istorii*, vol. 1, 507.

12 Ibid., vol. 2, 140.

13 Petrov, *Formirovanie*, vol. 2, 447.

14 Crews, *For Prophet and Tsar*, 178–189; Berezin, “Kazem-Bek,” 116–118.

15 Ol’ga Boratynskaia, “Trudy Aleksandra Kasimovicha Kazembeka,” *Russkii Arkhiv* no. 2

(1894): 282.

16 N. I. Veselovskii, *Vasilii Vasil'evich Grigor'ev po ego pis'mam i trudam, 1816–1881* (St. Petersburg: Tip. A. Transhelia, 1887), 244–249.

17 A. A. Vigasin, "I. P. Minaev, i russkaia politika na Vostoke v 80–e gody XIX v.," *Vostok* (1993): no. 3, 109.

18 *Materialy dlia istorii*, vol. 2, 200–205.

19 Ibid., 207–218.

20 Ibid., 218–278. 教育大臣に命じられた別の調査に答えた、中国学者ドミトリー・ポズネエフの痛烈な批判も参照のこと。D. M. Pozdneev, *K voprosu ob organizatsii izucheniia Vostoka v russkikh uchebnyh zavedeniiakh* (St. Petersburg: Tip. B. M. Volf'fa, 1904).

21 *Materialy dlia istorii*, vol. 2, 260–278.

22 A. P. Baziants, *Lazarevskii institut v istorii otechestvennogo vostokovedeniia* (Moscow: Nauka, 1973); Vigasin, Khokhlov, and Shastitko, *Istoriia otechestve*, 27–35.

23 Vigasin, Khokhlov, and Shastitko, *Istoriia otechestve*, 48–75; Skachkov, *Ocherki*, 27–35; David Wolff, *To the Harbin Station: The Liberal Alternative in Russian Manchuria, 1898–1914* (Stanford, CA: Stanford University Press, 1999), 187–190.

24 V. P. Vasil'ev, "Vasil'ev, Vladimir Petrovich," in S. A. Vengerov, *Kritikobiograficheskii slovar' russkikh pisatelei i ucheenykh*.

25 Ibid., 154.

26 A. N. Khoklov, "V. P. Vasil'ev v Nizhnem Novgorode i Kazani," in L. S. Vasil'ev, ed., *Istoriia i kul'tura Kitaia* (Moscow: Nauka, 1974), 41.

27 Z. L. Gorbacheva et al., "Russkii kitaeved akademik Vasilii Pavlovich Vasil'ev (1818–1900)," in *Ocherki po istorii russkogo vostokovedeniia*, vol. 2 (Moscow: Izd-vo Akademii nauk SSSR, 1956), 239.

28 V. P. Vasil'ev, "Vospominanii o starom Pekine," in *Otkritye Kitaia i drugie stat'ia Akademika V. P. Vasil'eva* (St. Petersburg: Vestnik vsemirnoi istorii, 1900), 34–62.

29 もっとも網羅的な文献リストは、Gorbacheva et al., "Russkii kitaeved akademik," 329–338.

30 V. P. Vasil'ev, "O znachenii Kitaia," manuscript, 1850, S. P. B. Filial Arkhiva Rossiiskii Akademii nauk, fond 775, opis' 1, delo 32.

31 Ibid., list 6.

32 Ibid., list 5.

33 Vasil'ev, "Otkrytie Kitaia," in *Otkrytie Kitaia*, 1.

34 Wolff, *To the Harbin Station*, 185.

35 Vasil'ev, "O znachenii," list 8.

36 Vasil'ev, "Vasil'ev," 153.

37 V. P. Vasil'ev, "Kitaiskii progress," *Vostochnoe obozrenie* (1884), no. 4, 8.

38 Vasil'ev, "Otkrytie," 1–33.

39 K. Sh. Khafizova, "Rossiia, Kitai i narody Turkestana v publitsistike V. P. Vasil'eva," Vasil'ev, *Istoriia i kul'tura Kitaia*, 116–117.

40 Vasil'ev, "O znachenii," list 32.

41 In Gorbacheva et al., "Russkii kitaeved akademik," 258.

42 Skachkov, *Ocherki*, 227–228.

43 V. P. Vasil'ev, "Vei-kha-veiskii vopros," *Sankt-Peterburgskie vedomosti*, April 10, 1898, 1–2.

44 V. P. Vasil'ev, *Tri voprosa: Uluchshenie ustroistvo sel'skoi obshchiny. Assignatsiiden'gi. Chemu i kak uchitsia* (St. Petersburg: Tip. G. E. Blagosietova, 1878).

45 Gorbacheva et al., "Russkii kitaeved akademik," 248–250.

46 W. Wassiljew [V. P. Vasil'ev], *Der Buddhismus, seine Dogmen, Geschichte und Literatur*, vol. 1 (St. Petersburg: Kaiserliche Akademie der Wissenschaften, 1860), v–vi.

47 N. A. Petrov, "Akademik V. P. Vasil'ev i vostochnyi fakul'tet," *Vestnik Leningradskogo universiteta* (1856): no. 8, 87.

48 Skachkov, *Ocherki*, 210–211; Petrov, "Akademik V. P. Vasil'ev," 89–91.

49 In Gorbacheva et al., "Russkii kitaeved akademik," 270–272.

50 Victoria Lysenko, "La philosophie bouddhique en Russie: Brève histoire de l'approche et des methods d'étude de la fin du XIX siècle aux années 1940," *Slavica occitania* 21 (2005): 93–95.

51 Wassiljew, *Buddhismus*, 25.

52 Wassiliew, *Buddhismus*. あるドイツ人はこれを「画期的」と評したが、他方で別の研究者は、この本を読むまで、このテーマについて彼の発表したものは「盲人が色について書いている」ようなものだったと告白した。S. F. Ol'denburg, "Pamiati Vasiliia Pavlovicha Vasil'eva i o ego trudakh po buddizmu," *Izvestiia Rossiiskoi Akademii nauk* 12 (1918): 545 n9.

53 In Ia. V. Vasil'kov, "Vstrecha Vostoka i Zapada v nauchnoi deiatel'nosti F. I. Shcherbatskogo," *Vostok-Zapad*, vol. 4 (Moscow: Nauka, 1989), 185.

54 V. M. Alekseev, "Akademik V. P. Vasil'ev: Zamechaniia po povodu nauchnogo tvorchestva i naslediia," in *Nauka o Vostoke*, 67.

55 V. P. Vasil'ev, "Religii Vostoka: Konfutsianstvo, Buddizm i Daotsism," *Zhurnal ministerstva narodnago prosveshcheniia*, April 1873, 239.

56 Alekseev, "Akademik V. P. Vasil'ev," 66.

57 *Bulletin de la 3ème session du congrès internationale des orientalistes* no. 4 (1876): 25–26; "The Oriental Congress," *Times* (London), August 6, 1876, 8.

58 今日、この一族は、デカブリストのアンドレイ・エフゲニチ・ローゼン男爵を輩出したことでもっとも良く知られている。ヴィクトルの兄、ロマンも東方でキャリアを積み、20世紀への転換期に、公使として東京に赴任した。

59 Krachkovskii, *Ocherki*, 139. ローゼン男爵は、この分野で重要なドイツの研究史にも加えられるに値する、唯一の革命前のロシア人であった。Fück, *Arabischen Studien*, 222–223.

60 Tolz, "European, National, and (anti-)Imperial," 118.

61 Krachkovskii, *Ocherki*, 143; Tolz, "European, National, and (anti-)Imperial," 120.

62 Irwin, *For Lust of Knowing*, 146–147.

63 Kim and Shastitko, *Istoriia otechestvennogo*, 209–210.

64 *Materialy dlia istorii*, vol. 2, 1–7.

65 D. E. Mishin and M. A. Sidorov, eds., "Perepiska V. R. Rozena i S. F. Ol'denburga," *Neizvestnye stranitsy otechestvennogo vostokovedeniia* 2 (2004): 202; Bartol'd, *Sochineniia*, vol. 9, 590–593; Tolz, "European, National, and (anti-)Imperial," 115, 118–119.

66 Michael D. Gordin, *"A Well-Ordered Thing": Dmitrii Mendeleev and the Shadow of the Periodic Table* (New York: Basic Books, 2004), 113–138; K. V. Ostrovit'ianov, ed., *Istoriia Akademii nauk SSSR*, vol. 2 (Moscow: Nauka, 1964), 272–275; Alexander Vucinich, *Science in Russian Culture, 1861–1917* (Stanford, CA: Stanford University Press, 1970), 66–68.

67 In Gordin, *Well-Ordered Thing*, 124.

68 ローゼンは、同情的だったある会員への手紙の中で、その理由を説明している。I. Iu. Krachkovskii, ed., *Pamiati Akademika V. R. Rozena* (Moscow: Izd-vo Akademii nauk SSSR, 1947), 119–123; Ostrovit'ianov, *Istoriia Akademii nauk*, vol. 2, 622–623; Tolz, "European, National, and (anti-)Imperial," 113–114.

69 Ostrovit'ianov, *Istoriia Akademii nauk*, vol. 2, 622.

70 決定的な伝記が近年出版された。B. S. Kaganovich, *Sergei Fedorovich Ol'denburg: Opyt biografii* (St. Petersburg: Fenix, 2006). オリデンブルクの短い自伝的叙述は、以下にも収められている。*Materialy dlia biograficheskago slovaria deistvitel'nykh chlenov Imperatorskoi Akademii Nauk*, vol. 2 (Petrograd: Imp. Akademii nauk, 1917), 54–62; G. K. Skriabin et al., eds., *Sergei Fedorovich Ol'denburg* (Moscow: Nauka, 1986); I. Iu. Krachkovskii, ed., *Akademik S. F. Ol'denburg: K piatidesiatiletiiu nauchnoobshestvennoi deiatel'nosti* (Leningrad: Izd-vo Akademii nauk SSSR), 1934.

71 オリデンブルク公の家系と混同してはいけない。

72 Bartol'd, *Sochineniia*, vol. 9, 463–464.

73 Krachkovskii, *Akademik S. F. Ol'denburg*, 18.

74 Kaganovich, *Ol'denburg*, 22.

75 G. V. Vernadskii, "Bratstvo 'Priiutino'," *Novyi zhurnal* 27, no. 93 (1968): 147–170; E. V. Anichkov, "Ustav 1884-go goda i studenchestvo na pereput'i," *Pamiati russkogo studenchestva kontsa XIX, nachala XX vekov* (Paris: Izd-vo Svecha, 1934), 50–55.

76 Mishin and Sidorov, "Perepiska V. R. Rozena i S. F. Ol'denburga," 201–399.

77 ロシアの友人に宛てたレヴィの書簡は最近出版された。Grigorij M. Bongard-Levin et al., eds., *Correspondances orientalistes entre Paris et Saint-Pétersbourg (1887–1935)* (Paris: Boccard, 2002).

78 S. F. Ol'denburg, [editorial], *Vostok* (1922): no. 1, 4, 5.

79 S. F. Ol'denburg, *Kultura Indii* (Moscow: Nauka, 1991), 48.

80 Ol'denburg, [editorial], 5.

81 Mishin and Sidorov, "Perepiska," 216.

82 強調は原文通り。Mishin, "Perepiska," 314.

83 In V. S. Sobolev, *Avgusteishii president: Velikii kniaz' Konstantin Konstantinovich vo glave Imperatorskoi Akademii nauk* (St. Petersburg: Iskusstvo-SPB, 1993), 46.

84 Kaganovich, *Ol'denburg*, 48.

85 Ibid., 42.

86 Vera Tolz, "Orientalism, Nationalism, and Ethnic Diversity in Late Imperial Russia," *Historical Journal* 48 (2005): 135–145.

87 Nathaniel Knight, "Grigor'ev in Orenburg," *Slavic Review* 59 (2000): 97n84.

88 優れた分析として、Randall Poole's introduction to his translation of the volume, in Poole,

ed., *Problems of Idealism* (New Haven, CT: Yale University Press, 2003), 1–78 参照。

89 S. F. Ol'denburg, "Renan, kak pobornik svobody mysli," in *Problemy idealizma* (1902; repr., ed. Modest Kolerov, Moscow: Tri Kvadrata, 2002), 795–808.

90 Ibid., 805.

91 Alekseev, *Nauka o Vostoke*, 26.

92 In Kaganovich, *Ol'denburg*, 53.

93 基金のロシア支部については、N. N. Nazirova, *Tsentral'naia Aziia v dorevoliutsionnom otechestevennom vostokovedenii* (Moscow: Nauka, 1992) 参照。

94 古典的な説明は、Peter Hopkirk, *Foreign Devils on the Silk Road* (London: John Murray, 1980).

95 William G. Rosenberg, *Liberals in the Russian Revolution* (Princeton, NJ: Princeton University Press, 1974), 53, 209, 230

96 Vera Tolz, *Russian Academicians and the Revolution* (Houndmills, Basingstoke, UK: Macmillan, 1997), 111–115.

97 Francine Hirsch, *Empire of Nations* (Ithaca, NY: Cornell University Press, 2005), 58–61.

98 Loren Graham, *The Soviet Academy of Sciences and the Communist Party, 1927–1932* (Princeton, NJ: Princeton University Press, 1967), 120–153; Tolz, *Russian Academicians*, 39–67; Hirsch, *Empire of Nations*, 138–143.

99 B. S. Kaganovich, "Nachalo Tragedii," *Zvezda* (1994): no. 12, 136–144; V. M. Alpatov and M. A. Sidorov, "Dirizher akademicheskogo orkestra," *Vestnik Rossiiskoi Akademii nauk* 67 (1997): 169–172; Tolz, *Russian Academicians*, 115–122.

100 *Entsiklopedicheskii slovar*, s.v. "Sankt-Peterburgskii universitet"; *Materialy dlia biograficheskago*, vol. 2, 216.

101 Tolz, "European, National, and (anti-)Imperial," 108.

102 Ivan Minaev, "Ob izuchenii Indii v russkikh universitetakh," *Otchet o sostoianii Imp. S.-Peterburgskago universiteta* (St. Petersburg: Tip. Shakht, 1884), 89.

第**9**章　エキゾティックな自己

1 Nikolai Rimsky-Korsakoff, *My Musical Life*, trans. Judah A. Joffe (New York: Tudor Publishing, 1935), 181–182.

2 A. Borodin, *"V Srednei Azii": Muzikal'naia kartinka dlia orkestra* (Leipzig: M. P. Beliaev, 1890), 3.

3 *The New Grove Dictionary of Opera*, s.v. "Prince Igor."

4 Miriam K. Whaples, "Early Exoticism Revisited," and Mary Hunter, "The *Alla Turca* Style in the Late Eighteenth Century: Race and Gender in the Symphony and the Seraglio," いずれも、Jonathan Bellman, ed., *The Exotic in Western Music* (Boston: Northeastern University Press, 1998), 3–25 and 43–72 にそれぞれ所収。

5 Catherine II, *Sochineniia*, vol. 2, 355.

6 Gerald Abraham, "The National Element in Early Russian Opera, 1799–1800," *Music & Letters* 42, no. 3 (July 1961): 261. L. A. Rapatskaia, "Problema orientalizma v russkoi

muzykal'noi kul'ture XVIII–XIX vv.," in B. D. Pak, ed., *Vzaimootnosheniia narodov Rossii, Sibiri i stran Vostoka: Istorii i sovremennost'* (Irkutsk, Siberia: Irkutsk State Pedagogical Institute, 1995), 31–35 も参照。スターリン期のある音楽学者によれば、オペラの台本は、「弱さと味気なさにおいて、まさに記録物」で、そのスコアは「音楽的な総体をつかむことに成功していない。」こうした否定的評価には、政治的な配慮が働いていたのであろう。A. S. Rabinovich, *Russkaia opera do Glinki* (Moscow: Muzgiz, 1948), 73 参照。

7 Ralph Locke, "Cutthroats and Casbah Dancers, Muezzins and Timeless Sands: Musical Images of the Middle East," in Bellman, *Exotic in Western Music*, 110–114.

8 B. Dobrokhotov, *Aleksandr Aliab'ev: Tvorcheskii put'* (Moscow: Izdatel'stvo Muzyka, 1966); Thomas P. Hodge, *A Double Garland: Poetry and Art-Song in Early Nineteenth-Century Russia* (Evanston, IL: Northwestern University Press, 2000), 102–103; Adalyat Issiyeva, "Nationalism, Decembrism and Aliab'ev: Reconsidering Russian Orientalism in Song" (paper presented at the annual conference of the Canadian University Music Society, Vancouver, 2008). このペーパーのコピーを寄せて下さったイシイェヴァ氏に感謝する。

9 In Edgar Istel and Theodore Baker, "Rimsky-Korsakov, the Oriental Wizard," *Musical Quarterly* 15 (1929): 393.

10 Stasov, "Dvadtsat'-piat'," 528.

11 Richard Taruskin, *Defining Russia Musically* (Princeton, NJ: Princeton University Press, 1997), 38–44.

12 Francis Maes, *Geschiedenis van de Russische muziek* (Nijmegen, the Netherlands: Uitgevery SUN, 1996), 67–68; Taruskin, *Defining Russia*, 145–146.

13 Stasov, "Dvadtsat'-piat'," 523–528.

14 Marina Frolova-Walker, *Russian Music and Nationalism* (New Haven, CT: Yale University Press, 2007), 151–152.

15 Rimsky-Korsakoff, *Musical Life*, 58.

16 Frolova-Walker, *Russian Music*, 153.

17 彼の養女の息子の手による、もっとも信頼できる伝記は、S. A. Dianin, *Borodin* (Moscow: Gosudarstvennoe muzykal'noe izd-vo, 1955). V. A. Stasov, "Aleksandr Porfir'evich Borodin," in *Izbrannye sochineniia*, vol. 3 (Moscow: Iskusstvo, 1952), 329–365; André Lischke, *Alexandre Borodine* (Paris: Bleu nuit, 2004) も参照。より印象にもとづいた見解としては、Nina Berberova, *Alexandre Borodin, 1834–1887: Biographie*, trans. Luba Jurgenson (Arles, France: Actes sud, 1989).

18 Stasov, "Borodin," 329.

19 ボロディンの科学者としてのキャリアについては、N. A. Figurovskii and Yu. I. Solov'ev, *Aleksandr Porfir'evich Borodin: A Chemist's Biography*, trans. Charlene Steinberg and Georrge B. Kauffman (Heidelberg, Germany: Springer, 1988) 参照。

20 Dianin, *Borodin*, 38–39.

21 Stasov, "Borodin," 347.

22 強調は原文通り。A. P. Borodin, *Pis'ma A. P. Borodina*, vol. 1 (Moscow: Gosudarstvennoe Izd-vo Muzykal'nyi sektor, 1927–28), 142.

23 Dianin, *Borodin*, 194–195.

24 Ibid., 329.

25 Serge Dianin, *Borodin*, trans. Robert Lord (London: Oxford University Press, 1963), 305–321. この英語版には、作曲家の主要な作品に関する更なる分析が含まれる。第2幕の起源についてのより新しい議論としては、Marek Bobeth, *Borodin* (Munich: Musikverlag Emil Katzbichler, 1982), 47–51 を参照。

26 Taruskin, *Defining Russia*, 165.

27 A. P. Borodin, *Kniaz' Igor* (Leipzig: M. P. Belaieff, n.d.), 11.

28 スターソフのシナリオは、Dianin, *Borodin*, 70–75 に再掲されている。

29 Firoozeh Kharzai, "Orientalism in Borodin's *Prince Igor*" (unpublished paper, August 1997, http://www.anotherbirth.net/orientalism.htm).

30 Borodin, *Knaz' Igor*, 195.

31 Borodin, *Pis'ma*, vol. 3, 69.

32 Borodin, *Knaz' Igor*, 2.

33 Borodin, *Knaz' Igor*, 203.

34 G. N. Khubov, *A. P. Borodin* (Moscow: Gosudarstvennoe muzykal'noe izd-vo, 1933), 73.

35 Dianin, *Borodin*, trans. Lord, 325n1.

36 Borodin, *Pis'ma*, vol. 2, 108.

37 Harlow Robinson, "'If You're Afraid of Wolves, Don't Go into the Forest': On the History of Borodin's *Prince Igor*," *Opera Quarterly* 7, no. 4 (Winter 1990–91): 9–11.

38 A. S. Suvorin, "'Igor' Opera Borodina," *Novoe vremia*, October 24, 1890, 2.

39 A. S. Suvorin, "Malenkiia Pis'ma," *Novoe vremia*, October 30, 1890, 2.

40 In Alfred Habets, *Alexandre Borodine* (Paris: Librarie Fischbacher, 1893), 63.

41 この節に関しては、私の研究助手デニス・コズロフの助力に感謝したい。

42 D. S. Merezhkovskii, *Pol'noe sobranie sochinenii*, vol. 18 (St. Petersburg: Tip. T-va. I. D. Sytina, 1914), 173–275; B. G. Rosenthal, *D. S. Merezhkovskii and the Silver Age: The Development of a Revolutionary Mentality* (The Hague: Martinus Nijhoff, 1975), 43–56.

43 強調は原文通り。Merezhkovskii, *Sochinenii*, vol. 18, 215–218.

44 Avril Pyman, *A History of Russian Symbolism* (Cambridge: Cambridge University Press, 1994), 9.

45 古典的研究として、Arthur Symons, *The Symbolist Movement in Literature* (New York: E. P. Dutton, 1919).

46 George C. Schoolfield, *A Baedeker of Decadence: Charting a Literary Fashion, 1884–1927* (New Haven, CT: Yale University Press, 2003), 1–15; Brian Stableford, ed., *The Dedalus Book of Decadence (Moral Ruins)* (Sawtry, UK: Dedalus, 1990), 1–83.

47 Paul Verlaine, *Jadis et naguère chair* (Paris: Rombaldi, 1936), 94.

48 Roger Keys, *The Reluctant Modernist: Andrei Bely and the Development of Russian Fiction, 1902–1914* (Oxford: Clarendon Press, 1996), 3–18.

49 関連する詩は、アメリカで編まれた重要なアンソロジーに付録として含まれている。Carl Proffer and Elendea Proffer, eds., *The Silver Age of Russian Culture* (Ann Arbor, MI: Ardis, 1971–75), 447–452.

50 Pyman, *Russian Symbolism*, 2.

51 自身の数多くのロマンティックな恋愛に言及して、詩人はこう述べたことがある。「私にはたくさんの妻がいるわけだが、結局のところ私は、私の母方から、キプチャク・ハン国のモンゴルの白鳥公の血を受け継いでいるのだ。」*The Dictionary of Literary Biography*, s.v. “Konstantin Dmitrievich Balmont.” スラヴ研究者ロバート・バードによれば、詩人のアジアの出自はおそらく偽りである。Robert Bird, e-mail message to author, August 3, 2008.
52 K. M. Azadovskii and E. M. D'iakonova, *Balmont i Iaponiia* (Moscow: Nauka, 1991), 4–35.
53 G. M. Bongard-Levin, ed., *Ashvaghosha. Zhizn' Buddy. Kalidasa. Dramy* (Moscow: Khudozhestvennaia literatura, 1990), 10.
54 In ibid., 15.
55 古典的な研究としては、A. I. Shifman, *Lev Tolstoi i Vostok* (Moscow: Nauka, 1971). Paul Birukoff, *Tolstoi und der Orient* (Zurich: Rotapfel-verlag, 1925); Derk Bodde, *Tolstoy and China* (Princeton, NJ: Princeton University Press, 1950); Dmitrii Burba, *Tolstoi i Indiia: Prikosnovenie k sokrovennomu* (St. Petersburg: Izd-vo “Fenshui tsentr,” 2000) も参照。
56 Schwab, *Oriental Renaissance*, 451–452.
57 In Bodde, *Tolstoy and China*, 37.
58 Susmita Sundaram, “*The Land of Thought:* India as Ideal and Image in Konstantin Balmont's Oeuvre” (PhD diss., Ohio State University, 2004), 36.
59 Konstantin Mochulsky, *Andrei Bely: His Life and Works* (Ann Arbor, MI: Ardis, 1977); J. D. Elsworth, *Andrei Bely* (Letchworth, UK: Bradda Books, 1972). Andrei Bely, *Vospominaniia ob Aleksandre Aleksandroviche Bloke* (Letchworth, UK: Bradda Books, 1964) と、彼が文学事典に寄せた短い自伝 Andrei Bely, “Avtobiograficheskaia spravka,” in S. A. Vengerov, ed., *Russkaia literatura XX veka*, vol. 2, pt. 3 (Moscow: Tovarishchesta Mir, 1916), 9–12 も参照。ベールイが後年著した、3部作についての回想はあまりにも主観的。Andrei Bely, *Nachalo veka* (Moscow: Gosudarstvennoe izd-vo Khudozhestvennoi literatury, 1933); Bely, *Na rubezhe dvukh stoletii* (Moscow: Khudozhestvennaia literatura, 1989); Bely, *Mezhdu dvukh revoliutsii* (Leningrad: Izd-vo pisatelei v Leningrade, 1934).
60 Bely, “Avtobiograficheskaia spravka,” 11.
61 V. S. Solov'ev, “Panmongolism,” in Solov'ev, *Cheteniia o bogochelovechestve* (St. Petersburg: Khudozhestvennaia literatura, 1994), 392–393. ソロヴィヨフの終末論におけるアジアの位置づけに関するより詳細な解説については、Schimmelpenninck van der Oye, *Toward the Rising Sun*, 82–86 参照。〔「汎モンゴル主義」の翻訳については、御子柴道夫『ウラジーミル・ソロヴィヨフ——幻視者・詩人・哲学者』岩波書店、2011年、146ページを参照。〕
62 V. S. Solov'ev, “Kratkaia povest' ob Antikhriste,” in *Chteniia*, 459–486.
63 Bely, *Vospominaniia*, 17.
64 In Vladimir Alexandrov, *Andrei Bely: The Major Symbolist Fiction* (Cambridge, MA: Harvard University Press, 1985), 72.〔翻訳に際しては、ロシア語の原典から訳した。〕
65 Andrei Bely, “Apokalipsis v russkoi poezii,” *Vesy* (1905): no. 4, 12.
66 Bernice Glatzer Rosenthal, “Eschatology and the Appeal of Revolution: Merezhkovsky, Bely, Blok,” *California Slavic Studies* 11 (1980): 110.
67 In I. V. Koretskaia, “K istorii ‘griadushchikh gunnov' Briusova,” in Z. S. Papernyi and E. A. Polotskaia, eds., *Dinamicheskaia poetika* (Moscow: Nauka, 1990), 182. 詩人の戦争に対する

姿勢に関するもう1つの研究は、Dany Savelli, “L’appel à la violence de Valerij Brjusov en 1904 et 1905,” in Savelli, ed., *Faits et imaginaires de la guerre russo-japonaise*, Carnets de l’exotisme 5 (Paris: Kailash, 2005), 129–150.

68 Andrei Bely, *The Silver Dove*, trans. George Reavy (New York: Grove Press, 1974).

69 Ibid., 342〔翻訳は、川端香男里訳『銀の鳩』講談社、1977年、268ページ。〕; Pyman, *Russian Symbolism*, 256.

70 Bely, *Silver Dove*, 307–308.〔翻訳は、小平武訳「銀の鳩」『ベールイ』集英社版世界の文学3、1978年、233ページ。〕

71 Ibid., 303.〔前掲書、229ページ。〕

72 Andrei Bely, *Petersburg*, trans. Robert A. Maguire and John E. Malmsted (Bloomington: Indiana University Press, 1978).

73 Mochulsky, *Bely*, 147–148.

74 Bely, *Petersburg*, 238–239.〔翻訳は、川端香男里訳『ペテルブルグ』(下)、講談社、2000年、173ページ。〕

75 Ibid., 166.〔翻訳は、川端香男里訳『ペテルブルグ』(上)、講談社、1999年、376ページ。〕

76 Georges Nivat, “Du ‘panmongolisme’ au ‘mouvement eurasien,’” in *Vers la fin du mythe russe* (Lausanne, Switzerland: L’Age d’homme, 1988), 131.

77 強調は原文通り。A. V. Lavrov and John E. Malmsted, eds., *Andrei Belyi I Ivanov-Razumnik: Perepiska* (St. Petersburg: Atheneum-Feniks, 1998), 57.

78 Rosenthal, “Eschatology,” 107.

79 In Mochulsky, *Bely*, 150.

80 英語で書かれた最も詳細な研究は、Stefani Hope Hoffman, “Scythianism: A Cultural Vision in Revolutionary Russia” (PhD thesis, Columbia University, 1957). また、Stefani Hoffman, “Scythian Theory and Literature,” in Nils Åke Nilsson, ed., *Art, Society, Revolution: Russia, 1917–1921* (Stockholm: Almqvist & Wiksell International, 1979), 138–164; N. V. Kuzina, “Ideologiia skifstva v russkoi obshchestvennoi mysli i literatury,” in *Gosudarstvenno-patrioticheskaia ideologiia i problemy ee formirovaniia* (Smolensk, Russia: Izd-vo Voennoi akademii, 1997), 95–97 も参照。

81 Pushkin, *Sochinenii*, vol. 3, 390.〔翻訳に際しては、A. S. Pushkin, *Stikhotvoreniia 1827–1836*, vol. 3, Izdatel’stvo Nauka, 1977, p. 309 を参照。〕

82 最も重要な研究は、Koretskaia, “K istorii,” 181 に挙げられている。

83 K. D. Bal’mont, *Stikhotvoreniia* (Leningrad: Sovetskii pisatel’, 1969), 150.

84 Andrzej Walicki, *Poland between East and West* (Cambridge, MA: Harvard Ukrainian Research Institute, 1994), 9–15. Kalinowska, *Between East and West*, 3 も参照。

85 Walicki, *Poland*, 11.

86 Nivat, “Panmongolisme,” 135–136; Irene Masing-Delic, “Who Are the Tatars in Aleksandr Blok’s *The Homeland*?” *Poetica* 35 (2003): 131–132.

87 Ettore Lo Gatto, “*Panmongolismo* di V. Solovëv, *I venienti unni* di V. Brjusov e *Gli Sciti* di A. Blok,” in Morris Halle et al., eds., *For Roman Jakobson* (The Hague: Mouton, 1956), 300.

88 Alexandre Blok, *Selected Poems* (Oxford: Pergamon Press, 1972), 183.〔翻訳に際しては、鈴木積訳「スキィフ人」『ロシア文学全集』第27巻、修道社、1958年、262ページを参照の

うえ、一部書き換えた。〕

89 In Alexandrov, *Bely*, 3.

90 Barry Scherr, "The Russo-Japanese War and the Russian Literary Imagination," in John W. Steinberg et al., eds., *The Russo-Japanese War in Global Perspective*, vol. 1 (Leiden, the Netherlands: Brill, 2005), 426.

91 In Rosenthal, "Eschatology," 106.

終　章　ロシアの中のアジア

1 Mark Bassin, "Russia between Europe and Asia: The Ideological Construction of Geographical Space," *Slavic Review* 50 (1991): 6–7. W. H. Parker, "Europe: How Far?" *Geographical Journal* 126 (1960): 278–297 も参照。

2 Madariaga, *Russia in the Age of Catherine the Great*, 588.

3 Nikolai Karamzin, *Karamzin's Memoir on Ancient and Modern Russia*, ed. Richard Pipes (New York: Atheneum, 1974), 123–124.

4 P. Ia. Chaadaev, *Pol'noe sobranie sochinenii i izbrannye pis'ma* (Moscow: Nauka,1991), vol. 1, 89.〔翻訳は、外川継男訳「哲学書簡」『スラヴ研究』6号、1962年、75ページ。〕

5 Aleksandr Herzen, *My Past and Thoughts*, trans. Constance Garnett (London: Chatto & Windus, 1968), vol. 2, 516.

6 Andrzej Walicki, *The Slavophile Controversy*, trans. Hilda Andrews-Rusiecka (Notre Dame, IN: University of Notre Dame Press, 1989), 445–455.

7 Riasanovsky, "Asia through Russian Eyes," 9–10.

8 Nicholas Riasanovsky, *Russia and the West in the Teaching of the Slavophiles* (Cambridge, MA: Harvard University Press, 1952), 66–83, 215–218.

9 Chaadaev, *Sobranie sochinenii*, vol. 1, 531.〔翻訳は、外川継男訳「狂人の弁明」『スラヴ研究』25号、1962年、159、160ページ。また、勝田吉太郎『近代ロシヤ政治思想史（上）』ミネルヴァ書房、1993年、66ページも参照。〕

10 Spence, *The Chan's Great Continent*, 99–100; Ernst Rose, "China as a Symbol of Reaction in Germany," *Comparative Literature* 3 (1951): 57–65.

11 *Tol'kovyi slovar' russkogo iazyka*, 3rd ed., s.v. "Aziat," "azitatskii."

12 In Dany Savelli, "L'asiatisme dans la literature et la pensée russe de la fin du XIXème siècle au début du XXème siècle" (PhD thesis, Université de Lille III, 1994), 9.〔引用箇所の翻訳は、湯浅芳子訳『桜の園』岩波文庫、1995年（第58刷）49ページ。〕

13 Belinskii, *Sobranie sochinenii*, vol. 8, 660n19.

14 V. G. Belinskii, *Pol'noe sobranii sochinenii* (Moscow: Izd-vo Akademii nauk SSSR, 1954), vol. 5, 98.

15 Ibid., vol. 5, 99.

16 Ibid., vol. 5, 92–99.

17 V. A. Koshelov, "Istoriosofskaia oppozitsiia 'Zapad-Vostok' v tvorcheskom soznanii Pushkina," in Chelyshev, *Pushkin i mir Vostoka*, 157–170.

18 Olga Maiorova, "Intelligentsia Views of Asia in the 19th Century" (paper presented at the

annual meeting of the American Association for the Advancement of Slavic Studies, Philadelphia, 2008).

19 V. I. Sakharov, ed., "Rossiia — zveno Vostoka s Zapadom," *Mezhdunarodnaia zhizn'* (1998), no. 4, http://www.ln.mid.ru/mg.nsf/ab07679503c75b73c325747f004d0dc2/4c09412e9f344444c32565e5002b7f52.

20 Emmanuel Sarkisyanz, "Russian Attitudes toward Asia," *Russian Review* 13 (1954): 246–247.

21 Susanna Soojung Lim, "Chinese Europe: Alexander Herzen and the Russian Image of China," *Intertexts* 10 (2006): 56–59.

22 In ibid., 58.〔当該箇所の翻訳には、アレクサンドル・ゲルツェン、金子幸彦・長縄光男訳『過去と思索』1巻、筑摩書房、1998年、518ページを参照の上、一部表記を改めた。〕

23 Sarkisyanz, "Russian Attitudes," 246–247.

24 Gertsen, *Sobranie sochinenii*, vol. 23, 175.〔引用箇所の翻訳に際しては、長縄光男『評伝ゲルツェン』成文社、2012年、327ページを参照。〕ゲルツェンの地理観は常に一貫していたわけではない。ある時には、彼はロシア人をより西欧的な破壊力になぞらえた。「我々とヨーロッパ人との関係は……ゲルマン人とローマ人のそれに似ているところがある。」Ibid., vol. 16, 169.

25 In P. M. Shastitko et al., eds., *Russko-indiiskie otnosheniia v XIX v.: Sbornik arkhivnykh dokumentov i materialov* (Moscow: Vostochnaia literatura, 1997), 8.

26 In Roger Conant, *The Political Poetry and Ideology of F. I. Tiutchev* (Ann Arbor, MI: Ardis, 1983), 34.

27 In Nicholas Riasanovsky, "Russia and Asia: Two Russian Views," *California Slavic Studies* 1 (1960): 179–180.

28 Ibid., 178–179.

29 N. M. Przheval'skii, "On the Current Situation in Eastern Turkestan," memorandum, June 6, 1877, Archive of the Russian Geographical Society, fund 13, inventory 1, file 26, 2.

30 A. N. Kuropatkin, "Dnevnik A. N. Kuropatkina," *Krasnyi Arkhiv* 2 (1922): 31.

31 Catherine II, *Sochineniia*, vol. 8, 17–20.

32 Zorin, *Kormia*, 110n1.

33 Kononov, *Istoriia izucheniia tiurkskikh iazykov*, 39n82.

34 I. Tolstoi and N. Kondakov, *Russkiia drevnosti v pamiatnikakh iskusstva*, vol. 2 (St. Petersburg: A. Benke, 1889). ; Véronique Schiltz, *La redécouverte de l'or des Scythes* (Paris: Gallimard, 1991), 56–99.

35 Karamzin, *Istoriia gosudarstva rossiiskago*, vol. 5, 223.

36 V. V. Stasov, "Proiskhozhdenie russkikh bylin," *Vestnik Evropy* 3 (1868): 597.

37 V. V. Stasov, *Sobranie sochinenii*, vol. 1 (St. Petersburg: Tipografiia M. M. Stasiulevicha, 1894), 197–212. V. Stasov, *Slavianskii i vostochnyi ornament po rukopisiam drevniago i novago vremeni* (St. Petersburg: Kartograficheskoe zavedenie A. A. Il'ina, 1887) も参照。

38 Vladimir Karenin, *Vladimir Stasov: Ocherk ego zhizni i deiatel'nosti* (Leningrad: Mysl', 1927), 315–318. 特筆すべき例外の1つは、Alfred Rambaud, *Russie épique: Etude sur les chansons héroïques de la Russie* (Paris: Maisonneuve, 1876), 163–193.

39 E. Viollet-le-Duc, *L'art russe: Ses origins, ses éléments constitutifs, son apogée, son avenir* (Paris: A. Morel, 1877), 58.

40 Nicolas Berdiaev, *Constantin Leont'ev*, trans. Hélène Iswolski (Paris: Berg International, 1993), 49.

41 Konstantin Leontiev, *The Egyptian Dove*, trans. George Reavy (New York: Weybright and Talley, 1969).

42 In Savelli, "L'asiatisme," 46.

43 K. Leont'ev, *Vostok, Rossiia i Slavianstvo* (Moscow: Eksmo, 2007), 606–607.

44 Ibid., 147.

45 Ibid., 636.

46 ウフトムスキー公についてより詳しくは、Schimmelpenninck van der Oye, *Toward the Rising Sun*, 42–60の関連する章を参照。

47 Prince Hesper Ookhtomsky [Ukhtomskii], *Travels in the East of Nicholas II, Emperor of Russia, When Cesarewitch*, vol. 2 (Westminster, England: A. Constable, 1900), 287.

48 vol. Ibid., 32.

49 vol. Ibid., 446.

50 今のところ、ユーラシア主義の運動に関する最も詳細な研究は、Otto Böss, *Die Lehre der Eurasier: Ein Beitrag zur russischen Ideengeschichte des 20. Jahrhunderts* (Wiesbaden, Germany: Otto Harrassowitz, 1961). 近年、特にロシアにおいて、この運動に対する新たな関心が高まってきている。2冊の優れた学術書として、Margarita Georgievna Vandalovskaia, *Istoricheskaia nauka rossiiskoi emigratsii: "Evraziiskii soblazn"* (Moscow: Pamiatniki istoricheskii mysli, 1997); O. D. Volkogonova, *Obraz Rossii v filosofii Russkogo zarubezhia* (Moscow: ROSSPEN, 1998). 現代にまでつながる流れを扱った叙述としては、Marlene Laruelle, *Russian Eurasianism: An Ideology of Empire*, trans. Mischa Gabowitsch (Baltimore: Johns Hopkins University Press, 2008) を参照。

51 P. N. Savitskii et al., eds., *Exodus to the East: Foreboding and Events, an Affirmation of the Eurasians*, trans. Ilya Vinkovetsky (Idylwild, CA: Charles Schlacks Jr.,1996).

52 G. V. Vernadsky, *Nachertanie russkoi istorii: Chast' pervaia* (Prague: Evraziiskoe knigoizdatelstvo, 1927); *Opyt istorii Evrazii s poloviny VI veka do nastoiashchego vremeni* (Berlin: Izdania evraziitsev, 1934).

53 Vernadsky, *A History of Russia* (New Haven, CT: Yale University Press, 1961), 10.

54 Vernadsky, *Nachertanie*, 12–13, 18.

55 Ryszard Paradowski, "The Eurasian Idea and Leo Gumilëv's Scientific Ideology," *Canadian Slavonic Papers* 41 (1999): 3.

56 Charles J. Halperin, "Russia and the Steppe: George Vernadsky and Eurasianism," *Forschungen zur osteuropäischen Geschichte* 36 (1985): 185.

57 ミリュコフのユーラシア主義に対する猛烈な批判は、Paul Miliukov, "Eurasianism and Europeanism in Russian history," *Festschrift Th. G. Masaryk zum 80. Geburtstag*, vol. 1 (Bonn: Friedrich Cohen, 1930), 225–36.

58 Michael Ignatieff, "Can Russia Return to Europe?" *Harper's Magazine*, April 1992, 15.

59 そうしたアンソロジーの中には、L. N. Novikova and I. N. Sizemskaia, eds., *Rossiia mezhdu*

Evropoi i Aziei: Evraziiskii soblazn (Moscow: Nauka, 1993); I. A. Isaev, ed., *Puti Evrazii: Russkaia intelligentsiia i sudby Rossii* (Moscow: Russkaia kniga, 1992); N. N. Tolstoi, ed., *Russkii uzel evraziistva: Vostok v russkoi mysli* (Moscow: Belovode, 1997) が挙げられる。

60 John B. Dunlop, *The Rise of Russia and the Fall of the Soviet Empire* (Princeton, NJ: Princeton University Press, 1993), 292.

61 ニキータ・ミハルコフのインタヴュー、*Rossiiskaia gazeta*, December 14, 1991.

62 Gennady Zyuganov, *My Russia: The Political Autobiography of Gennady Zyuganov* (Armonk, NY: M. E. Sharpe, 1997), 71–72.

63 Andrei Vladimirovich Novikov, "Brak v kommunalke: Zametki o sovremennom evraziistve," *Zvezda* (1998): no. 2, 230.

64 G. A. Ziuganov, *Geografiia pobedy: Osnovy rossiiskoi geopolitiki* (Moscow: n.p., 1997), 182–183.

65 Solov'ev, *Chteniia*, 385.

66 Jean-Jacques Waardenburg, *L'Islam dans le mirroir de l'Occident* (Paris: Mouton, 1963), 315.

67 V. I. Lenin, *Pol'noe sobranie sochinenii* (Moscow: Gosudarstvennoe izd-vo politicheskoi literatury, 1962), 196.

68 Igor Ivanov, "Dipkurer," *Nezavisimaia gazeta*, January 2000, 1.